女霊の江戸怪談史

大衆化する幽霊像

堤 邦彦［著］

三弥井書店

女霊の江戸怪談史——大衆化する幽霊像　目次

序——幽霊とは何か

絵は応挙が出て、写生といふ事のはやり出て、京中の絵が皆一手になった事じゃ

（上田秋成『胆大小心録』六十五）

見たままに対象を描く「写生」の筆遣いによって円山応挙（一七三三〜一七九五）の画風が確立したことは、日本美術史の定説であろう。同じ江戸中期の時代を生きた上田秋成の述懐は、円山派の写生の妙技を言い当てた早い時期の評言であった。

ところで、写生画法の先駆者である応挙が、この世の者ならざる幽霊を描いて名声をほしいままにしたことは、いったい何を意味するのだろうか。青森県久渡寺蔵の「反魂香之図」（図1）をはじめ、応挙作を謳《うた》う「写実」の幽霊画が各地に伝存する。目鼻立ちのはっきりとした幽霊の実体を「写す」という行為は、どのような局面や条件により可能となったのか。そう考えてみるとき、若い女の死に顔をじかに模写する方法で幽霊画の極意を体得したと伝える近世後期の画聖伝説は、当時の人々の幽霊像と無縁には成り立っていないように思われる。幽霊は深山幽谷や十万億土の彼方の異世界に存在するのではなく、むしろ目の前の亡骸《むくろ》と同義であった。『近世名家書画談』二篇巻之二（天保十五年・一八四四刊）所載の応挙伝にこうある。

又幽鬼《ゆうれい》の図を写せしに、ある婢女、晩景に是を見て気を失ひしこと口碑に伝へたり。いずれも妙境に入らず

といふことなし。其《その》工夫は、壮女《さうじょ》の死せる者の面相を見て画き初《そ》めしと云。其真蹟を見るに常の顔面にて眼中に意あるのみなり。

（「応挙写生に妙を得し事」）

夕闇のなか、応挙の絵を見た女が気絶した噂は、このほか諸書に散見する。さらに『近世名家書画談』では、真に迫る幽鬼図を描くことのできた理由として、名人の死者図像が、じつは死者そのものの写し絵であることに言い及ぶ。生きていた時の風貌をもとにしたもので、女のまなざしは人の「意」を訴えているというのである。

さて、応挙の画聖伝説をめぐって、いったん個別の事例を離れ、近世の人々の怪異観全般に視野を広げて考えてみると、幽霊とは生前の人生に深くかかわる霊象であり、人らしい「意」を放つものということになるだろう。いわば第二の人間存在とみるところに、幽霊をめぐる近世人のリアリズムがうかがえるのである。死者を写

図１　「反魂香之図」（青森県久渡寺蔵）

す応挙伝説の発想の根源は、どうやら日常との重層にあるといえるのではないか。

少なくとも、江戸期の芝居、小説に登場する幽霊は、切々と恋情を語り、生前の慚愧に打ち震え、愛児や財物への未練ゆえにこの世に舞い戻る。文芸にあらわれる幽霊像に注目するなら、それらは人の範疇に連なり、内奥に渦巻く種々の感情を口走る存在に他ならない。

生きて働く俗世のいとなみの延長に幽霊の化現を読み解く観点は、たしかに民俗社会や民間信仰に軸足を置く従来の妖怪学と視角を異にするものかもしれない。だが、幽霊を妖怪の一部とみなし、妖怪の下位カテゴリーに位置付ける分類方法[1]による限り、自然由来の山野の妖魔と、人間感情の所産である幽霊の区別はつきにくいように思えてならない。

柳田国男が『妖怪談義』（『日本評論』昭和十一年・一九三六初出）の中で、〈妖怪は場所に出る〉〈幽霊は人に現れる〉と定義して以来、近年では宮田登、小松和彦などの研究者により民俗学、人類学の立場から両者の区分けや性格の違いが論じられてきた[2]。二十世紀後半の怪異・妖怪学の深まりは目を見張るものがある。しかしその一方で、それらは総じて研究の中心点を民衆の信仰と畏怖から生まれる共同体由来の妖怪伝承に置いたものであるため、人間の感情といった「個」の事情や内面をともなう怪異は、視角の外縁に位置付けられることが少なくない。幽霊研究の焦点を定めにくい理由は、どうやら研究者の側にあるといっても過言ではないだろう。

他方、幽霊出現の原因を人間的な「恨み」の発露に求める池田彌三郎の見方[3]や、あるいは幽霊が人の「死」によって生前の姿でこの世に姿を顕わす点を重視する諏訪春雄の他界由来《ゆらい》論[4]のように、幽霊の特性をめぐる言説が古典文学研究の側から発せられていることは、日本の幽霊を学術的に捉えるための一つのヒントとなりうるのではないか。人間感情や死生観の探求は、文学研究の中心的な命題、であるからだ。作品論と表現手法にこだわる幽霊論の地平がここに成り立つといってよい。

あるいは、喜怒哀楽の情と言葉を露わにする江戸怪談の幽霊は、はたして創りものに過ぎないのか。大衆娯楽のためのフィクションであることは否めないとしても、他方では、話の素材と骨格を等しくする仏教説話が、宗教本来の信仰性をともないながら同時代の庶民の心意に静かな沈着をみせたことも事実である。例えば、片仮名本『因果物語』（寛文元年・一六六一刊）所収の蛇道心説話が、高僧伝と創作文芸の間を行き来した全容については、拙著『近世仏教説話の研究』に述べたとおりである。[5] 江戸怪談の幽霊たちは、世俗の宗教倫理や道徳律と無縁には存在しえないといった方が正確かもしれない。

もっとも、幽霊をめぐる人々の関心は、なにも江戸時代に始まる特殊な文化事象とは言えない。言葉としての「幽霊」に限ってみても、すでに八世紀の願文史料「唐僧善意大般若波羅蜜多経奥書願文」に記載がみられるし、平安期の『中右記』寛治三年（一〇八九）の条には、「亡き者の魂」の意でこの語が使われている。[6]

二〇一〇年代になり、こうした歴史記録の存在を重要視した小山聡子は、近世以前の古文書、古記録を丹念に読み解いた結果、今日とは意味内容の異なる「幽霊」の在り方を明らかにしている。[7] 小山によれば、古代・中世の幽霊は必ずしも祟る死者霊を指しておらず、むしろカミに通ずる先祖の霊魂や、近親者の生前のおもかげを謂い、なかには遺体そのものに幽霊の呼称を用いた事例もあるという。中世の歌人・藤原定家が『明月記』嘉禄二年（一二二六）十一月三十日の条に、亡き父・俊成を追想し、在りし日の姿を「幽霊」の語で表したのは、怨みを持ち他者に害をなす怪談用語のそれとは異質の語義を示している。

歴史学の方法を駆使した小山の指摘が、幽霊像の変遷をとらえるのに不可欠な視座であることは動かしがたい。ただ一方において、江戸怪談の幽霊が、災いの元凶である「怨霊」や「モノノケ」と混同されながら、近世の〈祟る幽霊〉を派生したとみる認識には、いまだ解明に至らない疑問点が残る。なぜ十六・七世紀の頃に怨霊、モノノケという性質の異なる概念と、近世以前の祟らない「幽霊」との混融がもたらされたのであろうか。

謡曲の普及も、たしかに祟る死者＝幽霊の心象風景の一因たり得たかもしれない。しかし、江戸怪談の多種多様な幽霊たちが近世文芸の世界に充ちあふれるに至った本当の理由を知るためには、「混同」を生じた同時代の要因にせまる必要があるのではないか。

ひるがえって、近世社会のありように類比していうなら、「幽霊」の語義に混乱と錯誤が起きた原因の一端は、〈怪異の大衆化〉にことの本質が潜むように思われる。一文不通の衆庶が歴史や文芸の表舞台に姿をあらわす江戸町人文化の到来と軌を一にして、浄瑠璃、歌舞伎や仮名草子、浮世草子の幽霊像が市井に四散していく。「幽霊」をしるした古代・中世の史料が主に貴族日記や僧坊記録といった支配・知識層の所産であるのに対して、江戸の幽霊譚は巷間に暮らすふつうの老若男女の卑近な日常を発生母胎とするものであった。小山の引用した累《かさね》が淵怪談の原資料『古今犬著聞集』（天和四年＝貞享元年・一六八四序）が民衆のあいだを漂う口碑、噂の類を拾い集めた奇談雑筆集である点は、江戸怪談の享受者をめぐる説話圏の四民（士農工商）への拡大と大衆化を示唆する。幽霊を語り怪談に興ずる階層の移り変わりは、語義の混沌と連鎖するとみてよいだろう。幽霊、怨霊、モノノケをめぐる未分化の交絡は、雑多な都市大衆文化の成立と深くかかわる近世の特殊事情ではなかったか。一見、無秩序にみえる混迷を秩序化して整理するためのてがかりは、十七世紀以降に顕現する怪異の大衆化現象にあった。言を換えていえば、「大衆化」は江戸怪談の考究に欠かせないキーワードということになろう。怨みの人生を引き摺る幽霊像の登場には、市井をねぐらと定める一般民衆の肌感覚と、なかば世間話化した怪異の世界が前提となっていたとみるのが著者の基本的な考え方である。

さらにまた、世俗と怪異の接近は、江戸怪談に立ち顕れる〈女霊の時代〉の到来を解析するための糸口ともなるだろう。後に述べるように、累の幽霊をはじめとして、四谷怪談のお岩、皿屋敷のお菊といった具合に、江戸怪談のジェンダーバランスは明らかに偏差を顕わしている。

中世末から幕初の時代においては、片仮名本『因果物語』の邪淫譚や古浄瑠璃『一心二河白道』などの清玄桜姫物にみるように、死して祟る悪僧の偏愛譚もひろく語られており、必ずしも女霊を主人公とする怪異が主流といえない。清玄ものの系統の霊異譚は、例えば恋の地獄にのたうつ「志賀寺の上人」（『太平記』巻三七）の話に代表される堕獄僧説話の伝統を源流としており、説話史の流れに類比して言えば、清水清玄のような愛欲の虜となった僧の物語世界が江戸怪談の主要な題材に発展したとしても、決して不自然ではない。ところが、江戸開府から百年もたたない元禄期にいたり、歌舞伎の怨霊事や浮世草子怪談の主役が、理不尽に殺められた腰元や姫、奥方や妾女に集中するようになるのは、何らかの人為的な文化要因がなければ起こりえない事象であろう。恋の邪念、嫉妬の怨恨ゆえに現世に姿を顕わす幽霊が僧ならぬ「女」に傾斜していくのはなぜか。

ひとつには、〈女のステレオタイプ〉を演じる若女方役者の確立に見るような、歌舞伎芝居の発達も大いにかかわりを持ったはずである。芳沢あやめ（一六七三〜一七二九）の怨霊事や、水木辰之助（一六七三〜一七四五）による変化舞踊は化ける女の芸態を舞台の約束事として定着させた。そうした近世演劇の動きを追うことによって「女霊の創り方」の実態が明らかになるだろう。いわばそれは文学・芸能研究の視座にもとづく怪談の分析といってよい。

同時にまた、世の中全体に視野を広げていえば、浮世の女たちを取り巻く倫理・道徳律の変遷も、〈女霊の時代〉を成立させる重要な要因たりえたのではないか。化けて出る女の瑕疵を教化の言説に転換する啓蒙活動の隆盛は、女性圏と幽霊話の距離を確実に縮めていった。江戸幕府の勧める儒教的な女訓意識の滲透や、庶民仏教の説く女人罪障観の日常化と俚諺化は、女の幽霊を自明の霊象とみて疑わない江戸怪談のジェンダーバランスに影響をおよぼしたに相違ない。女性を取り巻く社会環境的な要因を見据えながら、女霊の時代の幽霊像を明らかにすることも当面の関心事である。この問題は近世文芸そのものに内在する教訓性とも大いに連関している。

加えて、邪恋に惑い情愛の恨みを吐露する女霊を具象化して描き出すにあたり、「蛇」「鬼」への変化身を表現の常套に用いることが、唱導の場のみならず怪異小説や芝居の怨霊事、絵画の世界などに広く援用され続けた点は、怪異の表象文化といった観点から注目すべき事柄であろう。各々のジャンルに立ち顕れた「蛇」「鬼」の意味付けに関しても、正面からこれを捉え直す必要がある。ことに愛欲邪念の発動と消滅は、しばしば「角」「炎」のシンボリズムを伴う場合も少なくない。そのような表象レベルに焦点を当てる考究もまた、本書の目的のひとつといってよい。

なお、累が淵怪談の発生源が、江戸の街の喧騒から数十里を隔てた下総羽生村の草深い農村を怨霊事件の原風景としたことは、江戸怪談の風土的な側面をものがたる。都市のまなざしと地方の民俗社会が織りなす落差の構図は、近世の怪異譚を鳥の目の高さから捉えようとする際に欠かせない問題意識のひとつといえるだろう。その意味において、「都市と地方」の複眼的把握もまた、江戸怪談を理解するための重要なキーワードとなる。

幽霊をめぐる種々の先行研究を踏まえながら、ここに述べてきたような新たな視点に立つ幽霊像の構築が求められると思う。とりわけ怪談流行の絶頂期にあたる近世の状況は、日本人と怪異のかかわりを明らかにする観点からも避けて通れない。そうした認識から出発し、江戸怪談の個々の事例に目を配りながら、日本における幽霊像の生成に再検討を試みたところに、本書の全体構想がある。

注

1. 小松和彦監修『日本怪異妖怪大事典』十頁「解説―怪異・妖怪とは何か」(東京堂出版、二〇一三)。
2. 宮田登『妖怪の民俗学』(岩波書店、一九八五)、小松和彦『妖怪学新考―妖怪からみる日本人の心』(小学館、一九九四)。
3. 池田彌三郎『日本の幽霊』(中央公論社、一九六二)。
4. 諏訪春雄『日本の幽霊』(岩波書店、一九八八)。

5. 堤邦彦『近世仏教説話の研究—唱導と文芸』（翰林書房、一九九六）。
6. 川崎晃「僧正玄昉の周辺二題—唐僧善意願文の「粉身砕骨」・「唐鬼」木簡」（針原孝之編『古代文学の創造と継承』（新典社、二〇一一）。
7. 小山聡子「幽霊ではなかった幽霊—古代中世における実像」（小山聡子・松本健太郎編『幽霊の歴史文化学』思文閣出版、二〇一九）。

第一章　仏教と怪談——心の深淵を覗く

I　僧坊の幽霊像――鈴木正三・夜話の世界

一　執念が形をなす

近世初頭の幽霊像を理解しようとするとき、まず考えておかなければならないのは、「幽霊とは何か」との問いに対する答えが、僧坊から発信された教化の言説に散在する点である。とりわけ人々の死生観に影響を与えた諸宗派の幽霊像には、人に内在する罪障を戒める唱導僧のコンテクストが色濃くうかがえる。この世を生きる者の悪しき執着が死後の安穏を妨げる、というのである。

安土桃山から江戸初期に活躍した臨済僧・沢庵宗彭《たくあんそうほう》（一五七三～一六四六）は、晩年の著作『玲瓏集《れいろうしゅう》』のなかで、中有をさまよう執念が「幽霊」を生み出す源泉であると説く[1]。

罪障ふかき中有は形あらはるゝなり。人自然にこれを見て幽霊などといふ。又なき事にあらず。執心ふかければ形あつし。（中略）中有と執心ふかければ形をあらはす。あさきものは、こくうとおなじければ、人是を見ず。人是を見ざれども、かれは是を見る。我は形ある故に見らる。かれは形幽なる故、我から是を見る事あたはず。

人は生きているときに罪を犯し罪障を重ねる。やがて死を迎えて、次に転生するまでの間は中有の状態となる。通常、中有の亡者はあまりに幽《かす》かな存在であるが故に他人の目には見えない。ところが罪深いもの、遺念を残すものは幽霊になって眼前に姿を顕わす。同様の理解は真宗本願寺派の説教僧・性均《しょうきん》（一六七九〜一七五七）編の『新選発心伝』（元文二年・一七三七刊）にも見える。画工が生前の姿に似せて幽霊画を描く理由に触れた説法の中で、性均は「執心凝結」の状態によって生きていた時の姿かたちを顕わしたものが「幽霊」であることに言い及ぶ（下巻附話「親《マノアタリ》幽霊ノ形ヲ見ル之弁」）。この世に残した執着のかたまり（執心凝結）に幽霊出現の原因を求める説法のメカニズムにおいて、近世仏教諸宗の論法は、どうやら大きな差異をみせていないと言えそうである。

生きている時の強い執念が幽霊の姿を現世に顕わすとしたら、その死者は迷妄のものであるのか、あるいは悟道の聖僧は幽霊にならないのか。僧と信徒の間に交わされた、かような問答の臨場感に充ちたやり取りが、近世初期の禅僧・鈴木正三（一五七九〜一六五五）の語録を収めた『驢鞍橋《ろあんきょう》』（万治三年・一六六〇刊、恵中編）中巻六十九に見出される。法談の席で俗人がある寺の長老に訊ねた。[2]

幽霊ニハ迷ノ者成ルカ、悟ノ者成ルカ。長老曰、迷ノ者成ル也、悟ノ人、幽霊ニ成ルト云事ナシ。彼者曰、然ラバ達磨ハナゼ片岡山ニ出デ給フ也、但シ迷ノ人ナリヤ。長老無対。

迷う者が幽霊になる、との説明に俗人はなおも食い下がり、大和国北葛城の片岡山達磨寺の故事を引いて、訝しがる。『日本書紀』『元亨釈書』によれば、推古天皇二十一年（六一三）、聖徳太子は飢えた異人に衣食を施し救済した。この者こそが、禅宗の開祖・達磨の生まれ変わりであり、日本に禅のおしえを伝える強い信念ゆえに死後再生したというのが、片岡山飢人伝承の大要である。さて、返答に窮して黙した長老に代わり、正三和尚が割って入る。

師代曰、幽霊ニハ念ガ成ル也。達磨ハ日本ヱ法ヲ弘メ度《タ》キ念アルガ故ニ片岡山ニ出給フ。迷者ハ迷ッタ念アリ、悟ノ人ハ悟タ念アリ、ト。

迷悟の差にかかわらず、この世の「念」が死者を現世に引き留め、あるいは呼び戻す誘因となる。物事に執着する念の存在に格別の注意をはらう正三法語の基本思想がよくわかる言説といえるだろう。

図１　鈴木正三座像（愛知県豊田市恩真寺蔵）

二　念の呪縛

この世への未練やよこしまな愛執のために幽霊となり、蛇身と化す者の見聞譚は、正三門弟の義雲、雲歩が編んだ片仮名本『因果物語』（寛文元年・一六六一刊）にも散在しており、正三夜話の法席に念をめぐる霊異談がしばしば語られていたことを想像させる。仏教怪異小説の嚆矢というべき片仮名本『因果物語』の幽霊話に、念のコントロールを重んじる正三流の教化の文脈が含まれる点は見逃せない。『因果物語』の序文は、そのような正三の思想を的確にあらわしている。草庵を訪れる人々が語った「因果歴然ノ理《コトハリ》」を聞くままに書きしるした片仮名本の編集意図に触れたあと、序文は次のように続く。

誠哉《マコトナルカナ》、一念ノ業《ゴフ》ニ因《ヨツ》テ、苦楽順逆《クラクシユンギヤク》忽《タチマチ》ニ相酬《アイムクフ》、一念ノ用《ヨウ》ニ因《ヨツ》テ、成仏堕獄有《ジヤウブツダゴクアリ》、一念ノ執《シフ》ニ因《ヨツ》テ、怨霊鬼神《ヲンリヤウキジン》ト成《ナリ》、一念ノ迷《マヨイ》ニ因《ヨツ》テ、永劫《ヨウゴフ》ノ輪廻《リンエ》ト成事《ナルコト》、眼前《ガンゼン》ニ書記《カキシル》セリ。

人は「一念」に支配されて、その報いを受け、地獄の苦しみに身をさらし、怨霊鬼神となって未来永劫、輪廻から逃れることができない。とくに生前の遺恨を捨てきれず幽霊となる者の話は、念の呪縛を悟り、諸人を仏法にいざなう好材料に他ならない。さらに『驢鞍橋』上巻七十五の以下の言葉は、正三の幽霊話に対する考えを凝縮させたものといえるだろう。

夜話ノ次《ツイ》デ、諸人幽霊様々意恨《イコン》ヲ作《ナシ》タル物語ヲ数多《アマタ》語ル。師聞曰、サナクテハ〳〵、カホド大事ナル事ヲ知《シラ》ズ、皆人毎《ミナヒトゴト》ニ死《シネ》バ、ナニモ無《ナキ》ヤウニ思ヒ、悪ヲ慎ム心モナク、後世《ゴセ》ヲ恐《ヲソル》ル人無間《ヒトナキアイダ》、角《カク》ナクテ不《ズ》レ叶《カナワ》、扨々《サテ〳〵》、笑止千万《セウシセンバン》ナル事也。

死ねば何もかも無に帰すわけではない。「意恨ヲ作タル」幽霊はそのことを体現しているではないか。悪事を自制し後生に思いをはせる境地に到達するには、遺恨に囚われ解脱できない「諸人幽霊」の物語をいまいちど顧みるべきではないか。説法の場に集う衆徒に向けて語った正三の論法は、概ねそのような展開をみせている。ところで、幽霊の化現が諸人の抱える「念」のなせる業だとすれば、当然次の問題として、生きている人間の一念もまた、霊異を引き起こす原因となるはずである。平安京以来の生霊の観念を下地として、今を生きる邪念は、亡き者の幽霊と同質の怪異にカテゴライズされていく。

近世中後期の弁惑ものに見るように、ニセ幽霊（生者の幽霊詐欺）の奇談[3]が、ためらいなく成り立つ背景には、この世の悪念、邪心に真の魔界を見ようとする近世人の怪異観が見え隠れするのではないか。

とりわけ日々の倫理的生き方を仏道実践の中心に位置付けた正三の唱導話材には、死生の区別の希薄な邪念発動の霊異が、しばしば身辺の出来事として記述されている。正三の経歴と教化の基本姿勢をふまえて、近世初頭の幽霊話の特質に論点を進めていきたい。正三周辺の個々の怪異談の解析は、江戸怪談が古代中世の「幽霊」の原義から徐々に外れていくプロセス[4]の可視化にも有効な視点となるだろう。

三　墓の火の正体

正三は、その前半生において徳川家麾下の三河武士として侍奉公の日々を過ごした。四十歳を越えるころ、突然直参旗本の身分を捨てて曹洞宗禅僧となり、三河足助（現愛知県豊田市）の恩真寺を拠点に「二王禅」の修法を提唱しながら、禅と念仏の融合にもとづく生き方の実践を説いた。寛永十四年（一六三七）の島原・天草の乱に際しては、戦後の天草地方に赴き、幕府の宗教政策にあわせて仏法の広布に尽力している。

正三の宗風には、死と隣り合わせの戦場を知る戦国武士の片鱗がうかがえる。侍にとり坐禅の心得とは何かを問われて「猊波《トキノコヘ》ノ中《ウチ》ニ用《モチフ》ル坐禅ヲ仕習ハデ不《ズ》レ叶《カナワ》」と言い切る（『驢鞍橋』上巻一〇七）。坐禅修行に欠かせない心構えを合戦のさまに喩え「鉄鉋ヲバタバタト打立《ウチタテ》、互《タガイ》ニ鑓先《ヤリサキ》ヲ揃エテワツワツト云テ乱レ逢」う生死をかけた混戦の様子に引き比べる。坐禅に臨む覚悟をして「猊波《トキノコヘ》坐禅」と命名したのは、合戦の記憶に裏打ちされた勇猛心あふれる修行法のあらわれであった。仁王禅は戦場の真実を知る世代ならではの、生死のリアリティを内に秘めたものであり、中央学僧の教義、経典に則る学智主義とは根本的な差異を露わにしている。

仏道修行の厳しさは、ただ柔和を旨とする近年の仏教界に対する批判へと展開し、また自身に向けては「有猛心ヲ修シ出シ、仏法ノ怨霊ト成ルベシ」（『驢鞍橋』上巻一）との峻烈な言葉をも辞さない覚悟を表明している。

一方、修行の厳しさとともに正三が奨励したのは、日常の生活に根差した信仰の実践であった。「念」のコントロールを説く場合も、観念的な教義の説明に終始するのではなく、信徒の現実に即した話材と対処法を優先させる語り口に特色をみせている。『驢鞍橋』下巻三十九は、三昧に出る怪火の弔い方をめぐって正三の示す霊異の封じ方を書き留めている。墓原に死者の念がとどまることは、「塚ニ残ル亡魂慥《タシカ》ニ有物也《アルモノ》」（『驢鞍橋』上巻二二）のように自明の事柄と解されていた。片仮名本『因果物語』の上巻十二「塚焼事付塚ヨリ火出ル事」には正三の身の回りに起こった墓火済度の霊験が採録されている。中世の曹洞宗門に普及した塚火収めの呪法[5]がこの種の説話の背景となったことは想像に難くない。

さて『驢鞍橋』下巻三十九では、後妻をめとった男の家から火の玉が出て三昧に飛び去り、前の妻の石塔が炎に包まれる。いろいろと弔っても効験の無いことに困惑した地元の寺僧が正三に助けを求めた。正三は、火焔の正体が亡き妻の障りではなく、夫婦仲のよくない今の妻の妄念に相違ないことを見抜き、夫の側から和睦するのが良策であると指南する。墓の亡魂を弔うのは的外れだと教える正三の言葉は、死者ならぬ、生きて働く女房の念の鎮静にこだわるものであり、心内の魔を封じる現実重視の考え方に立脚する唱導営為であった。

『驢鞍橋』の本文に言う。

先向《マツムカ》フノ亡者ヲ弔《トムライ》テハ消《キエ》ベカラズ、前《マエ》ノ女房ノ火ニ非《アラ》ズ、後《ノチ》ノ連相《ツレアイ》ノ火也。其子細《ソノシサイ》ハ、亭主、今《イマ》ゾイトノ間《アイダ》、ヲモワシカラザルニ仍《ヨッ》テ、只《タヾ》モノ元ノ女ノ事ヲ云《イハ》ンズ、爰《コヽ》ニ於《ヲイ》テ、今ノ女ノ胸モユル也、大略此位《タイリヤクコノクラ》ヒナルベシ、然間《シカルアイダ》、此男《コノヲット》ニ道理ヲ云聞《イヽキカ》セ、比興者《ヒキヤウモノ》、執着《シウヂヤク》ノ深《フカイ》ヤツ哉《カナ》ト、クット恥《ハヂ》シメ、扨《サテ》今ノ女房ニ、中中《ナカ〳〵》其方《ソノハウ》ガ道理ヂヤト、是《コレ》ニ足《タヌ》ヲサセ、男ガ心ヲ翻《ヒルカエ》シ和睦《ワボク》サセバ、忽《タチマ》チ火消《キエ》ント云《イヘ》バ、和尚大ヒニ悦ビ、頓《ヤガ》テ如《ゴトク》レ是異見在《カクノイケンアリ》シカバ、其侭《ソノマヽ》火消《キエ》タリ、加様《カヤウ》ノ事モ、医者ノ脈ヲ好見《ヨクミ》テ薬ヲ与《アタフ》ルガ如《ゴト》シ、メタト弔フテハ、功徳有《クドクアル》ベカラズト也。

生者・死者を問わない念の呪縛に言い及ぶ正三の教化は、人の心の内奥に分け入る点において、先に見た禅僧・沢庵の幽霊像をさらに具体化した観察眼といえるだろう。人間そのものに霊異の源泉を見出す仏教唱導の理解がうかがえる。

さらにまた、墓の火の元凶を断つため、弔いの導師たるものは、医者が病人の脈をとるように、丁寧に診るべきと結論付ける正三の指南は、村落共同体の日常を脅かす憑霊、口走り、病悩などの障りを手際よく捌く、まるで呪医のような横顔をのぞかせている。

執着心の引き起こす墓の炎である限り、幽霊もこの世の悪念も大きな違いはなく、いずれも迷う存在に他ならない。むしろ生霊の方が、生身の人であるだけに弔いは容易でない。この点に触れた『驢鞍橋』下巻百四十の体験的な知見は、布教の場に身を置く正三たちのリアルな怪異観を今日に伝えている。

亦曰、生霊《イキレウ》ヨリモ死霊《シレウ》ハ治《ヲサメ》ヤスシ、生霊ハ何トシテモ体《タイ》ヲ持《モチ》テ居《イ》ル間、念強《ネンツヨ》クシテ善機移《キウツ》ル事遅《ヲソ》シ、死霊ハ体ナク中有《チウウ》ニタヾヨイ、何《イツ》クヘナリトモ便度思間《タヨリタクヲモフアイタ》、善ヲ修《シュ》スレバ、ヒシト其機《ソノキ》ヲ得《ウル》也。

さらに『驢鞍橋』下巻三十九の後半は墓火の鎮静に続けて、無慈悲に家を追われた妾女の祟禍を例話に引きながら、霊異を封じる経呪の手順を詳しく紹介し、何事も「機転ナクシテハ」立ち行かないことに格別の留意をはらう。さまざま起こる霊障を前にして、現場の唱導僧はいかなる対処をするべきか。そのような話題は『驢鞍橋』の他の章段にも散在する。例えば下巻四では、縊死者の霊気に憑かれてしゃっくりが止まらない病人の背中を強く蹴り飛ばして一喝する、いささか乱暴な方法で「念ヲ奪」った実話が紹介されており、正三夜話の法席に共有された霊異封じのテクニカルな体験にこと欠かない。

四　『因果物語』の幽霊話をどう読むか

正三一門の日々の布教活動の延長に片仮名本『因果物語』の幽霊話が生成したことは疑いない。そこには死者の念をいかにして鎮めるかという、唱導者の側の着想が色濃く見出される。弔祭を司る導師の心得と機転（または不心得）にあえて筆を割くのは、片仮名本の実用面と連動するものであった。幽霊話の場合も、説話を語る意味は妄念の滅却とその方法を知ることにあると考えてよいだろう。以下個別の事例を考えてみたい。

上巻一「亡者、人ニ便《タヨリ》テ弔《トムラヒ》ヲ頼《タノム》事付夢中ニ弔ヲ頼事」の第四話は、蒲生飛騨守の家臣・北河監物の亡き妻にまつわる聞き書きである。奥州在勤のころ、妻は三歳の娘を残して死ぬ。やがて肥後に下り、新しい妻を迎える。すると先妻の霊魂が子守り女に憑依して口走ること数度におよんだ。憑霊は「唯今ノ内儀、我娘ヲ愛シ給コト忝《カタジケナシ》」と、しきりに礼を言うのである。それは愛児を大切に育ててくれる慈愛への感謝であったが、あまりに度重なったため、山伏の加持、祈禱が修された。十五日、二十日ほど過ぎて、またしても口走るので、今度は、とある曹洞宗寺院に頼み施餓鬼供養を行ったが、これも効き目が得られない。亡き妻の弟・中嶋嘉内がかけつけ、「お前は姉上ではあるまい、狐狸の類か、憎いやつめ」と責めたてたところ、証拠を見せるといって硯と紙を要求し、姉の筆跡で何やら綴った。無筆の子守りがすらすらと文字を書いたので、もはや信じるしかない。それにしても、由緒ある武家の娘ともあろう者が見苦しい口走りをして子守りを苦しめるとは大間違いだと叱責され、憑霊は力なくうなだれる。生者と死霊のやりとりに注目してみよう。

其方《ソノハウ》ハ奥州ニテ死《シヽ》タル者ガ、子ノ守《モリ》ニ付《ツキ》テ煩《ワヅラハ》スルコト、以外《モツテノホカ》ノ僻《ヒガ》コト也、随分《ズイブン》ノ侍ノ娘ナルニ、何ト加《カ》様《ヤウ》ニ愚《グ》癡《チ》強《ツヨキ》ゾ、ト云テ恥《ハチシ》メケレバ、我《ワレ》死《シ》スル時、アカヌ別《ワカレ》ノ悲《カナシミ》、少シノ妄念《モウネン》、今ニ残《ノコリ》テ、如此也《カクノコトクナリ》、ト云《イフ》。

三歳の娘をこの世に置いて旅立たねばならない哀切の情が「妄念」となって死者の安穏を妨げ、霊象を引き起こしたのである。忘じがたい未練もまた、幽霊化現の根源となるわけである。

幽霊は人を脅かす未知の暴虐ではなく、妻子、隣人を愛するが故に、念からの脱化を果たせずにいる。いわば共感性に充ちた既知の存在といってよい。じつは文芸の顔を持つ幽霊話が、近世以降に成り立つのは、〈幽霊の人としての性質〉に負うところが少なくない。情を語る幽霊の登場と怪談文芸生成の深いかかわりには、格別の意味を見出しておく必要があるだろう。

さて、『因果物語』の憑霊譚はこれで終わりではない。祈禱や施餓鬼が効き目の無い理由について、嘉内が訊ねると、姉の霊は、ただ嚇すばかりの山伏の加持や「真実ニ憐ム志」を持たない寺僧の中途半端な供養をあげつらい、弔う側の姿勢を難ずるのであった。施餓鬼を行った寺の長老に事情を伝え、今度は「死タル時ノ如」くに棺を整え、野辺送りから火葬、誦経にいたるまで作法通りに葬送を執り行った。時を経ずして、死者は腰元の口を借りて「唯今、妄執ノ苦患ヲ離テ浮ブ也」と告げ知らせ、一件落着に至ったという。妄念を鎮める葬送の方法がこと細かにしるされ、唱導マニュアルの側面をうかがわせるところに、片仮名本『因果物語』の勧化本としての性格が見て取れる。

怨みを持たない幽霊は、上巻十七「幽霊来《キタツ》テ礼云《レイヲイフ》事付不吉ヲ告《ツグル》事」の第一話にも登場する。摂州大坂の折屋町に住む長右衛門が長煩いの末にみまかる。近くの医師・三節が久しく面倒を見ていたが、貧乏にあえぐ長右衛門の息子たちは、医薬の礼をせずに時を過ごしていた。その年のうちに、三節は大坂城の門前で長右衛門に行き逢う。幽霊は礼も言わずに逝ったことを悔やんでいたのである。

其年、三節、御城ヨリ出《イデ》ラル処《トコロ》ニ、御門ノ前ニテ、彼《カノ》長右エ門、待迎《マチムカフ》テ、云ケルハ、三節様、永々《ナガく》御薬下《クダ》サレケレドモ、子共、終《ツイ》ニ御礼ヲモ申《モフ》サズ、誠ニ御恩忘レ難《ガタシ》、ト云テ、慎《ツゝシン》デ礼ス、三節見《ミテ》、苦《クルシ》カラズ、再ゝ《フタゝビ》、此念《コノネン》ヲ起《ヲコス》ナ、ト云テ、二足三足《フタアシミアシ》、過中《スグルウチ》ニ形《カタチ》ナシ、寛永十八年ノ事也、三節直談也。

ひたすら詫びる幽霊を前に、三節は、「非礼を気に病む必要はない、決してそのような念を起こしてはならない」と言い聞かせ、二、三歩すすむうちに長右衛門の姿が幻になり、失せてしまったという。姿かたちの消失は、すなわち妄念の浄化を意味するのだろう。消える幽霊にまつわる現代怪談に似てはいても、一話の宗教的意味ははるかに重い。

寛永十八年に三節その人が体験した怪異は、死者の念が幽霊となり形状を顕わすことを明確にしるすとともに、念の障碍にこだわる正三門派の教義にそって、この種の話が採取されている点からも注目に値する。恩義もまた、遺念となれば中有を迷う結果をもたらすことが、三節の直談から疑いのない真実となり、正三夜話の場に共有されていくのである。

一方、罪悪感を抱く者の心が霊異の一因となることに触れた上巻十一「女生霊《ヲンナイキリヤウ》、夫ニ怨《アタ》ヲ作《ナス》事」は、幽霊を見る側の心意に切り込む点で、江戸怪談に共通の考え方をあらわしている。本章第二話は、筑後国の浪人・久左衛門をめぐる二人妻説話である。

女房に「三年待て」と言い残して肥後に旅立った浪人は、幸運にも医者の職を得て玄清と名乗り、かの地の女と結ばれる。しかし男は、故郷に残した古女房のことが気になって仕方がない。新しい妻を持った自分を、さぞかし恨んでいるだろうなどと思い悩み、悶々とする折節、夏の暑さに夕涼みをしていると、窓の外に故郷の女房が佇んでいる。

玄清《ゲンセイ》、思様《ヲモフヤウ》、是《コレ》ハ、我思出《ワガオモイイダシ》タル心《コヽロ》ナルベシ、ト。起《ヲキ》テ見《ミレ》バ、何《ナニ》モナシ。狐狸《クツネタヌキ》ノ態《ワザ》ナルベキカ、ト思《ヲモヒ》、脇指《ワキザシ》ヲ取《トリ》テ持《モチ》ケル処《トコロ》ニ、本《モト》ノ女房《ニョウバウ》、ツル〳〵ト来《キタル》ト見《ミヘ》テ、抜打《ヌキウチ》ニ切《キリ》ケレバ、窓竹《マドダケ》ヲ切折《キリヲル》。彼《カノ》女房《ニョウバウ》、玄清ガ足ノ大指《オヽユビ》ニ喰付《クヒツキ》テ牙跡《ハアト》二ツアリ。今女房《イマノニョウバウ》、内《ウチ》ヨリ大刀音《タチヲト》ヲ聞《キヽ》テ、走出《ハシリイテ》、何事《ナニゴト》ゾ、ト問《トエ》バ、玄清タワメニテ切《キリ》タリ、ト云《イフ》。扨《サテ》、二ツノ疵《キズ》、何《ナニ》ト療治《レウヂ》スレドモ癒《イエ》ズ。三年苦痛《クツウ》シテ、終《ツイ》ニ死ニケリ。玄清ヲ引廻《ヒキマワ》シタル、平野角太夫《ヒラノカクダユウ》、語《カタル》也。肥後守《ヒゴノカミ》、身体果《シンダイハテ》テ後《ノチ》ノ事《コト》也。

太刀をふるう本人の目にしか女房の幻影が見えないこと、あるいは喰い付かれた大指の疵が癒えず三年後に命尽きるといった展開は、江戸怪談や怨霊事芝居の演出に珍しくない。近世文芸に描かれた怪異描写の原型がすでに具備された内容といえるだろう。同時にまた、古女房の化現に対して「我思出タル心ナルベシ」と考え込む男の内省に、あえて踏み込む叙述には注目すべきものがある。昔の妻へのひどい仕打ちを後ろめたく思う心情が、幽霊を生み出すという解釈は、人の念に怪異出現の原因を見出す正三門派の幽霊像の特質をものがたるからである。片仮名本の序文に「一念ノ執ニ因テ怨霊鬼神ト成」とあるのは、生きている人間の側の「一念」によっても引き起こされる現象であった。心は怪異の源郷にほかならない。

五　唯識と心の鬼

そもそも人の心の深淵に洞察を試みる思想は、仏教哲学の根本であった。原始仏教以来の本源的な問いに「唯識論」が位置付けられているのは、その分かりやすい例であろう。

三界は虚妄にしてただ一心の作《さ》なり（「華厳経」二十五）

迷いの世界（三界）はおしなべて心から生じる作用だと仏教が説いて、すでに久しい。禅宗の「心外無別法」も基本は唯識の世界観と通底する。唯識派は人の心の解明に際して、原始仏教の六識（眼識、耳識、鼻識、舌識、身識の五感と意識）のほかに睡眠などによっても途切れない潜在意識的な心の深層を探り出し、絶えず自我に執着する「末那識《まなしき》」、心や肉体そして自然さえも生み出す根源の心である「阿頼耶識《あらやしき》」を加えた八識の心的世界を発見した。[6] 万物も私も、すべては心の中に在ると説くところに唯識仏教の根本がある。

仏教哲学の追求した心の宇宙は、はるか後世の近世唱導の場にあっても、身近な事象にからめた教戒となり信徒に向けて発信され続けていた。実のところ、正三の「念」理解も、大局としては唯識の世界を踏まえ、実地にアレンジしたものとみて差し支えない。正三の著作の中に唯識論の援用が散在するのは、その証左である。

慶安四年（一六五一）刊の『盲安杖』は正三最初の書であり、十箇条の教戒に禅道実践の基本的な立場を表明したものである。第七条「己を忘て己を守べき事」では、身勝手な心が悪行と煩悩を生むことを明らかにしつつ、さらに十界六道思想や「華厳経」の偈を引いて、悟りの境地も地獄の苦しみも、すべてが心の持ちように縁《よ》るとする。

一心の中に仏有り、一心の中に鬼《おに》有り、一心の中に地獄、餓鬼、畜生、修羅、人《にん》、天あり。経《きやう》に云《いはく》、三界唯一心、心外無別法、心仏及衆生、是三無差別と説き給へり。去《され》ば、此心をいましめ善業《ぜんごう》を勤《つとむ》る時は、仏果《ふつくわ》にいたるなり。又、心を恣《ほしいまゝ》にするときは、三毒《どく》の心増長《ぞうちやう》して三途地獄に落入《おち》なり。只《たゞ》心にしたかふへからす、つとめて心をしたかゆへし。必《かならず》心の師となるへし、心を師とする事なかれ、心の鬼、悪道《あくだう》に引て入る。いましめても猶《なを》いましむへきは心なり。恐《をそれ》ても猶《なを》おそるへし。

仏も鬼も、地獄・餓鬼・畜生・修羅・人・天の六道も、すべてが心の中の存在であることを説きながら、その論拠となる経典に立ち返り「三界唯一心」以下の偈を示す。四句の前半は「華厳経」十地品の「三界所有、唯是一心」(八十華厳)に由来し、「心仏及衆生」以下の二句は「華厳唯心偈」の一節(「六十華厳」)を引く。総じて「華厳経」の趣意である唯心縁起思想をコンパクトに言い習わす偈文に、論拠を求めていることは明らかである。心の本質と構造を詳らかにする唯識論の基本教義に則るかたちで、正三は、悟道も迷妄も一心の内にある、と説くのである。

ともすれば観念に終始しがちな唯識的な世界観の説明に続けて、正三は「有物語にいはく」とことわり、大海を渡る旅人のエピソードを語る(出拠は『宝物集』巻六)。つとめて俗耳に入りやすい説話に絡めるのは、民衆相手の唱導現場に生きる説教僧の面目をあらわす叙述態度であろう。

海上を走る大船の前に、赤面の悪鬼が立ちふさがる。額に日輪のごとき目がひとつ、口は耳まで裂け、三つの角と牙のある恐ろし気な姿に、船中の諸人は肝を消してひれ伏す。鬼は波の上をひたひたと歩み寄り、「汝ら、我より怖ろしき物みたりや〳〵」と問う。一人の僧が歩み出て大声を上げた。「この愚か者め、お前の百倍、千倍ほども怖ろしい八大地獄に拙僧を引き入れようとする〈わが心の鬼〉がいることを知らぬのか！」。僧の剣幕に化物は消え失せた。

いかなる妖魔にも勝る「心の鬼」の暗黒について、簡潔に言い得た海上奇談といえるだろう。以上をまとめ、正三は我が身を大切に思う「心の中に悪業の鬼」が潜むことをいまいちど教化し、二首の道歌を掲げる。

身を思ふ　こゝろぞ身をば　くるしむる
　身をおもはぬは　身こそやすけれ

又

燃出《もへいつ》る　瞋恚《しんい》のほむら　消《きえ》やらて
　我と引《ひき》けん　火《ひ》の車《くるま》かな

心が人を惑わす正体であることは、正三・七部の書に繰り返し説かれている。例えば『万民徳用』（寛文元年・一六六一刊）は自分の心に悩まされる行いを戒め、「心こそ心まどはす心なれ、心に心こゝろゆるすな」の道歌を引く。歌の出典は定かでないものの[7]、「正法念処経」の「心は是れ第一の怨、此の怨は最も悪と為す」といった思想に通じる詠風である。また、『反故集』（寛文十一年・一六七一刊）上巻の「示㆓遁世者㆒」には、「三界唯一心」以下の偈とともに「心こそ心惑わす心なれ」の歌を示し、「心の外に我を悩す敵なく、心の外に可㆑恐物なし」とする。『盲安杖』第七条の言説を簡略にまとめて信徒の教化に援用したものであろう。唯識論の仏教哲学が正三の言葉と道歌にかみ砕かれ、近世初頭の説教の法席に再生していくありさまが見て取れる。

さて、地獄・極楽さえもが、人の心から生じるとなれば、身辺の怪異もまた、心的世界の産物ということになる。『反故集』上巻の「心ハ第一ノ怨也ト知ハ理也」で始まる章段には、次の言説が展開する。「眼耳鼻舌身意」の六根すべての感覚が苦悩の源泉であることに続けて、正三は言う。[8]

総ジテ三毒十悪ヲ始《ハジ》メ、起処《ヲコルトコロ》ノ煩悩《ボンナフ》、無量無尽《ムリヤウムジン》トイヘトモ、皆是我心《ミナコレワガコヽロ》ニ被《ル、》レ誑処《バカサトコロ》ヲ本《モト》トス。豈《アニ》心ニ勝《マサ》ル化者《バケモノ》有ンヤ。去《サレ》バ迹形《アトカタ》モ無所《ナキトコロ》ヨリ化出《バケイデ》テ、刹那《セツナ》ガ間《アヒダ》ニ又迹形モ無成《ナクナル》也。扨《サテ》モ不思議ノ化者ニ非《アラズ》ヤ。一切《イッサイ》ノ化者ノ王ハ人間《ゲン》也。然《シカル》ニ、不レ知ラレ之ヲ、実体《ジッタイ》無《ナ》キヲ云伝《イヒツタフ》ル外《ホカ》ノ化者ニ恐《ヲソ》ル、者耳《モノノミ》也。体《タイ》無キ者ニ恐《ヲソレ》ンヨリ、何《ナン》ゾ体有ル人間ト云化者ニ恐《ヲソ》レザランヤ。

化物は非日常に在るのではなく、わが心のうちに棲む。心はまさしく化物の棲み処である。生きて働くこの世の者をして「化者ノ王」と言い切る正三の人間理解は、人の心の魔性を筆の力であばく井原西鶴、近松門左衛門らの元禄文学の登場に照らしていえば、仏教から奇談文芸への橋渡しの原初を想起させる言説ではないだろうか。「是をおもふに人はばけもの、世にない物はなし」（『西鶴諸国はなし』貞享二年・一六八五刊・序文）という人妖論が声高に唱えられるのは、正三の次世代に連なる浮世草子の時代であった。文学史のかような潮流を鳥瞰する時、近世唱導に見る心と怪異の交絡は、日本怪談史の重要な転換点を示唆することになる。そしてまた、正三流の唯識思想の産物である片仮名本『因果物語』は、この後、仏教と怪談の混交を志向する仏教怪異小説へ展開し、素材提供していく。片仮名本の位相は、まさに江戸怪談の原石といえるだろう。

これに対して、浅井了意（〜元禄四年・一六九一）の関与が指摘される平仮名本『因果物語』（万治年間〜寛文元年刊）の方は、唱導の場を離れて大衆的な読み物を目指した仮名草子作品と評価されている。[9] 仮名草子最大の作者といわれる了意によって、創作性の勝る本格的な怪異小説への移行を示す作品が刊行されていくわけである。片仮名、平仮名の両本の間に横たわる根本の違いとは何か。具体例にそって、この点を確認しておきたい。

六　平仮名本『因果物語』の虚構性

先に引用した片仮名本の序文の後半部分は、正三夜話の筆録本を勝手に写し取り刊行した「邪本」の存在に言い及ぶ。

然《シカルニ》、頃《コノゴロ》犯者《ヲカスモノ》アリ、竊《ヒソカ》ニ写取《ウツシトリ》テ乱《ミダリ》ニ板行《ハンコウ》ス。剰《アマツサ》エ、私《ワタクシ》ニ序文《ジョブン》ヲ作《ナシ》、恣《ホシイマヽ》ニ他《タ》ノ物語《モノカタリ》ヲ雑入《サウニフ》シテ、人ヲ瞞《マン》スル事不《ズ》レ少《スクナカラ》。斯《コヽ》ニ於《ヲイ》テ、弟子《デシ》等止《トウヤム》コトヲ不《ズ》レ得《エ》、師《シ》ノ正本《シャウ》ヲ以《モ》テ、梓《シ》ニ鏤《チリバメ》、邪本《ジャホン》ノ惑《マトイ》ヲ破《ヤブラ》ント欲《ホッ》ス。

ここにいう「邪本」が了意関与の平仮名本を指すことは、従来の『因果物語』研究においてほぼ定説化している[10]。

正三門弟が平仮名本を指弾した理由とは何か。約めて言えば、そこには唱導の場との距離感の親疎が歴然と表れているのではないか。片仮名本において、霊異を語る理由は、あくまでも民衆の間に分け入り、身近な説話を用いて弘法の方便とするところにあった。他方、平仮名本の編集意図は、因果応報譚を前面に出しつつも、知的啓蒙の物語を仮名草子の読者に提供する物語創作にある。そもそも普及型絵入り本の体裁には、平仮名本の怪異小説としての志向性が見て取れる。平仮名絵入り本はこの時代の通俗小説に珍しくないスタイルであった。両者の差異を、同じ題材を扱う章段にそって検証してみよう。

片仮名本下巻十三話「第二念ヲ起僧《ヲコスソウ》、病者《ビョウジャニ》苦《ク》ヲ授事《サヅクル》」は、寛永十七年、美濃の加納の城に起こった「関ノ竜泰寺ノ全石ト云僧」の実体験である。城に仕える「ヲイチャ」という女の父が明日をも知れない末期の病状となる。全石が呼ばれ経を誦し坐禅を修したところ、すぐに病人の苦痛が和らいだ。ところが三日が過ぎるころ、近くの全久院で行われる頓写（写経の会）に誘われた全石は、行くべきか否か迷いに迷う。その時、病人に異変が起こり、再び苦痛に呻き出す。

此由《コノヨシ》、全石聞《ゼンセキキヒ》テ、扨《サテ》ハ我胸《ワガムネ》ノ思《オモヒ》、究《キワ》メ難《カタ》キ念《ネン》ノ故《ユエ》カ、ト強《ツヨ》ク坐禅《ザゼン》シ、心ヲ如何《イカ》ニモ清《キヨ》メテ、経呪《キヤウシユ》ヲ誦《ジュ》シケレバ、彼病人《カノビヤウニン》、胸晴々《ムネハレ〳〵》トシテ、快気《クハイキ》ニ成《ナリ》タリ。此時《コノトキ》、全石、大事《ダイジ》ノコト也、と思《オモヒ》、弥《イヨ〳〵》坐禅シケレバ、二日、心能為《コヽロヨクナリ》テ、悦《ヨロコビ》、往生ヲ遂《トゲ》タリ、トテ鉄心和尚《テツシンヲシヤウ》ノ物語《モノガタリ》也。

写経会のことが頭をよぎり、坐禅と経呪に集中できないでいる。二つの対象に惑う全石の「第二念」が、病人の安泰を妨げたのである。第二念を起こした僧侶の瑕疵を詳らかにするところに、本章の主要テーマがある。言を換えていうなら、奇談の背後に、導師の僧として心得ておくべき実践の場の教訓が込められているといってもよい。

片仮名本の別の章段では、さらに酷い悪僧の行いと応報がつぶさに語られ、門派の僧に対する戒めの色合いを強くしている。下巻十一「悪見ニ落タル僧、自他ヲ損ズル事」には、おのれの禅定力に慢心して狂死した長老（第一話）や、三尊来迎の奇瑞を見せると言いふらして気の狂った僧の実話（第二話）が載る。さらに下巻十一の第三話は、「仏ハ我心ニ有、外ニ仏無シ」などと妄言して、「心外無別法」の浅薄な解釈から神木を伐り、仏像を破却した「関山派ノ長老」の応報をしるす。悪僧は火車の難を受け、教えを信じた村人までもが病死したとある。禅僧のあるべき姿に峻厳に向き合う正三の姿勢がにじむ一章であろう。

総じて片仮名本の叙述は、仁王禅を宗風の枢要にすえた正三門派の思想と一体化したものであり、唱導の現場と密な関係にある。教化の最前線で民衆を救う立場の唱導僧に微塵の過怠も許されない。坐禅の折の「第二念」はもとより、死者の弔いを面倒に思ったり、省いたりする行為は手厳しく糾弾されるべきである。

例えば『驢鞍橋』下巻八十には、夜遅くに葬儀を頼まれた納所の僧が、腹立ちまぎれに引導を渡したため、白帷子の亡者が「ワッワット叫」びながら寺坊に駆け込み、「六尺計リノマックロナル人」に追われる悪相を見せたという。かような生々しい幻影が生じたのは、すべて納所坊主の心得違いに原因がある。[11] そのことを知らしめようとするところに奇談の眼目があることは否めない。のちの怪異小説に見るような、動く屍の怪異とは、説話語りの目的を異にしているといえるだろう。

一方、片仮名本の第二念のエピソードをそのまま転用した平仮名本巻一の九「座禅の功力ふかき事」は、タイトルが示すように、禅定力の称揚と賛辞に話の力点を移していることが分かる。自身の誤りに気付いた全石は、「心を静め座禅して経呪」を丁寧に行った。その甲斐あって病者も「臨終正念に往生をとげ」ることができた。章末には、この一件を評した平仮名本独自の解釈が追補されている。

かの病人は、定業《じやうごう》なれば、死《しに》けれども、座禅の功力によって、魔障《ましやう》をはらひ、正念にして病《やまひ》いへて、くるしみなく、臨終しけり。

すべてを「座禅」の功徳に引き結ぶ大団円の結末に、了意版『因果物語』の小説的虚構性が見え隠れする。高僧の法力を怪異終息の主要プロットに援用する江戸中後期の怪異文芸、例えば累が淵の祐天上人説話などに類比して言えば、平仮名本の禅定力礼賛は、のちの江戸怪談に展開する「神異僧の物語」の先駆けに位置付けられるのではないか。

たしかに片仮名本の位相が、怪談文芸の始まりを意味することは疑いない。しかし、そこには唱導の場の日常に密着したまなざしが無化されてはいない。村落に起きた霊異を通じて、死者の弔祭のあるべき姿や、妄念の滅却を伝えようとする強い意志が内在するといってよいだろう。

これに対して、平仮名本は寺坊の思想と理念に捉われず、物語の虚構性を優先させる方向に傾斜していった。「邪本」のそしりは、そのまま了意版の怪談文芸としての特性を示す結果でもあった。

了意著述の創作性は、じつは仮名草子のみならず、仏書の編纂においても見出される特色であった。先行の浄土宗注釈書に対して自由な解釈を試みる『観無量寿経《かんむりょうじゅきょう》鼓吹《くすい》』（延宝二年・一六七四刊）などの了意仏書の姿勢が、近年木村迪子の精致な考証により全容をあらわしている。[12] しかもそこには版元側の意向も投影しているという。ある意味で了意作品は新たな出版文化の時代の申し子といえるだろう。古風な在地の唱導の現場に連なる正三『因果物語』との違いは歴然としているのである。

片仮名、平仮名の両本が刊行された寛文年刊（一六六一～一六七三）は、唱導と文芸の二つの流れが分岐を見せ始める時代であった。江戸怪談に顕れる仏教と怪異の連関は、このあとさらなる文芸志向を見せることになる。

注

1. 本文は市川白弦訳注『不動智神妙録　太阿記　玲瓏集』（筑摩書房、二〇二三）。
2. 『驢鞍橋』『反故集』『盲安杖』等の本文引用は神谷満雄・寺沢光世編『鈴木正三全集』（鈴木正三研究会、二〇〇七）による。片仮名本『因果物語』の本文引用は朝倉治彦編『仮名草子集成』第四巻（東京堂出版、一九八三）による。
3. 堤邦彦『江戸の怪異譚—地下水脈の系譜』（ぺりかん社、二〇〇四）第三部「江戸怪談の人間理解」。
4. 小山聡子『もののけの日本史　死霊、幽霊、妖怪の一〇〇〇年』（中公新書、二〇二〇）第四章「娯楽の対象へ—近世」。
5. 石川力山『禅宗相伝資料の研究上・下』（法蔵館、二〇〇一）、堤邦彦『近世説話と禅僧』（和泉書院、一九九九）第二章「昔話・伝説と曹洞宗」。
6. 多川俊映『唯識入門』（春秋社、二〇一三）。
7. 平安・中世の歌学書には「心こそ心をはかる心なれ　心のあたは心なりけり」（『新撰和歌髄脳』『古今和歌六帖』）の類想がみえる。
8. 『驢鞍橋』上巻七十四には、生きながら立山地獄に堕ちる姿を目撃された女や、二鬼に連れ去られる病者の話が見え、「我性ノ地獄ノ業ヲ感ズル時」とする。悪行を思う念が冥府を幻視することは、片仮名本『因果物語』上巻十三「生ナガラ地獄ニ落事」にもそなわる。類例としては沢庵『玲瓏随筆』の「一念相ヨリ見出タル地獄」等がある。
9. 江本裕「『因果物語』をめぐる諸問題—片仮名本の検討をとおして—」（『大妻国文』十一号、一九八〇・三）、坂巻甲太『浅井了意怪異小説の研究』（新典社、一九九〇）等。平仮名本は無刊記ながら、万治元、二年頃（一六五八、九）あるいは寛文元年はじめの刊行と推定されている（吉田幸一「『因果物語』の正本と邪本」（『文学論藻』二十三、一九六二・一〇）、石田元季「鈴木正三」（藤井乙男『江戸文学研究』、内外出版、一九二一所収）。
10. 注8に同じ。
11. 導師の僧の落ち度によって亡者が成仏できないことは片仮名本『因果物語』下巻二「亡者、引導師ニヨリ輪回スル事」や、正三・七部の書のひとつ『麓草分』の「吊二亡者一有二得失一事」に詳説されている。
12. 木村迪子『近世前期仏書の研究』（新典社、二〇二三）第一部「浅井了意と仏教」。

Ⅱ　執念のかたち ——『因果物語』の念と蛇

一　女人蛇体

幽霊の姿かたちは、どのように描写されたのか。前節の冒頭に取り上げた『玲瓏集』では、執念の深い幽霊は「形あつし」とし、浅いものは「こくうとおなじ」なので他人の目に見えない、と説明する。平仮名本『因果物語』巻二の十九「金に執心せし僧、幽霊に成て来たりし事」に、貯め込んだ金五両が気がかりで寺に現れる和尚の幽霊を「よく〳〵みれば、影の薄く成時もあり、また正しき時もあり」としたのも、同様の発想に根差すのであろう。

また芸能の舞台に目を移すと、本書第五章Ⅱに取り上げる歌舞伎『女郎来迎柱』（元禄十五年・一七〇二初演）の一場面には、嫉妬に狂う女幽霊の表現として、怨みの感情の強弱によって背丈を伸縮させる新奇な演出が用いられている。目に見えない心の奥底を見せる舞台上の試みといえるだろう。

もっとも、幽霊の姿かたちを亡者の内面に絡める工夫は、全体から見れば少数派かもしれない。心の具象化はハードルが高い。むしろ死霊、生霊の妄念は「蛇」の表象をともないながらシンボライズされるのが一般的であった。

そもそも身の回りの生き物である蛇は、古代社会にあって山・水・野の主《ぬし》の性格を帯びた存在であり、人間の生活を脅かすとともに、祭祀により恵みをもたらす豊饒の神ともなった。例えば『常陸国風土記』行方郡《なめかた》にみえる「夜刀《やと》の神」は角の生えた大蛇の姿で現われる。「ヤト」（谷戸）とは、湿地や谷間を意味する言葉であり、未開墾地に足を踏み入れる者に対して神は蛇の形となり立ちふさがるのである。

一方、仏教の移入と普及にともない、蛇を横死者の怨恨や執念のあらわれとみる概念が顕在化する。鎌倉・妙本寺に伝わる「蛇苦止《じゃくし》堂」の縁起はその典型である。『吾妻鏡』によれば、鎌倉幕府の成立期に起きた比企《ひき》能員《よしかず》の謀殺と一族滅亡の争乱に際して井戸に身を投じて果てた能員の娘・讃岐局（若狭、源頼家の室）が半世紀ものちの文応元年（一二六〇）十月十五日、北条政村の娘に憑依して口走り、角のある蛇と化して比企ヶ谷《やつ》の土中で火炎の苦にさいなまれていることを訴えた。そこで女霊供養のために蛇苦止堂が建てられたという（『長興山妙本寺志』）。敗者の怨魂と祟りが「蛇」の表象に結びついた鎌倉期の事例といえるだろう。

もっとも、女人蛇体の説話は、そのような公的な事変の暗部から生まれたものばかりではない。否、むしろ全体としては、仏教の忌避する女人の邪恋、邪淫の象徴として機能したケースが過半を占めるのではないか。名高いものでは、平安後期の『大日本国法華経験記』にさかのぼる「道成寺縁起」の系譜は、能の「道成寺」を経由して安珍清姫ものの芝居に定着をみせる。僧を追いかけ蛇身に変化する女は、江戸時代人にとって最も身近な女人蛇体の物語として流伝した。

さらに、恋の執着と恨み故に女が蛇になる話は、近世の勧化本においても珍しくない。

鈴木正三の片仮名本『因果物語』の上巻五「妬深女《ネタミフカキヲンナ》、死シテ男ヲ取殺《トリコロ》スコト付女死シテ蛇《ヘビ》ト為《ナリ》、男ヲ巻《マク》事」は、裏切られた女の魂が蛇と化して男の体から離れなくなる話である。腰の蛇とともに、男は女人禁制の高野山をめざす。この系統の「蛇《くちなわ》道心説話」は『因果物語』のみならず、『緇白《しはく》往生伝』（元禄二年・一六八九刊）の京都大原の僧「浄往」の項や、必夢編の『七観音三十三身霊験鈔』（元禄八年・一六九五刊）巻三などに唱導話材を提供し、世俗に流布していった。また、初期の怪異小説の分野では、平仮名本『因果物語』をはじめ、『一休諸国物語』、『諸国百物語』、『新御伽婢子』、『御伽人形』、など多くの作品に潤色されている。[1] 平仮名本などの蛇道心説話に関しては、別途本書第二章Ⅱに詳しく述べることになる。

一方、正三の説教活動に見出される妄念と蛇の有機的つながりは、『驢鞍橋』下巻七十一の女人に向けた教化の言説からも明らかであった。草庵を訪れた老婆と数人の娘を前に、日々の愛憎や貪欲が女たちを無間地獄に堕とすことを説き聞かせ、さらに正三はこう続ける。

扨亦《サテマタ》、如レ是ノ苦躰《ママ》ハ何《イズク》ヨリ得《ウル》ト思ヤ、只今各々《ヲノヲノ》、日夜造《ツク》リ出《イダ》ス念ニヨリテ得《ウル》也。其方抔《ハウナド》、今ノ念ノ形《カタ》チ、面《ヲモテ》ニ出シタレバ、如何様《イカヤウ》ナル形チナラント思ワル、ヤ、大略、皆蛇ノ体《タイ》計《ハカリ》ナルベシ、浅間《アサマ》シキ事ニ非《アラ》ズヤ。

女人の日常の邪念を「蛇ノ体」になぞらえ、無間地獄の苦しみから逃れるための指針を示す。[2] そのような衆庶相手の説教が基層となって、片仮名本『因果物語』における蛇道心説話の採録が行われたのであろう。片仮名本は唱導の現場と表裏一体であった。

片仮名本『因果物語』には、このほかにも上巻八「愛執深女人、忽蛇体ト成事付夫婦蛇ノ事」、下巻十八「女ノ魂蛇ト成、夫ヲ守ル事付餅鮎ヲ守事」等に執念と蛇身変化の連関が取り上げられており、蛇になる女の愛執の深さに警鐘を鳴らす。これらの説話については、この後の章に詳しい考察を施すとして、ここでは主に僧侶の物欲や男色の偏愛にまつわる蛇身譚に着目してみたい。蛇身は女人のみならず、悪僧の執念の形象化でもあった。

二　新旧の蛇身譚

片仮名本『因果物語』の蛇身譚を、なぜ蛇になるのかといった説話内容から二つのカテゴリーに分けてみると、一つは理不尽に殺された者の遺恨をめぐる因縁、そしていまひとつはおのれの悪念ゆえに蛇身の苦を受けることになる話である。前者は、古代中世の怨霊説話に通底するものであり、鎮魂の儀礼をともなうことも少なくない。後者には、個々の人間の悪しき所業を白日の下にさらし出し、教戒・教訓に導く説教者の意図が色濃くうかがえる。女人蛇体の場合であれば、罪障思想との関連が想起されるが、他方、以下に扱う悪僧の蛇身譚は、僧侶の欲心、邪恋を語る点で、いっそう重い罪を負った者の行く末を因果の理法にそくして明かす意図がうかがえる。

ひとまず前者の代表例として片仮名本『因果物語』上巻十「罪無《ナク》シテ殺サル、者、怨霊ト成事」の第一話に注目してみよう。そこには累代にわたる祟禍と鎮魂のいきさつが詳らかにされている。

近江蒲生野の市子村に安部清左衛門という者がいた。事の発端は祖父の代に咎なき下人を成敗したことに始まる。清左衛門の親の代になり、下人の霊魂が蛇となって子供を取り殺したため、清左衛門は屋敷を捨てて離郷する。ところが今度は、同じ村内に暮らす従兄弟の弥左衛門一家が祟りに見舞われ、子を取り殺されたばかりか、さまざまな災厄に悩まされた。弥左衛門の親は、京都から神霊を勧請して件の屋敷跡に宮を建てて鎮祭の限りを尽くしたが、かえって悪霊の怒りを招く結果となる。

彼ノ霊、弥《イヨ〳〵》腹ヲ立《タテ》、鈴ノ音ヲ聞《キカ》スル故《ユエ》ニ、弥苦《クルシ》ミ増《マサル》也、ト云テ、人ニタヨリ、殊《コト》ノ外《ホカ》シャベリ、弥左衛門ニモ祟《タヽ》リヲナシ、大《ヲヽ》キナル虵ノ形チヲ現《アラワ》シテ、弥左衛門子供ヲ多取殺《ヲヽクトリコロス》也。

祖父の代の遺恨が孫子におよび、親類縁者を根絶やしにする。安部一族を襲う下人の怨霊は、結局、正三派の高僧で蒲生・妙厳寺の本秀和尚の供養[3]（塔婆建立、血脈授戒）により鎮静する。

血筋に祟る荒ぶる死霊は、近世以前にさかのぼる古態の「怨霊」の性質を継ぐものであった。このタイプの蛇身は祀り上げの祭祀なくして鎮まらない。伝統的な怨霊譚と同心円の説話群といってよいだろう。ただし、その司祭者が京の神霊ならぬ禅僧である点に正三の意図的な禅学称揚が見て取れる。さらに加えていえば、怨霊の災いを具体的に叙するにあたって、目に見える蛇の姿形を与えて表現したところに、近世唱導説話の常套を読むべきであろう。

同じ上巻十の第三話に見える武蔵の国滝山の代官屋敷周辺に起きた下女の祟りも怨霊説話の伝統的話型を示している。この種の怨霊譚においては、男女の差異やジェンダーバランスの偏向はあまり見られない。

下女は放火の咎人として捕らえられ、村中を引き回されたうえ、無実を訴える口を引き裂かれ、無残にも火あぶりの刑に処せられた。燃える炎のなかから四尺余りの黒蛇が躍り出て、女を讒訴した役人と妻子を取り殺しただけではなく、家老一家を根絶やしにする。腰元「お菊」の惨殺から青山家の断絶におよぶ「皿屋敷伝説」を彷彿とさせる祟りの物語が黒蛇の表象に凝縮され、説教の法席に四散していくのである。

このほか下巻九「怨霊ト成ル僧ノ事」には、蛇身となった僧が村落を脅かした話が載る。近江大山・一ノ瀬村の「徳林庵受泉」は、村人のすすめた酒に泥酔してみまかる。やがて受泉は蛇身の苦を受け、村に累代におよぶ災厄をもたらす。とくに酒宴帰りの村人に害を与えたというのは、飲酒戒とのかかわりがこの話の背景にあることを示唆する。本章は、村落に災いをもたらす類の古い怨霊説話の性格と、破戒の悪僧をめぐる説教話材の両面を併せ持つ。新旧混在の過渡的な話材かもしれない。

以上の蛇身譚がイエやムラを脅かす、共同体レベルのマクロな怨霊説話であるのに対して、下巻五「僧ノ魂、蛇ト成《ナリ》、物ヲ守《マモル》事付亡僧来《キタリ》テ金ヲ守事」所収の四話は、金銭への執着のために蛇となった悪僧の因果譚であり、個々の心にやどる欲望を暴き出すまなざしは、「心ハ第一ノ怨」（前出『反故集』）と説く正三の思想に通じるものであった。

三　悪僧と蛇

下巻五の第一話は、最上の伝正寺を訪れた奥州一見の二人の僧・快寿と快応の体験談である。伝正寺の長老と懇意になった二人は、金銀米銭に充ちた寺の豊かさをご覧あれとの言葉に、僧坊の隅々を見て廻ることになる。蔵に積まれた俵の上に蟠《わだかま》る「大キナル白蛇」を見つけた快応が、竹の棒きれで打ち殺そうとすると、方丈の方から「ワッハッ」と叫ぶ長老の声が聞こえる。「快応、我ヲ打殺サントス」とののしる長老の下知により、両僧は寺を追い出された。慶長年中（一五九六～一六一五）のことと伝える。

自坊の富と権勢に慢心し、財物に溺れた長老の貪る一念が、本人の知らない間に白蛇の姿に幻視されたわけである。言うまでもなく貪念は三毒（貪、瞋、痴）のひとつであり、仏の戒める煩悩の根本である。俗人ですら厳しく律すべき悪念が大寺の住職の身に出来したのであるから、罪障は重い。

続く第二話は中陰法要の折に奉納の「四十九院ノ餅」を独り占めしようとした名古屋大光院の護益和尚の貪念が白蛇の姿を顕わした奇談である。僧の瑕疵を難じる姿勢は第一話と同材であり、唱導者のあるべき姿にこだわる正三の考え方を反映したものとみてよい。なお、同系説話をさかのぼれば、平安後期の『今昔物語集』第十九の二十一に、餅に対する僧の貪念と蛇の連関を見出しうる。こちらの方は、施物の餅を独占する僧が、これを酒造りの材料に用いたところ、壺の中身が蛇に変わった奇談である。

第三話の美濃国大井宿の荒れ寺に出る亡僧の話もまた、金銭に執着する住職の貪念が主題となっている。囲炉裏に埋めた十五両が気になって寺に舞い戻る和尚の幽霊と執着の元凶となる金銭に言い及ぶ本話は、昔話の「幽霊と金瓶」の類型であり、落語「へっつい幽霊」に展開する一連の怪談話である。[4] 口承文芸や落語の源流に僧の悪念を詳らかにする仏教説話の流伝が存在したことを示す一例であろう。

四　愛欲の僧坊

僧侶の、蛇となるほどの執着は、財物を貪る欲望のみとは限らない。すなわち片仮名本『因果物語』下巻二十「愛執深僧《アイシフフカキソウ》、蛇ト成《ナル》事」の第一話は、宗学修行の場（江湖会《ごうこえ》）で知り合った二人の若い僧の、もつれた恋の顛末を描く。

下総国結城の高顕寺に尾張より修行に参じた恩貞という僧がいた。同じころ館林の善長寺に九州出身の僧・周慶が居り、高顕寺の江湖会に来訪の折に、一目で恩貞に惚れてしまう。善長寺に戻っても憧れる気持ちが冷めやらず、ついに煩いつくありさまであった。心配した恩貞は袷の着物を送るが、思いのかなわぬ周慶はこれを引き裂き口に含んで取り乱すばかりで、もはや命危うい状態に陥る。

恩貞、古キアワセヲ周慶ニ出《イダ》シケレバ、是《コレ》ヲ引《ヒキ》サキ〳〵、喰尽《クヒツク》シ、次第〳〵ニ煩《ワツラヒ》重《ヲモ》クナリ、終《ツイ》ニ死期《シゴ》ニ究《キハマ》ル。然《シカレ》トモ、死ニ兼《カネ》テ、苦患《クゲン》カギリ無《ナシ》。

見かねた善長寺の長老が恩貞を呼び寄せ、周慶に引き合わせる。病僧は恋人の手をとり、悦楽の表情で旅立った。しかし霊異は終わらない。

其後《ソノノチ》、恩貞伏《フシ》タル、フトンノ下《シタ》ニ、何《ナニ》ヤラン動《ウゴキ》ケルヲ、振出《フルイイダ》シ見レバ、白蛇也。六七度殺シテ、串ニ指《サシ》テ捨《ステ》ケレドモ、終《ツイ》ニ絶《タヘ》ズ。然間《シカルアイダ》、関東ニ居事《イルコト》、叶《カナ》ワズシテ、尾張ニ帰国《キコク》シケレドモ、彼僧《カノソウ》ノ面影《ヲモカゲ》身《ミ》ニ添《ソイ》、怖《ヲゾ》毛立《ケタツ》テ煩《ワヅラヒ》ニ成《ナリ》、次第〳〵ニヨワリ終《ツイ》ニ死ス。其時迄《ソノトキマデ》、フトンノ下《シタ》ニ白蛇有。慥《タシカ》ニ諸人知タル事也。

愛欲の白い蛇が恋い慕う相手の布団の下を這い回る。凄まじい執念が災いとなり故郷に帰った恩貞に亡僧の面影がつきまとい、ついに命を奪う。邪恋の淵に沈んだ僧たちの噂を知らない者はない、と片仮名本『因果物語』は結んでいる。

五　「蚰守闇《ヘビシュキン》」の旅と懺悔

次の第二話は、恋慕の念が蛇と化して目当ての若僧の窓辺をうかがう奇談と、その後日談におよぶ内容である。のちに「蚰守闇」の異名をとった片目の旅僧の因縁は以下のような話であった。

関東ニテ守闇《シュキン》ト云《イフ》僧《ソウ》、若僧《ニャクソウ》ニ恋慕シテ其念《ソノネン》、蚰ト成《ナリ》テ、若僧ノ居タル寮《リヤウ》ノ窓《マド》ヨリ見入《ミイレ》テ居タリ。若僧、双《ソウ》紙《シ》キリニテ蚰ノ目ヲツキケレバ、隣《トナリ》ノ寮ノ僧、アット云《イフ》テ叫《サケ》ブ。其由《ソノヨシ》ヲ聞《キケ》バ、俄《ニワカ》ニ片目ツブレタリ。其《ソノ》後《ノチ》、偏参《ヘンサン》シテアリキケルガ、蚰守闇《ヘビシュキン》ト、人々云《イフ》フ。天正年中ノ事也。

恋の妄念が隣の寮の窓辺に迫る。蛇の目を突くと、即座に念を発した当人の目もつぶれる。念・蛇・身体欠損と展開するモチーフは、次節に取り上げる片仮名本下巻十八の第一話などとも共通する。いずれも妄念と蛇を絡める同心円の話型を下敷きにしたものであろう。

道ならぬ恋に身を亡ぼす僧の説話じたいは、さかのぼれば『太平記』第三十七の「志賀寺の上人」の偏愛譚が思い浮かぶ。近世初頭には、清水清玄にまつわる堕獄の悪僧の物語が芸能化されており（古浄瑠璃『一心二河白道』等）、愛着に狂う悪僧譚の系譜の息の長い流伝をうかがい知ることができるだろう。

もっとも、女色ならぬ僧侶どうしの色恋を語る点で、片仮名本『因果物語』の説話内容はにわかに現実感ただよう生々しさを見せており、伝統的な堕落僧の説話に比べても異彩を放つといえる。第二話の舞台が若い修行僧がつどう学寮であったことを考えると、それは僧侶の間に伝播した〈学寮の怪談〉から派生したものかもしれない。僧院の恋愛奇談が近世学寮に伝承されたことは、後小路薫の考究により、その骨格が明らかになっている。[5]

なお、下巻二十の第三話の末尾に、片目のつぶれた守闇が諸国遍歴の旅に出て「虵守闇」の異名を得るという第三話の結末は、短い叙述の中に懺悔譚としての側面を見せており、類型説話との共通性からも興味深い。十六、七世紀のお伽草子、仮名草子や仏教文学において、『高野物語』、『七人比丘尼』といった発心と懺悔の物語が陸続と編まれて懺悔物の流行をもたらした。文学史のそうした事実に照らしていえば、第三話もまた、正三周辺に語られた片目の旅僧にまつわる因縁ではなかったか。罪障を背負いながら遍歴を続ける発心懺悔譚は、上巻五の第二話にも登場し（上述の蛇道心説話）、念仏修行の末の脱蛇の霊験を書きとめている。世俗に散らばる「過去《わけ》のある旅僧」の宗教物語に対する正三の関心の高さがうかがえる。

むろん、虵守闇の話の主題は、僧の心に萌した愛念、執着のおぞましさと懺悔の旅をとおして仏果を得るまでの宗教的救済にある。そしてまた、この話の象徴となったのが〈愛欲の蛇〉であることは否めない。「虵守闇」

の名は、蛇を邪恋に惑う僧の深奥のシンボルととらえる近世仏教説話の常套表現を示している。

注

1. 堤邦彦『近世仏教説話の研究—唱導と文芸』(翰林書房、一九九六)第二部第一章。
2. 女人の罪障を蛇に喩える表現は「正法念処経」四十五等に見える。また、「遺教経」には、「心の畏るべきは毒蛇、悪獣、怨賊よりも甚だしく、大火の越逸なるも未だ喩うるに足らず」とみえる。
3. 本秀和尚と正三の関係については、江本裕「『因果物語』をめぐる諸問題—片仮名本の検討をとおして—」(『大妻国文』一一号、一九八〇・三)、および堤邦彦『近世説話と禅僧』(和泉書院、一九九九)第三章「高僧伝の周辺」。
4. 荒井洲平「説話間の交流—執着説話をめぐって」(『國學院大學大学院文学研究科論集』三四号、二〇〇七・三)。
5. 後小路薫『勧化本の研究』(和泉書院、二〇一〇)第二章「近世学寮の怪談—女の生首譚をめぐって」。

Ⅲ　心と炎――『奇異雑談集』に始まるもの

一　悋気の火の玉

人の執念の姿かたちを表すことがらとして、蛇身のシンボリズムとともに、しばしば語られるのは、火と燃える幽魂の噂であろう。それらは、墓の火、鬼火、陰火、あるいは人玉の呼称をともないながら、民俗社会の怪異伝承に様々なバリエーションを派生している。

魂が炎と化す奇談の中で、最も江戸時代人の生活感覚に響きやすいものの一つに落語「悋気の火の玉」が思い浮かぶ。軽妙洒脱な語り口は、人の内奥と火焔の濃密な連続を自明と考える庶民感情の戯画に他ならない。桜川慈悲成の笑話本『延命養談数《えんめいようだんす》』（天保四年・一八三三刊）を原作とする噺のあらすじは次のようなものである。

江戸浅草は花川戸の鼻緒問屋・立花屋の主人が吉原遊廓に通いつめ、馴染みの花魁を身請けして根岸の妾宅にかこう。これに激怒した本妻は、丑の刻参りをして五寸釘を打ち、根岸の女を呪う。妾の方も負けじとばかりに、「六寸釘」の呪詛返しに精を出す。互いに釘の長さを競ううちに、効き目は絶大、同じ刻限に妻妾ともに命つきてしまう。

ところが、両婦の心魂は死んでからも火の玉となって争い、いっこうに成仏してくれない。和尚の忠告で、立花屋は二人の人玉に優しく接し、嫉妬の気持ちをやわらげようとする。根岸から飛んできた陰火に煙

図1　お化けかるた「人たま」（国際日本文化研究センターデータベース）

図２　『傾城浅間嶽』（国文学研究資料館　絵入り狂言本データベース）

草の火を借りて慰め、次は花川戸の火の玉に火を借りようとすると、古女房が言い放つ。

「あたしの火じゃ、おいしくないでしょ」――。

　妻妾の嫉妬と、女たちの間を揺れ動く男の物語は、江戸怪談の常套であり、その逆転の笑いを追及したところに、江戸落語の眼目がある。一方、煙草の火を借りるといったパロディが成り立つ前提に、底なしの悋気が猛火の人玉を生じると信じて疑わない怪異認識の共有が世俗に滲透していたことは否めない。江戸後期の「お化けかるた」には、空を飛ぶ「人たま」の真中に「心」字を書き添えるものが珍しくない（図1）。心内の激情を妖火の原因と考える民間伝承の心意は、あたり前のようでいて、じつのところ江戸時代人の深層に連なる問題を暗示しているのではないか。

　ひるがえって江戸の巷には、民俗信仰のみならず、陰火の仕掛けを駆使した怨霊芝居が日常的に興行され、嫉妬の火の玉の心象を市井に定着させた。元禄期（一六八八―一七〇四）にはじまる浅間物（『傾城浅間嶽』など）の見せ場は、手紙や誓詞を焼く火焔から現れ出でて怨嗟の声を上げる女幽霊の趣向にあった（図２）。『東海道四谷怪談』（文政八年・一八二五初演）の「提灯抜け」に至るまで、幽霊と炎の連関は怪談芝居の定石となっている。

歌舞伎や落語、怪異小説に幽霊画といった広汎な江戸の大衆娯楽に散在する執念と炎の形象化は、それでは、どのような歴史経緯と宗教背景をもって、十七世紀以後の怪談文化に開花したのか。ここでは、古代中世の古態の「人魂」伝承と、江戸怪談の結節点を求めて、中世末から近世初期の具体的な事例に光を当ててみたい。

主に解析の対象とするのは、近世初頭の成立と考えられる[1]『奇異雑談集』である。複数の写本（上下二巻）と貞享四年（一六八七）刊の絵入り版本が知られ、所収説話の一部は写本『漢和希夷《かんなきい》』の内容と重なる。『漢和希夷』の写本が昭和三十年代に京都・東寺宝菩提院三密蔵より発見されたことから、東寺周辺の唱導僧とのかかわりが推測された。[2]一方で貞享四年版本の序文は、編者を近江佐々木氏の幕下「中村豊前守」の末裔としており、必ずしも仏教所縁の書とも言い切れない。作者に林羅山とその周辺を想定する説、[3]仏教語の多用から僧侶の関与を考える説もあり、[4]未だ明確な編者の特定には至っていない。

さらに『奇異雑談集』には、中国明代の志怪小説『剪灯新話《せんとうしんわ》』より訳出した三話（「牡丹灯記」など）も含まれており、広範囲の素材源が想定される。総じていうなら、中世末の仏教説話と雑多な民間奇談に、新渡の中国種の話をとり混ぜ、複数の編者が関与しながら、十七世のなかばに現今の写本の形に落ち着いたとみるのが、これまでに判明した成立論の全体像であろう。[5]

二　浮遊する魂

人間の魂が見える形になって現われると考える習俗を遡ってみると、古くは『万葉集』巻十六「怕物《おそろしき》歌」

三首の和歌や、平安時代の『更級日記』に死の前兆に現れる人魂の目撃が記されている。[6] 藤原定家の日記『明月記』の正治二年（一二〇〇）三月五日の条にみえる「有二人魂飛去一」の記述から、すでに十三世紀はじめに、宙を舞う魂の姿が認識されていたことは疑いない。藤原清輔の歌学書『袋草紙』下巻には、「人魂を見る歌」として「玉はみつ主はたれとも知らねども　結びとどめよ下がひの褄」の呪歌が記録されており、浮遊する魂を遠ざける人魂忌避の習俗が貴族社会に広まっていたことを示唆する。これら古代中世の歌や物語、記録から、魂の遊離と目撃、対処の方法が明らかになるだろう。

もっとも、人の強い執念と火焔の表象を一体として捉える江戸の怪談文化との間には、いまだ同列視できない隔たりがある。人間感情の塊と人玉の炎の断ち難い混融は、どうやら室町末期を待たねばならないようである。文禄五年（一五九六）の奥書をもつ写本『義残後覚《ぎざんこうがく》』（国立国会図書館蔵、七巻七冊）は、戦国末期の武将の逸話や怪異談を収める雑筆集である。編者の愚軒は御伽衆ともいわれる人物で、豊臣秀次の側近との関係が推察されている。[7] 本書巻三の三「人魂の事」は人の一念と炎のかかわりから筆を起こしている。

いかさま人の一念によって、瞋恚《しんい》のほむらと云ふものは、有るに儀定たる由、僧俗ともにその説多し。しかれどもつひに目に見たる事のなき内は、疑ひ多かりし。眼前にこれを見しより、後生《ごしょう》をふかく大事に思ひよりしなり。これとひとつ事に思ひしは、人毎に人玉といへるものの有よしを、歴々の人、歴然のやうにのたまへどもしかと肯《う》けがたく候しか。[8]

実際に見なければ一念の燃え盛る変事はとうてい信じてもらえない。同じように人玉も証拠なくして肯けがたい、としながら、編者はこのあと、越中大津（現富山県魚津）の城攻めの折に起きた人玉の群舞にまつわる見聞譚に筆を進める。

越中の領主・佐々内蔵介（成政）の城が寄せ手に囲まれ、もはや明日は討ち死にかと思われた。その晩のこと、城中より天目茶碗ほどの大きさの光る玉が数限りなく飛び去る光景に、包囲軍の侍たちは驚愕し、「きっと城中皆が死ぬ覚悟を決めたに違いない、人玉の群れ飛ぶさまを見よ」と目を見張った。結局、この戦さは佐々勢の降伏が認められ、命拾いとなる。その日の夜、どこからともなく沢山の人玉が城に舞い戻る姿が目撃されたという。

死の覚悟という極限状態の念が人玉の光りものに可視化され、安堵の後にふたたび主の身体に戻るところに、この話の不可思議が語られている。感情のきわみが姿かたちを顕現させる点は、のちの江戸怪談につながっていく観念の萌芽といえるだろう。いずれにせよ、戦国末期の人々の思い描いた人玉の有り様がよくわかる一例といってよい。

三　蚊帳のなか

そもそも念の発動が炎の幻視をもたらすというのは、どういうことか。写本『奇異雑談集』の上巻第五話（刊本巻一の五）に心と炎の意味を解き明かす手がかりが見出される。「久世戸の蚊帳の中に、思《ヲモヒ》の火、むねより出し事幷竜灯の事」は仏教唱導の場の解釈を施した「思ひの火」の実見譚である。

丹後の府中に鉾立の道場という時衆寺院があった。この寺の愛阿上人は信仰心の篤い僧侶として知られていた。久世戸の文殊堂に通夜する巡礼の僧俗が夏の蚊に悩まされるのを見かねて、大きな蚊帳を寄進したので、二十人、三十人の大勢の人々がその中に入って難を逃れた。上人はまさしく高徳の僧であった。

図３　『奇異雑談集』刊本巻１の５挿絵

ある夜更けに堂内で念仏する上人は、蚊帳の中の怪しい光ものに気付く。青白い炎が寝ている巡礼者の胸の上を浮遊し、少し西寄りの寝床で寝息を立てる人物のあたりで消えた（図３）。

翌朝、確かめると、光の主は僧侶であり、西寄りに伏していたのは比丘尼であった。「貴所、念をかけられ候や」と問われて、僧は手を合わせながら懺悔する。その告白は以下の通りであった。

上人の御意《ギョイ》、いつはりにてあるましく候。その比丘尼は、知人《シルヒト》にあらず。同行《トウギヤウ》にあらず、おなじ巡礼道《ジュンレイダウ》の事なれば、爰《コヽ》かしこにてみるとき、少念《セウネン》すこしうごき候。此道《ミチ》なるゆへに、べちなる儀あるべからす。少念うごく事ありて、むねの火《ヒ》とあらはれ候や、じこむいご、その心得をなして、截断《セツダン》すべく候。御しらせ、ありがたく、たっとく存《ソン》し候。しかしながら文殊《モンジュ》の御りしゃうと存し候。[9]

同じ蚊帳に男女を混ぜたことが思わぬ事態を引き起こしたのである。男の深層にうごめく情愛の小念が、胸の炎と化して比丘尼の身辺にすり寄る。事情を察した上人は、いま一張の蚊帳を寄進し、男女の寝どころを別々に分けた。この一件について『奇異雑談集』の編者は付言して言う。

予《ヨ》、はかるに、文殊堂《モンジュダウ》、霊地《レイチ》なるゆへ、また上人しん〴〵なるゆへ、むねの火あらはれ見えたり、と。

魔が差したのであろうか、聖地をめぐる巡礼僧の性の少念が眠る比丘尼を求めて青白い火の玉を発する。邪淫のうごめく瞬間を捕捉することができたのは、ひとえに霊地・文殊堂の功徳によるものであり、また愛阿上人の堅固な信仰心がなければ、僧の愛念は誰知らぬままになったに相違ないと仰ぎ見る。編者の文末評言には、信仰世界への素朴な驚きがにじみ出ている。

ちなみに、炎の力が真実を見抜く話は、『奇異雑談集』下巻の「塩屋、火炎の内より狐をみる事」にも見出され、炎の力で妖狐の正体を暴く霊験が紹介されている。[10]章末に真言宗の護摩木の由来とともに、禅法にいう「三世の諸仏、火炎上におひて大法輪を転ず」の文言を引く。あるいは編者の周辺には、火焔の教義的な解釈に関する知識が用意されていたのかもしれない。

ただしその一方において、教義や仏教学のレベルとは別に、文殊堂の奇談のきわだつ特色は、上人によって白日の下に晒された「真実」が、聖地巡礼の僧に萌した邪淫の心魂であった点にある。青白い炎の正体は、比丘尼への情欲に他ならない。

さらにまた、『奇異雑談集』は上巻第五話のほかにも、生者や死者の怒りが炎となって身体の外に放たれる奇談を載せている。上巻第六話「興福寺の中にて黄昏《タソカレトキ》に女人の身、青火《アオキ》にもえし事」、上巻第七話「作善《サゼン》の斎会《サイエ》に僧衆中、酒をのめるとき位牌《イハイ》の霊魂《レイコン》喝食《カシキ》かたち現じて火炎《クハエン》もゑし事」は、いずれも瞋恚の妖火の目撃譚である。心の激しい動きと炎の連鎖に格別の関心が示されている。そのような類型に引き比べてみても、丹後文殊堂の話が突出するのは、そこにコントロール不能に陥った性愛のモチーフが加わり、比丘尼に向けられた執着の粘性が炎と燃えあがって、聖なる堂宇の闇を照らす点にある。遠い夏の一夜、雑魚寝の蚊帳は破戒と性愛の悪所と化すのであった。

四　心をうごかし念をむすぶ

情欲の主体が女人である場合、炎の表象は蛇身の妖姿に置き換わり、にわかに怪異の色合いを帯びるようになる。『奇異雑談集』には、上巻第八話「戸津坂本《トツサカモト》にて女人、僧を逐《ヲツ》てともに瀬田《セタ》の橋に身をなげ大虵《タイジャ》になりし事」のように、道成寺縁起を髣髴とさせる話が見受けられる。本章の冒頭は、「ある人のざうたんにいはく、女人のしうしん、たちまちに虵となる事まのあたりみし也」の一文で始まる。いわゆる女人蛇体のテーマがこの話の中心に置かれていることは間違いない。

一方、瀬田の橋の雑談に続く上巻第九話〜十二話は、蛇になる女の説話であるばかりか、性愛の念の発動が人を大蛇に変ずる禍禍しさに一話の主題を置く点において、久世戸文殊堂の蚊帳の奇談と同質の性愛観に支えられている。性と怪異の混交が、仏教の女人罪障思想と共鳴しながら、江戸怪談の主要テーマに収束していく道程を詳らかにしようとする際、『奇異雑談集』のこれらの章段の位相は、格別の意味を持つことになる。ことに、上巻第十二話「高野《カウヤ》の鍛冶《カチ》、火をもって虵の額《ヒタイ》に点する事」は怪異小説への素材提供が想察されることから、江戸怪談生成の解析に直結する重要な資料といえるだろう。ひとまず上巻第九話〜十二話の四つの話の注目点を確認しておきたい。

上巻第九話「糺森《タヽスノモリ》の里《サト》、胡瓜堂《キウリダウ》の事」の梗概は以下のとおりである。

比叡山に登る街道沿いの糺の森に、独りのやもめ女が営む茶屋があった。山の小法師たちが店先の胡瓜を見て、「我が坊の和尚の一物はまさしくこれぞ」と囃し立てるのを耳にして、女は「心をうごかし、念をむすぶ」。どうにも情をおさえきれなくなり、山に帰る小法師から和尚が東塔東谷の正覚坊の住職であることを聞き出し、

図５　同②

図４　『奇異雑談集』刊本巻２の２挿絵①

七日の護摩行を頼み込み、僧を茶店に招来する。

正覚坊の僧は山を下り、翌々日より女の家で勤行に入る。祈る僧の脇から内婦が取り寄ろうとするが、まったく隙を見せない。やがて七日が過ぎ満願の日となった。叡山に帰る僧は、女のただならぬ雰囲気に、挨拶もせず家を出る。後を追ってくる内婦に気付いて足早となり、取りつく袖を振り切って走る。女も駆け出すが、迎えに来た山の衆に取り押さえられて怒り狂い、手がつけられない。やがて逃げる坊主への憎しみが異変を引き起こすことになる。

御坊ははるかに、ゆきさり給ふをみて、婦人はおほきにいかりて、けしき変じ、おそろしく、すさまじくなりて、みちのほとりの池水ありしに、とび入て、たちまちに大虵となる。

同材を扱う刊本巻二の二は、蛇体出現にいたる物語の要点を図像化している（図４、５）。

さて、大蛇が出たとの知らせが管領のもとにもたらされ、手勢により蛇は退治される。件の池を埋めて死骸を葬り、跡には石造りの小堂が建立された。人々は香華を供え、「かの婦人のしうしんあくごう、虵体変作のざいしゃう」を弔ったのであった。そこは「胡瓜堂」と名付けられ、応仁の乱の焼亡の後も石の小堂が残っていたという。

章末に津田紹長なる者が叡山で聞いたことをしるす。ここにいう「東塔のひがしだに」の「正覚坊《シヤウガクバウ》」とは、同所・正学院（『近江輿地志略』巻二七）のことであろうか。比叡山内の塔中との繋りを思わせる一群の話（上巻第一話、同第十九話の「宝幢院」など）を考慮すれば、本話もまた延暦寺に伝承された雑談のひとつであろう。いずれにしても、胡瓜堂の故事が仏教の女人観に多くを負っている点は否めない。小法師の戯れ言に欲望を覚えた内婦の邪念の蠢動に、女の執心・悪業と「虵体変作」の罪障を読み取る文脈は、その証である。

ただし、くどいほどに「心をうごかし念をむすぶ」寡婦の内奥に踏み込む叙述は、経典注釈や教義の常套句を逸脱しており、身体性をともなう性愛の怪異に限りなく近接する。いわばそれは、人の心の漆黒と肉体の変作に瞠目する奇異雑談の世界といってもよかろう。十六、七世紀の時代の転換期に〈化ける女〉の原質が頭をもたげるありさまが遠望される。

妻女の邪淫と蛇身を描く点では、上巻第十話「越中にて、内婦大虵となりて、大工をまとひし事」も、同趣のテーマを扱う。冒頭に、京都の鳥山党に属する源幸の雑談とことわる。

越中の国侍は常に家の作事を好み、腕の良い大工をなじみにしていた。侍の妻は醜婦にして、夫婦の仲も悪く、いまだ子も授からない。この女が、美男子の大工に「心をうごかし、念をむす」ぶ状態となったが、大工の方は「何心も」抱かない。ある時、亭主の留守を幸いに、大工を呼びつけ、寝所の繕いを頼む。男が部屋に入るや否や、内婦は鍵をかけて外に出られないようにする。部屋の中からは声もせず、ただ振動するばかりであったが、やがて壁を押し破るほどの大揺れが起こり、驚いた若党が天井から覗くと、薄暗がりに大蛇と化した内婦が大工を幾重にも巻いているではないか。

> 内婦、大虵になりて、中にみちたり。大工は、まとはれて、いきたるか死たるか、こゑをせす。大虵のかしらは、すみにあり、内婦のかほ、ながくなりて、口は馬のごとく、まなこは、天目のおほきさにして、かゞみのごとし、みな、二目見る事、あたはずして、とびおりて、にげさる。

この一件を知った亭主は、「この家、いまよりのち、すむべからず」として、大切にしていた屋敷を蛇と一緒に焼き払った。象徴や観念とほど遠い、ドメスティックな内婦の直情が大蛇の醜形の怖さを超える真の怪異を現出させていると言えようか。

身を亡ぼすほどの激しい情念の発露を、別の人間模様から捉えたのが、次章第十一話「越中にて両妻死して虵になりて、夫の両の手にまとふ事」である。これも源幸の実見という。

越中の山里に二人の妻を持つ男がいた。女たちは嫉妬心が並外れて強く、互いに争い、怒り罵り、割り木で打ち合うほどの憤怒のはてに悶死する。ただただ愁嘆する夫をしり目に、「両妻のしうしん変じ、両虵に現じ、夫の両の手」に纏わりついて苦しめる。昼も夜も左右から突つかれ、半年もしないうちに男の精魂が尽き果てる。

二道かけた男が、二筋の蛇に責められるというのは、「熊野観心十界曼荼羅」などの図像で知られる両婦地獄（二妻狂い図）に想を得たものであろう。『因果物語』をはじめ、近世怪異小説や勧化本に両婦地獄の教説に影響を受けた物語が散在している。[11]『奇異雑談集』の越中奇談は、その早い時期の説話とみてよかろう。

もっとも、『奇異雑談集』にこの話が採録された理由は、むしろこの章の前後に配された「念」の呪縛を描く章段との連続性にある。二人の女の言葉を失う嫉妬の妄念は、一連の〈心と怪異〉のテーマに通じるものであった。そのような説話配置の全体的な意図を受けて、次の第十二話が並び置かれることになる。

五　鍛冶の炎と「識心蛇《シキシンノジヤ》」

上巻第十二話は、女人禁制の聖地高野の山内に多くの職人が軒を並べ、麓の妻子を養う様子から筆を起こす。

ある人の、ざうたんに、いはく、高野山《カウヤサン》は、諸坊《シヨバウ》の間に諸職人《シヨシヨクニン》の在家《サイケ》、おほく、つらなって、宇《ノキ》をならぶ。女人けっかいの地なるゆへに、みな妻子《メコ》をば、ふもとの里に、をきて、私宅をかまへ、山上職商《サンジヤウシヨクアキナイ》のよけいをもって、妻子をやしなふ。五日、十日、廿日、卅日にて、ふもとにくたりて、妻《メ》の家を見まひ二日、三日とうりうして、山にかへるなり。

宮坂宥勝によれば、高野山内においては、諸坊の求めに応じて医師、儒者のほか、大工、仏師、鍛冶等の職人の居住が許されていた[12]。さらに女人禁制のため、妻子を里に残してそれぞれの仕事に従事するのが常であった[13]。その中の一人の鍛冶屋が夏の繁忙期に来る日も来る日も鞴《ふいご》を吹き、剃刀小刀を打つ折節、炉のあたりに小さな蛇が現れ、男の方に近寄ってくる。火箸で追えば去り隠れ、また現れては追われることを繰り返す。男は、炭掻き棒の先を焼いて蛇の額に押し当てた。蛇は姿を消し再び現れることもなかった。四、五日が過ぎて里に下り、家に帰ってみれば女房が病の床についている。心配して訊ねる夫に、女は「五日前の昼に、しばしまどろむ夢の中で、山の仕事場を訪ねました。炉の飛び火が額に当たり、驚いて目を覚ませば同じところに瘡ができて痛むのです」などという。指折り数えると、それは焼き鉄で蛇を追い払ったのと同じ日の同じ時刻であった。

夫《ヲット》、その日をかんがへ、時をかんがうるに、かの虵のひたひに、点《テン》ずる時と、おなし。かるがゆへに、夫、すなはち、さとれり、識心虵《シキシンノジャ》、うたかひなし、と。

ここに至って、鍛冶屋は「識心虵」の発動を悟るのであった。山上の夫を恋い慕う気持ちが夢に高野にのぼり、鍛冶屋の炉辺に蛇となって顕化したのである。また、額を焼くと同時刻に火傷を負う符合は、のちの怪異小説や勧化本にあまたの類例を生むことになる。後述の片仮名本『因果物語』はそのバリエーションとみてよい。

さて、高野の鍛冶が体験したこの奇談の最も注目すべき部分は、意識下の情愛と蛇のシンボリズムを説明するのに、「識心虵」の語を用いている点である。この言葉の背後に、『奇異雑談集』を成り立たせている宗教文化の土壌が見え隠れするように思えてならない。

「識心」とは何か。中村元編『広説仏教語大辞典』をひもとけば、「瞬時瞬間に心作用を起こす心」の意として、六識（眼識、耳識、鼻識、舌識、身識、意識）または八識となって働く心が「識心」であるとする。旧く部族仏教の説く六識に対して、唯識派はこれに「末那識《まなしき》」（深層の自我に執着する心）と「阿頼耶識《あらやしき》」（自己の心身と自然界すべてを生む根源の心）を加えた八識を説いた[14]。要するに識心の語は、五感と意識、深層の心のすべてを包括する心界ということになるだろう。

ちなみに唯識派の説く末那識は、睡眠と覚醒を問わず、常に働き続ける自我心とされる[15]。『奇異雑談集』上巻第十二話を特徴付けている夢中の愛念という発想も、あるいは唯識思想との親和性から理解すべきものかもしれない。少なくとも夢にまどろむ鍛冶の妻の身体を離れて動き回る愛念が、「識心」の語の概念に包括される仏教語の延長に発想されたことは否めない。そして浮遊する念の潜在意識に〈蛇のシンボリズム〉を結び付けたところに「識心虵」の新造語が成り立つのである。

煩悩の象徴ともいうべき「蛇」が着想されたもう一つの要因は、唯識派のいう潜在意識の負の部分ともかかわるのではないか。とくに第七識の末那識は、絶え間のない自己執着のわがままな心とされ、自己中心の我執からの脱却が求められた。[16]鎌倉期の僧・良遍（一一九四〜一二五二）は、『法相二巻抄』において、末那識によって穢れる心奥のありようを詳らかにしている。

凡夫ノ心ノ底ニ濁テ、先ノ六ノ心ハイカニ清クヲコレル時モ、我ガ身我ガ物ト云フ差別ノ執ヲ失セズシテ、心ノ奥ハイツトナク、ケガルヽガ如キナルハ、此末那識ノ有ルニ依テ也。

眼、耳、鼻、舌、身、意の六識にいくら気を付けていても、深層部分の末那識の利己性がまさると、心は汚濁してしまう、というのである。意識下の意識に対する唯識派の濁穢観を基層に推察してみれば、本人も知らないうちに、心の奥底にうごめく我執は、まさしく「蛇」の様態に同一視される邪悪な性質のものではなかったか。

そのように整理してみるとき、仏教が久しく説いてきた唯識の伝統思惟の末梢に、通俗説教の口吻に咀嚼された〈夢中の念と蛇〉の怪異が派生したと見ることも、そう難しくないだろう。「識心蚍」の発見は、このあと江戸怪談の一画を占めることになる、仏教怪異小説の原初の風景をものがたるといってよい。

さて、結界の地に妻の念が慕い来たことを悟った鍛冶屋は、山中で得た稼ぎを女房に渡して、これまでの労苦をなぐさめる。安堵の表情を浮かべる女の疵はすでに癒えていた。

妻よろこんで、おきて坐《ザ》す。額《ヒタイ》のいたみ、たちまちに、いへ、額のかさ、あとなし。けだし、心蚍《シンシャ》の変《ヘン》なるゆへに、実に、かさあるに、あらさるなり。

すべては念の仕業なので火瘡そのものが実在しないとする解釈は、「心蚫の変」の語とあいまって、この話の唯識論的な世界観を示唆する。すくなくとも本質の部分で、唯識の思惟と共振しているといってよいだろう。結局、男はこの度の変事から女の執着の深さを深く感じ取り、高野衆の雑談の場にて耳にした偈句を思い起こす。

女人は、ぢごくの、つかひなり、よく仏種子をたつ、外面は、ぼさつに、にたれども、内心は夜叉のごとし、と云々。

偈句の趣意をかみしめた男は、女房との離別と発心を決意し、心蚫の変の顛末をすべて妻に打ち明けた。ともに遁世を望む妻を家に残して、男は独り高野にのぼり、道心堅固の法師となって二度と俗界に戻らなかった。「あくごうのいんゑむ、すなはち、ぼだいのくはほうとなるものなり」（悪業の因縁、即菩提の果報となるもの也）と上巻十二話は引き結ぶ。

全般に仏教説話臭のただよう結末であるものの、経典教義の正しい知識に比べてみれば、『奇異雑談集』編者の叙述やものの考え方は、学問僧（例えば高野山学侶方）のレベルとは異なる階層の唱導僧の常套表現に近いように思われる。より民衆に近い説教の徒の参与を匂わせるといってもよい。学識の深さよりも修行の場に直結する分かり易い言葉を重んじる集団の関与が、『奇異雑談集』の説話の周辺に想像されるのである。そうした観点から、いま一度上巻第十二話の表現の細部に分け入ってみたい。

六　『奇異雑談集』の語り手

例えば「女人は地獄の使い」以下の定型句の援用は、『奇異雑談集』の語り手を想像するための手がかりとなる。この偈句の初出は、十三世紀の『宝物集』であるが、同書が出典としてあげた「涅槃経」には見当たらず[17]、正統的な経典教学の埒外に散開した安居院流の法席などに通用される常套句と考えられてきた[18]。経典注釈の事例にそって、この点を確認してみよう。

存覚の『女人往生聞書』（元亨四年・一三二四成立）の場合、「唯識論に曰はく」として「外面如菩薩、内心如夜叉」の偈を紹介する。一方、その注釈書である近世勧化本になると、南溟の『女人往生聞書鼓吹《くすい》』（享保十六年・一七三一刊）に見るように、出典のちぐはぐさが目に付く。すなわち南溟版は「唯識論ニ此文ナシ、宝積経ノ文ナリ」とするが、こちらも元の経典に行き着けない。唱導僧の間の混乱はこれに止まるものではなかった。かような状況は、かえってこの偈句の通用性をものがたるのではないか。女人教化のための常套句を声高に唱えて、衆庶の信心を喚起する。そのような通俗説教の徒を、この種の偈句の伝播者に想定するのが、布教の場の現実に最も近いのではないか。

じつは偈句の広汎な流伝の行き先には、「女人は地獄の使い…外面如菩薩」云々の定型句を作中に読み込む怪異談の生成が遠望されることになる。それらは中世から近世のお伽草子、古浄瑠璃、仮名草子といった広範囲のジャンルにおよんでおり、偈句と女人の悪業を一体化して語る類型的な文芸作品群の登場といえるものであった[19]。

その中には、仏教色の濃いお伽草子『磯崎』や古浄瑠璃『嵯峨釈迦御身拭《おみぬぐい》』などに混じて、女訓物仮名草子の『本朝女鑑』（寛文元年・一六六一刊）なども見受けられ、市井の婦女たちに向けた倫理道徳の警句に偈句が転用されているのが分かる。「外面如菩薩、内心如夜叉」は、深遠な仏教哲学の語彙を離れ、儒教の倫理観に根差して女の本性をうがつ世話やことわざの類に変遷し、近世社会にあまねく機能していく。

かような俚諺化、世俗化の兆候は、早くも中世から近世初頭の法席に萌した、仏教唱導の大衆化と深くかかわるものではなかったか。かつて筆者は、近世怪異小説の女霊描写に頻出する「繋念無量劫」（限りなく深い執着の意）の定型句を取り上げ、〈「仏教」のようなもの〉と評したことがあった。[20] それは、教義修学よりも民衆相手の布教を優先する唱導僧の日々の営為の所産といってよい。「女人は地獄の使い」「外面如菩薩」云々の偈句において、俚諺化の原因は庶民仏教の隆盛と連関している。

民衆への教化と説法の場を重んじる唱導僧の説話理解は、とりもなおさず『奇異雑談集』所収奇談の特性に映し出されている。上巻第十二話の場合、発心遁世の結末は、たしかに仏教説話の伝統を踏まえた筆法といえるだろう。ところが一話の評釈に仏教学の知見や教義解釈を差し挟むわけでもなく、「高野衆のざうたん」に引き比べて俗耳に親しい偈句を列挙してみせる。そうした叙述態度は、奥深い唯識の世界を誰にでもわかる類の奇談に置き換え、分かりやすい教戒を語る作意と方便に支えられている。

経典、教義の委細な解釈は捨象し、念の発動そのものに焦点を合わせる奇談語りの口吻は、『奇異雑談集』のみならず、その周辺に同工異曲の話材を携えて歩いた唱導僧の布教営為を想像させる。すなわち鍛冶の妻女にまつわる念と蛇の因縁が、鈴木正三の片仮名本『因果物語』（寛文元年・一六六一刊）にも採録されていることは、説話伝播の全体像を浮き彫りにしている。片仮名本下巻十八「女ノ魂、蚰卜成、夫ヲ守ル事」の第一話に注目してみよう。[21]

江州《ガウシウ》大津《ヲヽツ》、加賀蔵《カガクラ》ノ前《マエ》ノ鍛冶《カヂ》与兵衛《ヨヒョウエ》、加賀《カヾ》ノ城焼《シロヤケ》タル時《トキ》、釘作《クギツクリ》ニ行《ユキ》ケル処《トコロ》ニ、虵《ヘビ》、三度《サンド》来《キタツ》テ、与兵衛ヲ守《マモリ》居《イ》ル処《トコロ》ヲ、何ニト無《ナ》ク、焼釘《ヤケクギ》ヲ虵ノ頭《カシラ》ニ当《アテ》ケレバ、虵去《ヘビサリヌ》。其時節《ソノジセツ》、大津《ヲヽツ》ニテ、鍛冶《カヂ》ノ女房《ニヨウバウ》ワット云《イフ》。何事《ナニゴト》ゾ、ト、問《ト》ヘバ、何者《ナニモノ》ヤラン、額《ヒタヒ》ニ焼鉄《ヤキガネ》ヲ当《アテ》タリ、ト、云《イフ》。額《ヒタヒ》ノ焼迹《ヤケアト》、後迄有《ノチマデアリ》。要津和尚《ヨウシンヲシヤウ》、此女《コノヲンナ》ヲ見給《ミタマフ》ニ、懺悔《ザンゲ》シテ語《カタル》也。慶安元年《ケウアンクハンネン》ノ比《コロ》、六十余《アマリ》也。

所を近江国とし、慶長年中、要津和尚の見聞とする相違はあるものの、話の骨子は『奇異雑談集』の鍛冶の話と同材であり、額の疵を証拠とする女房自身の懺悔譚に説話の方向性を転じたものとみて差し支えないだろう。

二つの類話の関係は、直接の出拠といった種類のものではなく、念の化現にまつわる類型パターンの唱導話材と考える方が至当であろう。こうした着想の説話が成り立つ根源に、唯識に見るような深層意識の働きを蛇のシンボリズムに具象化し、平易な物語の一景に組み込む同時代の説話の拡散と、その担い手となった民間説教僧の広汎な活動を思い浮かべるべきではないか。かつて今野達は中世の回国聖を仲立ちとして伝播した宗教説話と近世怪異小説の関係を論じて、古態の「回遊譚の怪異性」をもとに浅井了意らの江戸怪談が生み出される構図を示した。[22] そのような文脈から『奇異雑談集』の担い手に高野聖や時衆の回国僧の介在を想起した今野の視点はダイナミックで魅力的である。ただ、戦国の世が終わり、江戸の平和が訪れる十七世紀ともなれば、遊歴教化の旅の宗教者とは異なる近世唱導の徒が巷にあふれ、仮名草子や勧化本の刊行により新たな説話圏の拡散が起こる。中世的な遊行説話と大衆化した街の宗教メディアの落差が十七世紀以降の江戸怪談を特徴付ける点を視野に入れなければ、近世説話の全貌は捉えきれないだろう。

『奇異雑談集』や『因果物語』に採録された女の愛執と夢中の蛇の奇談が、このあと怪異小説の諸作に豊饒な江戸怪談の世界を生み出していくのはその証左ではないか。『奇異雑談集』に始まる怪異談の萌芽に、重ねて留意するとともに、唱導から文芸への遷移の実像に話をすすめたい。

七　近世勧化本にみる夢と念

『奇異雑談集』上巻十二話を中心に、念の発露と蛇身の形象化について考究を加えてきたが、いま一つのテーマとして、「夢」にまどろむ心魂の浮遊を説話の要諦に組み込む基本的な話の構造に気付かされる。本文に「夢のたましゐ山にゆき、虵体の変現をなすは、是、夫にそはんとおもふゆへなり」とみえ、男に対する愛念が睡眠中の女房の肉体からあくがれ出て蛇の姿に変作したことを強調する。「心虵の変」は「夢」の設定を得て生起したものであった。そこには意識下の深層と夢の連関をめぐる問題が潜んでいる。のちの近世勧化本が、夢と心魂の説話に関心を示したことは、この種の話の仏教説話としての普遍性を示すだろう。

例えば真言律の普及に尽力した蓮体（一六三三～一七二六）は『礦石集《こうせきしゅう》』（元禄六年・一六九三刊）の巻三の二十「大坂ノ女生身ニ人ノ妻ヲ噉殺《クヒコロ》セル事」に睡眠中の心魂が引き起こす霊異数話を紹介する。すなわち眠る女房の恨みが恋敵の喉笛をかみ切った生霊譚に続けて、第二話は恋人に逢いたいと思う女の恋慕の念が暗夜の怪火となり、相手を迎えに出た話である。[23]

　又、河内《カハチ》渋河郡《シブカハゴホリ》久宝寺ノ人、平野《ヒラノ》ニ妾《メカケ》ヲ蔵《カク》シ置《ヲキ》テ夜々通《ヨナ〳〵カヨ》ヒケルニ、或夜《アルヨ》、用事多《ヨウジオホ》クシテ夜半《ヨナカ》マデニ行《ユ》クコトヲ得《エ》ズ。丑《ウシ》ノ上刻《コク》ニ平野へ行《ユク》ニ、前《マヘ》ヨリ挑燈程《テウチンホド》ノ火《ヒ》来レルヲ見《ミ》ル。人ノ来《キタ》ルカト思《オモ》フニ、石橋《イシバシ》ノ処《トコロ》ニテ行合《ユキアフ》タレバ、即《スナハ》チ消《キヘ》テ見《ミヘ》ザリケリ。狐《キツネ》ノ火ニヤアルラント思《オモヒ》テ、終《ツイ》ニ彼《カ》ノ妾《セフ》ガ家《イエ》へ到《イタリ》テ、常《ツネ》ノ如《ゴト》クニ臥《フ》シケレバ、妾語《セフカタツ》テ曰《イハ》ク、今夜《コヨヒ》ハ君《キミ》アマリニ遅《ヲソ》カリツルマヽ、待疲《マチツカ》レテ眠《ネム》リタル夢《ユメ》ニ久宝寺へ迎《ムカヒ》ニ行《ユキ》ケルガ、石橋《イシバシ》ニテ君ニ逢《アフ》テ嬉《ウレ》シクテ帰《カエ》ルト見《ミ》シ。夢《ユメ》モ能《ヨ》ク圓《アフ》モノナリト語《カタ》リケレバ、男《ヲトコ》、身毛竪《ミノケタチ》テ、彼《カ》ノ火《ヒ》ハ即《スナハ》チ妾《セフ》ナリト覚《サトツ》テ、其《ソ》ノ後《ノチ》ハカレ〳〵ニナリテ、終《ツイ》ニ通《カヨ》ハザリケリ。是亦《コレマタ》、執心《シフシン》ノ深《フカ》キ故《ユヘ》ナリ。

待ちくたびれて眠る妾女の恋の執着が、提灯ほどの大きさの怪火となって夜更けの道端に現れる。夢の符合を口にする女に、男は気味の悪さを覚えて二度と妾宅へは行かなくなった。この奇聞を受けて、編者の蓮体は密教学の立場から怪火の正体に解釈を与えるのである。

又、心《シン》ノ蔵《ザウ》ハ火《ヒ》ヲ主《ツカサド》ル。密教《ミツケウ》ニ、悉多《シツタ》、心《シン》ハ白色円形《ビヤクシキエンキヤウ》ト建立《コンリフ》セリ。サレバ夢《ユメ》ハ、独頭《ドクヅ》ノ意識《イシキ》ノ所為《シヨイ》ナレバ、夫《ヲツト》ヲ思《オモ》フ第《ダイ》六意識《イシキ》、独《ヒト》リ行《ユキ》シハ、火ニ見《ミヘ》タルモ理《コト》ハリナリ。是《コレ》、白色円形《ビヤクシキエンギヤウ》ノ能《ヨ》キ證拠《シヨウコ》ナリ。又、人《ヒト》魂《ダマ》ノ飛《トブ》モ白色《ビヤクシキ》ノ物《モノ》ナリトイヘリ。是《コレ》モ亦同《マタヲナ》ジ意《コヽロ》ナリ。

悉多（釈尊）の言に、人の心は白くて丸い形とあることを踏まえ、男を待つ女の心が「心ノ蔵」の火に見えた、というのである。さらに六識の六番目にあたる「意識」が、眠る間に体を抜け出して炎と燃え上がったものが、蓮体の言う平野の里の人魂譚の解釈である。

夢を「独頭の意識」と定義することは、密教のみならず、唯識派の言説にも認められる。すなわち「眼、耳、鼻、舌、身」の感覚器の五根をともなわない夢中の意識は、「独頭」に分類され、目覚めている時とは異なる心的様態に位置付けられた（『総合仏教大辞典』等）。自分では気が付いていなくとも、独頭の意識の発動により逢いたくて仕方のない恋人への執着心が夢の中で頭をもたげるのである。その時の形は丸い炎の形状をしている。世俗に言うところの「人玉」である。『礦石集』の言説は近世仏教の考える夢中の念の教義的理解を教えるものとみてよいだろう。[24]

八　怪異小説への変容

『奇異雑談集』から近世勧化本へと展開する人魂奇談の系譜は、やがて十七世紀後半の怪異小説に至り、異なるまなざしの怪異談に話の性質を転換することになる。

京都の俳諧師にして出版書肆の主人でもあった西村市郎右衛門（俳号未達）の奇談物浮世草子『新御伽婢子』（天和三年・一六八三刊）巻五の六「一念闇夜行《いちねんあんやにゆく》」に次のような話が見える。

周防の国の安次郎には、毎夜通う隣村の恋人がいた。ある雨の暗い晩、村境の坂の途中で鞠ほどの大きさの火の玉に行き逢う。前に後ろにと、怪火は男に纏わりついてくるが、やがて女の家に着くと、いずこかに消え失せる。部屋の中では娘が悪夢にうなされ汗まみれになっていた。[25]

いかにと問《とへ》ば、こよひ待宵《よひ》過て君の遅《をそく》をはするいかにや、若《もし》、御心ちなど例《れい》ならでかゝるにや、と、覚束《おぼつか》なさの余《あま》り、道迄《みちまで》出立、恋の山路《ぢ》に分《わけ》のぼり、坂《さか》の半《なかば》行と思へば、其かたさまに逢《あひ》参らせ、打つれて帰ると思へば、御音なひに夢さめたり。あら足たゆや、あつや、といひて語《かた》る。男、是に驚、扨は、とおもひ

図６『新御伽婢子』巻５の６挿絵（古典文庫441）

あはすれども、さらぬていにもてなし、おそろしき心身にそみければ、此後虚病《そらわづらい》にかことして、かよはず成とかや。

男は情愛の深さに驚くとともに娘の心魂離脱に恐怖を覚え、仮病をよそおい恋人を遠ざけてしまう。話の構造じたいは『奇異雑談集』以来の人魂譚の亜型であり、前述の『礦石集』との間には、女の情念に対する恐れと男の拒絶を含めて話の共通性を見せている。

ところが、『新御伽婢子』においては発心懺悔の宗教的な大団円もなく、心魂の教義解釈も必要としない。むしろ本作の特徴は、人玉の怪異を語り、女の強い恋心を疎ましく思う男の逃亡を綴る所にある。いわば、好色奇談への傾斜を露わにする作柄であった。言を換えていうなら、男と女のすれ違いを描く好色物のステレオタイプが、怪異談の中に混在するといってもよいだろう。

『新御伽婢子』の創作性と文芸志向は、表現のテクニカルな工夫の痕跡にもうかがえる。西村版の俳諧付合語集『小傘』（元禄五年・一六九二刊）は俳諧連句の言葉の連想を集めた辞書であり、西村本怪異小説のストーリー展開を語彙レベルのイメージ連想から分析しうる手近な資料である。これを援用して「一念闇夜行」の筋立てに当てはめてみると、次のような連想パターンから周防の国の怪火奇談が構成されているのが分かる。

夢―待夜《マツヨ》

火―人魂《ヒトダマ》

坂—汗《アセ》

待つ宵の女の心根が夢中で火と燃えて、村境の坂に化現する。まどろむ女は汗にまみれている、といった具合に、作品の細部を連句の連想になぞらえて創出しているのがみてとれる。俳諧師による怪異の作り方が判然となる一例といえるだろう。そのような表現の妙味にこだわることは、近世町人文芸の基本でもあった。江戸怪談の文芸志向が『新御伽婢子』の一話を通して判然となる。明確な創作の意図に根差す点において、奇談もの浮世草子の人魂譚は、仏教説話に似て非なるものとみてよかろう。

さて、唯識論を源とする夢と念にまつわる仏教説話の流れは、およそ十七世紀の後半に至り、男と女の恋の魔境を描く江戸怪談らしい物語の世界に姿を変えていくことになる。『奇異雑談集』と怪異小説の間に生じた方向性の落差は、上巻第十二話との出典関係が指摘されている『宿直草』巻三の十一「幽霊偽りし男を睨ころす事」[26]の場合にも同じことがいえる。

津の国茨木の商人が越前の問屋の下女と夫婦の約束を交わす。しかし男は国元に女房を持つ身であった。本宅で正月の祝宴をする男の前に、季節外れの蛙がはい出る。不吉な思いから火箸を使ってこれを焼き殺す。やがて雪の季節が過ぎ、ふたたび越前に下ると、下女は正月のあいだに急死したという。しかもその日は蛙を殺めたのと同じ日時であった。「さてはあの女の魂であったか」と悟って哀れに思い、寺に供養の銀子を預けて茨木に帰る。その年の九月、夜も更けたころ、家の裏手の畑に白装束の亡霊が現れ、眼光鋭く男をにらみつける。男は、騙した下女の霊魂に祟られて命を失う。

如何に愚かの女なりとも、口のよき男、賢顔《かしこがお》に誑《たら》すべからず。正直に思ひ入る一念さりとは恐し。繋念無《けねんむ》量劫《りょうこう》、いかが贖《あがな》はんや。[27]

本章の末尾には右の教訓が添えられ、「繫念無量劫」の常套句で締めくくる。一見、『奇異雑談集』上巻第十二話の類話のようでいて、『宿直草』の文芸志向は歴然としており、意図的ですらある。そもそも越前と茨木を行き来する男の、二道かけた「賢顔」と、幽霊の復讐という構図そのものが、同時代の怪異小説に散在する好色奇談のバリエーションであって、唯識的な人魂譚の世界とは異なる娯楽作品への変容を示している。話のフレームは類似していても、物語の中心テーマは明らかに乖離しているのである。

原作の読み直しは怪異小説の間においても著しく、新たな趣向の獲得に奔走する江戸怪談作者の工夫が見出される。たとえば『宿直草』巻三の十一の場合は、宝永二年（一七〇五）刊の怪異小説『御伽人形』巻一の五に翻案されていく。[28]『御伽人形』では、二人妻の人間模様と下女の復讐をすべて省き、数百里の彼方に現れ出た念力の不可思議に一話の中心テーマをすり替えている。だからといって、そこに唯識哲学の深遠な解釈を差し挟むわけではなく、『宿直草』の意識的な改変の末に、新たな奇談を作り出そうとした結果に過ぎない。自在に先行作品のプロットを差し替え、同じ題材に新たなテーマを導入して読者の好奇心に訴える。怪異小説の諸作においては、新趣向の追求が作品の生命となるわけである。そこに江戸怪談の創作世界の特性を垣間見ることができるだろう。

『奇異雑談集』に立ち顕れる唯識世界の説話化と大衆化現象は、およそ百年の時代変遷ののち、江戸怪談を主役とする新たな創作文芸のステージに移行することになる。いわばそれは、仏教から怪談への大きな潮流の文化史的な変化を意味するといってよいだろう。仏の示す心の宇宙は、ここにきて人間世界の心と行動の魔界へと姿かたちを変えて行くことになるのである。

注

1. 高田衛は写本『奇異雑談集』の編集、成立を明暦・寛文（一六五五～一六七三）のころとする（『江戸怪談集』上巻解説、岩波文庫、一九八九）。
2. 吉田幸一は『奇異雑談集』の編者を学識ある東寺の真言僧とする（近世文芸資料3『近世怪異小説』古典文庫、一九五五）。『漢和希夷』との関係、作者説の概観については冨士昭雄「『奇異雑談集』の成立」（『駒沢国文』九号、一九七二・五）。近年では今枝杏子「『漢和希夷』の再検討」（『仏教文学』三三号、二〇〇九・三）が資料の細部にわたる検討を試みている。
3. 中村幸彦「肥前島原松平文庫」（『文学』一九六一・一）。
4. 目加田さくを「奇異雑談集の語彙について」（『文芸と思想』一九五五・七）。
5. 注2の冨士論文、および太刀川清「奇異雑談集成立考」（信州大学『かりばね』創刊号、一九六二・二）。『奇異雑談集』の諸本については朝倉治彦・深沢秋男編『仮名草子集成』二十一巻に書誌情報の詳細が備わる。
6. 山田雄司「生と死の間―霊魂の観点から」（小山聡子、松本健太郎編『幽霊の歴史文化学』思文閣出版、二〇一九）。
7. 高田衛編『江戸怪談集』上巻（岩波書店、一九八九）解説。
8. 本文引用は注7の『江戸怪談集』上巻による。
9. 本文引用は『仮名草子集成』第二十一巻（東京堂出版、一九九八）による。挿絵も含め以下同。
10. 本章は中国の『法苑珠林』から翻案したものという（注2の冨士論文参照）。
11. 堤邦彦『近世仏教説話の研究』第二部第一章Ⅱ「妬毒と発心の説話類型」（翰林書房、一九九六）。
12. 宮坂宥勝編著『高野山史』（高野山文化研究会、一九六二）。
13. 日野西眞定「高野山の女人禁制上」（『説話文学研究』二七号、一九九二・六）。
14. 多川俊映『唯識入門』（春秋社、二〇一三）。
15. 注14の多川論考第一章「心の構造」、および第六章「利己的にうごめく深い自己―心の潜在的な領域2」。
16. 注15に同じ。
17. 古本系『宝物集』は「涅槃経」を出典とし、改変本系は「華厳経」によるとする。「華厳経」出典説はこのほか『日蓮遺文』に見える。
18. 田中貴子『〈悪女〉論』（紀伊國屋書店、一九九二）。
19. 例えば天正元年（一五七三）の奥書をもつ『道成寺縁起』（和歌山県道成寺蔵、『絵解き台本集』所収）は、蛇体の女人の物語を評して、「女人地獄使」云々の偈を引く。また古浄瑠璃『あふひのうへ』にこの偈句の芸能化の事例がみられる。

20. 堤邦彦『女人蛇体―偏愛の江戸怪談史』第五章「偏愛奇談の時代」（角川書店、二〇〇六）。「繋念無量劫」の成句が西鶴の浮世草子に展開した事例については、堤邦彦「『懐硯』巻三の三　気色の森の倒石塔」（国文学解釈と鑑賞別冊『西鶴　挑発するテキスト』至文堂、二〇〇五）。
21. 本文引用は『仮名草子集成』第四巻（東京堂出版、一九八三）。
22. 今野達「遊士権斎の回国と近世怪異譚」（『専修国文』二四号、一九七九・一）。
23. 本文引用は国立国会図書館所蔵本による。
24. 他宗派の解釈としては、浄土宗の松誉巌的編『浄土無縁引導集』（正徳三年・一七一三刊）に「魂ハ心作用」であり、命ある間も遊行する魂魄のあること、睡眠中には「大母指ノ爪ノ白キ処」より魂が出入りすることをしるす（巻二の十四「魂飛之説」）。
25. 本文引用は湯沢賢之助編『新御伽婢子』（古典文庫四四一、一九八三）による。
26. 潁原退蔵「近世怪異小説の一源流」（『国語国文』一九三八・四）など。
27. 本文引用は、新編日本古典文学全集『仮名草子』（小学館、一九九九）による。
28. 堤邦彦『江戸の怪異譚―地下水脈の系譜』第二部第二章Ⅰ「御伽人形考」（ぺりかん社、二〇〇四）。

Ⅳ　幽霊の遺念――僧侶必携マニュアル

一　何ゆへこゝへ来りしぞ

深窓の娘・お園が愛する夫と生まれたばかりの子供を残してみまかる。しばらくするとお園の幽霊が影のごとくにあらわれて「箪笥」のそばに佇むようになる。高名な禅僧・太元が呼ばれ、娘の迷いのもとになった手紙の束を焼き捨てる方法で亡魂を得脱させる。じつはお園は、人知れず不義密通の罪を犯していた。手紙は動かぬ証拠だったのだ。

吉文字屋版の奇談浮世草子『新選百物語』（明和五年・一七六八刊）の巻三の三「紫雲たなびく密夫の玉章」は、純朴そうな娘の秘密をめぐり、隠し男の筆の跡が気にかかって浮かばれない死者の妄念と、その原因をつきとめる高僧の機知に言いおよぶ。小泉八雲の「葬られた秘密」の原典として研究者の目をあつめた一編である。

この世に舞い戻った娘を目の前にして、両親は「何ゆへこ、へ来りしぞ」と戸惑い、夫や子供への未練かと、さまざまな仏事を執り行い、さらに箪笥の中の衣類・道具が気になるのではあるまいかと、これもすべて寺に納めたが、いっこうに効き目がない。話の前半は幽霊が現れた理由がとんと分からず右往左往する家族の困惑を描き出している。

死者の遺念が引き起こす妖異そのものは、すでに近世初期の怪異小説や勧化本に類型を見出すことができる。現世への断ち切れない未練の原因は、幼い子に対する愛情であったり、蔵にあふれる家財、金銭を惜しむ心で

図１　『新選百物語』巻３の３挿絵

あったりと、バリエーションに富むものであった。

一方、『新選百物語』巻三の三は、亡き娘の成仏を妨げる原因が秘められた艶書にある点で、一連の遺念譚とのあいだに温度差をみせている。人目憚る不義の証拠が気がかりで浮かばれない幽霊という『新選百物語』のテーマにそくしていえば、むしろ本章の類話にかぞえられた『耳嚢』巻之三「明徳の祈禱そのよる所ある事」との関連[1]が浮き彫りになるだろう。話の基本構造をみるかぎり、両者のあいだに大きな違いはない。『耳嚢』の方は次の奇談をしるす。

裕福な家の娘が亡くなる。たびたび幽霊となって座敷の隅にあらわれるので、両親は中有を迷う我が子の姿に嘆き悲しみ、そのころ「飯沼の弘経寺」（現茨城県常総市）に居た浄土僧・祐天上人に救いを求める。

娘は日によって出る場所を変えたりするのか？

いえいえ、いつも同じ座敷にあらわれまする。

家人との問答から幽霊出没の一間《ひとま》を特定した祐天は、梯子と火鉢を用意させて、くだんの座敷に籠り、一心に経文を唱える。こうして天井裏に隠してあった夥しい数の艶書を見付け出すと、それらを火鉢の火に投じ、すべてを煙に変えた。「此《この》後必ず来る事有《ある》まじ」との上人の言葉のとおり、幽霊は二度とこの世に舞い戻ることがなかった。

この話は、累《かさね》怨霊の鎮魂で名高い祐天の法力譚のひとつとみてよい。『古今犬著聞集』などの奇談雑筆には、累のみならず、荒ぶる憑霊を得脱せしめ、難産に苦しむ女房の身を念仏の効力によって救う祐天の法徳がつぶさに語られている。高田衛の指摘する「悪霊祓い師《エクソシスト》」としての祐天の物語が、[2]巷間の風説となって四散していた。ことに近世中後期の江戸市中においては、祐天の自筆名号や数珠の利益が門派寺院の縁起に組み込まれて民衆の信仰心を喚起した。[3]後章（第八章Ⅲ）に取り上げる江戸七地蔵のひとつ専称院（現板橋区）の水死者供養、産女済度の「幽霊観音像」縁起などは、名号の効験と重ねて説かれたものであった。『耳嚢』にみえる艶書焼却の因縁もまた、神異僧・祐天をめぐる聖なる俗伝にほかならない。

もっとも、文化十一年（一八一四）の編述とされる『耳嚢』の一話をもって『新選百物語』の素材を論じるのは、従来の典拠論的な見方からいえば、たしかに無理があるかもしれない。成立年代の順が逆になる、からだ。一方、遺念のこもる品を処分する呪法が、近世の僧坊、例えば祐天を輩出した浄土宗門の内部にひろく共有されていたとしたらどうであろうか。時系列解析と書承関係にこだわる典拠論の視点だけでは見えてこない、作品周辺の宗教環境を再現することは、じつはそう難しくない。

いま対象にしている二つの艶書譚が、いずれも人には見せられない玉章の存在に思い悩む亡き娘と、手紙を焼く方法により死者の遺念を取り除く高僧の法力というモチーフを主軸とすることは、話の地下水脈を形成した近世唱導の浸透力を想像させる。そもそも、亡者の引導に並外れた法徳を示す高僧をめぐる両者のテーマの重なりは、この種の説話の基層となった唱導の場の現実を思い描かなければ理解に至らないのではないか。遺念を除く儀礼じたいを指南する宗門内部の布法マニュアルの伝存は、そのことを証明する一等資料であった。葬送の場において導師の僧はどの様にして死者を弔ったのか。あるいは艶書はいかにして処理されたのか。

二　密ニ焼キ捨ツベシ

中世から近世の僧坊において、一寺の住職たる者が心得おくべき諸事を簡略にしるした布法マニュアルが編まれ、門派末寺のあいだに普及した事実は、例えば曹洞宗寺院に秘蔵された葬送関連の「切紙」や「伝法書」の研究により、かなりの部分が明らかにされている。[4]

ことに近世期の庶民層の弔祭供養にまつわる葬式指南書は、「無縁」の語を冠する書物にまとめられており、『浄土無縁引導集』（松誉巌的編、正徳三年・一七一三刊）などの普及版刊本さえ出回っていた。[5] 無縁本の編著は真言宗、禅宗、浄土宗、真宗といった複数の宗派にまたがっており、葬儀を通して寺と民衆が結びつく様態をつぶさにものがたる資料となっている。在家信者に向けた布教が前代にもまして活況を呈した近世の仏教界において、一般庶民の葬儀は、招福除災の加持祈禱とともに欠かすことのできない主要な役目になっていた。檀家の現世利益的な希求に応えるためにも、葬儀の折の知識が必要とされたわけである。無縁本の編述が求められた理由は、ムラ・マチの寺僧をとりまく時代の状況を反映したものであった。

江戸中後期の葬式仏教の普及を背景に編まれた『浄土名越派伝授抄』（比丘賢道編）は、先行する無縁本を踏まえて、死者の念をいかにして封ずるか、あるいは遺族はどのような弔いをすべきか、という諸々の点を具体的かつ実践的に記載した布法の書であった。本書は江戸小石川の源覚寺（現文京区、通称こんにゃくえんま）の所蔵本で、天保五年（一八三四）の識語をもつ全五十四丁写本一冊である。[6]

全十二章のなかには、死者の末期の扱い方を述べた「臨終ノ悪相ヲ静ムルノ伝」、葬送時の魔払いに関する「火車之相現ズル大事」、産死婦の冥苦を取り除く「懐妊ノ者葬ル大事」といった項目が見受けられ、弔祭の現場に直接かかわる内容にこと欠かない。野辺送りの折の火車封じ呪法・呪具や妊産婦の弔いに関する手引きには、曹洞宗総持寺派を中心に編纂された葬送関連の「切紙」[7]にも相通じるテクニカルな儀礼の要諦が示されている。導師必携のマニュアル本といってよいだろう。平易な片仮名表記によって檀家、信徒を前にして寺僧がなすべき諸事と、この世に残された者への精神的ケアが微細に記されている。

それらの条目の中で特に「幽霊とは何か」を的確に説明した「亡魂往来之大事」の条は、近世浄土宗の僧坊に根をおろした霊魂観のありようを詳細に伝えるものであった。迷魂浮遊の真の原因を生前の物欲や夫婦のあいだの恋情に結び付けて説く唱導僧の語り口が随所に見て取れる点は、民衆の要望に応える僧侶の立場を示唆する点からも注目してよかろう。

親族の幽霊をみた、といって怯える檀信徒への対応をめぐり、「亡魂往来之大事」は以下のように指南する。一度死んだ者が姿をあらわすことなどない、とひとまず合理的に諭して聞かせる。それでも効き目がない時は、在家の不安を除く便法として、経文を書いた護符を門口に立て、亥の刻（午後八時ころ）を選んで死者の法名を唱え、「南無阿弥陀仏」の名号を授ける。ここまで弔祭をつくしても霊異が止まらない場合の善後策について、本文はこう続ける。

　是ノゴトク弔ヒテモ亡魂アラワレバ、亡者ニ必ズ執心アルベシ。其ノ執着スベキ様ノモノ、ヨクヨク尋聞スベシ。多クハ財宝、諸道具、住宅ノ処、或《アルイ》ハ男女ノ愛憐、又《マタ》ハ密々ノ隠シモノ世間ニ恥《ハズ》ルモノ等ナリ。

死者の心残りの対象物を家財、情愛、人に言えない隠し物などに求める論法は、〈ものに執着する亡魂〉を自明の霊障ととらえ、まずはその対処の方法から説く僧坊由来の幽霊像を今日に伝えるものといえるだろう。幽霊の実態が葬送の現場と一対になって語られたところに、唱導僧の説き弘めた〈化けて出る理由〉を垣間見ることができる。

さて、遺念物の探索に続けて、「亡魂往来之大事」は発見された物の処置に関する具体的な方法を指南する。原因が「財宝、諸道具」である場合[8]には、それらの名前を紙に書き出し、別に五寸の大きさの卒塔婆を用意する。そして「広懺悔ノ文」と一緒にその紙を卒塔婆に巻き付けて墓所に埋める。あるいは「住宅庭前等ノ執心」ならば、「本来空寂」の理を教示して迷いを除く。以上の処置とは別に、もし亡者の目当てが「他ニ恥ル隠シモノ」と判断されたときには、

ヨクヨク家ノ内、亡者ノ来リテ心ニカケル所ヲ尋ネ、親シキ者ニ見繕《ツクロ》ハセテ、密《ヒソカ》ニ焼キ捨ツベシ

と結論付ける。他見をはばかる深い思いに迷うケースでは、焼却なくして幽霊封じを成し得ない、というのである。「恋の玉章を焼く高僧」の話が生まれる原風景は、まさしく布教の現場にあったのではないか。

『浄土名越派伝授抄』が、すでに世に出回っていた『浄土無縁引導集』などの無縁本を縦横に引用しながら編纂された葬式指南書の集大成である点を顧みるなら、遺念の品を人目に触れず火にくべる亡者済度の便法が近世の浄土宗門のなかで周知、共有されていたとしても不自然ではない。だとすれば、先にみた艶書を焼く祐天の法談もまた、僧坊の日常にごく近いところに生成した説話ということになる。

ひるがえって『新選百物語』から小泉八雲作品に展開した艶書怪談の位相は、死者の弔祭と供養を語る唱導話材の外縁に派生した、新たな怪異文芸の流路を意味している。僧坊から生まれた遺念譚に似て非なるものの登場は、江戸怪談が説教僧の掌中を離れ、独自の方向をめざす変遷史のひとこまにほかならない。

三　狐狸か、人か——幽霊を見分ける僧

江戸時代の無縁本からうかがい知ることができる僧坊の幽霊像は、これにとどまらない。とりわけ、霊異の正体を人間の念によるものなのか、はたまた狐狸の障りによるものなのかを見極めることは、一寺の住職たるものの心得おくべき知識となっていた。

浄土宗の学僧・松誉巌的の『浄土無縁引導集』巻二の十二「幽霊変化之沙汰」では幽霊変化は実在かとの問いに答えて、まず怪異には「真実」「変化」「妄相」の三種があることを示す。

問、世ニ有リ二幽霊変化ノ者一如何ニ。答フ、是ニ有二三種一。謂ク、真実、変化、妄相也。真実ト者、亡者依ニル臨終ノ一念一ニ、或ハ学教成迷ノ人［知二三界唯心ヲ一不レ知二一心三界ヲ一人也］、或ハ為メニ報答ノ一也。或ハ夫《ヲット》已《スデニ》婦《ツマニ》残シレ念ヲ、婦亦タ夫トニ執心シ、或ハ所在資具等ニ残スレ念ヲ等ノ人也。次ニ変化ト者、魔業狐狸《コリ》ノ業《ワサ》也。妄見ト者、実境ハ無レトモレ之依ニ能見ノ心一境界、妄リニ現前ス。是、心ノ所変也、所謂《イワユル》ル遍計所執也。

（［　］内は割注）

「真実」以外の二つのうち、変化とは「魔業狐狸ノ業」であり妖獣の仕業と考えてよい。また、妄相は実体のないところに起こる「心ノ所変」であり、いわば気のせいから発する勘違いのようなものとする。唯識の説く妄念の類に近い。これに対して「真実」は軽く考えない方がよい。それは臨終の折の執念や仏の教えを解さない亡者、さらには人間の怨みそのものであったり、永遠の別れに納得できない夫婦の愛着の念であったりする。ある

いは家財に対する故人の強い遺念のなせる霊障であるため、いずれも弔祭なくして鎮静しない。「真実」の幽霊変化は「怖いもの」なのである。

怪異の見定め方という点では、巻二の十四「墳墓焼タルノ之真ト與トレ化《ケ》」も同様の分類をしており、墓の怪異を「真」と「化」に分ける。狐狸の悪戯（「化」）でもないのに墓が焼けるのは「真」であり、「無智ノ導師」の間違った弔い方により、未だ亡者の「三毒煩悩」を消すことが出来ていないためであると説明する。この場合は、宗門の知識に則る方法で墓の火を鎮め、妄念にとらわれた幽霊を救わなければならない。

さらにまた、導師の側の葬送知識の有無が死者の安穏に大きく関係することは、難産で身まかった産女の怪異の「真」・「化」に言い及ぶ巻二の十三「小母女之異名」にも取り上げられている。

問、世ニ有リニ小母女《ヲボメ》トイフ者一ノ如何。答、是亦有リニ真化《ケ》一。真ハ不レ蒙ニ知識教道ヲ一難産亡魂也。化《ケ》ハ野干《ヤカン》等也。

難産死が珍しくなかったこの時代にあって、腹に子を抱えたまま出産死した妊産婦の特殊葬法は、導師の僧の豊富な経験と知識を必要とした。そのため、名のある高僧の史伝に引き寄せた幽霊救済の説話が陸続と編纂され、やがては地域の昔話伝承の温床となった。例えば曹洞宗の布教マニュアルである「切紙」資料に散在する棺中出胎の呪法と、「子育て幽霊」の民談の関連については旧著『近世説話と禅僧』に考究したごとくである[9]。

浄土宗の場合も、これらの無縁本の記述の通り、死者の弔いによって執念の災禍を除く民間唱導の役割は必要不可欠のものであったと考えてよいだろう。文芸史の流れを鳥瞰して言えば、高僧の呪的優位と華々しい活躍は、累と祐天上人の物語（『死霊解脱物語聞書』等）に見るように、近世仏教説話の主要な題材となっていく。

四　近世怪異小説の位相

産女の怪異に対して、その原因が狐狸か、人かを見分ける寺僧の役割を理解したうえで、いまいちど近世初頭の怪異小説に立ち戻ると、江戸怪談の叙述の中に僧坊の主唱する幽霊像との表裏一体の関係性が浮き彫りになる。

浄土真宗の僧侶でもあった浅井了意の関与が指摘される平仮名本『因果物語』巻六の五「狐、産婦の幽霊に妖《ば》けたる事」は、片仮名本『因果物語』に載らない了意版のオリジナルな怪異談である。寛永二年（一六二五）のころ、京都立花町の「白かね屋与七郎」の女房が難産死ののちに「産新婦《うぶめ》」となって家の裏窓に姿を顕わし、毎夜妖変を為したので、町の女子供は怖じおそれ、日が暮れればみな戸を閉ざして出歩く者もなくなった。与七郎は仏事を営み、山伏を呼んで祈禱を行ったが、一向に効き目があらわれない。ある夜、垣根の陰で様子をうかがうと、産女と思ったのは大きな古狐であった。半弓で足の付け根を射られて狐は退散する。四五日ののち、与七郎に狐が憑依してさまざまに口走り、ついに男の命を奪った。

図２　平仮名本『因果物語』巻６の５挿絵

産女に化けた狐の民談を語り、半弓をかまえる男の武勇に話の中心を置くようでいて、かような怪異談の背後には、同時代の産死救済の習俗の投影が隠見する。ここに狐狸の仕業と難産死婦の化現を見分ける唱導僧の日常を重ねてみれば、存外に当時の仏教民俗に近い読み方が浮上してくる。死者の妄念であるのか、はたまた妖獣の変化に過ぎないのか。そこを的確に判断しなければ、葬送の手順に取り返しのつかない過ちを犯しかねない。平仮名本の一章には、衆庶相手の唱導営為の積み重ねから派生した新たな創作怪談の側面がうかがえるのではないか。

唱導話材から文芸への変容を示す事例としては、延宝五年（一六七七）刊の『諸国百物語』に載る巻三の十九「艶書の執心、鬼に成し事」の場合も、死者の遺念をめぐる教化説話との関連を想起させる話柄であった。

旅の一休禅師が伊賀の山里に日暮れて、とある寺に一夜の宿を借りる。そこは変化のものの出没が噂される化物寺であった。稚児に案内されて客殿に臥した一休は、夜更けに手鞠ほどの大きさの妖火が稚児の寝ている部屋の縁の下よりいくつも現れ出でて、男の懐に入るかと見え、たちまち二丈余りの悪鬼の姿と化す霊異を目撃する。一休が確かめると、縁の下から血で書いた恋文が大量に見つかる。この美童に恋焦がれた相手の艶書を、稚児は読みもせずに放置していたのだ。いつしか文主の執心が炎と燃えて鬼形を顕わしたのである。

一休、この文どもを取り出だし、積み重ねて焼き払ひ、経を読み、示し給へば、それより後は何の子細もなかりしと也。

『一休はなし』などの仮名草子で知られた[10]、一休禅師を主人公に捉え、回国奇談の一場面に潤色してはいるものの、話の構造そのものは艶書を焼く高僧の法力譚と同心円の説話とみてよいだろう。また、恋情が火となって相手を求めるというのは、前章に見た『奇異雑談集』以来の唱導説話の系統に位置するとみてよい。

それでいて、これらの仮名草子怪談は直接的な教化と布教の意図を担っているわけではない。そこには、美童をめぐる好色奇談の様相さえ見え隠れするのである。およそ十七世紀の中盤に始まる怪談の宗教離れが見て取れる、と言えようか。仮名草子、浮世草子の諸作を語り手とする江戸怪談の胎動はすでに始まっていた。

注

1. 東洋文庫『耳袋』（平凡社）の注に類話関係の指摘がみえる。なお『新選百物語』の本文引用および挿絵（図1）は岡島由香編『新選百物語』（白澤社、二〇一八）による。
2. 高田衛『江戸の悪霊祓い師』（筑摩書房、一九九四）。
3. 北城伸子「数珠繰りの習俗と江戸戯作―京伝、南北の趣向をめぐって（『説話・伝承学』二〇〇〇・四）、同「祐天伝の諸本と成立について」（『文藝論叢』二〇〇一・三）。祐天伝の拡散については郡司由紀子「祐天上人の一代記を中心とする累説話の研究」（『お茶の水女子大学国文』五二号、一九八〇）。
4. 石川力山『禅宗相伝資料の研究上・下』（法蔵館、二〇〇一）、堤邦彦『近世説話と禅僧』（和泉書院、一九九九）。
5. 浅野久枝「無縁の名をもつ書物たち―近世葬式手引書紹介」（『仏教民俗研究』七号、一九九一・九）。
6. 藤田定興「寺院の庶民定着と伝法―浄土宗寺院を中心として」（『論集日本仏教史』第7巻、雄山閣所収、一九八六）。
7. 例えば「鎮墓焼切紙」「亡鬼静之紙」などの切紙が曹洞宗寺院に伝わる（堤邦彦『近世仏教説話の研究』第三部第一章「禅僧と奇談芸Ⅰ」翰林書房、一九九六）。
8. なお『浄土名越派伝授抄』は、亡者が遺財にこだわる原因の一端が、遺族の側の貪欲と不信心にある事に言及し、施主には応分の喜捨を求めなければならないとする。葬儀をめぐる檀家と寺側の経済事情がうかがえる現実的な記述であろう。
9. 注4の『近世説話と禅僧』。
10. 岡雅彦「一休俗伝考―江戸時代の一休説話」（『国文学研究資料館紀要』四号、一九七八・三）。

V　唱導から巷説へ――根岸鎮衛『耳嚢《みみぶくろ》』より

一　はじめに――恐怖と戯笑

一見、世俗の幽霊話と思えるものの中にも、僧坊由来の因縁は混在する。市井の噂に取り沙汰された幽霊の姿、出没の動機、あるいは妖異鎮圧の高僧とその方法にいたるまで、唱導話材との連関を示唆するものは少なくない。江戸怪談の成立をもたらした社会要因の一端に唱導文化の強い影響力が見え隠れする点は否めない。

ただ、そうはいっても、檀家制度のもとで寺参りの日常化、遊山化が進んだ江戸時代人の仏教受容は、古代中世の篤い信仰生活に比べると、必ずしも同列に扱えるものではなかった。高座説教の通俗化は、いつしか寺僧の説く死生観、霊魂観、冥府観を巷の社会通念に置き換え、人々の暮らしに融合させていった[1]。その結果、寺門の外部に拡散した幽霊譚の数々は、本来の布教目的から外れて街の異聞巷説と混交し、まるで身辺の噂話のように語り伝えられる場合さえ珍しくない状況をもたらしていた。落語の「悋気の火の玉」にみたような人魂譚の戯画も、大筋では唱導説話の大衆化現象を反映したものとみてよい。僧坊を素源として民間に浸透した妬む女、祟る女の因縁は、やがて〈怪異を笑う精神〉に支えられた落語の世界に取り込まれて、恐怖と戯笑をあわせ持つ近世的な怪談娯楽に変貌を遂げたのである。

さて、それでは江戸の幽霊話に見出される宗教性と宗教離れの構図は、いかなる歴史的経緯をたどったのか。この点を鮮明にするため、ここでは、十九世紀の雑話聞き書き集『耳嚢』を題材として、庶民仏教に源を発する幽霊伝承の変遷に焦点を当ててみたい。

二　母幽霊の未練

『耳嚢』全十巻は、江戸の町奉行を勤めた根岸鎮衛《ねぎしやすもり》（一七三七〜一八一五）の編著であり、文化十一年（一八一四）に成稿している。おもに十八、九世紀の巷説を聞き書き風に書き集めたもので、一千条におよぶ所収説話は近世奇談雑筆の宝庫として知られている。ひとまず本書巻之二の「幽霊なしとも難極《きわめがたき》事」に注目してみたい。

天明二年（一七八二）の初夏のこと、浅草新し橋の近くに住む娘が富家の妾となり一子を産む。しかし産後に病を得て患い付いたため、小児は縁故の町家へ里子に出された。しばらくすると、娘は養生の甲斐もなく亡くなる。その晩、里親の家の門口に娘が姿を現わし、静かに会釈している。以下、本文はこう続く[2]。

　里親は右小児を寝せつけ居たりしが、「能《よく》こそ来り給へり」、右里子を抱き為見《みせ》ければ、「扨々《さてさて》よく肥り成人いたしたり」とて、抱《だき》とりて色々介抱《かいほう》し、「扨々可愛らしく成《なり》たる者を捨《すて》て別れんも残念や」と言ひしかば、里親夫婦心付《こころづき》て、「右女子は大病の由聞しに、いかゞ不審なる事」と存《ぞんじ》けれ共《ども》、最早《もはや》火を灯《とも》す時分、人影も定《さだ》か成らざる故、火など灯しければ、右小児をかへし、挨拶などして立帰りけるが、其翌日、親元より右娘夜前《やぜん》病死せるよし、知越《しらせ》しけるにぞ、母子の情難捨《すてがたく》、心の残りしも恩愛の哀れ成る事と、同町の医師田原子、来り語ぬ。

末尾に付す医師の言葉を通して、恩愛の情ゆえにこの世に未練を残さざるを得なかった母幽霊の悲哀が語られる。幽霊出没の動機を人間感情の発露に見出す、この時代の怪異認識がよくわかる。

一方、「母幽霊の未練」というテーマは、個々人の感情というよりも、未練を煩悩の表れと説く僧坊の説教話材としても機能した。ことに近世初頭の唱導説話にはその傾向が強い。例えば鈴木正三の片仮名本『因果物語』をひもとけば、中巻二十三に「幽霊来テ子ヲ産事付タリ子ヲ憐ム事」と題する話群が認められる。その第三話は以下のような話である。

紀州《キシウ》ニテ、或人《アルヒト》ノ内儀《ナイギ》、難産《ナンザン》ニテ死去《シキヨ》ス。然《シカレ》ドモ、子《コ》ハ生《ウマレ》テ息災《ソクサイ》也。彼母《カノハヽ》ノ亡霊《マウレイ》来《キタリ》テ、子《こ》ヲイダキ、乳《チヽ》ヲ呑《ノマ》セ、三歳《サイ》ニ成迄《ナルマデ》ソダテケリ。女房《ニヨウバウ》十七歳《サイ》ノ年死《トシシニ》ケルガ、三年過《スギ》テモ十七歳《サイ》ノ形《カタチ》ニ見《ミエ》タリ。其子《ソノコ》十七八ノ比《コロ》、見人《ミルヒト》、慥《タシカ》ニ語《カタ》ル。色少《イロスコ》シ悪《アシ》キ男《ヲトコ》也、ト云リ。

十七歳で我が子を残して産死した女が三年のあいだ愛児に乳を与える。成長した息子の顔色の様子までを細かく記す叙述には、話の信憑性を求めてやまない説教の場の語り口がうかがえる。また、三回忌が終わるまで子を育てた母幽霊の設定は、葬送儀礼との類縁をほのめかす。短い説話の中に唱導話材としての要素を凝縮させた一話といえるだろう。

紀州の亡母産育譚は、十七世紀後半の世俗によく知られた異聞であったらしい。天和四年（一六八四）の序文を持つ椋梨一雪の奇談雑筆『古今犬著聞集』巻九に、『因果物語』とほぼ同じ幽霊話が載る（「迷霊子を育つ」）。それによると、女は紀州の尾崎平左衛門の妻で、赤子はのちに「尾崎彦三郎」と名乗ったという。あるいは、かような民間口碑を下敷きにして『因果物語』の説教話材が生み出されたのかもしれない。民談と唱導のあいだのハナシの移動を想察させる。

もっとも、口碑との密な関係を考慮したとしても、『因果物語』の唱導書としての立場と布教の目的性は明白であった。この話に対する正三の興味は、「難産」による横死者をいかにして弔うかといった宗教者の発想に直結するものであるからだ。現場の唱導僧にとって不可欠な産死供養の実践を、世俗に流布した母幽霊の哀話に絡めて法席の話材に取り入れたものが『因果物語』の紀州の一奇談であったのではないか。他の章段に見受けられる産死供養の体験談は、そのことを裏付けている。

三　難産死をいかにして弔うか

僧侶による産死婦の鎮魂は『因果物語』の主要テーマの一つとみてよい。上巻二「幽霊、夢中ニ僧ニ告テ塔婆ヲ書直ス事付書写ヲ請事」にその詳細を見てみよう。

周防国《スハウノクニ》府中《フチウ》、河原《カワラ》ト云所《イフトコロ》ニ幽霊多《ユウレイヲヽ》シ、ト云《イ》ヘリ。彼《カ》ノ村《ムラ》ノ庄屋《ショウヤ》彦左衛門《ヒコザエモン》ト云者《イフモノ》ノ処《トコロ》ヘ、泰村《タイソン》ト云僧《イフソウ》、一《イッ》宿《シュク》ス。夢《ユメ》ニ若《ワカ》キ女《ヲンナ》ノ、裳《モスソ》ヲ血《チ》ニ染成《ソメナシ》タルガ来《キタリ》テ、経《キヤウ》ヲ書《カキ》テ弔《トムラ》ヒ、御結縁有《ゴケチエンア》レ、ト云《イフ》。不思議《フシギ》ニ覚《ヲホエ》テ、夢醒《ユメサメ》タリ。暫《シバラク》アツテ、現《ウツヽ》ニ彼女来《カノヲンナキタル》。何《ナニ》コトゾ、ト云《イ》ヘバ、必《カナラズ》、経《キヤウ》ヲ書《カキ》、弔《トムラ》ヒ給《タマ》ヘ、ト云《イフ》。魘《ヲソロシ》クシテ、物云《モノイフ》コト不叶《カナワズ》。守《マモ》リ居《イ》タルニ、縁《エン》ヨリ飛出《トビイデ》テ行《ユク》。夜明《ヨアケ》テ、亭主《テイシュ》ニ語《カタ》レバ、夫《ソレ》、我娘《ワガムスメ》ナリ、難産《ナンザン》ニテ果《ハテ》タリ。幸《サユワヒ》、今日忌日《コンニチキニチ》也。年比《トシコロ》モ違《タガハ》ズ、ト云《イフ》テ、歎《ナゲ》ク也。泰村《タイソン》モ、俄《ニワカ》ニ経《キヤウ》ヲ書《カク》コト叶《カナハ》ズ。法華《ホッケ》経《キョウ》五《ゴ》ノ巻《マキ》ヲ読《ヨミ》、弔《トムラヒ》タリト、語《カタリ》ケリ。正保《シャウホウ》四年ニ聞《キク》、寛永《クハンエイ》ノ始《ハシメ》ノ事《コト》也。

上巻二の話は、幽霊の噂が絶えない周防国河原の里の出来事である。旅僧の目の前に着物の裾を血潮に染めた

図１　松沢寺の幽霊画　賛は『因果物語』の本文を写す

若い女が現れ、経文の書写による弔いを請う。僧は、この亡者が「難産ニテ果」てた庄屋の娘の迷魂であることを知り、静かに法華経を読誦して冥苦を取り除いてやる。同種の霊異譚は上巻十六「難産ニテ死タル女、幽霊ト成事」にもみえ、村里をさまよう産死婦の鎮魂に格別の関心が示されている。

また中巻二十六の「幽霊ト問答スル僧之事」は会津・松沢寺の僧坊に現れた女霊に戒名を与えて成仏させせた「秀可和尚」のエピソードを紹介する。同じ話が正三の『反故集』（寛文十一年・一六七一刊）に「腰ヨリ下、血ニ成タル若キ女」の霊異とあることから産死の娘の救済を伝えるものであったことが分かる。松沢寺にはこの一件を描いた近世後期の幽霊画（図1）が伝存しており、出産の折に難産での世を去った近隣の娘の哀話が伝承されている。[3]

出産死した女が「産女《うぶめ》」となり、慟哭の声をあげながら住民を悩ますありさまは、『宿直草』巻五の一「産女の事」など、近世初期の怪異小説に散見する。そうした怪異の原風景を支えた宗教的な土壌を遡上しようとするとき、『因果物語』に採録された産死供養の逸事は、唱導僧の側より発信された身辺の怪異とその解決法を示す説話群といえるだろう。

出産が死と隣り合わせであった時代において、産死供養の法儀は宗派を問わず仏教各宗の民衆教化に不可欠のものになっていた。ことに曹洞宗、浄土宗の切紙資料や高僧伝には、子を腹に抱えたままの死婦や難産死の女をどのように処置するか、といった布教の場の日常が映し出されている。[4]

唱導界のこうした動向を踏まえていえば、『因果物語』にみるような女霊の説話は、実地に弔祭をつかさどり、死者の遺念を断つ役目を担った寺僧たちの日々の営為に直結した因縁とみて大きく過《あやま》つまい。みずからが呪的儀礼の導師をつとめる説教僧を語り手にすることによって、さまよう産死婦の霊異は、奇談の領域を超えて十分信ずるに足る「仏教説話」に昇華するのである。

『耳嚢』の幽霊産育譚が実話のリアリティを発揮しえた真の理由を探るとき、怪異の出現に宗教的な意味を与え、信じがたい出来事の信憑性を声高に発信し続けた唱導文化の基層は、度外視できない社会現象といえるのではないか。

三　財物への執着

幽霊がこの世に舞い戻る原因は、愛児に対する未練や産死の無念ばかりではなかった。宗門の思想から言えば、生前に貯え置いた金銭、家財道具への執着心もまた、死者の安楽を妨げる煩悩とみなされた。

『耳嚢』巻之五「怪竈《かいそう》の事」は、落語の「へっつい幽霊」によく似た話柄である。江戸の改代町に住む男が古道具屋から「竈《へっつい》」を買い取る。次の晩、炉の下から「きたなげなる法師」が手を出して驚かす。このような怪異が続くので、古道具屋に苦情を言って他の品物と取り換えてもらう。そののち、くだんの竈は別の人物の手にわたるが、やはり「夜毎に怪《あやし》み」を起こしてふたたび売り主のもとに返される。古道具屋は「一ヶ所ならず二ヶ所より返《かへ》りしは訳《わけ》あらん」と訝しがり、自分の家の台所に置いて様子を見る事にする。その晩、はたして薄汚れた坊主が現れて竈の下を這いまわる。暁を待って、これを打ち壊すと、残骸の中から五両の金が見つかる。『耳嚢』の編者は、この怪事件の結末を評して、

さては道心者などの聊《いささ》かの金子を爰《ここ》に貯へて死せしが、彼念《かのねん》残りしや、と人の語りぬ。

と結ぶのであった。五両の金が気になって浮かばれない僧の貪念が竈幽霊の正体であったのか、と世間の噂になったというのである。

金品をめぐる同種の執念譚は巻之二「執心残りし事」、巻之五「守財輪廻」にも見出される。両話は、死してなおも財物の所在を気にする貪りの妄執を怪異の発生源とするものであった。物欲の虜となった幽霊のありさまを語る点で同心円の説話とみてよい。

また、巻之五「意念残る説の事」は、急死した幼児の霊が生前ことのほか愛玩していた「びゐどろ」に執着して、押し入れにしまってある玩具を吹き鳴らす怪異を書き留める。金銭にこだわる大人の亡者とは違い、子供はお気に入りのおもちゃが成仏の妨げになるのである。人の心を狂わせる遺財は、あの世の冥魂を呼び戻すほどの魔性を持つ。そのような怪異の解釈に、人間洞察に富んだ江戸怪談のまなざしを見るべきであろう。

ただし、『耳嚢』のかような執念話についても、発想の根源には僧坊が育んだ貪念を戒める唱導説話の系譜と

無縁ではなかった。例えば『因果物語』上巻十八は「幽霊来蔵守事」のタイトルから分かる通り、蔵の財産に固執する幽魂の霊意を詳らかにする。

重い病の床に臥す男が、生涯かけて蓄めた財物の納まる蔵をじっと眺めている。いよいよ歩くのもままならない体で、盥に乗せられて蔵を見て回り、七日程してあい果てる。すさまじいまでの物欲のなせる業か、夜になると男の幽霊が蔵のわきに立ち、狂ったように「カナギリタル声」を発するのであった。妄念のおぞましさを尾張国の実見譚として記述し、執着の闇から脱するための信仰の道を示す。正三法語のそのような論理と構造が短章のうちに綴られた例話である。

仏教思想において、金品財物を貪る心（貪念）は、人間を支配する煩悩のなかで最も強い欲望とみなされ、「瞋恚」（いかり）、「愚痴」（仏道への無知）とともに三毒のひとつに数えられた。したがって、貪る悪念をみずから戒めることは、信徒として当然修養すべき心得に他ならない。ましてや出家の身ともなれば、なおさらである。勧化本の因縁譚に貪念の呪縛に迷う悪僧の姿が、幽霊話のかたちでしばしば登場するのは、いわば教化思想の説話化であり、「あるまじき僧侶」の醜態に絡めた教戒とみてよいだろう。

一方、僧の貪念をめぐる幽霊譚は寺坊の外縁に民間奇談の流れを派生することになる。天和四年（一六八四）序の『古今犬著聞集』巻十一の三十四「金に執心を残す事」はその早い時期の一例といえる。

豊前小倉の侍が「妖物屋敷」の噂のある大手前の館を拝領する。夜半、囲炉裏端に現れた幽霊は、この屋敷が寺であったころの四代目住職であることを明かし、怪異に動じない侍の「大勇」を見込んで池の底に隠した金を掘り出し、みずからを弔ってほしいと懇願する。僧の妄執をめぐる唱導話材の伝統は、ここに至って、肝の太い武勇の士の逸話にすり替わるのである。こうした民間奇談への枝分かれの先に、『耳嚢』の怪竃の話が遠望されるのではないか。

それは唱導から巷説への化学変化にも似た変容といってもよい現象であった。怪異そのものに瞠目する近世奇談への分岐点を、およそ十七世紀の後半に見出しておきたい。

四　因縁なき幽霊

『耳嚢』の所収説話のなかには、必ずしも宗教的な因縁譚の特性をもたない幽鬼亡魂の怪異が少なからず混在する。それまでの仏教説話の枠組みからは捉えきれない街談巷説の類は、新たな怪談の登場を意味しているといってよいだろう。僧坊由来の幽霊話の行く末を追ってみよう。

『耳嚢』巻之五「幽霊なきとも難申事《もうしがたきこと》」は、今日の世間話にも通底する死者に出くわした者の恐怖体験である。

それは江戸の小日向に住む栗原何某の実体験という。日頃から懇意にしていた旗本の家に、五歳になる可愛らしい息子がいた。いつも土産を持って訪れる栗原に、この子はとてもなついていた。ある時、しばらくぶりに屋敷から連絡があり、「今夜はどうしても来ていただきたい」とのことであった。勝手のわかる家なので、案内も請わずに玄関をあがると、かの童がいつものように歩み出て栗原の袖を引き、台所の方へいざなう。奥の方には、しめやかに屏風が立ててある。はて病人でも居るのかと訝るところに、主の侍が顔を出し「じつは息子のやつが疱瘡をこじらせ、いましがた亡くなりました」というではないか。

驚きしのみにも非《あら》ず、こわげ立《たち》しと、直《じき》に右栗原かたりぬ。

栗原は、後日身震いしながら、その折の恐怖を語って聞かせた。

死児に袖を引かれた男の体験は、先に述べて来た仏教説話の語り口と異なる方向を露わにしている。言を換えていえば、『耳嚢』の巷説は、「恐怖」を純粋に恐怖と捉えハナシのモチーフに用いる、江戸後期の街の感性に充ちた「怪談」の誕生を示している。

死者との思いがけない遭遇は、このほかにも『耳嚢』の諸章に散らばる。すなわち、湯島聖堂近くの昌平橋の上で、亡くなったはずの侍と言葉を交わした話（巻之五「遊魂をまのあたりに見し事」）、病死した奉公人が手土産をもって恩義ある主人の屋敷にあいさつに来た話（巻之四「下女の幽霊、主家へ来りし事」）などは、いずれも同種の題材を扱う。死者の持参した手土産の重箱に「団子の白きを詰めて有りし」とのリアルな描写（後者）には、怪異を直視する江戸後期の街路の人々の驚愕を代弁する感があふれ出ている。寺院の教化とは縁遠い市井の怪異譚が散在する点は注目してよいだろう。

また、巻之六「執心の説間違《まちがい》とおもふ事」では、自分を裏切った医者を呪う女の幽霊が、同じ家に転居してきた別人に祟った異聞を引き合いに出して、「霊鬼にも心得違ひなるものある也」という、極めて冷静な評言を付け加えている。仏僧が説き弘めた「執心」の害毒と執着故に現世をさまよう亡者の悪相を、浮世の愚人談に置き換えて戯笑化する余裕さえ見せているのである。そのような精神構造は、不可思議な事象や妖怪変化の存在に博物学の分類を試み、名付けの行為に走った十八世紀以後の知の風潮[5]と軌を一にするものかもしれない。知のリテラシーの獲得ともいえる江戸時代人の志向は、念の呪縛によって迷う僧坊の幽霊像を、世俗の解釈にみちた別種の怪談に変貌させていくこととなる。怪異は浮世の延長上に存在するのである。

五　都市伝説への流路

幽霊の目撃談や死者との邂逅を世間話のように語った『耳嚢』の巷説奇談は、二百年ほどの時を経て今日の実話怪談の世界に受け継がれていく。現代の都市伝説を蒐集した木原浩勝・中山市朗編『新耳袋―現代百物語』（メディア・ファクトリー刊、一九九八〜二〇〇五）より一つの話を引いてみよう。


Wさんの友人のお兄さんが亡くなった。

そのお兄さんと仲がよかったので、Wさんはとても悲しかった。

お通夜の晩、トイレに立った。

するとトイレのドアが開いて、中からお兄さんが出てきた。

「夜遅うまで大変やな、ありがとな」と、ポンと肩を叩かれ「いえ、とんでもない」と恐縮してトイレに入ろうとした。

はっと振り返ると、深々と頭を下げて仏間に入っていくお兄さんがいた。


（第七夜第七十四話「謝霊」、二〇〇二年）

お通夜の晩にいつものようにお兄さんと会釈を交わす。しかしもはやこの世の人でない。本人の葬式に姿を見せる霊魂に気付いた時の血も凍るほどの怖ろしさが、この話に怪談としての生命を与えている。仏間の空間は現代に残る死の仏教民俗の名残かもしれない。

何の変哲もない日常の繰り返しの中で、死んだはずの知人とすれ違ったり、故人の目撃情報に接したりする話は、『新耳袋』に散在する話柄であった（第六夜第三十五話「資生堂パーラー」、第七夜第七十三話「会釈」など）。先に見て来た『耳嚢』巻之五の袖を引く死児の奇談などを江戸怪談に顕在化した〈冥界との遭遇譚〉とするなら、二十一世紀初頭の都市伝説はまさしくその末裔に他ならない。

さらにもう一話、死者の貪念をリアルに描いた『新耳袋』第十夜第八十一話「へそくり」に注目してみたい。


十年前、Oさんのおじいちゃんが亡くなった。

お葬式も済んで、何日かしたある夜のこと。

家族でテレビを見ていると、先に自分の部屋にもどって寝ているはずのおばあちゃんが居間にやってきた。

こんなことは滅多にない、と、おばあちゃんが首をひねりながら、「うちにマルクスさんとかが書いた本、あるか？」と言う。

おばあちゃんから意外な名前が出て、みんなびっくりした。

おばあちゃんは続けて、おじいちゃんがさっき枕元に立って、そのなんとかいう本の二巻を開いてみろ、と言ったのだという。

Oさんは二階にある亡くなったおじいちゃんの書斎に行ってみた。

書斎の本棚には確かにマルクスの『資本論』がある。

その二巻を取り出してパラパラめくると、ページの間に一万円札が挟んであった。その数、全部で十枚。

十万円！おじいちゃんのへそくりだ、とOさんは驚いて、そのお金をおばあちゃんに渡した。（後略）

このあと、話は、隣家の主婦の証言に続く。前の晩、自分の家と間違えたおじいちゃんがやってきて、主婦の枕元に立ち、「マルクスがどうのこうの」とつぶやく。「あれがよく知っているおじいちゃんじゃなかったら、気絶ものよ」といって大笑いになった。亡きおじいちゃんの物欲を、悲喜こもごもの日常の断片にこと寄せて語る『新耳袋』の怪談は、『耳嚢』や江戸落語の世界に通じる民間怪異の精神性を見せている。あの世を深遠で仄暗い地獄絵のような冥府と解するのではなく、日常との連続線上に感じ取る現代怪談の語り口が見て取れる。かかる感性の出発点を見究めようとするとき、『耳嚢』の周辺に見え隠れする市井の怪談の話塊は、唱導から巷説への転換を物語るものとして、さらに注視されるべきではないだろうか。

注

1. 大桑斉『論集　仏教土着』（法蔵館、二〇〇三）。
2. 本文引用は長谷川強校注の岩波文庫版『耳嚢』（一九九一）による。
3. 堤邦彦『日本幽霊画紀行』第二章Ⅱ（三弥井書店、二〇二〇）。
4. 堤邦彦『江戸の高僧伝説』（三弥井書店、二〇〇八）。
5. 香川雅信『江戸の妖怪革命』（河出書房新社、二〇〇五）。

第二章　因果・因縁を語ること——江戸の恐怖感覚

I　因果はめぐる小車の

一　はじめに

優れた怪談には、その時代、その土地の匂いがする。そう考えてみたとき、江戸怪談を包み込むあの独特の雰囲気はいったい何を意味するのであろうか。

たとえば、三遊亭円朝の『真景累ヶ淵』をひもとくなら、われわれは物語の発端に殺人者の息子「新吉」と、惨殺された針医・宗悦の娘「豊志賀」の道ならぬ恋といった因縁の図式を目《ま》のあたりにすることになる。もちろん累ヶ淵怪談の原作となった仏教説話『死霊解脱物語聞書』（元禄三年・一六九〇年刊）に、そのような複雑な人間模様は描かれていない。たしかに、本人たちのあずかり知らぬところで、親から子へと連鎖する悪因悪果の不気味な重低音が、累ケ淵怪談に不可欠のテイストであることは間違いないだろう。

親どうしの因縁ゆえに怨みの深淵に沈みゆく男と女。生まれながらに血ぬられた運命を負わされた二人の関係は、現代の感覚からすれば、理解しがたい理不尽さに充ちている。

だが、江戸怪談のまなざしは違っていた。とくに庶民仏教の浸透期を経て因果応報の観念や目に見えない因縁の存在が日常生活のすみずみに行きわたった近世中・後期の世の中において、人智を超えた悪報の発動ほど身の毛のよだつものはなかった。因縁の根深さは、そのまま怪異の説得力を倍加させる重要なファクターたりえたのである。

親から子へ、そして子から孫へと血筋にそって繰り返される因縁の構図を追い求めて、一枚の妖怪画の世界に分け入ってみよう。

二　二口女の誕生

天保十二年（一八四一）刊の『絵本百物語』は別名を『桃山人夜話』ともいう。編者の桃山人は文化〜天保頃（一八〇四〜一八四四）に活躍した江戸の戯作者で俳人としても知られた。『絵本百物語』は四十四種の妖怪を大坂の絵師・竹原春泉斎の図様と桃山人の解説により紹介したもので、すでに世に出回っていた鳥山石燕の『画図百鬼夜行』シリーズに比べると、妖怪誕生の由来を物語風につづる筆致を特色としており、全般に虚構意識に富む作柄である。

たとえば第十七の「二口女」（図1）は、継子に食べ物を与えず餓死させた下総国の女房の後頭部に人間の口と同じ疵《きず》ができて後悔の言葉をつぶやく奇談を載せている。

一方、桃山人の本文とは別に、絵に添えられた詞書き（おそらく春泉斎の作）には、やや内容の異なる由来がしるされている。

> まゝ子をにくみて食物をあたえずして殺しければ、継母《まゝはゝ》の子、産《うま》れしより、首筋の上にも口ありて「食をくはん」といふを、髪のはし蛇となりて食物をあたへ、また何日もあたへずしてくるしめけるとなん。おそれつつしむべきは、まま母のそねみなり。

継母の非道なふるまいに報いの鉄槌が降り下ろされる。しかもその鉾先は何も知らずに生まれてきた実の娘に向けられるというのである。この詞書き部分をめぐって、角川ソフィア文庫の現代語訳[1]は「まま母に子が生まれてからはまま母の首筋の上にも口ができ」云々としている。「産れしより」の語法に注意するなら、ここは「やがて継母に子が生れると、その子の首筋に口があって……」と解釈すべきではないか。

一見ささいな事柄に見える訳文の違いにあえてこだわる理由は、「二口女」を継母の実子の哀れな姿と説く口ぶりにこそ、江戸怪談らしい因縁話の感性が滲み出ていると考えるからだ。冷酷な女を母にもった娘の肉体に、いじめ殺された継子の妄念が棲みつき、ひもじさ、辛さの苦を与えて責めさいなむ。十八世紀の読者にとって「二口女」の異形は、そのような因果応報の地獄風景に支えられて、はじめて「さもありなん」と首肯しうる身辺の妖怪譚になるのではなかろうか。

図１　『桃山人夜話』二口女

そう考えるには、それなりの根拠がある。江戸時代をとおして語り継がれた〈怨魂の生まれ変わり〉にまつわる説話の系譜は、累代におよぶ因縁の連鎖が怪談をかたちづくる主要なモチーフとして機能したことを物語っている。

三　人殺しの闇夜

あれが親　瞽女《ごぜ》を殺して　銀《かね》を取る

元禄六年（一六九三年）に大坂で出版された雑俳集『難波土産』に載る句である。当時、庶民のあいだでは、あらかじめ示された七・七の短句に五・七・五の長句を付けてイメージ展開の妙味を競う「前句付け」が流行した。『難波土産』は井原西鶴らが選句者に名を連ねた秀句集として知られる。右の句の場合には、

宵《よい》には泣きて　笑ふ明ぼの

の前句に対して、夜泣きする赤ん坊の不可解な微笑をきっかけに、金のために盲目の女旅芸人・ゴゼをあやめた父親の旧悪が暴かれるところに面白さがある。選者の句評に「親の因果、子にむくひて乱気になれる付寄に聞こえ候」とみえ、赤子の異常行動から、隠蔽された過去の悪事を読みとる連想パターンがこの句の眼目と考えて差し支えない。

じつは、人殺しの悪報を実の子に宿る怨魂にからめて語る物語の類型は、西鶴の浮世草子にも見出される。すなわち貞享三年（一六八六）刊の『本朝二十不孝』巻二の四「当社の案内、申す程おかし」は、鎌倉の旅籠屋に入り聟となった男の非道なふるまいとその末路を描く。

三歳になる彼の息子は夜毎に灯火の油を飲む奇行がたえず、むずかる時も「油」といえば機嫌がなおるほどの

執着はとても普通ではない。やがて五歳になった祝いの席で、父親が五年前の嵐の晩に油売りを殺して八十両の金を奪った顛末に言いおよぶ。

　しかも其《その》夕暮れは雨風のして、二月九日、虫出し神鳴《かみなり》ひびき渡りし。

　挿絵（図2）は油売り殺しの一部始終を視覚化している。あまりにリアルな幼な子の口走りに大人たちは顔を見合わせ、もはや迷宮入りと思われた事件の記憶が蘇る。たまたまその場に油売りの徒弟が居合わせ、あれこれと詮索しはじめたので、ついに男も隠し切れなくなって妻を刺殺し、おのれも自害して果てた。その後、くだんの幼児は夕闇に紛れて行方知れずになったという。

図２　『本朝二十不孝』巻２の４挿絵

　西鶴小説の因果譚は、話型からいえば「こんな晩」型の昔話（『日本昔話大成』第七巻）に近い。人殺しの息子が「父さん、俺を殺したのはこんな晩だったね」とつぶやく。かような怪談話の生成に「霊一般の憑坐《よりまし》に子供が選ばれることの多いわが国の民俗意識が反映したとみる『日本昔話事典』の説明もそれなりに説得力をもつものの、一方では、仏教の因果観や因縁話のスタイルが色濃く投影した口承文芸とみた方が、説話発生の実態に合致するのではないだろうか。いずれにしても「こんな晩」型の怪談が、近世の文芸、説話にひろく浸透したことは紛れもない事実といえるだろう。

江戸戯作の巨人・山東京伝（一七六一～一八一六）の『安積沼後日仇討《あさかぬまごにちのあだうち》』（文化四・一八〇七刊）では、旅僧をあやめた与五郎の伜・九郎松が、嵐の夜に父の膝に抱かれて小便をしながら、「とと様、旅の僧を殺した晩はこんな晩であったのふ」と問いかける（図3）。それればかりではない。丑三のころ、寝たはずの九郎松がむくりと起き上り、父を睨み付けて言い放つ。

汝、忘れはせじ。我は五年以前の今月今夜、小手指原《こてさしはら》にて汝がために害され、金五十両と荷物を奪《うばひ》取られたる旅僧の生れ変りなり。今こそ仇《あだ》を報ふぞ。思い知れ。

童形に宿る怨霊は正体をあらわし、与五郎に飛びかかって喉笛に喰いつこうとする。撥《は》ね除けられても執拗につきまとう化け物の胴腹を、父はそこにあった脇差で斬りはらう。一刹那、朱に染まる九郎松の体内より手鞠のごとき心火が飛び出す。となりの部屋で様子をうかがう母のお道は「さてさて恐ろしい報いじや。巡る因果は是非もない」とこれもまた、出刃包丁で自害する。挿絵は、お道の背後に「巡る因果」の隠喩である糸車をさりげなく画き添えている（図4）。京伝は、九郎松を与五郎との不義の子に設定する因縁の筋立てに、旅僧殺しの造罪を重ね合わせ、幾層にも重なる因縁を周到に用意して悪因悪果の結末を紡ぎ出す。江戸戯作らしい怪異の常套表現が作品中に巧みに取り込まれた興味深い作例であろう。

もっとも、「こんな晩」の広汎な伝播と受容は文芸創作の分野にとどまらず、むしろ日常的な噂話の世界において、信ずるに足る怪異の聞き書となって流伝した。たとえば、宝永元年（一七〇四）序の写本『続著聞集』巻六「報仇」のなかの一話は、息子の罪に連座して切腹を命じられた「岩間勘左衛門」なる侍が、若き日の旅僧殺

図３　山東京伝『安積沼後日仇討』（『山東京伝全集』より）

図４　同

しを告白する話（『新著聞集』に再録）を収める。実録系の世間話に流入した「こんな晩」の変奏といえるだろう。[2]

さらにもう一例。『元禄世間咄風聞集』（岩波文庫版）の第二冊十七話に元禄九年（一六九六）七月の奇聞として、磐城平七万石（現・福島県）内藤家の家来「今村市郎兵衛」の身辺に起きた怨霊話をしるされている。

病に臥せる市郎兵衛の屋敷の庭前に怪火があらわれる。その原因をめぐって、市郎兵衛の父親の代に高野聖を殺した「因果」に相違ないとの噂がささやかれた。この時代、陰火は亡者の晴らせぬ妄執の証しと信じられていたからだ。病中を見舞った同僚が「庭に火もへ申し候」ありさまを実際に目にしているので、決して嘘いつわりではない。間もなく市郎兵衛はみまかり、彼の妻女も亡くなって今村の家の血筋が絶えたという。親の犯した罪のために、息子の代になって荒らぶる怨霊の災禍が現実となる。『元禄世間咄風聞集』の編者は簡素な文章のうちに、如何《いかん》ともしがたい因縁の構図を余すところなく書きとどめている。そこには、累代にわたる祟りのおぞましさを怪異のきわみと捉えて止まない江戸庶民の恐怖感覚が暗に示されているとみてよかろう。

このほか、江戸の町奉行職を勤めた根岸鎮衛《やすもり》（一七三七〜一八一五）の『耳嚢《みみぶくろ》』は宝暦末年（一七六四頃）に美濃郡上八幡の金森家が断絶した折、家士の某が刑死の直前に山伏殺しの悪事を懺悔した話を採録している（巻之二「猥に人命を断し業報の事」）。悪因悪果の仏教思想の民話化がみてとれる一事である。

ところで、これら一連の因縁話の成立は、近世の庶民仏教、葬式仏教の影響力を度外視しては語れない。江戸怪談の継承者ともいうべき小泉八雲（ラフカディオ・ハーン）の作品に「子捨ての話」（『見知らぬ日本の面影』所収、一八九四年刊）と題する小篇がある。貧しさから赤子を六人まで川に流した男が七番目の子をさずかる。月夜の晩、息子が大人の口調で言う。「あんたがしまいにわたしを捨てなすった時も今夜のように月のきれいな晩だったね」。この話の末尾に、八雲は父親が「僧になった」ことを付け加える。いわば出家の因縁を語っておわる「子捨ての話」のコンテクストは、この種の怪談に見え隠れする仏教説話の影響力を示唆するのではあるまいか。

四　因果ばなしと説教僧

怨魂の生まれ変わりを語る際、この時代の人々が、仏教の説く輪廻転生のおしえを思い浮かべたであろうことは想像にかたくない。あるいは、我が子の体に憑依して恨み言をつらねる怨霊といった、今日の感覚からいえば理不尽に思える状況が、江戸の巷間において認知可能な事象たりえたのは、因果・因縁の不可思議を声高に説きひろめた近世庶民仏教の浸透力によるところが少なくない。目に見えない因果の理法や不可避な前世の因縁に怖れおののく江戸時代人の肌感覚を、より身近に知るためには、仏教布宣の場に立ちあらわれた怨霊再生の類型説話を求め、説教話の歴史をさかのぼる必要があるだろう。

平安初期の仏教説話集『日本霊異記』は、奈良時代から平安時代初頭の弘仁年間（八一〇〜八二四）にいたる異聞を引いて仏法の功徳を述べた書である。とくに因果応報の話を数多く採録しており、最も古い時代の説教活動の様子をうかがうことができる。行基をはじめ、民間布教僧のエピソードに富む点からも本書の意義は少なくない。その中巻三十話に着目してみよう。

行基が、難波の堀を開いて法を説いていた頃のことである。聴衆の中に河内若江の川派里《かわまたのさと》の女がおり、抱いていた乳飲み児があまり泣くので法話のさまたげとなった。その子は十歳になるのに足が立たず、いつも泣きわめき絶え間もなく食物をむさぼっていた。行基は川淵に子を投げ捨てよと告げるが、女は可愛さのあまり捨てることができない。翌日も同じく子の泣き声に説法を聴く人々は皆迷惑した。再び行基は母を責めて子の投棄を命ずる。女が子供を深い淵に投げ込むと、子は水の上にすっくと立ち、地団駄を踏んでくやしがりながら目を大きく見開いて叫んだ。「無念だ！　あと三年お前から取りたててむさぼり喰ってやろうと思ったのに」。行基は女にこう告げた。「お前は前世でこの者の物を借りて返さなかった。そのため、お前の子供に生まれ来たって負債の分だけ喰いあさっていたのだ。いま淵に捨てたのは、前世の貸し主なのだ」と。

前世で貸した物を返してもらえず恨み死にした亡魂が、相手の子供に再生して親を困らせる。母にとって何ら身に覚えのないことであっても、この世に生を享ける以前の因縁により自分の子に責められ続ける。行基の明かす「宿世の怨念」こそは、まさしく仏法の因果律を証明する理にかなった現象にほかならない。

この行基説話の源流は、おそらく中国の「鬼索債《きさくさい》」(「鬼討債」)の伝承にあるのだろう。それらは債務者の子に金品の貸し主がとり憑き浪費のかぎりを尽くすという民間伝承で、沢田瑞穂『修訂鬼趣談義』[3]に中国宋代—清代の採話例が列挙されている。

もっとも、『日本霊異記』中巻三十話の行基説話は、十一世紀の『今昔物語集』巻十七の三七に引用されたのを最後に、その後の仏教説話集への再録がみられない。しかしながら、怨霊の生まれ変わりと復讐のテーマは、形を変えて江戸の説教僧のあいだに深く静かなひろまりをみせていた[4]。

説教僧の話材をあつめた近世の勧化本を見渡すと、怨魂再生の因縁が一、二にとどまらないことがよく分かる。壱岐国の禅僧・猷山の残した『諸仏感応見好書』(享保十一年・一七二六刊)に「殺レ僧生レ子」(僧を殺して子に生る)と題した因縁がみえる。漢文体で記された勧化本の梗概は次のようなものである。

江戸の市中に「宗也」と名乗る男が住んでいた。顔見知りの高野聖に喜捨した五十両がどうにも惜しくなり、欲心にかられて跡を追いかけ、東海道の路傍で僧を惨殺する。金を取り返して家に戻ると、門のあたりに死んだはずの坊主が朧げに佇んでいるではないか。近寄って確かめようとするが、すうーと姿を消してしまった。ちょうど同じころ女房が懐妊し男児を産む。ところが、一人息子は成長するにしたがい親不孝のかぎりを尽すようになり、ついに十九のとき御上の蔵に盗みに入り、縄目の恥を世間にさらす。すべては親の指図と白状したため、父子ともに死罪を仰せ付けられた。処刑の土壇場で、子は父を睨み「やっと昔の恨みを晴らすことができたぞ」と言い残してこの世を去った。

息子の罪に連座する点では、先に引いた『続著聞集』にあい通ずる。『諸仏感応見好書』は、このほか「殺二座頭一生レ子」（座頭を殺して子と生る）などの僧殺しの類話を載せるが、一方で、怨魂再生の原因を家庭の婦女をとりまく日常生活のいとなみに求めたドメスティックな話柄も見受けられる。「地蔵利益」の章題を付した数話のなかから母と娘の因縁にまつわる話をとりあげてみたい。

昔、上総国に冷酷な女あるじがいた。つねに召し使いの女に辛くあたり、ささいなことで殴りつけていたが、あるときあまりに激しく打ち過ぎて婢女を殺してしまう。やがて夢に亡霊があらわれ「何と惨い仕打ちを……この仕返しは必ずしてやるからそう思え」と罵る。数日もしないうちに女あるじは子を宿し、十月十日が過ぎて娘を出産する。ところが、三歳になるころから、娘が理由もなく母をたたくので、もしや婢女の祟りかと訝る。それは六歳の春のことであった。寺の説法を聴聞に行った折、娘はあいかわらず人目も憚らず母をたたきつづけた。騒々しさに迷惑した人々は、幼な子を叱り外に連れ出そうとする。そこに見慣れぬ僧が現われ出て、皆の面前で女あるじにこう言い放った。「よいか、お前に打ち殺された女の怨念が娘に生まれ変ったのじゃ。十三歳になるまでに必ずやお前の命を取るであろう。鎌倉に住む兄にこの子を養育させるがよい。さすれば何事もなく安穏に過ごせるであろう」。異僧は日光菩薩の化身であった。かくして娘は七歳の春に鎌倉の兄の家に引き取られ、笑顔の絶えない幸せな日々を送った。実母は生涯我が子に会うことがなかったと伝える。

大筋では『日本霊異記』の話型を踏襲した説教話であるものの、ここでは前世の因縁を語ることなく、女あるじ自身の罪科に話の重心が移っている。その意味では、「二口女」の継母の場合も同系統の因果応報といえるだろう。享保の改革を機に家庭道徳の啓蒙が一般大衆層に向けて提唱されだした十八世紀以降の社会を反映するかたちで、因縁話の性格に変化の兆候があらわれたわけである。

なお、同時代の勧化本『観音冥応集』（宝永三年・一七〇六刊）には、妾者が死後に本妻の娘に生まれ変わり、抱いていた母の顔を抓き破る話がみえる（巻三の一五）。説教のテーマを妻妾の嫉妬に転じたバリエーションであろう。

さて、ここに取りあげた文芸、口碑から説教にいたるまでの再生奇談を通覧していえば、晴らせぬ恨みを抱いてあの世とこの世の境をさまよう怨霊の復讐が、次世代の息子・娘の生身を責めさいなみ、罪科ある親に、親であるがゆえの苦悶を与える因縁話に遷移していく様子が遠望される。そこに死霊の復讐をめぐる江戸の怪異表現が姿かたちを整えていくプロセスを見出すことはそう難しくない。もちろん、仏教本来の輪廻転生譚や、因果応報思想は、当初からそのような報復の論理を持ち合わせていたわけではなかったはずだ。しかし、厳格な身分制度を是とする非開放的な江戸期の生活空間にあって、人々はいつしか湿りきった怨嗟と血なまぐさい復讐の連鎖を怪異語りの中心に据えるようになって行った。江戸怪談の真の怖さとは、なかば生活化した庶民仏教の世界観を温床として生成したものにほかならない。

注

1.『桃山人夜話～絵本百物語～』（角川書店、二〇〇六）一四四頁。

2.『続著聞集』の岩間勘左衛門切腹の話は、井原西鶴『本朝二十不孝』巻二「旅行の暮の僧にて候」の典拠ともされている（箕輪吉次「本朝二十不孝論」、『学苑』一九七六・一）。また、岩間家の断絶は『慶安元禄間記』などの資料から事実であることが証明されている（同）。

3.澤田瑞穂『修訂鬼趣談義―中国幽鬼の世界―』（平河出版社、一九九〇）。

4.鬼索債譚と近世唱導の関わりについては、後小路薫「近世説話の位相―鬼索債譚をめぐって―」（『勧化本の研究』和泉書院、二〇一〇）に写本『怪談信筆』（正徳五年・一七一五成立）をはじめとする類例の詳細が紹介されている。

Ⅱ　死者の手首――廻国・懺悔の怪異空間

一　はじめに

この世に未練を残す死者の〝痕跡〟をからだに刻み付けられた者が、修行僧となって諸国を遍歴し、身の上の懺悔を語る。ここにいう。〝痕跡〟とは、旅人の肩先を掴んだままの干からびた手首であったり、小蛇の姿の怨魂であったりと、ただならぬ光景をともなう怪異の現場そのものであった。だが、それと同時に多くの場合、描写内容の猟奇性もさることながら、廻国・懺悔という表現様式に宗教説話の片鱗をうかがわせており、そこからハナシの生成基盤を想察することも不可能ではない。

人の怨みを背負って旅を続けるそのような説話・伝承の諸相を追いながら、怪異談の背後に横たわる、なかば習俗化した民衆の因果応報観や、仏教布法の場から派生した怪異の精神文化をすくいあげ、近世説話のまにまに可視化してみたい。いわばそれは、ハナシの世界の遠い記憶をたどりながら、怪異の系統解剖を行なう方法といえるだろう。

二　生きていた手首

今日の小説や芝居、あるいは映画・TVドラマ、ゲームソフトなどの素材に、古くから伝承された民間奇談、口碑伝説のエッセンスが用いられて新たな物語を再生産した事例は、おそらく一、二にとどまらないだろう。この点は現代マンガの分野においても事情を同じくする。

杉浦日向子『百物語』は、江戸怪談の香気ただよう短編マンガ百話をあつめた作品である。[1] 其ノ十三「尼君ざんげの話」は、出家の発端となった霊異について、尼僧みずからが語る独白形式の懺悔咄であった。彼女の両肩にありありと残る掌の形の痣（図1）をめぐり、次のような因縁が明かされる。

幼くして両親をなくした娘は、村の裕福な夫婦に引き取られる。十五、六になるころ、主人の妻が病に倒れて明日をも知れぬ命となる。女房は夫と娘を枕辺に呼び「我ら身まかりし後、異妻《こと》迎え給うならば、右の女を我が跡へすえ給えよ」と遺言する。それからしばらくたったある日の夕暮、観音堂への参詣を望む女房を背負って、娘は家を出る。寺参りより帰ると女房はすでにことされており、しかもその両腕が娘の肩の肉にとり付いて離れない。さまざま手段をつくして、やっと遺体を引き離し、手厚く葬った。ところがどうしたことか、娘の肩より胸にかけて不思議な痣が浮かび出て消えない。出家して比丘尼となったのはこれがため、と告白すると、尼は墨染の衣を脱いでみせ、両掌の形の痣がのこる肌をさらすのであった。

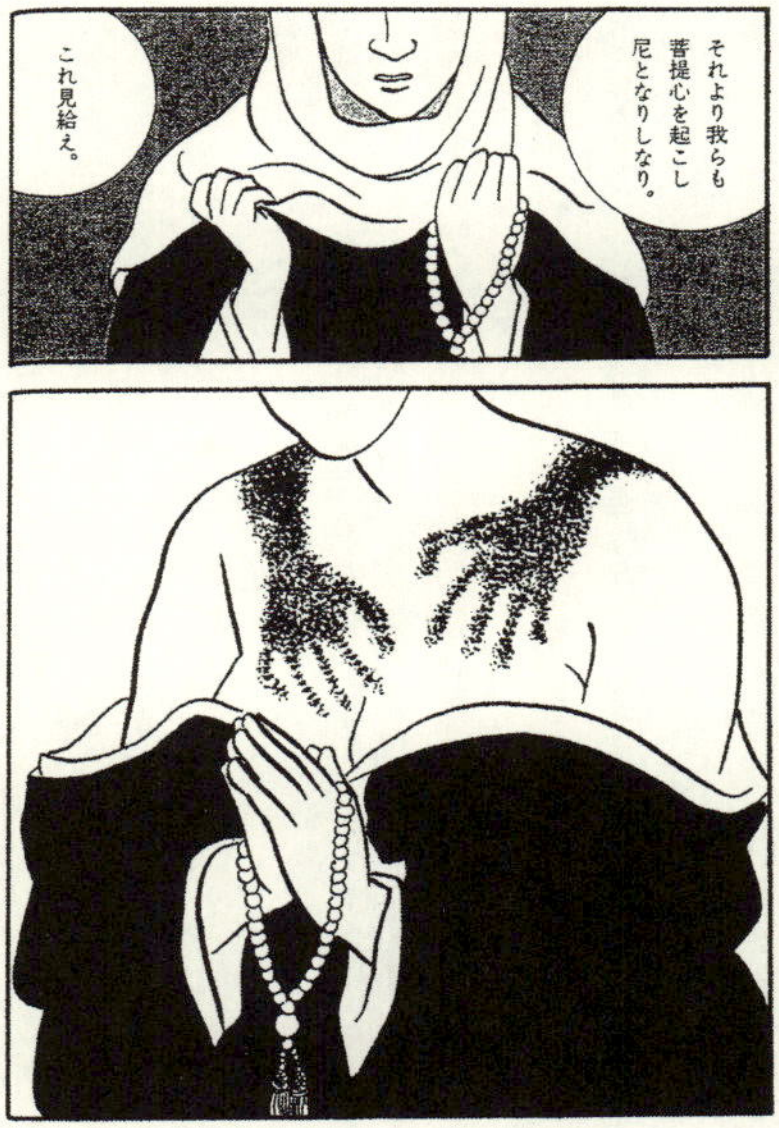

図1　杉浦日向子「尼君ざんげの話」（『百物語』）

痣に象徴された末期の執念が何によるものか、作者はそのことに触れていない。やがて夫の後添《のちぞ》いになる娘への嫉妬か、あるいはまたこの世への断ち難い未練か。痣の意味を読者の想像力にまかせたまま、この奇談は終わっている。亡婦の心情にあえて言い及ばない文脈ゆえに、むしろ深い怨みや悩み苦しみ、哀切の情念が語られたとみることもできるだろう。

ちなみに同じ杉浦作品の『百日紅《さるすべり》』其の二十四「因果娘」[2]にも、背負われた状態で死んだ母親の手首を肩に付けたまま暮らす口上《こうじょう》歯《は》磨《みがき》売りの娘の話があるが、ここでも因果の原因は明らかにされていない。

一方、類型説話をいますこしさかのぼり、小泉八雲（ラフカディオ・ハーン）の「因果ばなし」に引き比べてみると、死に行く奥方の嫉妬心という明確な怪異の動機付けが見出される。「因果ばなし」は明治三十二年（一八九九）に出版された『霊の日本』所収の一篇であり、江戸怪談の残照を行間にとどめる内容となっている。

文政十二年（一八二九）の春、長わずらいの床にふせっていた大名の奥方のもとに、側女《そばめ》の雪子が召し出される。死ぬ前に一目庭の桜花が見たい、との願いをかなえるため、雪子は病婦に背を貸す。奥方は痩せ細った両手を雪子の肩から襟下《えりした》に差し込み、乳房を掴んで高笑いを発すると、怨み罵《ののし》る声を残して息絶える。すると不思議なことに、死者の手が肉にはり付いて離れない。恐怖と苦痛に悶絶《もんぜつ》した雪子を救うため、蘭方医の指示で手首の際から切断されるが、それでもいぜんとして取れないばかりか、毎晩丑満《うしみつ》の刻になると乳房を締め付け責めさいなむ。黒く変色しながらも、手首は生きていた。結局、雪子は髪をおろして名を脱雪《だっせつ》と改め、奥方の位牌をたずさえて諸国行脚《あんぎゃ》の旅に出た。彼女が下野《しもつけ》国河内郡田中村の野口伝五左衛門宅に一夜の宿を求め、いまだに乳房を掴んだままの手首の因果を語り聞かせたのは、弘化三年（一八四六）のことだった。これを最後に尼の行方《ゆくえ》は杳《よう》としてわからない。

奥方の位牌に書かれた「妙香院殿知山涼風大姉」の戒名や、「文政十二年」にはじまり「弘化三年」におよぶ脱雪尼の廻国、さらにまた下野・野口家への止宿といった具体的な設定・描写が細部にわたって加えられており、特異なリアリティを話の端々に感じさせる。じつは、こうした具体的表現は、「因果ばなし」の出典とみられる江戸の講釈のなかに、すでに原型が出来上っていた。すなわち明治二十七年（一八九四）に編まれた町田宗七の『百物語』第十四席にみえる松林伯圓《はくえん》の怪談噺は、講釈の場に語られた脱雪尼の懺悔物語を筆記したものであった。八雲の文学や杉浦作品の源流に、近代以前の奇談語りの長い伝統を垣間見ることはそう難しくない。

ところで、説話・伝承史の流れにそくしていえば、妻妾の葛藤、たぎる妬心、亡婦による女の復讐といった愛欲と閨房生活を因とする霊異の発動は、江戸の怪異小説においても珍しくはない題材であった。天和三年（一六八三）刊『新御伽婢子』巻三の三「死後嫉妬」、元禄十七年（一七〇四）刊『金玉ねぢぶくさ』巻二の二「霊鬼人を食らふ」のように、悪霊と化した女が夫の情婦に崇る二人妻型の説話モチーフは、怪異小説の伝統的な常套表現とみなしうる。

また、同種の妬婦霊異は近世説教僧の話材にしばしば援用され、愛念邪淫を戒める例証となって説きひろめられていた。[3] 要するに、二人妻をハナシの基調とするこれら妬婦譚の水脈は、江戸期の民衆に対して、娯楽文芸と信仰伝承の両様から発信され、享受された浸透度の高い題材だったわけである。

八雲作品の場合も、大筋ではそうした妬婦譚の系譜に属するとみてよい。ただ、少々視点を変えてみると、そこに一般的な二人妻型の類型説話とは趣を異にする別種の奇談世界が描出されていることに気付かされる。すなわち廻国僧が自分の身の上を語りきかせ、悪因悪果の目にみえる証拠である死者の手首を人々の前に晒すといったストーリーの展開をみるかぎり、脱雪尼の懺悔咄に独特の説話構造と宗教的な物語意識をよみとることもさして困難ではない筈である。そうした特性が仏教唱導者の語り口をおもわせる点は、傾注を要するだろう。

三　廻国・懺悔の怪異空間

ところで、取れなくなった手首の怪異をハナシの主要モチーフにすえる創作方法は、妬婦の復讐譚にかぎらず、金品への欲望と執着をテーマとしたもうひとつの類型説話群にあい通じるものでもあった。江戸の戯作者・山東京伝は、文化元年（一八〇四）刊『優曇華物語《うどんげものがたり》』巻三第五段に興味深い挿話を載せている。

時は室町時代、美濃の郷士渥美左衛門は管領足利持氏に拝謁するため鎌倉に赴く。途中、箱根足柄山の峠越えを目前に人馬の労はなはだしく、麓の茶屋にしばし休らうことになる。そこへ六十六部の廻国聖がやって来て、渥美家の従者たちに声をかける。道中難所のありさまなどを語り合ううち、一人が六部聖の「手くびに、ものある」を見付けて不審を問う。「これにつきてはなが〱しき因果物語あり。懺悔の為に語てきかせまうすべし」と前置きして、聖は次の長物語をはじめるのであった。

それがしは原《もと》土佐国《とさのくに》の百姓なるが、隣家《りんか》にひとりの老女ありて、年ごろ着るべき物も着ず、喰《くらふ》べき物も喰はず、ためおきたる金十両あまり侍《はべ》りき。しかるに老女、死なんずる時にのぞみて、かの金に深くおもひを残し、剤符《さいふ》にいれたるま、これを握《にぎり》て死しけるが、息絶《いきたえ》て後も、かたく握てはなさゞれば、みな人おそろしがりて、かくばかり執念の残りたる金なれば、亡者《もうじゃ》の心にまかすにしくべからずとて、其儘《そのまゝ》に屍《しかばね》を埋葬し侍りき。それがし其場にありてこれを見、世の宝を土中に埋《うずめ》て失ふは、惜《おし》むべき事とおもひつゝ、家に帰りしが、其夜俄《にわか》に悪念《あくねん》おこり、暗夜を幸ひ、鍬《くわ》と鎌《かま》とをたづさへて、墓原《はかはら》にいたり、老女の屍《しかばね》をほり出して、鎌にて剤符の尻をきり、金をうばひとりて、もとのごとく屍を埋んとしつる時、怪哉《あやしいかな》屍むく〱

とうごくと見えしが、忽《たちまち》氷のごとくひやゝかなる手をさしのべて、それがしが手くびをしかと握りぬ。おそろしさ、いふべうもあらず、とかくして、もぎはなさんとせしに、なほつよく握りて、万力《まんりき》などいふものにて、まきしむるやうに、痛堪《いたみたえ》がたく、ことに暁《あかつき》ちかくなりければ、せんすべなく、鎌にて其手くびをかきゝり、いそがはしく屍をもとのごとくに埋て、逃帰り、さま〴〵にしてこれをとりすてんとせしに、ます〳〵はなれず、其指我手くびにくびりこみ、肉ひとつに癒合《いえあい》て、死せる手くびに血気通じ、脈のさしひきありて、我身体とひとつになりぬれば、斬《きり》すてべきやうもなし。こゝにいたりて大に後悔し、人の執念のおそろしき事を知り、前日の悪念をひるがへして、菩提《ぼだい》の心を起し、罪障《ざいしょう》消滅の為、六十六部の大乗妙典《だいじょうみょうでん》を、供養し奉らんとおもひたち、三年前《みとせさき》に国を出て、普《あまねく》諸国《しょこく》をめぐり、頃日《このごろ》当国にいたりぬ。懺悔《ざんげ》に罪を滅すとかきけば、みづから此事《このこと》を語《かたり》て、唯《たゞ》来世の苦患《くげん》を脱《まぬか》れんとのみねがひ候。げに〴〵人の執念はおそろしきものにて侍り。因果覿面《いんがてきめん》のことわり、あらそひがたし。あさましきかたちを、見せまうさん」といひつゝ、手くびにまきたる、布をとりて見せければ、こなたの人〴〵立よりて見るに、彼がいふにたがはず、色青くほそりたる手くび、握りつきてあれば、みな〳〵身の毛聳《そばだち》て、おそろしうおぼえぬ。[4]

茶屋の店先に腰をおろした聖は死者の手首を衆人の前にさし出す（図2）。あまりのことに皆々慓《そう》然として肝を消す。

死者の金を奪おうとした者が屍に掴まれる霊異は、同じく京伝の作品で小幡小平次《こはだこへいじ》の怨霊咄に取材した『復讐奇談安積沼《あさかぬま》』（享和三年・一八〇三刊）第七条にもみえる。息絶えた小平次の手が金を盗もうとする安達左九郎の腕を握って放さず、手首を切断されてもまだそのままなので指一本ずつを斬り捨てて難を逃れるという凄惨な場面が描かれている。

図２『優曇華物語』（『山東京伝全集』）

一方、手首の怪をめぐる二つの京伝作品のプロットには、共通の出典が指摘されていて、山口輝雄の読本『珍説奇譚耵聹私記《ていねいしき》』（明和九年・一七七二刊）巻二の「嫗幽魂吝二片金一」（嫗《うば》が幽魂、片金を吝《おし》む）を直接の典拠とした内容という。[5] これ以外にも、同様の怪異描写は明和四年（一七六七）刊『新説百物語』巻二の六「死人手の内の銀をはなさゞりし事」にもそなわり、浮世草子・読本の奇談ものに類型を検証しうるものであつた。また、かかる怪異談を生み出した仏教思想の淵源に着目すれば、金銭への執着心ゆえに成仏できない亡者、亡僧の因縁[6]を想起することもできるだろう。

もっとも、金欲におぼれる者の妄執を描く『新説百物語』や『珍説奇譚耵聹私記』などの物語群を通覧して気付くのは、死者の手首の怪談が、必ずしも旅の修行僧の発心理由を説明する話の流れのなかで機能したものではない点である。端的にいうなら、浮世草子、読本に文芸化された手首の怪は、多くの場合、宗教的な廻国・懺悔譚の枠組みによる叙述スタイルを必要条件としていないのである。それでは『優曇華物語』の描く廻国聖の懺悔咄は、京伝一流の創作に過ぎないのか。

広く説話・伝承史の系統図に照らして、ことの全体像を遠望してみた場合、すべてを小説作者の虚構の所産とみなすわけにはいかない。少なくとも世上流布の民間奇談に類似の話例を求めるなら、『珍説奇譚耵聹私記』などとの書承的な出典関係とは別次元のハナシの原風景が浮き彫りになる。しかも、そうした廻国・懺悔の民間伝承には、説話の伝播に関与した仏教唱導者のうしろ影が幻視されるのである。

富士箱根の口碑をあつめた松尾四郎の『史話と伝説―富士山麓之巻』（松尾書店、一九五八）に「執念の手首」と題して、足柄山に程近い御殿場の奇話が採録されている。話の概略は以下である。

> 中畑の善竜寺の中に但称庵《たんしょうあん》という寺があった。もと山麓にあったのが引越して来たものである。嘉永《かえい》の頃ここの和尚は小金を蓄めて日歩貸をしていたが、檀家の一人に五両を貸したのが仲々取れずに困っていた。この和尚が病気にかかり明日の日も判らぬ程の重態の床にあったのに五両の貸金の事が気にかかり、病みほおけた姿で檀家の家に催促に行った。檀家ではビックリして（明日は必ず返すから）と云って、翌日金を持って行くと和尚は既に死んでいた。そこで檀家は（あれ程執着していた金だから）と思って、五両の金を和尚の死体と一処に墓の中に入れて置いた。それを知った村の熊さんという悪党が夜墓をあばいて金包を取ろうとしたら、死んだ筈の和尚の手に確《しっか》りと腕をつかまれたので熊さんは狼狽《ろうばい》して刀を抜いて和尚の手を斬払った。ところが和尚の手は手首から切離されても尚確《（ママ）》かりと熊さんの手をつかんで離れなかったので熊さんは今更ながら罪の恐しさを知り、手首をつけたまま四国巡礼に行き、三年程経ってからようやく手首が離れたので、以後真面目に世を送ったという事である。

静岡県御殿場市の善竜寺は、浄土宗の正蓮社念誉真《ねんよしん》（心）公《こう》が中興した寺で、はじめは京都の知恩院末であった（現増上寺末）。江戸期には移転をくり返し、宝永四年（一七〇七）に現在地の中畑に寺域を定めている。嘉永（一八四八〜五四）のころ、塔中の但称庵に起こった霊異のため、墓荒らしの悪党は和尚の手首とともに四国巡礼に出て聖地をへめぐり、ようやく執念の手首を引き離すことに成功する。寺蔵の縁起書・宝物類は今日に伝わっておらず、寺院側の資料については不明というほかない。ただ、右引用の民話の背後に、手首の因果を例証に用いて、罪科の報いと四国巡礼による滅罪を説いて歩いた唱導者の発想を想察することは、僧坊に伝わった懺悔文学の諸作に類比するなら、的外れな視角とはいえないだろう。

そもそも四国遍路の起源伝承として知られる「衛門三郎《えもんさぶろう》」の廻国・懺悔[7]をみても明らかなように、八十八ヶ所の聖地巡拝は、滅罪行法の意味付けをもって信仰されていた。むろんそれは、罪穢れある者に仏法の救いをもたらす行為にほかならない。中畑善竜寺の伝説が、三年の間の巡礼により怨念から解放される法徳の勝利を話の結末にしるしているのは、仏教説話に散見する滅罪と救済のテーマから派生したものとみてよかろう。

さらにいえば、『優曇華物語』や善竜寺伝説にみえる懺悔告白の叙述形態そのものが、中世以来の仏教文学に開花した「懺悔物語」の文芸様式を源流とするのではあるまいか。高野聖の間で生成した荒五郎発心譚（『高野山通念集』など）、あるいは御伽草子の『三人法師』『高野物語』などは、いずれも懺悔物語の典型として位置付けられている。[8]「何故に遁世《とんせい》しけるぞ、いざ坐禅の面々、懺悔物語申し候はん」（『三人法師』）という物語の開巻辞は、本来おのれの罪を仏菩薩に告白して忍容を乞う仏教行儀であった〈懺法〉が、罪障消滅の目的性を離れて広義の物語に転じ行くありさまを物語る。これらの文芸様式のなかには、情事を出家の機縁とする色懺悔の系譜も派生し、西鶴『好色一代女』などに発展して行く。

一方、中世懺悔物語の生成基盤として、既存の発心譚や因果咄を自らの境涯に潤色して語り歩いた廻国遊行の徒の介在が指摘されてきた。[9]すなわち高野聖、熊野比丘尼などの民間宗教者によって、あまたの懺悔物語が彼らの身の上咄に仮託されて語られ、教化勧進の方便に利用された。[10]そのような草の根の唱導文化なくしては、文学史に顕現する〈懺悔の文学〉も存在しなかったであろう。

こう考えてみると、これら旅の宗教者の動向が、発心由来を怪異語りの重要なファクターとする奇談文芸や民談の成立に、少なからず影響をおよぼしたであろうことは否めないだろう。人の怨みを背負って旅をつづける怪異談の主人公たち――。彼らは街道を行く聖や比丘尼の実景に重なる表象だったのかもしれない。

さて、死者の手首にまつわるハナシの履歴をたどってみた結果、京伝、伯圓、八雲から現代マンガに至る怪異の系譜を陰に陽に支えてきた唱導文化の存在が、歴然と姿をあらわした。そこには人間の欲望、邪念、執着などに衝き動かされた者の発心遁世の因縁が点描され、廻国・懺悔から滅罪・救済へと連なる仏教説話特有のドラマがくりひろげられて、見る者聴く者の純朴な信仰心を喚起せずにはおかなかった。手首の怪の民間奇談が、ごく自然な因果咄となって民衆に享受された文化素地に、市井の唱導者による布法営為の幅広い普及が考えられる点をひとまず考えておきたい。

もっとも、これまで述べた事象だけで、唱導文化と江戸怪談の直接的な関係を十分に説明し得ないことは承知している。彼我の断ち難い影響を証するためには、より具体的な事例を提示すべきであろう。懺悔告白の霊異談が、実際に説教僧の話材となって語られた状況を把握しておかねばなるまい。冒頭に掲げた〈死者の〝痕跡〟と旅する廻国僧の懺悔〉という説話モチーフにいまいちど問題の根源を求め、仏教唱導と怪異談の交絡を別の角度から明らかにしてみたい。

四　蛇《くちなわ》道心《どうしん》の因縁

京都洛北の大原といえば、寂光院、三千院などに絡めた女人往生の伝承で知られる山里である。その入口に位置する大長瀬地区の山裾に、摂取院《せっしゅいん》という浄土宗知恩院末の尼寺が寂然とした佇まいをみせている。

この小院の宝物である掛幅画「浄往《じょうおう》法師脱蛇図」は、摂取院の隠遁僧・浄往にまつわる奇しき因縁をもとに

図３　浄往法師像（京都市左京区摂取院）

描いた絵相と伝える。やや剥落して不鮮明ではあるが、一心に念仏勤行する法師の膝元（右端）に、体から脱離して行く小蛇がいわくありげに画き添えられているのがわかる。現在、摂取院の境内には「脱蛇図」をもとに彫られた浄往法師の石像が置かれており、絵像と同様に左ひざのあたりに小蛇のレリーフを視認することが出来る（図３）。寺蔵の過去帳によれば、浄往は俗称を「蛇《くちなわ》道心《どうしん》」といい、寛永十八年（一六四一）七月二十八日にこの寺で没した。[11]

蛇道心のいわれとは何か。洛北の郷土誌『京都』に次のエピソードがみえる。ある夕暮れ、歳のころ四十前後の巡礼が寺の門をたたいた。本堂に通された巡礼は、住職の老僧を相手に懺悔の長物語をはじめるのであった。

　梅の花が咲き鶯《うぐいす》が春を讃美するかのやうに美しい声で奏でる頃でした、愚かな私は妻の妊娠中、親切に手伝ひに来た妻の妹に不倫にも魔がさしたとでも云ひませうか、或る夜犯しましたところを妻に発見され、それが原因にて妻は両人を呪《のろ》ひ狂ひて悶死し、その怨霊が此の小蛇となって私の頸《くび》に纏《まと》ひて離れず、夜となく昼となく苦しめるのでございます。そして此の小さい焼きつくやうな蛇の眼光《まなざし》は、それは妻が最後に私を怨み視詰《みつ》めた呪ひの眼光です。[12]

そういうと己が頸筋に巻き付いた小蛇を指さしてみせた。一言一句をうなずき聞き終わった老僧は、暫く黙想していたが、やがて静かに念珠を渡し、修行の功徳によって過去の悪因縁を絶つことを勧める。こうして巡礼は剃髪して名を浄往と改め、妻の冥福を祈ること五年、七回忌の命日の朝を迎える。陽春のなか、経を唱え鉦を叩き居る不断の祈りが通じたか、頸の蛇は長き呪縛を解いて去る。浄往は蛇を庵の南陽の小池に放って合掌し、怨魂の解脱を見届けた。この時のありさまを写したのが寺蔵の掛幅であり、広く蛇道心の因縁として四方に布宣されたという。

浄往法師の脱蛇譚は、歴史的にさかのぼってみると、すでに十八世紀初頭の京洛において一般に知られていた。正徳元年（一七一一）刊の名所記『山州名跡志』巻五をひもとけば、「罪業ヲ悟テ剃髪染衣」した浄往が念仏修行の作善により首の小蛇を退け、ついに「往生ノ素懐《そかい》」をとげた奇縁が紹介されている。あとに述べるように、蛇道心の話を脚色した怪異小説の諸作が編まれたのもこのころであり、京都の人々の耳目に親しい話柄であったことをおしえる。ただし、これらの民間説話をもってこの因縁咄の発生源とみなすことはできない。なぜなら、さらに説話の時系列を溯上して行くなら、近世初期の寺院縁起や高僧伝、往生伝の世界に蛇道心説話の原風景が見出されるからである。

たとえば元禄二年（一六八九）刊『緇白《しはく》往生伝』には、念仏信仰普及の目的性に充ちた「僧浄往」の離蛇・遁世と念仏の功徳による救済がしるされている。漢文で書かれた浄往伝の梗概は以下のようなものである。

> 浄往は、もと西陣の大工で、二十八歳の時、所帯をもつが、色に耽って義妹に通じ、それを知った妻は嫉妬のために悶死する。その怨念が小蛇となって一家を襲い、男の首にまとわりついて苦しめる。時折チクチクと絞みさいなむ「怨蛇」の祟りに菩提心を起こし、出家薙髪して僧の姿となるものの、それでも怨蛇は離れない。人目をはばかり常に首を綿で隠して居たので「蛇道心」と呼ばれるようになった。その後、大原の草

庵に入り、身命をなげうつ一千日の荒行のすえ、夢に蛇の消滅を見て蛇難より救われる。「別時念仏之勝利」ともいうべき仏の恩に報謝するため、当地に摂取院を開き、さらに洛西の真教寺、江州の四ケ寺、丹州の三ヶ寺を建立したのち、寛永十八年、七十歳で大往生をとげた。

『緇白往生伝』は、俗に「壬生《みぶ》派」と呼ばれた京都壬生・安養庵の念仏聖了智の編述した往生者列伝であり、序文によれば華洛辺鄙に道俗を尋ね見聞してあつめた実見譚を採録したという。全体に所伝者や典拠を明記して往生奇特の疑いなきことを教化する弘法意図に充ちており、[13] 壬生派の説く持戒念仏の宣揚を一書編纂の中心にすえる。ために時として歴史的事実を逸脱してでも、往生者の功徳と善行に筆をついやし、彼らの悪因縁が念仏の利益でみごとに雲散する宗教的感動を描こうとする信仰のベクトルに支配されている。「僧浄往」の場合も、「勤ムルコト二念仏ヲ于別時ニ一、巳ニ及ヘリ二一千日ニ一」隠遁者白身の峻烈なまでの勤行が「別時念仏之勝利」をもたらし、男を蛇形の妄執より救済したことに言い及ぶ。

じつは、後半にしるされた摂取院、真教寺などの建立をふくめ、『緇白往生伝』の叙述にはかなりの脚色が加えられていたことに気付かされる。なぜなら原初の蛇道心説話は、浄往その人の往生伝として生成・流布した宗教伝承ではなかったからだ。むしろそれは、戦国期に生きた浄土宗鎮西《ちんぜい》派の高僧・近誉《ごんよ》上人《しょうにん》の宗教的名声にからめた摂取院開創の縁起譚であり、浄土教団の歴史的な布法活動と密にかかわりながら巷間に四散した蛇道心説話のもうひとつの顔であった。そこには、壬生派の往生伝に取り込まれ、浄往個人の生涯として語られる以前の、古い高僧伝の姿とかたちがみてとれる。

五　近誉上人の法力と摂取院縁起

近誉の法徳と蛇難にあえぐ者の救済を眼目とする蛇道心説話の文献所載は、鈴木正三（一五七九～一六五五）の片仮名本『因果物語』（寛文元年・一六六一刊）を早い時期の事例とする。正三は禅と念仏の合一を修法のための重要事と説いた近世初頭の傑僧であり、生涯を仁王禅の実践と布法につくした。片仮名本『因果物語』は、目にふれ耳にとまった「因果歴然ノ理《コトワリ》、面《マノアタリノ》事ドモ」（序文）をいちいち記録して諸人教化の手だてとした説教話材集で、正三夜話の聞き書き的性格をもつ。その上巻五「妬深《ネタミフカキ》女死シテ、男ヲ取殺スコト付女死シテ蚫ト為《ナリ》、男ヲ巻事《マク》」の第二話にこうある。

寛永年中、大原ニ如応《ニヨワウ》ト云《イフ》、道心者アリ。彼《カノ》発心ノ所謂《イワレ》ヲ聞ニ、大工ニテ京ニ居ケル時、女房果テ後、本《モト》ノ女房ノ姪ヲ妻ト為《ナシ》ケリ。或時昼寝シテ居ケルニ、空ヨリ蛇サガリ、舌ヲ出シテアリ。是ヲ取捨ケレバ、亦《マタ》来《キタリ》、後《ノチニハ》頸ニ巻付テ離《ハナレ》ズ。為方無《センカタナク》シテ発心シ、髪ヲ剃、托鉢《タクハツ》シケレドモ、蛇更《サラ》ニ去ズ。後ニ高野山へ登《ノボル》処《トコロ》ニ不動坂ニテ蛇失《ウセ》ケリ。悦《ヨロコビ》三年居テ下ルニ、本ノ坂ニテ蛇又頸ニ巻付タリ。人々怖《オソレ》ヲ作故《ナスユヘ》ニ、手拽《テヌクヒ》ヲ巻テ居ケリ。数年経テ後、上京相国寺ノ門前、報土寺権誉《ゴンヨ》上人ヲ拝シ、一々懺悔シテ十念ヲ授《サズカリ》テ、久シク念仏シケレバ、イツト無《ナク》蛇失タリト也[14]。

本文中の「如応《ニヨワウ》」「権誉《ゴンヨ》」はもちろん浄往、近誉をあらわす。聞き書き、もしくは伝聞ゆえの訛伝であろう。また、蛇難をこうむった男が女人禁制の高野山に逃げ込み、不動坂の結界によって一度は難をまぬがれたという

図４　二妻狂図（左下、三重県大円寺「熊野観心十界図」部分）

図５　二妻狂図（中央右下、秋田県見秀寺「地獄絵」部分）

のは、より古態の説話を継承した結果とみられる。早くは天正年間（一五七三～九二）成立の『月庵酔醒記《げつあんすいせいき》』に高野の蛇封じを描く類型がそなわり、山岳霊場の利益譚として聖たちの管理下にあった原伝承の存在を示唆する。

ちなみに邪淫戒を犯した者の因果応報という宗教テーマに注目するなら、「熊野観心十界図」や「立山曼荼羅」、諸地方の地獄絵に描かれ、絵解き説法を介して民間に流伝した二妻《ふため》狂いの地獄風景（妻妾にまとう男が人面蛇身の両婦に身体を巻かれる図様）に宗教思想上の淵源を求めることができるだろう[15]（図４・５）。

そのような仏教唱導の徒の説話の伝統を下敷きにして、浄往の懺悔と近誉上人の善導、念仏の救済に力点をおく蛇道心説話が成立し、さらに高僧伝の側面をもつ新たな宗教伝承を生み出して行ったと理解してよかろう。

一方、『因果物語』の話は近誉上人の在京布教と摂取院中興をめぐる浄土宗門史の史実をかなり正確に伝える内容であった。元禄九年（一六九六）に江戸の増上寺が幕命をうけて全国の末派寺院より提出させた縁起記録『浄土宗寺院由緒書』、および同書の享保五年（一七二〇）転写抄出本である京都知恩院蔵の『蓮門《れんもん》精舎《しょうじゃ》旧《きゅう》詞《し》』によれば、「遠蓮社近誉幽道上人」は因幡鳥取を拠点に、十六世紀末の山陰地方に教線をひろげた浄土僧だったことがわかる。俗名・生国・師僧の詳細は不明ながら、上人建立の鳥取真教寺が知恩院末である点にかんがみ、その門流とみてよいだろう。こまかな考証は旧著にゆずり[16]、ひとまず近誉伝記の大要を整理すると、およそ以下のようになる。

天文十四年（一五四五）以前に鳥取の久松山真教寺を興した近誉は、天正のはじめ京に上り諸国浄土僧の参堂であった報土寺（知恩院末寺）に杖をとどめた。天正二年には大原の天台宗寺院・摂取院を浄土宗に中興し、在京布教ののち慶長六年（一六〇一）に没する。同じ年、門弟の声誉により西陣に松久山真教寺が開かれ、後年摂取院も当寺の末寺となる。

近誉一門のこうした活動は、近世浄土教団の教勢拡大という史的潮流に照らして理解すべきことがらであった。竹田聴洲によれば[17]、『浄土宗寺院由緒書』に載る六百八ヶ寺のうちの六十二パーセントが天正から寛永二十年（一六四三）のわずか七十年間に創建・中興されており、浄土宗寺院の急増を示す。元和八年（一六二二）の新寺建立禁止令（京・荻野家文書）は宗門側の際立つ動きに対する幕府の反応をあらわす一例だが、他方このような浄土宗寺院のあいつぐ創建に際して、中興開山僧の威徳や法力をよみ込んだ種々の霊験譚が編まれ、談義の法席を通して民衆に説きひろめられたであろうことは想像にかたくない。おそらく慶長・元和（一五九六〜一六二四）に発布された法談・談義関連の禁令[18]も、かような宗門事情と無縁ではあるまい。

あわせて、この期に成立した寺庵の開祖に諸国遍参の廻国僧や民間遊行者（大徳、道心、聖、阿弥）が少なからず見受けられ、新寺の建立をうながした三昧聖、勧進僧などの下級宗教者の蠢動がうかがえる[19]点も留意すべき事象といえるだろう。五来重によれば、近世になると遊行の高野聖は、総じて村落の廃庵に入って定着し、質的低下を露呈しながらも、その一方において在地の高野堂を拠点に六斎念仏などの民間芸能の流布にかかわったという[20]。当然そこには、高野山より運び伝えられた唱導話材の口承も推察される。山内の霊地「不動坂」を結界とする脱蛇譚が、蛇道心の捨世の一景に結び付けられた背景をほのめかす。

いずれにしても近世初頭の京洛において、近誉を導師とした怨蛇鎮圧の法力譚が上人開創（中興）の摂取院にからめて語られ、浄往脱蛇の因縁を京童の間に浸透させていったことは、ほぼ間違いないだろう。

他方、摂取院縁起の拡散と受容を片仮名本『因果物語』の側から考えてみた場合、廻国・懺悔譚のいまひとつの当代的意義に気付かされることになる。

正三の法弟恵中の編んだ『石平道人行業記』（元禄九年・一六九六刊）によると、寛永のころ三河石ノ平に隠棲し『因果物語』の草稿をあつめていた正三は、寛永八年（一六三一）京に赴き天台僧・真超と道話を交わした。この年は大坂に実弟の鈴木重成を訪ね、紀州熊野をめぐるなど、近畿一円を巡っている。一方、浄往の示寂が寛永十八年だった点を考え合わせると、上洛時に蛇道心の話が直に正三の耳に達した可能性は否定できない。あるいはまた、片仮名本中巻奥付の「助縁」（説話提供者）の項に「城州京　緇素若干人」として在京の情報網を明らかにしている。あるいはこうした出所を介して洛中洛外の奇しき因縁が三河の正三に情報提供されたものとも考えられる。

もっとも、ここで特に注目したいのは、そうした説話伝播の具体的な経路そのものではなく、蛇道心の話が正三『因果物語』の採話方針にみごとに合致するものであった点にある。すなわち本書の所収説話には、霊異を当事者の懺悔、もしくは懺悔咄を聞いた高僧の見聞として提示し、因果歴然の例証に用いる叙述方法が散見する。

たとえば中巻二十二の第二話では、預かった古鉄の余りを返さずにいた鍛冶屋が、後日越中の立山に参拝の折、亡者より返還をせまられる。とっさに活火山の地獄に投入れた三百文の銭の焼け残りを持ち帰り「出入ノ人々ニ見《セ》、懺悔シテ此謂《コノイワレ》ヲ語」ったという。おのれの欲望ゆえに目《ま》のあたりなる地獄道を体験した業夫の告白と滅罪がここにしるされている。

また下巻十八の第一話は、江州大津の女の愛念が加賀の夫のもとに蛇となって化現し、頭に焼金をあてられた話。額にやけどの跡のある女は、のちに年老いてから要津和尚（未詳）にこの一件を「懺悔シテ語」り聞かせた。「慶安元年ノ比《コロ》、六十余《アマリ》也」との表現に一話の聞き書き的なリアリティが感じられるだろう。

さらに下巻二十の第二話のように、蛇道心と同質の説話構造のうかがえる話柄もある。関東の僧「守闇《シュキン》」は、となりの学寮の若僧に恋慕のあまり、情念が蛇となり窓から若僧を見守るようになる。気味が悪いので錐で蛇の目を突いたところ、守闇の片目がつぶれる。「其後《ソノノチ》、偏参《ヘンサン》シテアリキケルガ、蛇守闇卜人々云也。天正年中ノ事也」といった章末の結句は、短い言葉のうちに片目となった悪因縁を懺悔し、愛着執心のおそるべき醜相を説いて歩いた廻国僧の物語を彷彿《ほうふつ》とさせる。

業障消滅を願って旅の境涯に生きる求道者、そして悪因縁の物証を衆目にさらしての懺悔咄に救いの手をさしのべる高僧、それらの宗教モチーフが有機的に結び付きながら、江戸期らしい唱導説話の世界を様式化して行く。新たな因縁譚の成立が、以上の『因果物語』所収説話を通して明らかとなるだろう。

そうした視座に立ってみた場合、片仮名本『因果物語』に取り込まれた大原摂取院の蛇道心説話もまた、広い意味では、この時代にあまた伝存したであろう近世風の懺悔咄の一典型と考えて大きく過《あやま》つまい。二妻狂の果てに女を妬毒の鬼に変えてしまったおのれの業障を懺悔の俎上に載せる書きぶりこそは、平易卑近な霊異談を引いて邪淫のおぞましさを戒めた当代唱導者の口吻を如実にあらわすものであった。

六　怨蛇と旅する男

ところで、正三『因果物語』に採録された近誉上人と蛇道心の因縁は、浅井了意（?～一六九一）の平仮名本『因果物語』（万治元年～寛文元年・一六五八～一六六一刊）に継承されて新たな虚構世界を創造して行く。[21] 平仮名本巻一の一「執心ふかき女の蛇に成《なり》たる事」は、片仮名本上巻五の第二話（前出）、および第三話を合一した内容である。

図６　女の執心が蛇となる（平仮名本『因果物語』巻１の１、『仮名草子集成』より）

本章の主人公「駿河国府中院内町狐崎」の男は、所用で信濃に逗留するうち、土地の女といい仲になる。女は、本妻の待つ故郷へ帰る男を慕って駿河に行くが、男のたくらみにより三保の松原の海に沈められ命を絶たれる。すると最期の一念が蛇となって男に巻き付く（図６）。やはりここでも、男は「女人結界の山」高野の聖地をめざしている。ここまでのストーリーは片仮名本の第三話をほぼ忠実に踏襲したものである。

一方、これにつづく物語後半は、一部に片仮名本の第二話を援用して不動坂の蛇封じを描きながら、全般的には平仮名本独自の筋立てを創作しているのがわかる。ことに物語の結末を男の救済から破滅に置き換えた点に、了意の作意を読み取ることができる。すなわち再び蛇の呪縛をうけた男は、やむなく高野を去り帰郷の途につく。ところが、琵琶湖の沖合で舟がまったく動かなくなってしまう。以下、本文は次のようにつづくのであった。

舟《ふね》かたも乗合の衆も大にあやしみて、「いかさまにも、のり合の衆の中に子細ある御方有べし」とて色々せんさくいたしければ、彼夫《かのおつと》の腰太くして蚫のかたちみえけり。人々申すやう、「かゝる浅ましき事は聞及ばず。誠にふびんながら、数多《あまた》の人の命には替《かへ》がたし」とて、彼夫を海へ突《つき》はめければ、舟は子細なく岸に渡《わたり》つきけり。非分《ひぶん》の所為《しわざ》、三年の間に報《むくひ》けり。慶長十七年の事也[22]。

邪淫の業障のみならず、女殺しの重科を犯した男は、俗体のまま腰の蛇と道づれに、忘じ難い故郷をめざして湖上を渡る。しかしながら、そこには仏教説話の常套表現である懺悔滅罪も、高僧の救済もいっさい描かれない。愛欲の蛇から逃れ一生を高野山内に隠遁して過ごした「修行の禅門」（『月庵酔醒記』）の故事にみるような、山岳霊場の聖性は物語の結末をいろどる主要モチーフとなっていないのである。ここでは、逃れ得ぬ因果律に支配された男の破滅（しかも女と同じ溺死）が読み手に提示され、怪異の情景描写を淡々とつづることに徹している。浄往法師の念仏修行による往生や、近誉上人の活躍は、物語の主要なプロットからあえて除外されているといってよい。この点において、平仮名本巻一の一は、それまでの仏教説話に顕著な懺悔物語の基本型をはるかに逸脱した文芸指向の作柄といえるだろう。

一方、宗教臭の濃い懺悔物語からの脱化は、平仮名本『因果物語』以降、巻一の一の蛇道心説話に材を得た怪異小説、読本の模倣作に受け継がれ、文芸としての蛇道心ものを生み出して行く[23]。いずれも仏教布法の目的性を著しく後退させ、〈怨蛇と旅する男〉の怪異風景そのものに趣向を凝らした作品である。たとえば延宝五年（一六七七）刊『諸国百物語』巻四の八「土佐の国にて女の執心蛇になりし事」は、高野を逃れ、街道沿いに大津の渡し場にさしかかった男の最期を、左のごとくに描き出す。

（舟の船頭に詰問されて）かの男、ぜひなく、首の綿をとり、「さだめて此の故なるべし」とて、蛇をみせ、始め終りを懺悔しければ、人々おどろき、「はやはや舟を出で給へ」と、責めければ、「今はこれまで也」とて、かの男、湖《うみ》へ身を投げ果てにけり。その時、蛇は首を離れ、大津の方へ泳ぎ行きけり。舟もさうなく矢《や》橋《ばせ》に着きぬと、船頭語りしを聞きはんべる也。

みずから命を絶った男の死をもって怨蛇の復讐は終息し、淫縛のいましめが解かれる。その際、章中に描かれた男の「懺悔」が本来の宗教的意味を失い、文芸表現の叙述スタイルに転用されたものであることはいうまでもない。奇談文芸もしくはオーラルな江戸怪談に顕現する宗教的懺悔物語の変質を、そこにみるべきであろう。誤謬を恐れずにいえば、たとえそれが死者の手首であれ、胴を巻く小蛇であれ、亡き者の執着心の象徴を身にまとった旅人の行く末をみつめる点では、いずれの怪異談も同心円の類型説話といえるのである。

七　仏教唱導と怪談咄のあいだ

さて、以上、蛇道心説話の展開にそくして、中世懺悔物語の系譜が江戸の怪異文芸に融解するまでの道のりを追ってみた。しかしながら説話変遷の実情は、そのような宗教から文芸への一方向的なベクトルをのみを示すものではなかった。十七世紀のなかばに文芸化の軌跡を鮮明にした蛇道心説話は、別のところで再び説教の場に転用され、仏法布宣の話材として機能しはじめる。享保十九年（一七三四）写の『因縁集』（『古典文庫』三三七）に「執心ノ事」と題して平仮名本『因果物語』巻一の一が転載されたのは、その一例といえよう。『因縁集』は、口語表現の頻出などから、談義のテキストとみられる写本である。[25]平仮名本の因果応報譚が邪淫を戒める例話となって江戸期の高座説教に命脈を保っていたことは傾注してよかろう。唱導と文芸の位相は、典拠論にみるような一方通行の関係では把握しきれないのである。

さらにまた、長篇勧化本（近世仏教説話集）の佳作『西院河原口号伝』（宝暦十一年・一七六一刊）には、蛇道心説話を潤色して因果応報思想にもとづく長篇伝奇の一コマに組みこむ、周到かつ緻密な編集方法がうかがえる。本書は真宗系説教僧とみられる章瑞の編纂による五巻五冊の勧化本である。京都西院村の浪人立花景信の一子藤太重信の悪業を発端とする敵討ちの顛末を主軸に、空也上人の教化、死者供養、亡魂の成仏、転生といった宗教テーマに交絡させて、全二十八章を因果の糸でつないだ長篇勧化本らしい作風を特色とする。

時は天慶元年（九三八）、景信の死により、奈良の墨屋に奉公の身となっていた藤太は、年頃契《ちぎ》りを結んだ熊野の林《りん》を残して西院に帰り、伯父の娘好《よし》をめとる。突然の去り状に憤激した林は京へ旅立ち、藤太のはからいで本妻ともどもひとつ家に暮らすことになる。やがて好の懐妊を妬ましく思う林の憎念が蛇と化して夫婦を脅かしたため、藤太は林の謀殺を決意し、櫓岸野《ろぎしの》の辺りで刃にかける。断末魔の妄執は即座に怨蛇となって男の腹にまとわり付き、報いのほどにおののく藤太は高野山に走る。女人堂の前で蛇難を脱すると、重《じゅう》信坊《しんぼう》と法号して山中に六年を過ごす。天暦七年（九五三）、林の弟で法体して空岩と名乗る僧にめぐり会った重信は、おのれの素姓をはばかり山を下りるが、女人堂を過ぎたとたんに、またもや蛇の呪いに纏《まと》われる。途方にくれた重信は、諸国巡礼を志し、ひとまず妻子の住む西院に足を向ける。同じころ林の父平蔵は、箱根の山中で蛇体の娘に出会い、非業の最期を知って重信のあとを追う。かくして林の命日にあたる六月六日、所も櫓岸野にて、平蔵は重信の体を巻く蛇の導きを得てみごと敵を討ちとる。いまは怨蛇も消え失せ、本懐をとげた平蔵は出家して林清となる。一方、藤太の遺児仙太郎は林の怨念により六月六日に西院川で溺死し、好は髪をおろして妙好尼《みょうこうに》と法号する。結局、空也上人の善導をうけて、すべての敵味方が仏縁のもとに成仏し、別人に転生する大団円を描き出して物語は終わる。

編者の章瑞は、先行作品のさまざまな筋立を巧みに組み入れながら、逃れられない因果の理法にあやつられる人々の運命をつづっていく。十八・九世紀の読本作品を特徴付ける長篇伝奇の創作方法が、早くも長篇勧化本に胎動するさまが見て取れるといってもよかろう。

一方、これまでみてきた唱導・文芸の両方にわたる蛇道心説話のながれに、『口号伝』の世界を対比するなら、説法勧化の語り口が文芸特有の物語的な発想・筆致を得て、より豊潤な仏教文学の表現技法を我がものにしていく姿が判然となるだろう。たとえば、再度の蛇縛に高野を去ることを決めた重信の胸中を叙したあとに、章瑞は、男の懺悔心のあり方について、説法僧の立場と口吻で批評する。本文と章末の評言をあわせて左に掲出してみよう。[26]

重信入道思フヤウ、今復《マタ》登山セバ、虵ハ体《タイ》ヲ離ルベケレドモ、山ニ住《スマ》バ林《リン》ガ弟空岩《クウガン》ト云敵アリ。コノ姿ニテハ諸人ノ雑《マジワ》リモカナハズ、所詮《ショセン》コノ処ニテ自害《ジガイ》セバヤト思ヘドモ、未来ノ苦患《クゲン》思ヒヤラレテ恐ロシヽ、トカク諸国ヲ巡礼シ、霊場ニ歩ミヲ運バヽ、罪ノ軽マル事モヤアラン、コノ世ノ名残リニ古里ノ、妻子ニモ一目《ヒトメ》相見ンモノヲト、カヽル不思議ヲ見ナガラモ、離レ難《ガタ》キハ恩愛《オンアイ》ノ、ツモル思ヒヤ重ル悪縁、ツモリ〱テ山城ノ、古郷エトゾ歩ミ往ク。

今謂、凡《ヲヨ》ソ真実ニ発露懺悔《ホツロサンゲ》ノ人希《マレ》ナリ。重信が空岩ニ身ノ上ヲ隠シ、懐《フトコロ》ノ虵ヲ人ノ見ンコトヲ恐ルヽノ風《フ》情《ゼイ》、コレ凡心《ボンシン》ノ実《マコト》ナリ。又真実ノ発心出家古今タメシ少シ。西行ガ妻子ヲステ、刈萱ガ入道セシ、同日ノ所談ニ非ズ。重信が山城ヱ忍ビ帰リ、妻子ヲ余所《ソ》ナガラ一目見ント思フ、コレ恒《ツネ》ノ人ノ本心也。コ、ヲ以テ欣浄厭織《ゴンジヤウエンエ》ノ妙術、仰《アヲ》グベシ信《シン》ズベシ。

蛇を腰に順礼の旅に出た重信、しかしその心のうちには妻子への恩愛が渦巻いている。そのような人の情念のありようを題材として、章瑞は「凡《ヲヨ》ソ真実ニ発露懺悔《ホツロサンゲ》ノ人希《マレ》」なるためしをあげ「欣浄厭織《ゴンジヤウエンエ》ノ妙術」（俗世を捨てて西方浄土への転生を願う仏法）の必要性を声高に説く。登場人物の心情・行動を寓言に用いた説教の巧みな話術をそこにみることができるだろう。こうした語り口の妙味は「重信櫓岸野ニ討ル」の章に至り、さらに情感のこもった場面を悪因悪果の文脈のなかに描き出している。折しも「水無月初《ミナヅキハジメ》ツカタ」の暑い昼さがり、順礼姿の重信は櫓岸野の里に休らう。

思ヘバ今日《ケフ》ハ六月六日、六年以前コノ所ニテ、林ヲ殺セシ月也日也、処《トコロ》モ此《コ、》ゾト思フヨリ、今更クヤシキ身ノ罪業《ザイゴウ》、堪忍セヨ亡霊《マウレイ》ト、腹ナル虵ニ一人言《ヒトリゴト》、倦《ワビ》シテ透《トヲ》ル五足六足《イツアシムアシ》、俄ニ降り来《ク》ル雨ノ足、夕立空《ユフダチゾラ》ノ一透《ヒトトヲ》リ。

雨を逃れて宿った一本松のもとで、重信は平蔵に邂逅し、懐中の生臭い香から敵であることを見破られて復讐の刃にたおれる。浄瑠璃本の文体を思わせるリズミカルな文体が冴えわたる。

『西院河原口号伝』は初版以来、寛政六年（一七九四）、文政元年（一八一八）、弘化三年（一八四六）と版を重ね好評を博したばかりか、近代になってからもリメイク版を世に出している。大正六年（一九一七）に妙辨文庫第六編として法蔵館より出された江峰庵主人編の『説教節談賽の河原物語』、大正十二年（一九二三）の信濃非思量窟出版刊『西院の河原物語の由来』などがそれである。[27] ことに後者は、序文に著者の佐藤隆豊が手に入れた「西院河原口号伝の古写本」を「現代的美文調に用補」した経緯を述べており、近世勧化本の根強い影響力をものがたる。むろんそれを可能にしたのは、『西院河原口号伝』の巧緻な筆づかいと説教書としての完成度の高さであろう。唱導文化と文芸作品の間を漂動してきた蛇道心の因縁は、近世中期の長篇勧化本に至り、いっそう深奥でなおかつ読み物としての表現に秀でた宗教文学の境地を獲得したわけである。さらにまた、出版文化の潮流に乗って陸続と板行された勧化本の民間普及や、勧化本をテキストとする法談の二次的流伝によって、〈怨蛇と旅する男〉の物語が仏教教義にもとづく解釈を付加されて民衆の心意に深く浸透していったことはまぎれもない事実であった。

*

さて、本章では、冒頭に掲げた手首の怪、および蛇道心説話の二つのケースを当面の考究対象にすえて、怨魂を背負った漂泊者の懺悔咄にさまざまな角度からの照射を試みた。しかしながら、類型説話の流伝を追尾する検証作業は、これで終わったわけではない。

自分に恋い焦がれる娘を修行の障りと思い殺してしまった若僧が、女の生首を手荷物に忍ばせて大本山の学寮に入ったという奇話がある。しかも首は生きて僧との交情を楽しむのである。この話は天和三年（一六八三）刊の怪異小説『新御伽婢子』巻二の四に小説化される一方で、臨済系の説教話材集『怪談信筆《かいだんしんぴつ》』（大谷大学林山文庫蔵、写本一冊）にも筆録されており、[28] 寺坊の内と外で同時並行して語られた。今日曹洞宗の大本山永平寺の七不思議にも同じ話がみえ（首座単《しゅそたん》の首）、オーラルな仏教怪異談の流布を想起させる。まさに僧坊・学寮の怪談ともいうべき話群である。

また、人を殺して出奔した男が、逃亡先の宿屋で二人分の膳を出され、自分に付きまとう亡霊の影に気付く怪談の場合には、中国の『廸吉録《てききつろく》』を原拠として、井原西鶴『万の文反古』から岡本綺堂「木曾の旅人」（明治三十年・一八九七）に至る文芸虚構の流れを形成しつつ、同時に『合類大因縁集』（貞享三年・一六八六刊）、『諸仏感応見好書』（享保十一年・一七二六刊）などの勧化本に採話されて唱導の場に展開する。両者は互いに影響し合いながら、『廸吉録』の話を日本風の因果譚に描き変えていったわけである。

これらの怪談が説話の目的性や筋立を少しずつ変化させながらも、長い間人々の口にのぼり耳に入りつづけた理由のひとつとして、怪談語りを弘法布教の重要なてだてに用いた世俗の宗教者の存在を顧慮せずにはいられない。民衆史の記憶のなかを足早に通り過ぎて行った名もない僧尼の群像を抜きにしては、怪異の伝承世界は、いつまでも生成のプロセスを明かすことなく、漠として語られるに任せるほかない。そのような問題意識より出発して、ここでは怪異幻談の生まれた源郷と説話成長の筋道を局所的に腑分けしてみたわけである。

注

1. 『杉浦日向子全集7』筑摩書房、一九九六（初出は『小説新潮』、一九八七）。
2. 『杉浦日向子全集4』筑摩書房、一九九五（初出は『漫画サンデー』、一九八七）。
3. 堤邦彦『近世仏教説話の研究—唱導と文芸』（翰林書房、一九九六）第一部第二章Ⅰ「勧化本と近世怪異小説」。
4. 『山東京伝全集15』（ぺりかん社、一九九四）。
5. 注4の徳田武解題、五八四頁。
6. 古くは『日本霊異記』中巻三十八にみえる毒蛇となった僧の話。また近世勧化本の例では、片仮名本『因果物語』下巻五「僧ノ魂蛇ト成、物ヲ守事付亡僧来テ金ヲ守事」や『法林樵談』巻七の十八など。
7. 近藤喜博『四国遍路』（桜楓社、一九七一）。なお衛門三郎の伝承は、元禄二年（一六八九）刊『四国遍礼霊場記』、同三年刊『四国遍礼功徳記』などに近世の俗伝がうかがえる。
8. 五来重『高野聖』（角川選書、一九七五）一三三―二三七頁。

9. 角川源義「倫理の発生—隠者の生活と文学」(『国語と国文学』一九四三・六)、金井清光『時衆文芸研究』(風間書房、一九六七)。

10. 熊野比丘尼(歌比丘尼)の絵解きがもともとおのれの罪障消滅を願う語りにはじまった点については、折口信夫『日本文学啓蒙』(朝日新聞社、一九五〇)に次の指摘がそなわる。

その歌比丘尼は罪障消滅のため、自分の今までに犯した悪事を懺悔して歩いて、人の訓へとしようとしたが、(中略)恐らく、室町時代に出て来た懺悔僧尼が、布教をして歩いたものを、形にして作ったものが、懺悔物語であらう。

(「お伽草子の側面観」)

11. 過去帳の記載は「摂取院称誉浄往大徳寛永十八年七月廿八日道心蛇也」とある。

12. 『京都』二四(一九五二・一〇)。

13. 伊藤唯真「往生伝と浄土伝燈の史論」解説八四一～八四三頁(『浄土宗典籍研究』山喜房佛書林、一九七五)。

14. 『仮名草子集成4』(東京堂出版、一九八三)。

15. 前掲注3の第二部第一章「妬毒と発心の説話類型」。

16. 注15に同。

17. 竹田聴洲「近世社会と仏教」『日本歴史9〈近世Ⅰ〉』(岩波書店、一九七五)二六五頁。

18. たとえば慶長二年(一五九七)の「関東浄土宗談義禁令」(関東諸寺掟)、元和二年(一六一六)の「浄土宗法談禁令」(浄土宗法度)。

19. 成田俊治「近世浄土宗寺院成立についての一考察」(『印度学仏教学研究』一九六一・三)。

20. 注8二七二頁。

21. 坂巻甲太『浅井了意怪異小説の研究』(新典社、一九九〇)。

22. 注14に同。

23. たとえば『一休諸国物語』巻三の八、『諸国百物語』巻四の八、『新御伽婢子』巻三の九、『山路の露』巻四、『御伽人形』巻二の六などの怪異小説。読本では文化五年(一八〇八)刊『高野薙髪刀』などに蛇道心型のプロットが指摘されている(『中本型読本集』国書刊行会、一九九八年、の高木元解題)。

24. 『江戸怪談集(下)』(岩波文庫、一九八九)。

25. 『内外因縁集・因縁集』(古典文庫三三七、一九七五)の簗瀬一雄解題。

26. 『仏教説話集成1』(叢書江戸文庫16、国書刊行会、一九九〇)。

27. 注26の西田耕三解題。
28. 後小路薫「近世学寮の怪談—女の生首譚をめぐって—」(『勧化本の研究』和泉書院、二〇一〇)。

第三章　怪異と教訓——儒仏思想は何を残したか

Ⅰ　蛇となり鬼と化す女の罪科と自省

一　はじめに――道成寺縁起の近世的理解と唱導僧

日本の説話伝承史の中で、最もよく知られた「女が蛇になる物語」は、紀伊国・道成寺の鐘の由来であろう。平安後期の『大日本国法華経験記』（『法華験記』）、『今昔物語集』を初出とする話の発端は、熊野詣の山伏が紀州牟婁《むろ》の郡の寡婦の屋敷に宿るところから始まる。若く美しい僧に懸想した女は、思いを遂げられないことに怒り、蛇と変じて鐘の中に隠れた僧を焼き殺す。一度は蛇の姿で堕獄の苦しみを味わう女と僧であったが、結局、法華経書写の供養によって二人ともども天に昇る。

女人の邪恋と堕獄、救済を語る道成寺縁起は、のちに中世の縁起絵巻や謡曲に潤色され、近世期の浄瑠璃、歌舞伎に「道成寺もの」の諸作を派生していく。

近世芸能に展開した道成寺ものの演目は、早く正保三年（一六四六）の軽業芝居興行が知られ（『歌舞伎年表』第一巻）、古浄瑠璃では万治年間（一六五八〜六一）の上演が知られている。[1] 歌舞伎の舞台に目を移すと、元禄四年（一六九一）の京都で『和歌浦片男波』が蛇身の女の川渡りを

図１　道成寺縁起絵巻（道成寺蔵）

仕組む怨霊劇の趣向[2]に当りを取ったのを皮切りに、種々の工夫を凝らした道成寺ものが京坂・江戸の芝居小屋を賑わせた。若女方役者の妖艶な舞踊で名高い『京鹿子娘道成寺』（宝暦三年・一七五三初演）は、それら歌舞伎芝居の到達点を示している。

一方、鬼の形相で一心不乱に僧を追う若女方の芸態と評判は、芝居小屋を抜け出し、当節流行の軽文学・雑俳の妙句に女人蛇身のもう一つの風景を紡ぎ出している。

江戸の俳人不角（一六六二～一七五三）の前句付け集『一息』（元禄六年・一六九三刊）に、偏愛の女の揺れ動く心情に分け入る句作がうかがえる。

脇目もふらず追欠《おひかけ》て行く
　蛇《じゃ》になれど女心に身を爪《つめ》り

おのれの業の深さにおののき、一瞬立ち止まって我が身をつねる。付句は、なかば蛇になりながらも、行きつ戻りつ逡巡する心の奥底を覗き見るうがちの詠風といってよいだろう。そのようなまなざしは、舞台の上の「追う女」に自身の恋の遍歴を重ね合わせてため息をつく芝居見物の町の婦女の感性と、そこにすり寄る生活詠の典型をよく表している。

役者の演じる妖魔の所業を、恋に迷う一人ひとりの人生の迷路に転換させる江戸の軽文学の発想は、いかなる社会秩序から生じたものであろうか。あるいは、蛇になるほどの激しい恋情をためらわせる道徳律の源泉は、徳川幕藩体制の時代のどのような倫理意識にもとづくのか。

ひとつには、古代・中世以来の僧坊が説き弘めた女人罪障思想の庶民層への滲透を考えておかなければならない。「法華経」の龍女成仏譚にみるように、仏教は女性の存在そのものに障礙を説き、苦しみの世界からの解脱を教え諭して仏法の救済へと導こうとした。『法華験記』じたいが、聖なる妙典の功徳を説話化したものにほかならない。紀州牟婁の女の説話もまた、蛇体の物語を介して女人往生の顛末を語った例話といえるだろう。

一方、徳川政権の世において、仏教は江戸幕府公認の檀家制度の下で幕藩体制の一部に組み入れられ、幕府の宗教政策の一翼を担うようになった。かつて権力との闘争に明け暮れた中世の教団勢力、たとえば一向一揆に代表される激烈な信仰のありようはもはや過去の出来事となっていた。

もっとも〈葬式仏教〉と揶揄される当代寺院のもう一つの顔は、庶民層との距離の近さでもあった。旦那寺の住職は日々の生活の傍らで人々の生死に深くかかわり、倫理の規範を指南するオピニオンリーダーの役割を担ったことも事実といえる。たとえば大桑斉の提唱した〈近世仏教の住みつき論〉[3]は、寺院と民衆の関係性を端的に捉えた視座といえるだろう。詳しくは次節に紹介することになるが、大桑の指摘は、とくに意識せずとも暮らしの中に根を張った仏の教えの潜在を示唆している。たとえ「因果経」の教義や経文を知らずとも、身近な困難を目の前にして「因果の報い」にため息をつき、おのれの運命を悟らずにはいられない普通の人々の群れが巷間にひしめく。そのような仏教的人生観の行きわたった環境下で、女人罪障の教えもまた暮らしの行動規範に融け込み、嫉妬心や道ならぬ恋を戒める日常の世話・俚諺の類へと姿を変遷させていった。近世の勧化本が、道成寺縁起を邪淫説法の例話としてしばしば引用するのは、その顕われとみてよい。

南溟編の『女人往生聞書鼓吹』（享保十六年・一七三一刊）では、巻二に「安珍値レ女害ル事」と題して道成寺の説話を引き、「嗚呼、女欲ノ人ヲ害スルヤ甚シ、恐ルベシ慎ムベシ」と警句し、さらに愛着の蛇に付きまとわれた京都摂取院の浄往法師の故事（片仮名本『因果物語』等）を対置して淫欲の戒めを朗々と語る。

是レ乃チ年歴遥《ハルカ》ニ隔《ヘダ、》リ処所境《サカヒコト》異ナレ共、女人怨執邪欲ノ深キ事、古今同譚《タン》ナルモノ也。覆轍《フクテツ》前ニ在リ後車何ゾ誡《イマシメ》サラン。冀《コヒネガハ》クハ有信ノ道俗三業清潔ニシテ邪執ニ惑《マドハ》サル、コト莫《ナカ》レト。

勧化本の本文は、このあと「邪淫者堕二衆合地獄一弁」などの章段を経て「唯識論曰、女人地獄使、永断仏種子、外面如菩薩、内心如夜叉」の定型句を示して終わる（「土岐頼員妻勧夫反忠事」）。古今の説話に拠りつつ、邪婬の戒めを説くこの時代の説教僧の語り口がよくわかる内容である。蛇になり鬼となる女の物語は、いわば仏法の敵として描かれ、ひろく僧坊の説法話材に援用されていたわけである。

二　儒教の邪恋忌避

さて、雑俳に見出される道成寺ものの庶民理解をめぐり、今一つの句作に注目してみたい。江戸座の高点付句集『増補誹諧童の的』（竹翁編、宝暦五年・一七五五刊）に怨念のこもる鐘の因縁を知った女の反応が点描されている。それは儒教の勧める道徳的な生き方とも合致するものであった。

女の律義　鐘をこはがる

能の「道成寺」に「女の執心残ってまた鐘に障礙をなす」とある詞章が思い出され、江戸の婦女は近くの寺の鐘にさえ恐怖する、というのである。この句の「律義」は廉直、質朴な人柄の謂いである。そのようなタイプの町の女であれば、鐘の噂に身震いするに違いないと考える理解の根底には、邪恋を忌避する儒教倫理の社会的な通念の広まりを思い起こす必要があるだろう。

幕府の儒学奨励を受けて、世間の母、娘そして嫁のあるべき姿を力説する「女訓書」の刊行があいつぎ、倫理啓蒙の要諦が市井に広まっていった。たとえば、福岡藩の儒学者であった貝原益軒（一六三〇〜一七一四）は、庶民教化のバイブル「益軒十訓」のひとつとして『和俗童子訓』（宝永七年・一七一〇刊）を刊行し、子弟教育の在り方を平易な言葉で説いている。本書の巻五「教一女子二法」は、たとえ古典文学の名作といえども「淫」を語る書物は決して娘の目に触れさせてはならないと警言する。

七歳より和字《かな》を習《なら》はしめ、又をとこもじをも習はすべし。淫思《いんし》なき古歌を多く読ましめて風雅の道を知らしむべし。（略）十歳より外《そと》に出ださず閨門《けいもん》の内にのみ居て、おりぬひ、うみつむぐわざを習はしむべし。仮にも淫佚《いんいつ》なる事を聞かせ知らしむべからず。小唄、浄瑠璃、三味線の類、淫声を好めば、心をそこなふ。かやうの賤しきたはぶれたる事を以て、女子の心をなぐさむるはあしゝ。風雅なるよき事を習はしめて、心をなぐさむべし。此比《ごろ》の婦人は、淫声を好んで女子に教ふ。是甚《これはなはだ》風俗心術をそこなふ。幼《いとけな》き時、悪しき事を見聞《みき》き習ひては早く移り易《やす》し。女子に見せしむる草紙《さうし》もえらぶべし。古《いにしえ》の事しるせるふみの類《るゐ》は害なし。聖賢の正しき道を教へずして、ざればみたる小唄浄瑠璃本など見せしむる事なかれ。又、伊勢物語、源氏物語など、其詞は風雅なれども、かやうの淫俗の事を記せるふみを早く見せしむべからず。

浄瑠璃などの大衆娯楽はもとより、風雅な言葉に彩られた『伊勢物語』『源氏物語』であっても、不道徳な男女の乱行をつづる「淫思」「淫俗」の物語に関わらせてはならない、と。儒教倫理の徹底した布宣は、女訓意識に支えられた婦道の教えを女子教導のかなめとした。とくに色欲、恋情の誡めは、仏教の邪淫戒とも同期しながら、江戸期の公的な倫理規範として民間に行きわたっていた。幕府の主導、管理する民衆啓蒙が市井に浸潤し、人々の生きる知恵に根をおろしたところに、近世中期の時代相の一面が垣間見られるのである。

支配権力の思想に従えば、大衆の好む芝居の道成寺ものなどは「淫思」「淫声」をふりまく社会の悪弊にほかならない。支配層の視点は常に倫理優先の立場にあった。そうした環境のもとにあって、道成寺の女の、なりふり構わぬ激しい情愛にためらいを覚える町娘の心根は、江戸の町人社会に堆積した儒教倫理の基層の上に成り立っているとみてよいだろう。それはまさしく声高に語られた倫理啓蒙の結果であった。

これに対して、近世文芸の主流をなす芝居、小説の俗文芸の世界に目を向けると、幕府の教条主義とは裏腹に、心中物、好色物の全盛期がもたらされ、三都の巷は「淫俗」の町人文化を楽しむ気風に充ち溢れていた。あたかも公と俗の間に、あざなえる縄のごとき二律背反の文化の潮流が現出したといっても過言ではない。道成寺縁起の近世的な受容は、そのような社会構造の所産であった。雑俳の妙句はその一面を点描したものであろう。

三　心と怪異の交絡

近世に顕在化する道成寺ものの流伝と人気は、寺院や儒者の主導する教化・教戒の流れとは別の次元で民衆の間に地歩を固めていった。そこには、文芸としての深化の跡さえ見受けられる。ことに前掲の雑俳にみたような葛藤する蛇身の女の心魂が、江戸庶民の好尚にかなう題材であったことは疑いない。たとえば十八世紀浄瑠璃のヒット作『道成寺現在鱗』（浅田一鳥、並木宗輔合作、寛保二年・一七四二・大坂豊竹座）では、おのれの嫉妬心と向き合う清姫の立ち振る舞いが、見物の共感を呼び起こす装置となって機能している。

本作において、命の限りに僧・安珍を追い求め、蛇身となって日高川を泳ぎ渡る縁起絵巻以来の伝統的な場面が、じつはすべて清姫の悪念から生じた悪夢であった、との趣向に創り変えられている。そして内心のまがまがしい有りように気付いた清姫は、我が身のどす黒い深淵に打ち震え、懊悩のすえに恋敵の「錦の前」の身代わりとなり自害する。揺れ動き逡巡する清姫の内奥は、この作品の主要なテーマとなってストーリー展開の要所に描かれていく。すなわち全編のクライマックスである第四段目「清姫日高川之段」で、向こう岸に泳ぎ着いた姫は、月の光に映し出された水面の醜い変化身をみとめ、身も心も真の鬼へと変化するのであった。

清姫は、一ト筋のしんい強勢たゆまずさらず、なんなく岸根《きしね》におよぎ付キ、照ル《て》月影を水鏡《かゞみ》、見れば額《ひたい》に角《つの》生立チ《おい》、髪も形も我レながら、冷《すさま》じや恐ろしやと、しばし忙《あきれ》て立ッたりしが、「もふ此姿《この》に成ルからは、迚《とても》連《つれ》そふ望《のぞみ》はたへた。我カそはぬから人もいや、錦の前にのめ〳〵と、何ンのそはせふ、ねさせうぞ、かはゆさあまって憎《にく》さが百倍、取殺さいで、おかふか」と、又かけ出だす草履塚《ざうりつか》、松原過キて行先キは、間《ま》近く見ゆる森林、むね門高塀《へい》しろ〴〵と、いらかならべし道成寺。

どうにもならない悋気と執念が女を額に角の生えた鬼に変える。水鏡に映じた化け物は、髪も姿も自分に違いないのに、醜く歪んで見る影もない。容貌の変化を悟った姫は、やがて自ら進んで復讐の鬼と化し、呪詛の言葉を連ねながら道成寺の門前にせまる。ここにもまた、嫉妬の念の外貌への表出と、そのことに驚き呆れる清姫の心の動きが、くどいほどに綴られるのである。この後、悪夢のなぞ解きを経て、物語は一気に改心した清姫の懺悔と身代わり劇へ場面転換していくことになる。

人の心に潜む漆黒の邪念が女を鬼に変え、罪穢れを自照した蛇婦は闇と光のはざまを漂いながら葛藤を繰り返す。浄瑠璃の描き出す〈悩む異形の物語〉を解析していくと、その先に、江戸怪談を特徴付ける〈揺れる人ごころと怪異の連鎖〉の構図が徐々に姿を顕わすこととなる。人ならざる者に、生きて働く人間感情を与え、怪異のリアリティを補完する。近世という時代の恐怖は、逆説的に言えば、幽鬼の人ごころを描くことから始まり、内奥に這入り込むレトリックを駆使して観る者、読む者の肝を冷やしたのである。

そう考えてみた場合、だれもが疑問に思うのは、心と怪異の連関を江戸怪談の特質と言い切れるのか、という点であろう。嫉妬心と妖魔化現の繋がりなら、『源氏物語』六条御息所の怨霊譚や、能の鬼女物にその先蹤が具わるではないか。江戸怪談の化け物はそれらの亜型に過ぎないのではないか。そのような疑問符も当然思い起こされる。たしかに普遍的な心の闇、心の鬼の発動は日本文学史の基本テーマかもしれない。

だが、普及力と享受層の桁違いの拡大という一点において、近世期はそれまでの状況を一変させている。十七、八世紀の芝居や浮世草子の「怪異」は一般大衆の生活圏にそって描かれ、庶民娯楽の対象として消費されていた。ことに道義と情念の葛藤といった構図は江戸怪談特有の表現とみてよい。町人たちの身の回りに散在した為政者の倫理道徳の観念と、その裏返しともいえる鬼女や蛇婦の物語が怪異譚の一風景に合体し融化する。

そのような状況をもたらした真因は、じつは庶民生活と怪談の密接な関係性に深くかかわる事柄と理解してよい。近松門左衛門、井原西鶴らが描く市井の人々の人情や人ごころが浮世の現実と重なるように、江戸怪談の化け物たちもまた、儒仏の思想を基層とするこの世の倫理の枠組みから逃れ出た存在ではありえない。道成寺の女は、もはや自制することのできない邪恋の心と世俗の道徳のあいだを行きつ戻りつしながら、真蛇の姿に気付かされる運命にあった。

かかる特色は、さらに「幽霊の情」といったテーマとも連関していくだろう。幽霊は、あくまでも「人」の変化であり、自然由来の妖怪とは根本的に性質を異にしている。それ故に、亡者が化けて出たいきさつを語りつくすことは必然となる。江戸怪談が、仏教の因果譚、因縁譚と絡みやすい理由は、おそらく生前の悪業、苦悩あるいは手ひどい仕打ちを反芻し、死後の遺念に引き結ぶ語りの構造との親和性によるものであろう。

さらにまた、怪異の中心が女霊の祟禍にある場合には、亡者は恋のしがらみや怨嗟をつらね、理不尽な境遇を嘆く。哀れにも恐ろしい嗚咽の声なしに怪異談は完結しないのである。江戸が〈女霊の時代〉となった事実とも、このことは深く関係している。江戸の四大怪談は、おしなべて「女」を怪異の主人公に据える。累が淵の「累」、牡丹灯籠の「露」、皿屋敷の「菊」そして四谷怪談の「岩」という非業の死を遂げた女霊たちは、ひろく日本の怪談史に名をとどめる。それらの物語は、いずれも女の恨みを怪異発動の根底に据えると同時に、本人の口を衝いて出る心の叫びを、芝居や小説の文芸様式に読み込む創り方により成り立つといってよいだろう。この点を重視して言えば、「心の内奥」は、幽霊のいる江戸怪談の特性を考えるためのキーワードにほかならない。

一方において、過度な恋情と色欲の表出は、世間に浸潤した儒教的な道徳律の規範から見れば、まさしく「淫思」「淫俗」の所業にほかならない。偏愛の女は、詰まるところ、悪しき振る舞いの典型として指弾され、世俗の教訓に照らした姪婦の烙印を押される運命にあった。本来あってはならない、情に饒舌な女幽霊の登場は、教訓と怪異の結合という近世特有の文芸表現へと展開していくことになる。逆説的にいえば、十七世紀に始まる教化と啓蒙の時代の思潮は、江戸の幽霊話を生み出す土壌といっても過言ではないだろう。

教訓から怪異への変遷をめぐって、次節では、儒仏に共通する婦道と怪談のかかわりを考えてみたい。

注

1．鳥居フミ子『近世芸能の研究—土佐浄瑠璃の世界』（武蔵野書院、一九八九）三六七頁。
2．堤邦彦『女人蛇体—偏愛の江戸怪談史』（角川書店、二〇〇六）。
3．大桑斉『論集　仏教土着』（法蔵館、二〇〇三）。

Ⅱ　女訓と怪異

一　邪恋の因果《わけ》

四世鶴屋南北の『東海道四谷怪談』は、素材、脚色、趣向などのすべての面で江戸怪談の到達点を示すといってよいだろう。それだけに今日にいたるまで、『四谷怪談』を論じる評論、研究は枚挙にいとまがない。劇評はもとより、当時の世相や宗教社会学的な考察、あるいは現代の映画、演劇への継承など、さまざまな角度から作品の特色と魅力が論じられてきた。

ところで、まさに百花繚乱の『四谷怪談』論のなかにあって、「お梅の恋」に着目した横山泰子の視点[1]は、江戸時代人の内に秘めた恐怖感覚を探るのに避けて通れない重要な手がかりを示唆するように思えてならない。色悪としての伊右衛門の人物造型や貞女お岩の受忍は、すでに多くの評者により、その全貌が明らかにされている。一方、ほとんど脇役にしか見られてこなかった隣家の娘お梅の存在が、じつはおぞましい怨霊劇の発端であることを横山は指摘している。お梅の恋の意味とは何か。そのことを明確にするには、まず『四谷怪談』の筋立てに触れておかなくてはならない。

塩冶浪人の一員である（あった）民谷伊右衛門は、主君の敵である高師直に仕える伊藤喜兵衛の孫娘・お梅に一目惚れをされる。妻子ある男にこがれる最愛の孫を不憫に思った喜兵衛は、伊右衛門の妻・お岩に産後の妙薬といつわって面体のくずれる秘伝の毒を飲ませる。

伊藤家の悪企が伊右衛門の耳に入るのは、隣家を訪ねて喜兵衛とお梅に対面する中幕「伊藤屋敷の場」である。文政八年（一八二五）初演時の台本から、前後のやりとりを再現してみよう。いとしい伊右衛門を目の前にしてお梅は、娘の恋わずらいに心を痛める母・お弓の言葉をさえぎるようにして、苦しい胸のうちを吐露するのであった。

奥様のあるおまへ様、思ひ切らうと思うても、因果な事には忘れかね、せめてあなたの召仕ひ、水仕奉公致しても、わたしは大事ございませぬ。どうぞおそばで御遣ひなされて下さいませ。

　ト恥かしき思入れ

何不自由なく育った豪家の一人娘に、下女奉公をしてでも傍に置いて欲しい、なぞと云わせてしまう見えない恋の執着を、ここでは「因果な事」と表現している。我が身の不運としか言いようのない道ならぬ恋の呪縛から逃れられない生娘の懊悩。お梅のそうした造型について、横山はドラマ全体の位置付けに照応させながら、次のように分析する。[2]

伊右衛門もお梅も、自分にとっては分の悪い恋をあきらめきれない。この恋の不条理さを、お梅は「因果な事に忘れかね」と端的にいっていた。「因果な事に忘れかねる恋」のための悪行、これが『東海道四谷怪談』の事件の発端となっている。

どうしてそうなって仕舞うのか、本人にも分からない不可解な邪恋の魔境を表わすのに「因果」の仏教語《ターム》が用いられた点は、とくに記憶にとどめておきたい。かつまた、自分ではコントロールできない「因果な事」の発動を怪談芝居の始まりと捉えた横山の視点はじつに興味深い。なぜなら、そのような着想にこそ江戸怪談の深層世界が見え隠れすると考えるからだ。お梅の告白をとおして、不気味な因果律にうち震える怪談の思想が代弁されているといっても差し支えないだろう。

さらに横山の卓越した読みに触発されていうなら、「因果な事に忘れかねる恋」とは、古い仏教教義の因果応報思想が、江戸庶民の日常を支配する新たな因果観に変遷し、怪談の論理にすりかわる瞬間をものがたるのではないか。

本来、因果応報とは、人間の幸・不幸を前生の行為にひき比べて説明したり、あるいは現在の行いの善し悪しにより、未来の禍福が決まることを説き示したりする際の仏教語の謂である（悪因悪果、善因善果）。これに対して、中世から近世の僧坊において、寺僧の語る因果応報のおしえは、平明な法談や絵解き説法を媒介として徐々に日々の暮らしに密接な人生教訓に置き換えられていった。殺人、盗み、虚言、不正といった現世の悪行ゆえにおのれの人生を狂わせる罰当たりの末路が、因果歴然の理法をあらわす譬えに用いられ、中央教団の仏教学的な教義、経典のレベルとは異なる世俗の戒めに姿を変えて、悪報の怖しさを庶民層の日常生活に定着させる結果となった。鈴木正三『因果物語』は、その典型的なありようを教えている。

もちろん、因果応報思想が江戸時代人の行動原理に根をおろすようになったのは、近世仏教の世俗化現象と無縁ではなかった。十七世紀以降、仏教は前代にもまして庶民の日常生活に浸透し、葬送儀礼やなかば年中行事化した法会、縁日、寺院参詣の隆盛をうけて一般社会のすみずみに行きわたる。近世仏教のそのような動向について、思想史研究の大桑斉は、これを仏教の「土着化」と定義し、本来の姿を隠して人々の心に「住み着いた」仏教思想の時代的な変貌を指摘している。[3]

たとえば、人々の日常会話での「なんと業なこっちゃ」という言葉は、因果応報の業を背負って生きてゆかねばならぬ人間観からの嘆息である。語り手はこれを仏教的信念の表明などとは思っていないが、その根底には仏教的世界観がある。

経典をひもといたり、あるいは教義に照らし合わせたりしなくとも、自然に身の不幸を「業」の観念に照らして嘆く。かような精神文化が巷にあふれていたことは、近世を特徴付ける仏教と民衆の水面下の紐帯とみてよい。

そう考えてみた場合、『東海道四谷怪談』の一景においてお梅の口を衝《つ》いて出た「因果な恋」に対する心のゆらぎとは、前世の宿業を嘆く明確な宗教的思惟というよりも、むしろ目に見えない眼前のさだめに戦慄する言いようのない怖れを「因果」の宗教語彙より抽出した表現ではなかったか。さらにいえば、幻妖な怨霊劇の出発点に人智を超えた「因果」の観念をさりげなく散りばめたところに、怪談作者・南北の真の力量を見いだすべきではないだろうか。

やはり仏教語から出た「因縁」のタームもまた、怪談作者が好んで用いた言葉であった。この世の人間にはいかんともしがたい霊的な出来事を因縁話のコンテクストで語ることは、江戸怪談と仏教の重層性をものがたっている。これに関して、江戸人情噺の巨匠・三遊亭円朝の『真景累ヶ淵』（明治二一年・一八八八刊）のなかに興味深い一節がみえる。

酒乱の旗本・深見新左衛門は借金の取りたてに来た針医兼高利貸しの皆川宗悦を斬殺する。宗悦の怨霊の仕業であろうか、やがて深見の息子・新五郎と新吉は、それぞれが宗悦の娘・お園、豊志賀の姉妹と深い仲になり、情痴の果てに破滅の道をころがり墜ちる。仇敵の間柄とは知らずに出会ってしまった二組の男女の悪縁を語るにあたり、宗悦殺しの因縁が全編を覆いつくす重要なファクターである点は間違いない。そのことに触れた第十一席の冒頭で、円朝は因縁という言葉の安直さを噺の枕にしている。

深見新五郎がお園に惚れまするは物の因果で、敵同士の因縁という事は仏教の方では御出家様が御説教をなされるが、どういう訳か因縁というと大概の事は諦めがつきます。
甲「どうしてあの人はあんな死様《しにざま》をしたのだろうか」
乙「因縁でげすね」
甲「あの人はどうしてあァ夫婦仲がいいか知らん、あの不器量だが」
乙「あれはナニ因縁だね」
甲「なぜかあの人はあァいう醜《ひど》い事をしてもしだしたねェ」
乙「因縁が善《い》いのだ」
と大概は皆因縁に押附《おしっ》けて、善いも悪いも因縁として諦めをつけますが、その因縁が有るので幽霊というものが出て来ます。

因縁を云うことですべてが納得されるというのは、噺家らしい戯笑の言い回しであろう。ただし、円朝の語り口が、じつは江戸庶民の心情に根をはった因果観の「住み着き」を的確に捉えたものであることも事実であった。幽霊の有無にふれながら、話はお園と新五郎を結ぶ不思議な縁へとつながって行く。

また因縁で性《しょう》をひきますというのは、仏説でございますが、深見新左衛門が斬殺《きりころ》した宗悦の娘お園に、新

左衛門の倅《せがれ》新五郎が惚れるというのはどういう訳でしょうか。寝ても覚めても夢にも現《うつつ》にも忘れる事が出来ません（後略）

十一席全体を通覧していうなら、宗悦殺しに端を発する悪因縁を物語の底流として、お園・新五郎の不幸な恋が見えない糸で結ばれるように展開していくのである。そのような因縁噺の源流は、円朝自身の明かすとおり、「仏説」にあると考えて差し支えない。

それではいったい、寺僧の布宣する因縁話、因果話の系譜が江戸の娯楽的な怪談の素材に取り込まれ、潤色を繰り返すようになったのは、いつ頃のことだったのであろうか。ここでは、仏教怪異小説の成立期ともいえる近世初頭の局面を追い求めて、十七世紀の文芸状況に分け入ってみたい。第一に扱う題材は、仮名草子最大の作者とされた浅井了意（一六一二?～一六九一）の作品群である。

二　瘤の中の蛇

真宗僧でもあった浅井了意の文筆活動は、仏教書はもとより、名所記、随筆、教訓書、小説、説話集など多方面の仮名草子におよんでいる。ことに『伽婢子』（寛文六年・一六六六刊）、『狗張子』（元禄五年・一六九二刊）の二書は近世怪異小説の代表作として知られ、中国奇談の日本化による怪談創作の定型を確立して、文芸史のうえに翻案怪異小説のながれをもたらした。

もっとも、了意作品の新しさは異国の珍奇な説話を紹介し、和風にアレンジするだけではない。翻案にあたり、要所に仏教の倫理観や教戒をとりまぜ、原話とは趣の異なる宗教的な香気を加味した点に、唱導者・了意の本領が発揮されていると考えるべきであろう。『伽婢子』『狗張子』の刊行は、まさに「仏教怪異小説」の名にふさわしい新時代の怪談の登場を意味するものであった。十八世紀の説教本である『因縁集』に『伽婢子』からの引用が散見するのは、了意作品に内在する唱導書的な特質を暗に示すとみてよい[4]。

さて、『伽婢子』の宗教性に留意しながら、とくに因果応報思想の投影や因縁話の性格を濃くみせる章段に注目してみたい。巻十三の三「蛇瘤《こぶ》の中より出《いづ》」は、中国の五朝小説『異疾志』を原拠として、河内国に起きた怪事件を描いたものである[5]。

とある農民の妻の首に異様な瘤ができて少しずつ大きくなり、やがて立ち振る舞いにも不自由なほどになる。耳を澄ますと中から妙なる楽の音が聞こえたり、小さく開いた穴から白い煙が出たりする。じつに妖しいありさまを目の前にして周囲の者は皆怖れをなし、このまま家に置いては何の災禍をなすやも知れない、早く野山に捨ててしまえと騒ぎ立てた。妻はやむなく、どうせ命長らえることができないのなら、せめてコブの中味を確かめて欲しいと懇請する。鋭利な刃物で切開してみると、二尺ほどの蛇が這い出し、庭の片隅に消えた（図1）。正体を確かめるため、口寄せ巫女が呼ばれ、霊異の原因をつきとめることになった。じつはこの女は夫の愛人に嫉妬の念を抱き、首筋を食い破って情婦をなぶり殺しにしたのだ。襟首の瘤に宿った蛇は、非道に命を奪われた者の怨念の化身にほかならない。家人に対して、巫女がことの真相を口走る。

其の上《かみ》、この妻妬《ねた》み深く、内に召し使ひける女《め》の童《わらわ》を、夫《おとこ》寵愛せし事を腹立ち悪《にく》みつつ、女の童が首もとに噛み付きて、喰ひ切りければ、血の流るる事滝の如し。鉄漿《かね》黒く付けたる歯にて噛みければ、疵深く腐りて、終に女の童空しくなれり。其恨み深くして今此の蛇となり、妻が頂に宿りて怨《あた》を報じ侍り。たとひ今取り出だされたりとも終には殺して怨みを晴さんものを。

その場の立会人が女霊に対して弔祭を約束すると、心のこもった供養の志に荒ぶる魂を和ませ、さらなる願いを叶えて欲しいと願い出た。それは法華経頓写による回向であった。かくして僧が招請され、盛大な鎮魂の法会を執り行ったので、亡女の祟りはすっかり止み、首の瘤も妙薬の効能によって癒えたという。

前半に描かれた奇病のありさまや、瘤を割く展開じたいは、すべて中国小説に材を得ている。ただし、首筋より老猿が飛び出すといった原話のユーモラスな筋立てを蛇の祟りに改変し、酸鼻な妾殺しの悪報と怨霊弔祭のモチーフを加え、最後に法華経の功力による女霊救済を強調しておわるのは、『伽婢子』独自の創作である。そこに、中国の奇病譚を仏教色の濃いオリジナルな因縁に転換する唱導僧・了意の作意が見出されるといってよい。

全体を通していえば、『伽婢子』巻十三の三は、嫉妬の邪念ゆえに女敵を手にかけた女房の悪因悪果と、無惨に殺された者の根深い恨みが交錯する日本的な怪談のテイストにみちあふれた作柄と評してよいだろう。また、

図１　『伽婢子』巻13の3挿絵

潤色の細部にこだわるなら、怨霊の発動を蛇のシンボリズムにからめる表現は、中世から近世の説話・文芸に珍しくない女人蛇体伝承[6]との共通性をおもわせる。いずれにしても仏教の唱導活動と深くかかわるかたちで、怨霊の祟禍を描く因縁話が創り出され、怪談文芸の一様式を確立させたことは間違いないだろう。

だが、問題の複雑さは、そうした因縁語りの伝統が必ずしも日本独自の着想とはいえない点にある。婢女の怨念が残忍な女あるじの肉体にやどり、悪因悪果の結末をあらわにする話柄ならば、中国種の仏書、勧善書にいくらも見出

だすことができるからである。

三　中国種の悪報説話

宋代以降の中国において、勧善懲悪を説く民間道徳の書物が数多くあらわれる。「善書」とはそのような著作の総称であり、仏教の因果律と習合したものも少なくない。しかもこの種の漢籍は、当然のことながら博識で知られる了意の目にもふれていた。

了意編の教訓もの仮名草子『堪忍記』（万治二年・一六五九刊）をひもとくなら、中国の勧善書『廸吉録《てききつろく》』をはじめ、『明心宝鑑』、『事文類聚』、『太平広記』などの類書利用のあとが判然となる。その詳細についてはすでに仮名草子の研究者によって考証されてきた。[7] とりわけ『堪忍記』巻七の「女鑑」部第二十二章は、悋気・嫉妬心の戒めにまつわる十二話の因果・因縁譚を載せる。ひとまず第二十二章の全容を目録により概観してみると、次のような悪報の例話に行きあたる。

燐姫《りんき》のおもひある堪忍　第廿二
一　りんきする女の心得の事
二　後妻《うはなり》をねたまず、歌よみける事
三　吝姫《りんき》ゆへに子孫《しそん》たえたる事
四　螽《いなご》といふ虫には、物ねたみなきゆへに、子孫《しそん》おほき事付謝大傅《しやだいふ》が妻の事
五　物ねたみ故に、死して鶏《にはとり》と成し事

六　被官《ひかん》の女を殺してむくひける事
七　韋安石《ゐあんせき》の娘《むすめ》、妾《てかけ》をころさせて、家ほろび死《し》せし事
八　妾《てかけ》をうちころし、我身腫物《はれもの》出て死《し》せし事
九　物ねたみ故に、死して火車《くわしや》にとられし事幷亡霊《もうれい》になりて来りし事
十　夫《おつと》の妾《おもひもの》を殺《ころ》し、我身生ながら地《ぢ》ごくに行ける事
十一　鮑蘇《ほうそ》が妻、物ねたみなき賢人《けんじん》なる事
十二　妾《てかけ》の子を狗《いぬ》のごとくいたして、我身狗《いぬ》の真似《まね》して死《しに》ける事

第三話から第八話および第十二話は、いずれも夫の妾や後妻をなぶり殺しにした妬婦が悪行の報いを受けて我が身を亡ぼし、家をも亡ぼすありさまに筆をついやす。

第七話（『廸吉録』による）では、呪詛の疑いをかけられて惨殺された妾の復讐をつづりながら、章末に一族滅亡の結末を評して、

料《とが》なき女をころし、天命にそむきてわが子をも失なひ、我が身思ひの外なる流人となり身をほろぼし家を滅ぼしける。報ひのほどこそおそろしけれ。

との戒めをかかげる。非道なふるまいの罰を「天命」に対する背徳としたのは、中国善書の価値観を継承したものであろう。

また、『太平広記』からの訳出とされる[8]第八話の場合は、いっそう生々しい描写に中国種らしいグロテスクな

図２　『**堪忍記**』巻７の22、第８話挿絵

迫真力がみてとれる。妬み心にとりつかれた梁仁裕の妻は、夫の留守に愛妾をとらえて逆さ吊りの責め苦を与え、「大なる槌をもって女のかうべを打」ち破る（図２）。そのとき飛び散った脳漿が本妻の頭にかかり、いくら洗っても血の痕が消えない。そればかりか髪は抜け落ち、頭の上に大きな腫れ物ができて、昼夜をわかたず責めさいなむ。

　うめきさけぶ事、二十日ばかりして、その腫物、うちよりはづみ裂けて膿血のとぶ事、吹きいだすごとく天井までもとびかかりて、そのまま死《しに》けり。

結局、妻は妾と同じ脳天のあたりを破られて息絶える。怨魂が腫物と化して仇敵の肉体に取り憑くモチーフじたいは、前に述べた『伽婢子』の瘤女譚にあい通ずる題材とみてよい。仏教怪異小説の原風景を想像させる、興味深い先行説話である。

一方、類話の広汎な流伝を考えるためには第六話・胡亮の妻の因縁に触れておかねばならない。ことに、他の了意著作との間に明確な転用を見出だすことができる点で、第六話の意味するところは少なくない。

唐の胡亮は官位をきわめた富裕の人であった。あるとき僚国よりうつくしい女を連れ帰り、日夜これを寵愛する。妻の悋気は尋常ではなかった。夫の目を盗んで女をとらえ、馬糞をもって両のまなこを潰すと額に焼印を押して一間に押し込めた。酷い折檻に堪えかねた女は、怨嗟の言葉を残して首を吊る。翌年、妻は懐妊し、十ヶ月を経て出産する。ところが生まれてきたのは一匹の蛇で、しかも両眼が無い。怖れおののき、高名な禅僧を請じて救済を乞う。僧はいう。

汝、ふかく憐姫《りんき》のほむらをもやし、女の両眼をふすべつぶし、額に金焼《かなやき》をあてたり。この故《ゆへ》に女のうらみ毒《どく》性《しやう》ふかく、死してこの虵となれり。此《この》故に盲目なる物ぞや。是《これ》をそのまゝやしなひをくならば災難あるまじ。もし殺《ころし》すてたらば、わざはひ汝が身にきたるべし。

女は僧の忠告どおり、蛇を小袖の下に隠して育てることになった。ところが、何も知らない胡亮が蛇を見付けて斬り殺す。するとたちまち妻の額にやけどの痕が浮かび、両眼も潰れて光を失った。このことがあってから、程なくして胡亮の家運は退転したと伝える。

蛇の姿で胎内にとどまり祟りをなす怨霊譚というのは、妬婦の返報にまつわる前述の類型説話の変奏と考えてよかろう。さらにまた、ここにも一族の衰亡を惹き起こす悪因悪果が描かれており、のちの江戸怪談が好んで用いた名家崩壊の因縁を彷彿とさせる。

話を『堪忍記』にもどす。第六話の胡亮の妻の一件は、盲蛇を産むという説話のインパクトも作用したためか、了意編述の経典注釈書にさらなる展開をみせ、檀信徒に向けた説教の題材に転用されていく。すなわち了意は、浄土三部経の勧化本である『無量寿経鼓吹《くすい》』（寛文一〇年・一六七〇刊）に「妬婦焼テ二妾之目ヲ一産二盲蛇ヲ一」といった章題を付して胡亮の妻の悪報を紹介する（巻二五の四六）。内容は『堪忍記』とほぼ変わりがないが、こちらは出典を『朝野僉載』と注記する。また、章末に是レ相ヒ報復スルノ謂《ヰヒ》、自然ニシテ来リ向フ。何ソ報応遠シトセンヤ。

との評言を示して、目のあたりなる因果応報のことわりを啓発する言説へといざなうことを忘れない。唱導僧・了意の面目を鮮明にした評釈であろう。

一方、因果律の布宣にあたって中国善書の説話が援用されている点は、近世唱導僧たちが声高に説きひろめた応報譚の本源を考えるうえで格別の意味をもつ。実際、了意仏書のケースに限ってみても、『無量寿経鼓吹』の別の箇所で、悪因悪果の原理を「天帝」の観念に引き比べて説明しているのが分かる。

夫レ善悪ノ応報ハ響ノ声ニ応ルガ如ク、影ノ形チニ随フニ似タリ。仮《タト》ヒ其身ノ一生ニ於テセズト云フトモ、当来必ス寃報有リ。現在或ハ子孫ニ於テス。其ノ報ニ早晩有ル事ハ下種ノ熟不ニ由ル。人ハ視テ遅シト謂《オモ》フ、天ハ視ルコト旦暮ノ如シ。（中略）善悪ノ情已テニ一脈道ヲ起発スレハ、人ハ知ラスト雖トモ天帝先ツ知リ地府必ス記ス。精識ニ染入シテ排《ハラヘ》トモ不レ去ヲ、会《カナラ》ス了《ツイ》ニ応報有リ。

（巻二五の四八「善悪応報之弁」）

了意の主張はこうである。悪事には必ず報いがある。たとえ生きている間に悪果にみまわれなくとも、子孫の代に思わぬ不幸をもたらす。だからして霊象発動の時間的な遅速を凡夫の知恵で判断してはいけない。そのような論理展開をふまえて、了意は、超越した「天」の絶対性に照らした戒めの言辞をつむぎ出す。近世日本の仏教唱導が、中国善書の影響下に因果応報のおしえを日常倫理のレベルに組み入れたとすれば、それは思想史的にみても注目すべき事柄であろう。

四　儒仏をこえた因果観

もっとも、中国善書の援用じたいは、すでに近世初頭の儒者の民衆啓蒙活動にその活性を見出だすことができる。道徳実践の提唱に足跡を残した中江藤樹《なかえとうじゅ》（一六〇八～四八）の『鑑草』（正保四年・一六四七刊）は、中国善書を規範とする庶民教化の典型を示す。そこには『廸吉録』の女鑑門を骨子とした女性教訓が平易な文章でつづられているのが分かる。[9]

近世陽明学派の祖として名高い藤樹の思想は儒仏一致の傾向に特色をみせる。『鑑草』序文にしるす「明徳仏性」とは、儒教の「明徳」と仏教の「仏性」を合一した理念であった。[10] そうした新思潮に裏打ちされるかたちで、『鑑草』巻之三「不嫉妬毒報《ふしっとどくのむくい》」は、妬み心を克服した女たちの福徳と、逆に激しい悋気故の悪報にさらされた妬婦たちのエピソードを『廸吉録』より訳出するのであった。各章末の評釈とあわせて読めば、漢籍の例話から勧善懲悪の教訓を導き出して女性啓蒙のてだてに仕立てた藤樹の編述方法が見て取れる。

一方、怪談文芸史との関連を念頭に置きつつ、いまいちど『鑑草』巻之三の所収説話に目を向けたなら、そこに教化の目的とは別種の血生臭い因縁話の萌芽を読み取ることも、そう難しくない。全九話のうち、妬婦の悪報にまつわる五つの話は怪異小説の題材と重なりの色濃い内容である。この時代において、教訓と怪異もしくは啓蒙思想と娯楽文芸は未分化の状態にあった。両者の近接と怪異小説への変容を考究する視点からも、『鑑草』は留意すべき作品といえよう。試みに、『鑑草』巻之三の妬婦譚を抄出して大略を示すと以下のようになる。

① 孕んだ婢女を撲殺した縉雲の妻・朱氏が亡霊の祟りをこうむり、怪鳥に責め殺される（第二話）。

図３　『鑑草』巻之３・第７話盲蛇を養う胡亮の妻

②　妾に堕胎薬を飲ませた趙指揮の妻・徐氏の腹中に赤子のような肉塊ができて狂乱する。医呪のかぎりを尽くしたが、その験なく空しくなる。主人の趙氏もこの世を去り一族は亡びる（第四話）。

③　杜昌の妻の柳氏は妬みのあまり、夫の髪を梳いた下女の指を切り、さらに美声の婢女に嫉妬して舌を抜く。すぐに妬婦の舌に腫瘍が生じ、療治のてだてがない。有験の僧の祈禱で婢女の祟りと知り、懺悔して善心にめざめる。すると喉の奥より小蛇が這い出し、腫物もすっかり癒えた（第六話）。

④　唐の胡亮の妻・賀氏、妾の眼を潰して盲蛇を産む。禅師の教化を受けて密かに盲蛇を養うが事情を知らない夫が蛇を殺すと、賀氏の両眼もつぶれて盲目となる（第七話、図3）。

⑤　休寧の商人の妻は嫉妬深い女であった。この女に首をしめられ気絶した夫の妾が仮死状態のまま生き埋めにされる。その後、妻は喉のふさがる奇病に苦しむ。その家に呼ばれた医師の前に亡者が化現して、女の病は治療しても無駄であると告げる（第八話）。

いずれの話も亡者の復讐を語り、因果応報の凄まじさを印象づける叙述にみちている。ちなみに④は前出『堪忍記』の胡亮の妻の悪報譚と同材である。ただし『鑑草』では、章末に明徳思想を具現化した藤樹の批評を載せており、原話に対する儒学者流の解釈がうかがえる。同種の素材の受容にあらわれた仏僧と儒者の偏差を見出だすことができるのは興味深い。④末尾の藤樹の評に耳を傾けてみよう。

賀氏が妬毒《とどく》きはめてはなはだしければ、そくじにその両眼《りやうがん》つぶれなん理《ことは》りなれども、その福分《ふくぶん》の厚きゆへか、又は先祖《せんぞ》の余慶《よけい》にや、うるほひけん、神明《しんめい》大慈《じ》大悲《ひ》の御めくみにて、めしゐたる蛇《へび》をうませ、そのむくひをあらはしたまひ、過《あやまち》を改《あらた》め善《ぜん》にうつりて禍《わざはひ》をまぬかれよ、とのをしへなり。しかれども賀氏その覚悟《かくご》なく、たゞに蛇《へび》をやしなふのみにて、夫《おつと》にさへさんげのまことなきによって、終《つゐ》にその報ひのがれかたく、その両眼《りやうがん》をうしなへり。されは賀氏、神明大慈のいましめをよく心得て、その過《とが》を夫にもさんげし、妬毒《とどく》の蛇心《じやしん》をひるがへし、不嫉《ふしつ》の慈心を明かにして、陰隲《いんしつ》の行《おこな》ひまことあらば、その両眼つふれさるのみならす、彼蛇《へひ》もいつとなくきえうせぬべし。しかるを禅師の教《をしへ》も浅《あさ》く、たゞ蛇《へび》をやしなへとのみなるを、これのみ大事《だいじ》と心得て、さんげのまことなく、善にうつらざる事あさましくつたなし。これをかゝみて、過《あやまち》あらん人《ひと》は、第一其心を善《ぜん》にうつして、禍《わざわ》ひをまぬかれ、福《さいは》ひをゑんとつとむへき事《こと》なり。

盲蛇の出胎を単に怨霊の所為とするだけではなく、「過《あやまち》を改《あらた》め善《ぜん》にうつりて禍《わざわひ》をまぬかれ」るための神明の啓示であると説明したのは、藤樹らしい民衆啓蒙の姿勢をあらわしている。またここにいう「陰隲の行ひ」とは、隠れた善行を意味する儒教倫理のキーワードにほかならない。そうした道徳心の欠落が両眼を失う悲劇に結びつくと説いているのは儒者のバイアスがかかった解釈であろう。あわせて禅師の導きを浅知恵として退ける仏教批判の言辞も藤樹は忘れていない。

要するに藤樹の評言にしたがうなら、『鑑草』に翻案された胡亮の妻の話は、人々を儒教的な「善」に導く例話として機能したことになる。善心を取り戻して救われた③の話の結末からも明らかなように、『鑑草』の妬婦返報譚は、因果律の不気味な符牒を示すにとどまらず、より積極的な自己改善を勧める現実主義の女訓思想を主張していると考えて差し支えないだろう。

少なくとも『鑑草』をみるかぎり、中国種の霊異な説話は、いまだ教訓色におおわれており、読みものとしての怪異文芸の特質をそなえてはいない。これに対して、ほぼ二十年後の『伽婢子』になると、仏教の教戒性を内包しつつも、怪異小説といった着想の異なる物語世界への志向が歴然となるのである。『伽婢子』にはじまるものとは、怪異と宗教の混交をベースとした近世説話文学の新たな一歩であった。

五　説教から怪談へ

了意が『伽婢子』の瘤女譚に類する妬婦の悪報を自身の仏書に転用したことは先にも述べた。怪談としての因果話の成立をもたらした要因には、了意のケースにとどまらず、十六・七世紀の民間説教僧の果たした役割が少なくない。ことに中国種の〈肉体にやどる怨魂〉のモチーフについていえば、この種の話の民間流伝に、民衆相手の布法の場が大いに関与した点は、説教台本の性格をもつ勧化本の記述からも容易に想像することができる。

たとえば、恨みの肉塊を胎中に生ずる『鑑草』の②とほぼ同材の因縁が、浄土宗説教僧・必夢の『延命地蔵菩薩経直談鈔』（元禄一〇年・一六九七刊）巻四の五十一に見出されるのは、その一例である。こちらの方は、『勧戒録』よりの引用と注記して以下の悪報譚を載せている。

宋ノ李正臣《リセイシン》ハ零陵《リンリヨウ》ノ人ナリ。年《トシ》四十ニ及《ヲヨ》ベドモ子ナシ。妾《セウ》妻《ワキ》ヲ娶《メトリ》テ孕《ハラ》メリ。其本妻ノ許氏《キヨシ》、是ヲ妬《ネタ》ミ罵リ打テ殺ス。妾、死シテイマダ久《ヒサシ》カラザルニ、許氏ガ腹ニ一塊《クワイ》ヲ生ゼリ。是レヨリ飲食タエ疼痛《トウツウ》スルコト甚《ハナハ》ダシウシテ、昼夜床《ユカ》ニ臥《フ》ス。一日夢トモナク幻《ウツヽ》トモ見ェズ、一リノ異人《イジン》、寝屋《ネヤ》ノ戸ヲ叩《タヽイ》テ、「我ハ是レ汝ヂガ打殺《ウチコロ》セル孕妾《ヨウセウ》ノ寃業《ヲンゴフ》ナリ。汝ガ病ヒ薬ノ救療《クリヨウ》スベキコトアラジ」ト云フヲ聞ク。言《コトバ》イマダ云《イヽ》ヲハラザルニ腹内ノ一塊《クワイ》ノボリ、心《ムネ》ニ至リ口ヨリ出ズレバ、許氏忽《タチマ》チニ死ス。其ノ一塊ヲ見ルニ一女子ノ形《カタチ》ニ似タリ。其ノ遍体《ヘンタイ》ミナ傷《キズツ》キスル痕《アト》アリ。孕妾ノ寃執《ヲンシフ》ナリ勧戒録ニ。見エタリ

孕み女の亡霊が妻の夢にあらわれて打ち殺された無念を訴え、もはやいかなる医薬も腹の腫瘍に効果のないことを告げる。そして、女の姿をした傷だらけの肉塊を口からはき出す醜怪な悪報の符牒にことの全貌を示して、檀徒の心象に因果律への怖れを植え付けて行く。

『伽婢子』の瘤女譚と同心円の復讐奇談が仏教唱導の場を介してあまねく世俗に拡散し、遁れられない因縁の糸目を語る江戸怪談の精神文化的な基層をかたちづくる。怪談文芸史への大まかな変遷の図式を、必夢の勧化本は暗にものがたっている。

一方、仏教説話と怪談の交絡点をさぐるにあたり、避けてとおることのできないジャンルは、おそらく近世中期に陸続と刊行された長篇勧化本の一群であろう。説法談義の流行は、十八世紀に入り、娯楽性のまさる連夜説教の長講を開くようになる。そのための種本として編集・刊行されたのが長篇勧化本であった。題材面では、中将姫、苅萱道心、文覚などの宗教英雄や高僧を主人公にすえ、劇的要素に富む叙述と場面展開に特色をみせている。これらの長篇勧化本について、中村幸彦は「長篇仏教説話」の呼称をあたえ、文学史上において初期読本発生の一因に位置付ける見方を示している。[11]

さらに中村幸彦は、これらの長篇仏教説話が京伝、馬琴らの戯作に多大な影響をおよぼしたことを指摘するとともに、「仏縁にひかれる人間流転を、因果応報に換言する」構成方法に、読本へと連続する文芸性の萌芽を見出すのであった。[12]江戸戯作の主要モチーフである因縁、奇縁の人生観や神仏の霊験、あるいは勧善懲悪の倫理観じたいに長篇勧化本の影響力が見え隠れする点は重視すべきであろう。

『伽婢子』の瘤女譚との関連でとくに注目したい長編勧化本は『幡随意上人諸国行化伝』(宝暦五年・一七五五刊)である。本書は浄土宗の高僧・幡随意(一五四二〜一六一五)の一代記に擬《なぞら》えたもので、布教の旅に東奔西走する高僧の、たぐいまれなる事跡を五巻五冊にまとめている。伝奇性のまさる霊験利益説話を特色としており、幽霊救済や悪鬼鎮圧の話題も少なくない。[13]また、明らかに『因果物語』、『伽婢子』などの先行怪異小説を翻案した章段も目立ち、全般に物語性のみなぎる通俗高僧伝とみてよい。その巻二の十七に「宇治ノ瘤女ヲ教化シ給フ事」と題して、『伽婢子』の瘤女譚にもとづく潤色がなされている。

幡随意が京の知恩院に止住していたころのことである。宇治の聖跡めぐりの帰りに立ち寄った農家で、うなじに大きな瘤のある女に出会う。奇病に苦しむ女を救うべく、念仏を唱え、瘤に「南無阿弥陀仏」の名号を書いてやると、たちまち「南」のあたりに穴が開いて煙が立ちのぼる。しばらく様子をうかがううちに、耐えがたい臭気の小豆状の異物といっしょに黒白の二蛇が首筋の穴から這い出した。棒で殺そうとするのを制して、上人は女房に過去の悪行を問いただす。かくして懺悔の言葉によって奇病の因縁が明かされることになる。かつてこの女房は、病気の姉を看病するためにこの家に入った。ところが、こともあろうに亭主と密通し、姉が死ぬとすぐに後妻におさまったのだ。そして翌年、娘を出産する。この子が三歳のとき、姉の残した五歳になる腹ちがいの兄に縁側より落とされ怪我を負う。女房は怒りのあまり、継子を同じように突き落とし激しく蹴った。打ちどころが悪かったために、男児は絶命する。ときに八月十一日のことであった。その後、実の娘を大切に育てたが、ちょうど五歳の八月十一日に急死してしまう。継子殺しの報いと悟り、悔やんでみたがもう遅い。狼狽する女の夢に姉の亡霊が姿をあらわし、我が子を殺された恨みを言い立てて愛娘の死を天罰と罵る。

我レ又、汝ガ娘ヲ態《ワザ》ト殺セシニハアラズ、天ノ責ル所ナリ。

あざける声とともに姉が女房の首筋を打つとみて目覚め、やがてうなじに瘤が生じたという。二匹の小蛇は「先妻併ニ一子ガ霊魂」の化身にほかならない。上人は夫婦に念仏の回向を勧めて京に帰った。その後、先妻の霊が今度は「ウルハシキ姿」をあらわし、念仏の功徳を受けて成仏したことを告げた。女の瘤もすっかり治り、怖るべき祟りを脱することができた。

図４　『幡随意上人諸国行化伝画図』（三重県津市引接寺）

継子殺しの悪報が月日を違えず娘の身に返る不可思議な霊象を書き添えることによって、『伽婢子』の瘤女譚はさらに周到な因果応報の構図をあらわにする。まさに馬琴、京伝の読本作品に通ずるような因縁話の特徴がよく示されているといえるだろう。

なお、『幡随意上人諸国行化伝』は、後世、絵解き説法の台本となって仏教芸能の場に享受層を広げている。すなわち、説話の内容を図像化した四幅の『幡随意上人諸国行化伝画図』（図４）が制作され、現在三重県津市木造町の引接寺（天台宗真盛派）に伝わる。[14] 街道を行く伊勢参りの人々に、絵解きの芸態を通してかような因縁話が布宣され、因果応報のことわりを一般社会のすみずみに滲透させたのであろう。

『伽婢子』から『幡随意上人諸国行化伝』への変遷は、江戸怪談に立ちあらわれる因果応報のモチーフが、宗教と文芸の融合を繰り返しながら、しだいに怪談の定型を確立して行くさまを如実にものがたる。巨視的にいうならば、近世仏教の通俗化、娯楽化と、仏教怪異小説の登場といった二つの潮流の混ざり合う交点に、日本的情趣あふれる湿った怪異の物語世界が醸成され、江戸怪談らしい因果ばなしの系譜を今日に伝えたとみて大きく過《あやま》つまい。

そう考えてみた場合、本章の冒頭に掲げた『東海道四谷怪談』の因果観が、きわめて特異な表現にいろどられている点に気付かされることになる。南北の筆は、お梅の邪恋の原因となった悪因縁にいっさい触れていない。忘れかねたる恋の「因果」は、結局具体的な因果応報の理《ことわり》を明かさないまま、近世最大の怨霊芝居の序曲となっているのである。あえていうなら、お梅はもとより伊右衛門、お岩を巻き込む「因果」の渦とは、個々人の力ではどうにもならない漠然とした不安を象徴する怪異用語ということになるだろう。お梅の邪恋は、もはや仏教語の域外に出てしまった江戸末期の因果観を端的に示すといってもよい。運命の不可思議に怖れおののく感性を下地として、人間流転の因縁にみちあふれる江戸怪談の世界が成り立つことは、日本の怪異文芸史を考えるうえで画期的な出来事であった。

近世をして「怪談の世紀」とする所以は、まさにこの点にある。

注

1. 横山泰子『四谷怪談は面白い』（平凡社、一九九七）。
2. 注1に同じ。
3. 大桑斉『論集　仏教土着』（法蔵館、二〇〇三）。
4. 『因縁集』の書写は享保十九年（一七三四）。『伽婢子』より六話の引用がみとめられるという（花田富二夫『仮名草子研究』新典社、二〇〇三）。
5. 江本裕校注の東洋文庫四八『伽婢子2』（平凡社、一九八八）。
6. 堤邦彦『女人蛇体―偏愛の江戸怪談史』（角川書店、二〇〇六）。
7. 小川武彦「『堪忍記』の出典上の1」（『近世文芸研究と評論』一〇号、一九七六・五）、同「『堪忍記』の出典　上の2」（同一二、一九七七・六）、および注4の花田論考参照。
8. 注4の花田論考参照。
9. 『鑑草』（岩波文庫、一九三九）の加藤盛一解題参照。
10. 青山忠一「『鑑草』論考」（『国語と国文学』一九八一・一一）。
11. 中村幸彦「読本発生に関する諸問題」（『近世小説史の研究』桜楓社、一九七三）。
12. 注11に同。
13. 堤邦彦『江戸の高僧伝説』（三弥井書店、二〇〇八）。なお堤邦彦『絵伝と縁起の近世僧坊文芸』（森話社、二〇一七）に翻刻がそなわる。
14. 堤邦彦「勧化本と絵解き」（『遊楽と信仰の文化学』森話社、二〇一〇）。

第四章　女霊の時代——妬毒の沼に沈んで

Ⅰ　先妻はなぜ祟るのか

一　「三年目」

たとえお前が死んでも、俺は後妻などもらわない。もし約束を破ったら、化けて出ればよい。

臨終の床に臥す妻にそう言い聞かせた夫が、しばらくして再婚したが、幽霊は一向に姿を現わさない。三年目の命日にやっと化けて出た女房に「いまごろなんで?」と訊ねると、恥ずかしそうに答える。「納棺のときに剃られた髪が伸びるのを待ってました」。落語「三年目」のオチである。

江戸時代の人々の人情と夫婦の機微を描いた「三年目」の面白さは、じつは男の破約を霊異発動のきっかけとする伝統的な怪談話の枠組みをベースに、その戯笑を試みたところにある。小泉八雲の小説「破られた約束」〈Of Promise Broken、明治三四年・一九〇一刊『日本雑記』〉に代表される〈先妻の祟り〉の話柄の広汎な流伝を前提にしなければ江戸落語の発想は生まれなかっただろう。いまわの際の誓言を反故にされた奥方の怒りは、夫ではなく、何も知らない新妻の身を襲う。小説の最後に、細首をねじ切られる凄惨な仕うちに対する疑問を呈しながらも、八雲の筆は定石どおりの筋立てを選択している。「破られた約束」の血なまぐさい結末は、〈二人妻説話〉の息の長い話の系譜を明治の日本に蘇らせたものに相違ない。

「三年目」と同じく、世間の「常識」を逆手にとる諧謔は、幕末の雑俳にも見出される。嘉永元年(一八四八)

の序記をもつ『俳諧觿《はいかいけい》』に「女房す丶める先の幽霊」とあるのは、[1]普通にはありえない亡妻の奇妙な行動をうがつ句作であった。この世に舞い戻る女房は、必ず祟るもの、なのである。しかも対象となるのは多くの場合、再婚相手の方である。例えば江戸中期の川柳に言う。[2]

　後添《ぞへ》は　こわ〴〵壱つ　縫《ぬ》ひ直し　　（『誹風柳多留』十三篇）

先妻の怨嗟の影に慄きながら、遺された着物を自分用に縫い繕う。後妻の心境に分け入る生活詠がここにある。江戸幕府の治世が爛熟と退廃に向かいつつある十八、九世紀の巷にあって、怪異は戯画の渦にのまれていく。

二　勧化本の中の二人妻

もっとも落語や雑俳にあらわれる、怪異を笑い、怪異で遊ぶ心の距離感は、江戸時代全般の風潮というわけではない。とくに近世唱導の法席においては、後添えを脅かす前妻の災厄は女人罪障の極みとされ、笑いとは縁遠い真摯なまなざしから人間存在に向き合う宗教者の姿勢が示された。夫の誓言への執着、未練あるいは後妻に対する妬毒の発露は説教の話材にまとめられ、愛執の闇より逃れる方便に用いられるのが常であった。近世勧化本の所収説話に、そのことを検証してみよう。

真言律の布法で知られる蓮体（一六六三〜一七二六）は、元禄六年（一六九三）刊の勧化本『礦石集』において、夫の破約を発端とする女霊の祟りに、僧侶の立場からの解釈を与えている。巻三の十六「南部岩手ノ想九郎カ子ノ事」では、病の妻に「汝ガ死セバ我モ亦後妻ヲ娶ラジ、必ズ出家シテ汝ガ菩提ヲ資《タス》ケン」と誓った夫が再婚し、年若い妻を迎えたことが霊異を引き起こす。輿入れのあと、後妻の化粧鏡が見あたらなくなり、どこからともなく金物を叩くような「チンチント鳴ル」怪音が屋敷に響き渡る。結局、思い悩んだ後妻は里に帰る。この変事のために夫も家を捨てて出家の身となった。延宝年中（一六七三～一六八一）の出来事という。話の末尾に蓮体は、「女人ノ愛執」の憂慮すべきことを付していう。

サレバ男女倶《トモ》ニ愛執深《アイシウフカ》ケレド、殊《コト》ニ女人ノ多欲《タヨク》ナルコト、男子ニ百倍《バイ》セリト、経ニモ説《トカ》レタレバ、女人ノ愛執ヲバ恐《ヲソ》ルベキナリ。

このあと蓮体の評釈は「法華経」「声聞戒」の経文を引きながら紙上説教の様相を呈して終わる。二人妻の人間模様から起きる女霊の怪異が近世を通して語り継がれた一因に、僧坊の主導する女人罪障観の布宣と物語化の動きを考えておくべきであろう。

さらにまた、再婚しないと誓った夫の破約と、その報いを克明につづる勧化本の事例を宝永八年（一七一一刊）の『善悪因果集』より引いてみたい。巻三の五「女ノ執心鼠ト変化シテ夫ヲ殺ス事」は章題の示すとおり、女霊の祟りが約束を破った夫にまでおよぶ因縁話であり、再婚に怒る先妻のシチュエーションは、八雲の「破られた約束」にも共通する。

近江国の堅田に勘介という裕福な農民がいた。美し過ぎる妻を愛するあまりに、

君若《モシ》先ダチテ死スル事アリトモ、又異女《コト》ヲバ婚《メトラ》ジ

と言明し、誓状までしたためる。ところが、妻が死んで三年ほど過ぎたころ、別の女房を後添にしてしまう。それからというもの、家の中にあまたの鼠が沸いて出て夫婦を責める。後妻を実家に帰すと、そこにも鼠の害がおよぶ。やむなく勘介は離縁状を送り女の命は救われる。だが、それで霊異がおさまったわけではなかった。勘介の身辺はいっそう酷い状態におちいり、大鼠に家財を食い荒らされ、ついに精根尽きて男はこの世を去る。すべては夫の破約に祟りをなした前妻の亡魂の仕業であった。「女ノ執心」のおぞましさを世俗の実話にからめて説法する唱導僧の語り口が全篇にみてとれる内容と考えてよいだろう。後妻打ち怪談の成立をもたらした一方の要因は、江戸の通俗説教に展開した「妬む心」の戒めと、日々の暮らしのなかの妻妾の争いを例話に用いた女人教化の普及にあった。

『善悪因果集』の他の章には、再婚した夫の家の前に姿をあらわし、物もいわずに「サメザメト泣」く前妻に心が動かされ「アナカシコ、ウラムナ」と懺悔して剃髪・出家した男の話（巻五の十四「妻ノ亡魂ヲ見テ発心スル事」）などもある。中世以来の遁世譚の形式に、破約型の二人妻説話を重ねた内容であった。

さらにまた玄瑞編『本朝諸仏霊応記』（享保三年・一七一八刊）の上巻「燕に感じて後妻をむかへず出家する事」では、動物寓話の体裁に、継子の処遇という家単位の倫理道徳の要素を加え、一層ドメスティックな説話の内容に傾斜している。

相模国の女房が「我死後かならず後妻をもふけ給ふな」と言い遺してこの世を去る。再婚を勧められた夫は、屋根に巣をかけた燕の思いがけない行動に接して驚愕する。母燕が死ぬと、あとに別の雌鳥がやってきてヒナを育て始める。ところが新しい母親は継子に毒虫を与えて根絶やしにしてしまう。「後の雌」の利己心に気付かされた男は、後添えの話を断り、出家して高野山を目指した。「道にこゝろざしあらん人は、子あるに後妻をもとむまじき事なり」との警句により本章は結ばれている。勧化本に取り込まれたこの種の話は、婚姻制度やイエの意識、町人道徳などとも交錯しながら、民衆層への幅広い滲透を遂げていったことがうかがえる。

さて、全体を見渡していうなら、寺坊を源泉とする破約型の女霊譚は、女人愛執の戒めを語る明確な目的性をもって、近世社会の隅々に伝播していったといえるだろう。そこには、人の内奥に萌す深い執念を煩悩の発露と捉え、解脱の道を示す仏教の基本的なスタンスが投影している。愛執もまた遺念の一体とみなされたわけである。

三　怪異小説の題材として

前妻の執念が織りなす霊異と妬毒の物語は、僧坊の教化に適した題材であるとともに、十七世紀の印刷・出版文化を背景に陸続と刊行された仮名草子の怪異小説に素材を供する結果となった。女人の罪障そのものは中世以前の仏教説話にあまたの類型を派生しており、必ずしも珍しいテーマとは言えない。しかしながら、そうした題材が量産型の絵入り刊本に潤色されて、あまねく巷間に流布するといった近世社会の文化状況に関していえば、前代と異なる話の分析を考えなければならないだろう。

怪異小説という「商品」に入り込んだ女霊の物語は、それではどのような特性を見せることになったのか。詳しくは次章に述べることとなるが、ひとまず江戸怪談の紹介を兼ねて、延宝五年（一六七七）刊の『諸国百物語』より、祟る奥方の幽霊話を引いてみよう。巻五の十四「栗田左衛門が女房、死して相撲を取りに来たる事」は、次のような話である。

加賀藩前田家の家臣に栗田左衛門なる八百石取りの侍がいた。美しい妻を娶るが、労咳のために身まかり、愁嘆のあまりに左衛門は独り身のまま三年を過ごした。しかし親族の懇請もあって、尾張より筋目ただしい侍の娘

図1　『諸国百物語』巻5の14挿絵

を後妻に迎える。輿入れから三十日が経つ頃、城の宿直に出た夫の留守を守る後妻が炬燵でまどろむ所へ、十八、九ばかりの女房が現われ、「其方様は何とてこれに居給ふぞ」と目を怒らし、自分こそがこの家の女あるじだと名乗る。夫の重婚を疑った後妻が、明日にでも実家に帰ることを約束したので、妖婦も納得し、かき消すようにいなくなった。翌朝、左衛門を問い詰め、昨晩の女房が三年前に死んだ先妻の幽霊であることを知る。「此の上は我に生命を給はると思し召し、とどまり給へ」と頼む夫の誠意に感じ入った妻は、屋敷に留まり幽霊と対峙する決意を固める。再び現れた女霊は、後添えがいまだ屋敷に居ることを責め、恨み言を連ねる。後妻も負けずに言い放つ。

其の方様は、今はこの世にましまさぬ御身のよし。なにとて左様に、執心深く迷ひ給ふぞ。とくとく帰り給へ。

この言葉に怒った女霊は、いずれが女あるじにふさわしいか決めるため、相撲の勝負を所望する。負けた方は去れ、というが早いか凄まじい勢いで飛びかかる（図1）。互いに上を下へと組み合うこと五夜におよび、ついに後妻は精魂尽きてあい果てる。臨終に際して「命を預けよ」との夫の言葉に従い屋敷に残った心根を吐露する女房の健気さに、侍は大いに感じ入り、弔いを済ませると、僧になり諸国修行の旅に出た。

武家の家を護る妻の律儀と貞女ぶりに引き結ぶ筆致は、僧坊由来の類話との落差を鮮明にしている。人物設定にこだわる創作性の色濃い怪談文芸の登場を意味する内容といえるだろう。

およそ十七世紀の後半、前妻・後妻の諍《いさか》いを描く怪異談は、唱導と文芸の二つの表現文化に分岐しはじめる。かくして領域を異にする話群の乱立は、近世庶民の肌感覚に〈祟る奥方〉の物語の心象を根付かせていくことになる。

四　後妻打《うわなりう》ちの伝統習俗

さて、近世期の唱導や文芸に散在する二人妻の怪異談を考える際、にわかに浮き彫りになるのは、古代中世の女性史に立ちあらわれる「後妻打ち」の伝統習俗である。それは、恋の恨みが個々人の心情にとどまらず、イエとイエのぶつかり合いの図式を内包した時代の慣習であった。江戸怪談に顕現する〈奥方の祟り〉のモチーフも、前代の女性圏の伝統に左右された部分が少なくない。

平安の貴族社会に行われた「うわなり妬み」の習俗について、池田彌三郎は、上級貴族にとって妬み心が一種の美徳でさえあった歴史を顧みている。[3] すなわち「うわなり妬み」は現代人が想像するような女性同士の感情のぶつかり合いではなく、あくまでも貴族社会の集団と集団の間に生じるものだった。血縁、地縁の集団を前提とした公の約束事であるのだから、先妻個人の怒りが後妻はもちろん、夫におよぶことはない。

平安末から鎌倉時代にあらわれる「後妻打ち」（相当打ち）の風習は、社会的に認められた「うわなり妬み」の発動方法を端的に示している。離別された前妻の取り巻きが、あらかじめ予告したうえで後妻の実家を襲う。そ

図２　歌川広重「往古うはなり打ち図」（国立博物館蔵・部分）
出典：ColBase（https://colbase.nich.go.jp/）

の際、男たちは手を出さず、また物だけを壊して人は傷つけない（図２）。『昔々物語』には、室町時代のこととして、仲間に頼まれて十六回もこれに参加した老女の述懐が見える。[4] そのような節度ある暴力が習俗化した背景には、一夫多妻の婚姻制度がはらむストレスを社会のルールに組み入れて処理しようとした共同体の経験知が大きく作用していた。

歴史記録の上では、「後妻打ち」の習俗は近世以降に姿を消したとされる。[5] 一方、これに代わる都市の風俗として、「悋気講」につどう女房たちのありさまが元禄前後の文芸に取り上げられるようになる。

もろともに　憂《う》さやはらさん　悋気講《りんきこう》

（『夏木立』元禄八年・一六九五）

悋気講とは、夜陰にまぎれて人妻が寄り合い、夫や情婦の悪口を交わして日頃の欝憤をはらす女同士の講組織をいう。身分的な社会秩序の安定に徹した徳川政権下の重苦しい世相のなかで、内向し自閉する女性圏の恋愛生活のありさまを今日に伝える近世特有の習俗とみてよい。長蠟燭のゆらめく夜のしじまに融け込みながら、江戸の女たちは沈殿した恨みつらみを密やかに発散し合うのであった。

悋気講の発生には、粗野であっても向陽性に富む中世の「後妻打ち」とは香気の異なる街の倦怠が匂いたつ。都市の町人文化がもたらした社会構造、婚姻制度の変化、あるいは性愛そのものに対する民衆意識の移り変わりという歴史要因を受けて、〈正妻の復讐〉は鎖《とざ》された個々人の家庭の闇を代弁する怪異表現に姿かたちを転換せざるを得なくなっていく。

そのような変遷を経て、「後妻打ち」の語義じたいに、古代中世のそれとは異なる意味内容が生ずるようになる。貞享三年（一六八六）刊の『好色訓蒙図彙《こうしょくきんもうずい》』は男女の色恋にまつわる生活周辺の事柄として、「吝気」「嫉妬」の項目とともに「後女打《うはなりうち》」をあげ、隠し女を見つけた女房が「あゝはらだちやといふまゝ、すりこ木取《とつ》て打《うつ》てかかる」狂態を点描する（図3）。家同士の予定調和的な後妻打ちの習俗が、十七世紀以降の都市町人文化を背景とする好色生活のただなかで、家婦の心根の暴発を言う日常語に変貌していくのである。

図３『好色訓蒙図彙』「後女打《うはなりうち》」（国際日本文化研究センター蔵）

本文中には、すりこ木を振り上げる女の姿を評して、「悉《しっ》皆《かい》、菩薩《ぼさつ》と見えしも、夜叉《やしゃ》とこそは成にけれ」といった「外面如菩薩、内心如夜叉」の常套句（第一章Ⅲ参照）を踏まえた俚言教訓が示されている。女人の瑕疵と罪障を声高に説く儒仏思想の民間滲透の果てに、市井の女たちを取りまく新たな「後妻打ち」の都市民俗が巷の好色生活のまにまに四散することになる。赤松啓介の指摘を借りていえば[6]、それは女の嫉妬の「病が徹底した時代」ともいえるだろう。嫉妬が個々人の心の奥底に溜った、まるで沼のような暗部と認識される時代が到来する。女霊の怪異が個人の名をともなって語られる〈怪談の世紀〉は目前にあった。

五　女霊の時代

ところで、十八世紀から十九世紀初めをおよその境目として、江戸怪談の題材に、後妻《うわなり》の排除と抹殺だけではおさまらず、裏切り者の男を亡ぼさずにはおかない女霊の執念が取り上げられるようになる。『東海道四谷怪談』（文政八年・一八二五）のお岩の祟禍はまさにその典型であった。おのれの真情を踏みにじった冷酷な夫・伊右衛門につきまとい破滅に導く。タタリガミと化し「怨霊」に変ずる女の狂態は、それまでの幽霊像を一変させる。

池田彌三郎は『日本の幽霊』のなかで、愛妾のみならず逃げた夫をも取り殺す「吉備津の釜」（『雨月物語』）の女主人公「磯良」の亡霊を評して「日本のゆうれいの伝統としては（略）少しルールにはずれ」た振る舞いであることを指摘する。平安以来の「うわなり妬み」の民俗心意とは相いれない別系統の女霊像が江戸の怪異文芸に見出されるというのである。

言を換えて言うなら、それは女が男に祟る〈調和《ルール》なき後妻打ち〉の登場を意味するだろう。そこには古代・中世の「後妻打ち」に特徴的な、共同体の維持を第一義とするものの考え方や血族集団の重視が後退し、女の嫉妬の社会的意味に変化が生じた時代の怪異観を垣間見ることが出来る。江戸怪談の世界にあって、女霊の復讐は、イエの意識を引きずりながらも、一方では一人ひとりの恋の遍歴にありがちな、男と女の不幸な結末に翻案されていった。人としての恨みの気持ちを吐露してやまない女霊の姿に、新時代の幽霊像を読み取るべきではないか。

一言でいえば、近世は〈化ける女〉の全盛期であった。[7]なぜに江戸の女は化け、祟るのか。その原因について、これまで研究者が出した答えは、「女性の本来持っている自然の性」の神がかり的な幽冥交流性であったり、[8]あるいは「産む性」であるが故に体験する「出産死」という「特異な死に方」であったりするのだが、[9]はたしてこれらの要因が女霊の世紀の到来を容易にした真の理由といえるのだろうか。女性の巫女的な霊力ならば、古代・中世の方がいっそう強烈な聖性を主張したはずだろうし、さらに出産死に至っては、近代医学以前であれば、いつの時代においても横ざまな死の極みと認識されたであろう。[10]要するに、いずれもが近世特有の事情とはいいがたいのである。

重要な点は、女性の歴史に認められる通時代的で普遍的な要因にあるのではなく、むしろ〈女の幽霊のステレオタイプ〉を創り出すことにきわめて熱心であった江戸怪談の文芸表現そのものに帰すのであり、さらにはそのような文芸の創作営為をしごく自然に受け容れた庶民生活の変化にあるのではないか。女霊の記号化とも言うべき現象は、近世俗間のいかなる文化基盤によって自覚され、顕在化したのか。そのような視角なくして「女」と「化け物」の緊密な関係性のからくりを解きほぐすのは難しいように思える。

後妻打ち習俗の江戸文化への融解と、〈女霊の時代〉の到来を追尾して、次章では近世怪談文芸の言海に考究を進めてみたい。

注

1. 新日本古典文学大系『江戸座点取俳諧集』(岩波書店、一九七三)四六八頁。
2. 日本古典文学大系『川柳狂歌』(岩波書店、一九五八)一七二頁。
3. 池田彌三郎『日本の幽霊』(中公文庫、二〇〇四)一二六―一二九頁。
4. 渡邊昭五『梁塵秘抄の恋愛と庶民相』(岩田書院、二〇〇五)、浅見和孝「都と鄙の女性説話―後妻打ちをめぐって」(學灯社『國文学』二〇〇五・一〇）。

5．注4の『梁塵秘抄の恋愛と庶民相』。

6．赤松啓介『女の歴史と民俗』（明石書房、一九九三）第四章「嫉妬と女の歴史」。

7．久米依子「オンナ霊のいないジャパニーズ・ホラーなんて」（ナイトメア叢書Ⅰ『ホラー・ジャパネスクの現在』青弓社、二〇〇五）。

8．諏訪春雄『日本の幽霊』（岩波新書、一九八八）一七九頁。

9．田中貴子「女性の幽霊が多いのはなぜか」（別冊太陽『幽霊の正体』平凡社、一九九七）四七頁。

10．安井眞奈美「胎児分離埋葬の習俗と出産をめぐる怪異のフォークロア」（小松和彦編『日本妖怪学大全』小学館、二〇〇三）は産死習俗の通時代性を指摘している。

Ⅱ　後妻打ち怪談の系譜

一　はじめに

前近代の大衆文化にそって〈奥方の祟り〉という怪談の常套テーマを明らかにしようとする際、にわかに浮き彫りになるのは古代・中世の女性史に立ちあらわれる「後妻打《うわなりう》ち」の習俗と近世文芸を媒介とした新たな解釈の発生であろう。女性圏の古いしきたりをルーツとする後妻打ちは、江戸の庶民文化のなかで文芸の素材に変貌をとげていく。二人の女の抜き差しならない闘諍、そして妬み、恨み、祟る女霊のステレオタイプは、江戸怪談の主要なモチーフとなったばかりか、幽霊画の分野においても、女霊復讐図の画題を派生することになる。

江戸はいわば〈女霊の時代〉であった。

あまたの生霊、死霊を登場させた中世の能楽が、敗死の武者を修羅能の語り手に配置し、嫉妬の鬼女を四番目物（葵の上、鉄輪など）に集めたのをみれば、「化けて出る女」の霊異に傾く江戸怪談のあからさまな志向性は明らかにバランスを欠くといわざるを得ない。むろん幽鬼のジェンダーに関する江戸怪談のこだわりが、人為的な文化事象であることは想像にかたくない。

そのように考えてみるとき、「後妻打ち」の古習俗と怪異談の融合は、近世に起きた〈女霊の時代〉の成立を、その原点にさかのぼって解析する重要なてがかりとなるだろう。ここでは、後妻打ちのモチーフが江戸怪談に定着をはたし、化ける女の表象を文芸、芝居、絵画などの創作活動に昇華させていく道のりを追尾してみたい。

二　「後妻打古図考」と山東京伝の言説

「後妻打ち」の言葉じたいは、すでに平安時代の貴族日記に記載がみえる（『権記』寛弘七年・一〇一〇、『御堂関白記』同九年「濫行」記録の「宇波成打」など）。しかしそれらは中世の「後妻打ち」「相当打ち」（騒動打ち）と同じく、前妻の一族が後妻の家を襲い、家財を物理的に打ち毀すたぐいの行為の総称であり、現実の社会において行われる習俗の性格が濃い。江戸以降に顕現する物語化した怨霊譚の色彩はいまだ帯びていないのである。

これに対して、天明七年（一七八七）の『譬喩尽《たとえづくし》』に「後妻《うわなり》とは前妻の亡魂、悋気する心なり」とあるように、近世の人々にとって、それは嫉妬に狂う亡き妻の内面をあらわす言葉であり、霊異の発動をともなう表現に姿を変えていたことに注目しておきたい。

先妻の心の奥底に渦巻く恨みの発露を、「後妻打ち」の語に重ね合わせる江戸時代人の理解は、ひとつには当節流行の歌舞伎芝居の演出方法とも連動している。女方の芸として発達した「嫉妬事」は、奥方の妬み心を記号化し、後妻に祟るステレオタイプの女霊を舞台の約束事に組み込んでいった。

早く古浄瑠璃の王朝物に描かれた『花山院后 諍《きさきあらそい》』（寛文十二年・一六七二）などの怨霊劇[1]を濫觴として、新たに妾女との濡れ事を仕組む歌舞伎作品が創作され、元禄以降の舞台に「嫐《うわなり》」物狂言の流行をもたらした。歌舞伎十八番のひとつ『嫐《うわなり》』（元禄十二年七月・一六九九、江戸中村座、初代市川團十郎初演）はその典型であった。甲賀三郎の世界を下敷きにした『一心五界玉』の第三番目として上演された演目で、女房の執心が凝り固まり、娘に憑依して怨霊と化す趣向を巧みに様式化している。この作品を皮切りに、嫉妬の鬼となり、後の妻の排除へと向かう「化ける女」の芸態が定まり、後続の芝居に継承されていく。すなわち元禄十五年江戸山村座の『鬼城女山入』第三番目では、和泉式部の後妻打ちの趣向が評判を取り、さらに宝永五年（一七〇八）の『浮嫐鵺頼政《うわなりぬえよりまさ》』、享保四年（一七一九）『嫐太平記』、同十七年『嫐前太平記』と続く作品は、いずれも男一人に女二人の嫉妬事の所作を中心にして、怨霊芝居としての後妻打ちの趣向を用いたものであった。

さらに文学史の流れにそっていえば、近世初頭の俳文学に顕著な謡曲の影響も度外視できない。俳諧の連想語をあつめた付合語集に、「葵の上」「鉄輪」「橋姫」の世界をふまえた後妻打ちのイメージ展開が見受けられるのは、その一端である。たとえば延宝四年（一六七六）刊『類船集』には、以下のような言葉の連想がうかがえる。

後妻《ウハナリ》―葵上《アフヒノウヘ》、金輪《カナワ》の火、丑の刻参り、木船、橋姫、憤《イキトヲリ》、にくむ、にらむ、敵《カタキ》、
　そねむ、嫉《ネタミ》、打《ウツ》、呪咀《ノロフ》
後妻打《ウハナリウチ》―鬼、わめきさけぶ
嫉妬―老女房、橋姫、丑時参り、貴船を祈る、あふひの上、金輪、面
悋気―丑の刻参り、六条の御息所、いさかひ、呪咀《ノロフ》

こうした連想パターンは連句の場から仮名草子、浮世草子へと広がりをみせ、後妻《うわなり》を責めさいなむ嫉妬の鬼女の物語が紡ぎ出される下地となった。

ちなみに東京・全生庵の円朝コレクションに収まる「骨を打つ修羅」（筆者不詳、絹本著色）は、生き残った前妻が後妻の骨を打つ図とされている。[2] 奥方が手にする「打ち杖」は、恨みの鬼となった女の内面を象徴する伝統的な能舞台の小道具にほかならない。時をへだてた近代の幽霊画に、古典劇を素源とする後妻打ちの表象がいまだ命脈を保つことは、謡曲の根強い影響力を示唆している。

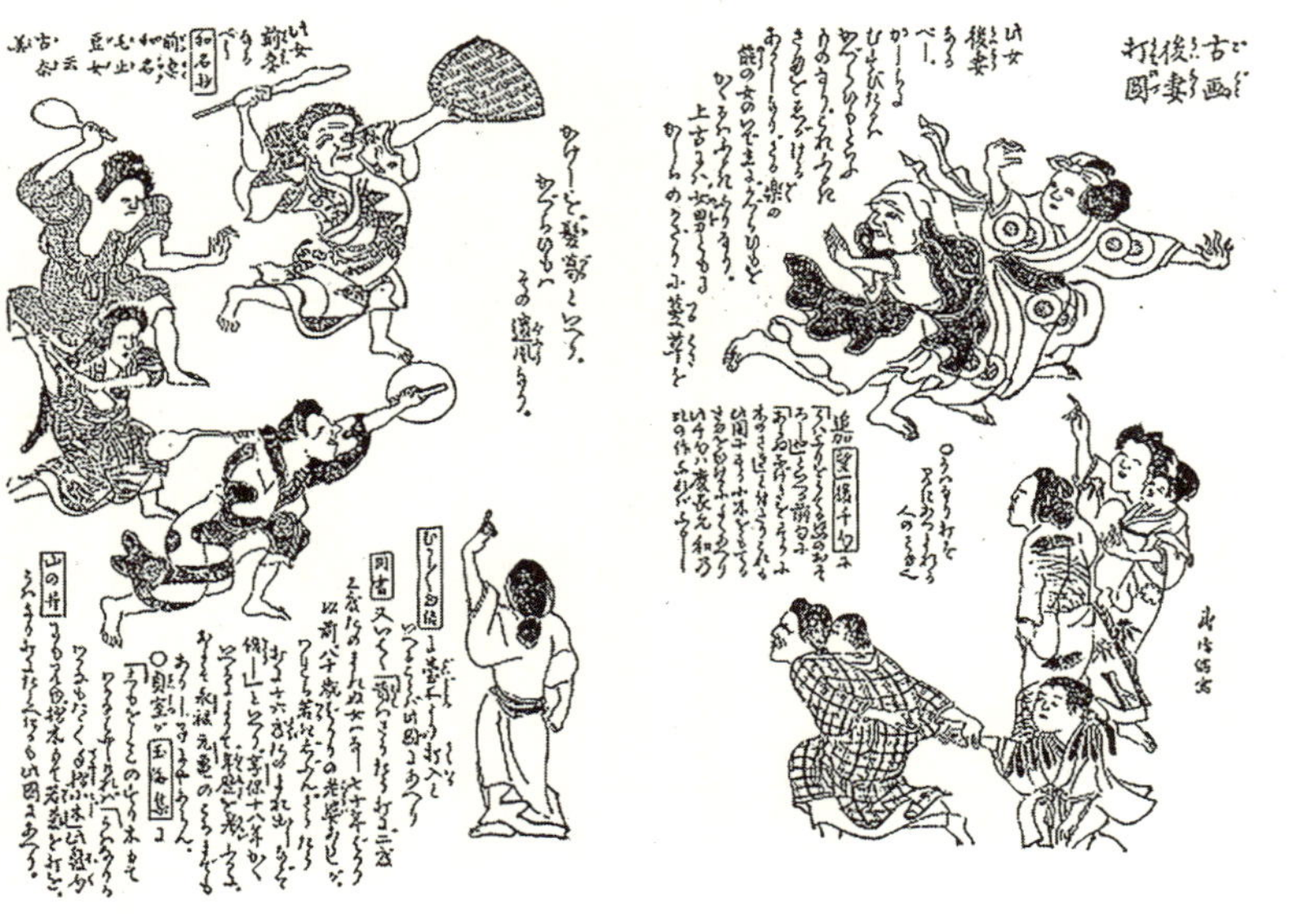

図１　『骨董集』後妻打古図考（『日本随筆大成』より）

さて、古代・中世の後妻打ちが女霊の復讐を意味する物語表現へと変遷したことに関して、近世後期の戯作者・山東京伝（一七六一〜一八一六）は創り手の立場から怪異談の生成を要領よくまとめている。文化十二年（一八一五）刊の考証随筆『骨董集』の「後妻打古図考」に着目してみよう。

京伝はまず古辞書や物語、軍記にみえる「後妻打ち」の語彙例を紹介しながら、中世の「相当打ち」の実態に言いおよぶ（図１）。重要視すべきは、そうした歴史考証のあとに展開する、謡曲の模倣と改変をめぐる言説である。すなわち「後妻打古図考」の後半は、「葵の上」「鉄輪」「三山」の三曲に描かれた生霊・死霊の「うはなり打ち」を引き合いに出して、古典劇の女鬼譚が京伝周辺の「怪談の草紙」の源流となったことを種明かしする。

> か、れば近《ちか》むかしの怪談《くわいだん》の草紙《さうし》などに、うはなり打を生りやう、死《し》りやうのしわざとせるは、これらのうたひできて、のちのつくり事

なるべし。○ふるき俳諧《はいかい》の発句《ほく》つけ句なども、うたひにもとづきて、怨霊《おんりやう》とせるがおほかり。

当初は習俗的、物理的な意味合いで存在した後妻打ちが、謡曲の鬼女譚を経由して二人妻型の江戸怪談にフィクション化される。そうした流路をつまびらかにしてみせる京伝の文芸観は、[3] 当代一流の小説作者の言だけに、創り手側ならではのリアリティに満ちている。しかも生霊、死霊の後妻打ちは、「近むかしの怪談」に限らず、京伝自身の戯作の筋立てにも用いられ定型化していった。妻と愛人の軋轢を物語の基調として、妬毒にまみれた血も凍る霊異をつづる作風が、十九世紀初めの京伝作品の随所に顔を出すこととなるのである。

三　後妻《うわなり》の首

京伝の読本『桜姫全伝曙草紙』（文化二年・一八〇五刊）に後妻打ちの趣向が使われていることは、すでに研究者の指摘に詳しい。[4] たしかに京伝作品には、二人妻の底知れない憎悪が引き起こす怨霊話が繰り返し描かれており、後妻や妾の首を持ち去るたぐいの、容赦のない加虐の場面にこと欠かない。とくに文化年間（一八〇四〜一八）の合巻本は、歌川豊国らの卓越した画力もあいまって、猥雑な退廃美の世界に溶け込んだ後妻打ち怪談の、この時代の到達点をあらわにしている。

文化四年（一八〇七）刊『於六櫛木曽仇討《おろくぐしきそのあだうち》』は、甲賀三郎物の芝居を潤色した初期合巻の傑作である。第三巻から第五巻において、横恋慕を拒まれた腹いせに久方母子をなぶり殺しにした牛嶋大之進は、怨霊の壮絶な祟りにみまわれる。その際、まず最初に災いを受けることになったのは、大之進の妾のさつきであった。後妻打ちの図式を巧みに改変しながら、惨《むご》たらしい妾殺しの場を紡ぎ出していく。京伝の筆の粘りが怪しい輝きをはなつ。

図２　『於六櫛木曽仇討』（『山東京伝全集』より、以下同）

久方母子の惨殺からほどなくして、懐妊したさつきを異変が襲う。鏡や盥、手水鉢、井戸などの水面に「痩衰へたる」女の顔が映り、妊婦を驚かす。やっと生まれた赤子も異形の姿ゆえに密かに床下に埋められる。そのうえ産後のさつきに死霊が憑依し、「それ〳〵枕元へ数多の蛇が這ふて来る」と幻影に怯える始末であった。

そしてある晩、怪音とともに、臥せていたさつきが悲鳴をあげて行方知れずとなる。慌てふためいて四方を探す大之進の頭上に血がしたたり落ちる。

> 雨漏《あまも》りの雫《しづく》かと頭《かしら》を撫《な》でゝみれば、生血《なまち》なれば益々《ます〳〵》驚くところに、家の棟《むね》に「から〳〵」と笑《わら》ふ声《こえ》し、何《なに》やらん、とんと音して縁側《えんがわ》に落ちたるゆへ、手燭《てしょく》を灯《とも》して見れば、さつきが首なり。大之進、扨は久方めが死霊《しれい》に、とう〳〵取られたか残念さよ、と屋根《やね》の棟《むね》に登りて見れば、破風口《はふくち》に腕一つあるのみにて、骸《むくろ》は何処《いづく》に取《とり》行しか見へず。さすがの大之進も大に恐れけり。

図３『風流伽三味線』

さつきの亡骸は屋根の上に腕一本を残すばかりで跡形もない。怨霊に持ち去られてしまったのである。豊国の絵（図2）は、生首を手にぶら下げ「見よ〳〵思ひ知ったか」とうそぶきながら虚空を走る久方怨霊の妖態に、因果応報の顛末を凝縮させている。

この場面は上田秋成『雨月物語』の「吉備津の釜」に拠るとされ、また京伝の前作『安積沼』（享和三年・一八〇三刊）の転用もあるという。[5] しかし、それらの典拠との大きな違いは、伝統的な後妻打ちの構図に想を得つつも、首を取る女霊の復讐という、江戸怪談らしい淫虐描写に成功している点である。生首を下げる女の生々しい幽鬼像は、このあと京伝合巻を際立たせるオリジナルな怪異の表象となっていく。

文化六年刊『風流伽三味線』では、先妻・此花の亡魂が牛に憑いて後妻・なよ竹の首をくわえたまま隅田川に飛び入る猟奇の結末を描いている（図3）。

また、文化十一年刊『磯馴松金糸腰蓑《そなれまつきんしのこしみの》』において

図４『磯馴松金絲腰蓑』

も、甲賀三郎の世界を援用しながら嫉妬の小蛇の妖異に筆をついやし、妾・萍の死霊が金魚と化して奥方の首を喰い切り「何処ともなく飛去る」酸鼻なプロットを導入しているのが分かる（図４）。

ことに『風流伽三味線』の後妻打ちは、小泉八雲「破られた約束」に至る一連の破約譚とも似通う設定を特徴とする。下総国葛飾の浪人・梅堀小五郎兵衛の女房「此花」は、臨終の床に夫を呼び寄せ、「妾《わらわ》死したる跡《あと》にても必《かなら》ず〳〵後《のち》の妻を迎《むか》へて給はるなよ」と遺言する。自分が死んだあとに残される我が子への愛執から、継母を家に入れて欲しくないと訴えたのである。にもかかわらず、後妻となった「なよ竹」により、陰湿な継子いじめが繰り返される。幼児を嬲《なぶ》る痛々しい描写をへて、物語は、牛に姿を変えた女霊の後妻打ちへと展開していくのである。京伝合巻の世界は、謡曲をはるかに上回るグロテスクな怪異趣味に覆われていた。そのような特質は、直接の出拠となった歌舞伎の甲賀三郎物にもみえない異形の物語の登場をものがたる。近世後期の戯作文芸に至り、後妻打ち怪談のあくどい完成型が示されたといっても良いだろう。

四　幽霊画の画題として

一方、文芸素材としての後妻打ちが、京伝作品の筋立てと絵相に定着をみたのと時を同じくして、浮世絵の画題に〈生首を下げる妬婦〉の図像が見出されるようになるのは、はたして偶然であろうか。当時の絵師と合巻本の密な関係をおもいおこすなら、首を取る女霊のモチーフが戯作と幽霊画の双方に共通する当節流行の新趣向であったとしても不自然ではない。

美人画から春画、好色本、名所絵におよぶ多彩な画業で知られる渓斎英泉（一七九〇～一八四八）は一筆庵可候の号で合巻『桜曇春朧夜《はなぐもりはるのおぼろよ》』（文化十三年刊）などを世に出すとともに、読本、人情本の挿絵を手掛け、戯作文芸とのかかわりも浅くない。怪談物の合巻『四谷怪談後日譚』では、美人画と趣の異なる幻妖な怪異の物語世界を余すところなく描いている。

さて、英泉の肉筆幽霊画に「女の生首をさげる女霊」（福岡市博物館、図5）の作があることは、じつに興味深い。噛みちぎった相手の血潮で口元を朱に染めた奥方が片手に数珠を巻いて微笑む絵相は、妬毒の沼に沈みゆく先妻の狂気にほかならない。それはまさしく、江戸の怪談文芸に根をおろした後妻打ちの女霊譚を、絵師の優れた筆先によって紙幅に蘇らせたものではなかったのか。言葉を換えていえば、英泉の作品は戯作に花開いた後妻打ち怪談のエッセンスと浮世絵の交絡を示唆するものといえるだろう。少なくとも近世末の人々のあいだに、後妻打ちの怪談文芸と幽霊画をひとつづきの文脈から読み取る文化基盤やリテラシーが醸成され、ひろく共有されていたことは想像にかたくない。

図５　英泉「女の生首をさげる女霊」
（福岡市博物館）

図６　清安寺の幽霊画（青森県弘前市）

ただし、それはひとり英泉の浮世絵に限った特殊な事情ではなかった。「生首を下げる女霊」を描く掛幅が、北東北の寺蔵幽霊画に珍しくないことは、こうした画題の地方への伝播を裏付けている。

青森県弘前市・禅林街の清安寺に伝わる女霊図（図6）は、噛みちぎった妾の首を抱える老婆の絵像で、明治初年の献納とされる。また、同県五所川原市の曹洞宗慈眼寺の掛幅絵（図7）は、鋭い目の女亡者が鮮血のしたたる娘の首をつかみ、憎しみに充ちたまなざしで睨みつける。土地の伝承によれば、前者は盗難除けの寺宝とされ、後者の場合は日照りの折にこの絵を津軽三十三観音霊場の梵珠山に運び雨乞いの呪具に用いたという。[6] 鬼をもって鬼を防ぐ民間伝承にもとづく幽霊画の効能と呪的儀礼をものがたる事例といえるだろう。

江戸の戯作や浮世絵が創り出した首を取る女霊の妖態図は、幕末、明治の時代を経て地方社会の風土と混じり合い、新たな幽霊画の伝承を派生していったのである。

図7　慈眼寺の幽霊画（青森県五所川原市）

五　女霊の時代と怪異小説

怪談としての後妻打ちの物語は、必ずしも京伝の時代にはじまるオリジナルな創作とはいいがたい。なぜなら早くも十七世紀にあらわれる仮名草子や奇談物浮世草子といった近世前期の創作文芸に、後妻打ちの潤色を眼目にする女霊怪談の素型が散在するからである。中世以前の相当打ちの習俗や謡曲の「うはなり打ち」は、一足飛びに江戸後期の戯作に置き換えられたわけではない。江戸怪談、とりわけ初期の怪異小説の世界がその間に介在していることは紛れもない事実であった。

さらには近世唱導僧の編んだ十七、八世紀の勧化本においても、女人教化の思想にねざす二人妻の霊異がしばしば引かれており、後妻打ちの例話を用いて嫉妬の罪障を戒める説教の語り口は、決して珍しいものでなかった。近世初頭の儒教的な女訓物の流行とも連動するかたちで、ひとつ屋根の下に暮らす妻妾の妬み心は仏法布宣の好材料となった。

かくして文芸から宗教説話にいたる広汎なレベルで、荒ぶる女霊の物語は着実に人々の日常に話の輪をひろげ、耳目に親しい身辺の怪異へと化学変化をとげていったのである。女霊の時代のはじまりと、その全体像を知るためには、十七世紀から十八世紀の怪異小説や勧化本にしるされた後妻打ち怪談の種々相を検証しておかなければならない。まずは仮名草子、浮世草子の作例について考えてみよう。

寛文三年（一六六三）刊の『曽呂里物語』は、序文に「そろり」という話上手が豊臣秀吉の御前で語った「おどろ〳〵しきこと」を一書にまとめたとあり、諸国話形式の民話系怪談集である。本書巻四の七は後妻打ちの構図と女霊の首取りが結びついた早い時期のものとみてよい。

「女の妄念怖ろしき事」と題するこの話は、二人の女の嫉み妬みのありさまから筆を起こす。近江佐和山の何某には、本妻のほかに寵愛する女がいた。常に妾を憎む本妻の心根が大蛇と化して雪隠の中の妾を脅かす。やがて本妻は産後の肥立ちが悪く、明日をも知れない様子となる。知らせを受けて妾宅より戻った夫に対し、女房は「此の年月の怨み、忘れ難く候」と言い捨て、飲ませた水を男の顔にざっと吐きかけ歯がみをしながら絶命した。すぐさま怖しい祟禍が妾の身を襲い、細首を捩じ切られた無惨な屍体が見つかる。やむなく弔いをすませ、野辺送りの葬列が近くの橋のたもとにさしかかると、妾の生首を下げた本妻の亡霊が「浅ましの御姿」をあらわ

図８　『曽呂里物語』巻４の７挿絵

図９　『新御伽婢子』巻３の３挿絵

した（図8）。夫も程なくこの世を去り、一人残された総領息子は出家して高野山に上って父母の菩提を弔ったという。後妻打ち怪談の基本型が揃ったかたちを『曽呂里物語』の一章に見出すことができる。

一方、浮世草子時代の『新御伽婢子』（天和三年・一六八三刊、西村市郎右衛門作）巻三の三「死後嫉妬」は、通夜の席に居合わせた僧侶の世にも怖しい体験をつづる。

本願寺の門徒である河内の富者の妻が亡くなり、京都の本山より「法教坊」をはじめ僧衆が呼び集められた。葬送の用意をすませ、仏前に棺を安置して一夜を明かすことになる。

小雨そぼ降る深更のころ、棺がごとごとと音を立てて動きだし、中から亡婦があらわれ出て灯明を吹き消した。ひとりの僧がその様子を目のあたりにしたが、恐怖のあまり声も出ない（図9）。翌朝、別室で寝ていた下女「りん」の遺骸が首の無い状態で見つかる。事情を確かめたところ、亭主とりんの仲を気に病み、妬み死にした奥方の仕業であることが判明する。浮世草子らしい作風の怪異描写を本文より引いてみよう。

爰《ここ》に其の宵、能《よ》くしたゝめたる棺槨《かんかく》の縄ちぎれ蓋《ふた》の高くあきたるに、各々よりて是をみれば、彼の亡者、りんがくびを引きぬき、たぶさをつかみ指し上げ、嗔《いか》れる眼《まなこ》を見ひらき、生けるがごとくして死し居たりけるこそ浅ましけれ。後《のち》々、此の子細を聞くに、亭主、此の召しつかひのりんに目をかけけるとて、日比《ひごろ》恨みいきどほり、おそろしき迄に嫉妬《ねたみ》しが、其の思ひに煩ひてむなしく成りし罪障、なほ残りて死後に恨みを報《むく》ひけむ。怖しき事どもなり。

このあと話の末尾にこの一件が、法教坊の直談を耳にした京の檀家からの伝聞と付言する。事実譚であることを強調しながら、女人の罪障に怖れおののく叙述に徹しているのが分かる。[7]

屍の下女殺しを描く同種の怪談は、元禄十七年（一七〇四）刊の『金玉ねぢぶくさ』巻二の二「霊鬼人を食らふ」にもみえており、およそ十八世紀初頭のころに、旅僧を狂言回しに据える後妻打ち怪談の常套的な語り口が整えられ、定型化していたことを示している。

六　唱導と文芸の距離

通夜の晩の惨劇を旅の僧の実見をとおして語る後妻打ち怪談は、一方では、布教のために編纂された近世勧化本のなかにも類型が見出される。仏教と怪異談の近接をものがたる点で、この方面の類話は見逃せない。

たとえば江戸初期の唱導僧・鈴木正三の法話をまとめた片仮名本『因果物語』（寛文元年・一六六一刊）は、上巻の六に「嫉深キ女、死シテ後ノ女房ヲ取殺ス事付下女ヲ取殺ス事」と題して、数話の女霊復讐譚を紹介する。とくに、入棺した奥方の屍が下女の首を引き抜く第二話は、『新御伽婢子』巻三の三等と重なる内容を示している。

奥州ニテ、去《サル》女人ノ死《シヽ》ケルヲ、沐浴《モクヨク》シテ棺《クハン》ニ入テ置《ヲキ》ケレバ、棺ノ中《ウチ》ヨリ手ヲ出《イダシ》ケリ。人々肝ヲ消処《ケストコロ》ニ、内《ウチ》ノ下女、ワッ、ト、云《イフ》声アリ。見《ミレ》バ、頸《クビ》ヲ引抜《ヒキヌキ》テアタリニナシ。不審シテ棺ヲ披《ヒラキ》テ見《ミレ》バ、死人、彼ノ女ノ頸ヲ抱《イダキ》、喰付《クラヒ》テ居タリ。日比妬《ヒゴロネタミ》シ念力《ネンリキ》ノ作処《ナストコロ》也。愚道和尚《グダウオショウ》、若時《ワカキ》見タル、ト、語玉《カタリタマ》フ也。

こうした説話の採録が、仏教唱導の目的にあわせて行われた布教営為であることは動かしがたい。仮名草子や浮世草子といった大衆娯楽の読みものとの根本的な差異は、まさにこの点にあるといってよい。勧化本にあって、凄惨な後妻打ちの例話は、あくまでも嫉妬の妄念を戒める女人教化の方便として語られたわけである。

同一の話材をめぐる唱導と文芸の隔たりは、十八世紀の勧化本についても十分に検証される。『金玉ねぢぶくさ』の「霊鬼人を食らふ」と、ほぼ同工である勧化本『善悪業報因縁集』（天明八年・一七八八刊）巻三の「入棺せし亡婦顕れ出て怨ある人の首を取し事」を例に、霊異の扱い方をめぐる通俗説教の態度について詳しくみていこう。

本章は、名古屋郊外の久保田村に起こった通夜の晩の惨劇をしるす。亭主と妾の首を両手にぶらさげて棺の中で仁王立ちになっている亡妻を前にして、変事の目撃者で語り手でもある真宗僧・知礼は、無間地獄に墜ちる苦しみを説き、亡者のため一心に称名念仏を唱える（図10）。

汝《なんじ》、嫉妬《しっと》の悪念《あくねん》を凝《こ》らし、両人を殺害《せつがい》せし其《その》罪によって、無間地獄《むけんじごく》へ墜《だ》して永苦《ながく》しみを受《うく》べし。汝、予《われ》が申《まうす》に随《したが》ひ、如来《にょらい》の本願《ほんぐわん》にすがる思《おもひ》をせよ。

知礼の善導を受けて屍は双眼を閉じ、生首を手から放す。こうした対処の手際の良さについて、編者の採璞は次のように評するのであった。この話の末尾に付された採璞の解釈に注目してみよう。

仏の御心《みこころ》に一切衆生《いっさいしゅぜう》を毛頭斗《もうとうばかり》も悪しとハ思ひ給はねバ、瞋恚《いかり》といふ事なし。そこにすがる事なれば、瞋恚《いかり》ハ止事《やむ》に極《きはま》る。瞋恚が止《やみ》し故、持堅《もちかため》し二《ふたつ》の首を放《はな》し捨《すて》たりと見ゆ。知礼《ちれい》がわれ称名《せうめう》念仏《ねんぶつ》せんとて、生仏不二《せうぶつふに》を覚《さと》り玉ふ御名《みな》を唱《となへ》られしも、有難《ありがた》き方便《ほうべん》なり。知礼の唱《となへ》られし仏名《ぶつめう》が、亡婦《ぼうふ》がすがる思《おもひ》と一致《いっち》なれバ、瞋恚《いかり》ハ止むはずの事なり。此善業道《このぜんげうだう》によりて、次の生《せう》の往生《わうぜう》かなはずとも、第三の生ハ決して往生極楽《わうぜうごくらく》と思ひ知《しる》べし。

図 10 『善悪業報因縁集』挿絵

瞋恚の煩悩より脱出した亡婦と、それを可能にした念仏の効力に引き結ぶ文脈は、説教僧の口吻をそのまま紙上に移した筆致といえるだろう。屍の後妻打ちというじつに猟奇な出来事をつづりながらも、真の目的は仏法を称え衆庶を悟道に導く布宣営為にあった。法相宗の学僧とされる採璞の言説が、怪談を方便として縦横に語られているとみてよいだろう。後妻打ち怪談の成立をもたらした一方の要因は、江戸の通俗説教に展開した「妬む心」の戒めと、日々の暮らしのなかの妻妾の争いを例話に用いた女人教化の普及にあった。

一方、葬礼の夜に遭遇した旅僧の恐怖体験を描くことに専念する『金玉ねぢぶくさ』には、唱導書と異なる創作怪談の香気が見て取れる。加えて、惨劇を目の当たりにした亭主が、下女との不義を告白し、おのれの乱行に恐れ戦く懺悔話の挿入は、怪談としての話の平仄を合わせたものといえるだろう。

七　怪異小説への分岐

勧化本に流れ込んだ後妻打ちのモチーフが布教の目的にあわせて女人教化の因縁話を派生したのに対して、別のところでは救いのない怨霊の復讐譚に姿を変え、怪異小説の主要な題材となって文芸享受層に話の輪をひろげていった。亡魂幽鬼の跳梁そのものに焦点を合わせた後妻打ち怪談の登場である。その代表的な作品として延宝五年（一六七七）刊の『諸国百物語』のいくつかの章段にふれておきたい[8]。

巻一の八「後妻うちの事付タリ法花経の功力」は武蔵国秩父の大山半之丞の体験にまつわる怪異談を描く。旅の僧から女の死霊に取り憑かれていると告げられた半之丞は、災厄を祓うため、体中に法華経を書き写して女の墓の前で一夜を過ごす呪法に望みを託す。悪霊は産死した「旧き妻」であり、新しく嫁を迎えたことを恨み、中有をさ迷うのであった。深更におよび、幼児を連れた亡霊があらわれるが、経文に妨げられて男の姿を見付けられない。かわりに屋敷に残っていた「後の妻の首」をねぢ取り手にぶら下げて帰ると、男の上に腰かけて我が子に言いきかせた。

さても汝が父を取り殺さんと思ひしにいづくへ落ち行きつらん。今は是れまでなり。年月の本望をとげたり。われ生世《いきよ》のうちより、此女、われを調伏せしゆゑに、われ死してもほむらの堪へがたかりしに、今かく

図11　『諸国百物語』巻3の5挿絵

生命《いのち》を取たる事のうれしや、とて親子容貌もろとも、塚の内に入りければ、夜はほのぼのと明けにける。

身体に悪霊封じの経文を写すという、後世の「耳無し芳一」にも通ずる描写は、『今昔物語集』等によく見かける「法華経」の利益説話を連想させる。しかし『諸国百物語』の結末は、「後の妻の首をひっさげ」て快哉をさけぶ怨霊の後妻打ちに一話の眼目がすりかわっている。[9] そこには仏の慈悲も煩悩解脱の道も示されず、宗教的な悟道がいっさい顧みられていない。むしろ、亡霊の腰の下で踞《うずくま》る男の底無しの恐怖を叙述することに専念し、闇夜の復讐劇を覗き見たところに、後妻打ち怪談の見せ場があるといってよかろう。

宗教色の後退は、女房に辛くあたり食物を与えずに餓死させた男の破滅を描く巻三の五「安部宗兵衛が妻の怨霊の事」の場合も同様であった。十九の春を迎えた妻は「やがて思ひ知り給へ」との怨嗟を口にして息絶える。七日目の晩、その言葉のとおりに腰から下を血に染めた女霊が夫の寝所を襲い、同衾していた妾を八つ裂きにすると「舌を抜き懐へ入れ」て消えた（図11）。去り際に「また明晩参り年月の恨み申さん」と言い残した女の言葉に男は怖れおののき、高僧を呼び寄せ大般若経を誦し、さらには弓・鉄砲を用意して防備を固めるが、すべて効果なく、夜半姿をあらわした女霊のために男は引き裂かれて息絶えた。「あたりに居たる下女どもを蹴殺し、天井を蹴破り虚空にあがりけると也」と結ぶ章末表現は、謡曲「羅生門」の悪鬼を思わせる筆致であり、古典の読み直しによる趣向重視の描写に近世小説らしい特徴がみてとれる。女人教化にこだわる唱導書のスタンスと異なる創作性を垣間見ることのできる作柄である。

このほか、巻五の十四「栗田左衛門介が女ばう死して相撲を取りに来たる事」、巻五の十六「松ざか屋甚大夫が女ばう、うはなりうちの事」にも後妻打ちの趣向が用いられている。いずれも娯楽本位の本格怪談である点は、勧化本との根本的な落差と考えてよい。

さらに巻五の六「紀州和歌山、松本屋久兵衛が女房の事」は、入り婿と通じた継娘を怨みながら身まかった女房の亡骸が、通夜の晩に棺桶を抜け出して娘と男を喰い殺す怪異を描く。二人妻の人間模様を入り婿の密通に読み換える新趣向によって、後妻打ちの話型に新味とバリエーションを加える工夫が凝らされており、創作怪談の姿勢をそこに垣間見ることは、さほど困難ではない。

以上の章段に比べて、仏教唱導との隔たりを最もよく示すものは、巻二の九「豊後の国何がしの女ばう、死骸を漆にて塗りたる事」である。

ある侍が愛妻に「お前が先立つことがあっても嫁はもらわぬ」と誓う。しかし約束は守られないことになる。この話の場合にも破約のプロットが見受けられる点は注意してよかろう。やがて妻は急な病に倒れ帰らぬ人となる。臨終の時、いつまでも一緒に居たいとの思いから、女は尋常ではない申し出を口にする。

われを不憫とおぼしめさば土葬火葬は無用なり。我らが腹を裂き、はらわたを取り出だし、内へ米を詰め込みて、上をば漆にて十四へん塗りかため、外面《おもて》に持仏堂をこしらへ、我をその内にいれ、鉦鼓《しょうご》を持たせ置き、朝夕我が前にきたり、念仏をすゝめてたべ。

夫は、妻の最期の望みを聞きとどけ、遺体を漆で固め、手に叩き鉦をもたせて屋敷の持仏堂に納めた。しばらくして侍は周囲の声に従い再婚する。ところが新妻は訳もいわず実家に戻ってしまう。さまざまな祈禱を行ない、何番目かの妻を迎えて二ヶ月ほど経ったある夜、漆塗りの女が留守をあずかる後妻をおびやかし、ついに首をねぢ切り殺害する。そればかりか女霊の忿怒は約束を違えた夫にも向かった。

かの黒色の女房、眼《まなこ》を見ひらき、夫の喉頸《のどくび》に喰ひつきければ、夫も終《つい》に空しくなりけると也。

この話の怪異表現は出色といえる。鉦を鳴らしながら「二重三重の戸をさらりさらりとあけて」後妻の部屋に侵入してくる「黒色《こくしき》塗りたるをんな」のあまりにも無気味な妖態に、この時代の怪異小説としては出色の、真に迫る描写力を見出すことができるだろう。次世代の奇談もの浮世草子である宝永二年（一七〇五）刊の『御伽人形』が本章の改作を試みたのは本作品の影響力の強さをものがたる（巻五の七「おもひと恋に行ついた男」）。

じつは〈漆塗りの女〉の拡散は文芸作品にとどまらず、はるか時代の下がった近現代の地方民話に、その口碑化をみることになる。

昭和八年（一九三三）の『郷土研究』三月号に載る岡田幸一「盛岡の民譚（二）」は、岩手県に伝播した〈漆塗りの女〉の変奏であった。お互いに「死んでもあと女をもらはぬ事、後に男をとらぬ事」を約束し、どちらか一方が亡くなったならば「身体に漆を塗って着物を着せ、裏のお堂に供へる事」を誓う。話の展開、および破約を憤る幽霊が「あと女」の咽に喰らいつく語り口は『諸国百物語』以来の後妻打ち怪談とほぼ変わらない。

ところが、民話の方は旅から帰った亭主が後妻の惨殺死体と口元を血みどろにした漆塗りの「もと女」を目のあたりにする場面で終わっている。話の末尾に「だから、嘘にも決して『もらはぬ』など、約束するものではない」との警句を付け足すなど、総じて民談にありがちな世俗の教訓を落としどころにしているのが分かる。「盛岡の民譚（二）」が直接何に拠ったかは特定できないが、小泉八雲「破られた約束」と口頭伝承の関係[10]を考えると、大元となる口碑の存在が思い浮かぶ。一方で『諸国百物語』にはじまる〈漆塗りの女〉の系譜上にオーラルな巷間の教訓譚が生成し、地方社会に裾野をひろげたとみることも全く的外れな見方ではないだろう。

そのような想像を可能にするほど、後妻打ち怪談の流布は広汎におよぶ。

注

1. 『花山院后諍』では、藤壺の怨霊が蛇身や青女房に変じて弘徽殿を打ち伏せ命を奪うありさまを描く。詳細は本書第五章Ⅰ参照。
2. 辻惟雄監修『幽霊名画集』（ちくま学芸文庫、二〇〇八）所収。
3. 謡曲から「怪談の草紙」への展開をいう『骨董集』の言説が、近世の後妻打ち怪談を考える際、重要な意味をもつ点に関しては、井上泰至の考察がそなわる（「吉備津の釜――後妻打ちからの乖離」『上智大学国文学論集』二〇号、一九八七・一）。
4. 井上啓次『京伝考証学と読本の研究』（新典社、一九九七）。
5. 清水正男「山東京伝の趣向と転用～読本から合巻へ」（『江戸文学』一九号、一九九八・八）。
6. 堤邦彦「みちのく幽霊画紀行」（別冊太陽『幽霊画と異界』平凡社、二〇一八）。
7. 西村市郎右衛門は、『新御伽婢子』前後の作品においても後妻打ちのテーマを繰り返し使っている。貞享二年（一六八五）刊『宗祇諸国物語』巻四の「嫉妬夢に怪し」、同三年刊『浅草拾遺物語』巻二の一「其名は朽ぬ女塚」、同四年刊『御伽比丘尼』巻二の三「恨に消へし露の命」等は、いずれも同工異曲の後妻打ち怪談である。
8. 『諸国百物語』に描かれた後妻打ち怪談の特色については塚野晶子の分析がある（「『諸国百物語』論――「後妻《うわなり》うち」を中心に」『昔話伝説研究』三五号、二〇一六・三）。
9. 塚野晶子は、この話が「鉄輪説話」に拠りながら、後妻に対する「強烈な怨嗟」を描くところに原拠離れがみとめられる点を指摘する（「『諸国百物語』論――巻一ノ八「後妻うちの事付タリ法花経の功力」に見る「鉄輪説話」の影響を中心に――」『早稲田大学大学院教育学研究科紀要』別冊二四号、二〇一六・九）。
10. 漆塗りの女と同題材の小説に、小泉八雲の名作「破られた約束」（一九〇一年刊『日本雑記』所収）がある。八雲作品の原拠となったオーラルな怪談の存在が推察される。

Ⅲ　近世高僧伝への展開——妬婦の屍にまたがる男

一　高僧伝との融合

仏教唱導の法席に語られた後妻打ち説話の全容をとらえようとする際、特に布宣の意図を見出しやすいのは、近世に編述された通俗高僧伝の一群であろう。

近世高僧伝と怨霊譚の結び付きといえば、浄土僧・祐天による「累《かさね》」の得脱がすぐに思い浮かぶ。下総国羽生村の怨霊事件をとりあげた早い時期の文献資料は、天和四年（一六八四）序の『古今犬著聞集』にみえる「幽霊成仏の事并祐天和尚かさね亡魂をたすくる事」（京都大学本）であった。もっとも、『古今犬著聞集』に採録された祐天の法力譚はこの一話にとどまらない。すなわち本書巻十二は、冒頭の累説話につづけて全六話の念仏功徳の話をひとくくりの祐天伝として掲載しているからだ。たとえば第四話の「悪霊一夜別事念仏退事」は、常州松原村の農民・加左衛門の前妻にまつわる怨霊譚である。

死に臨んで後妻を迎えないことを約束した夫が、新しい妻をめとる。怒り狂う亡魂を鎮めるため、「西天」（祐天）の指示により念仏の法会が施行され、みごと亡魂を得脱せしめる。

『古今犬著聞集』所収の祐天説話が当時の浄土宗全般に行われていた〈神異僧の史伝〉のバリエーションであることは想像にかたくない。とりわけ浄土宗白旗派においては、幡随意（一五四二～一六一五）、霊巌（一五五四～一六四一）、呑龍（一五五六～一六二三）、珂碩（一六一八～一六九四）といった十八檀林ゆかりの僧侶たちの妖魔鎮圧や幽霊済度があたかも公的史伝のような体裁で編纂され、宗教英雄の物語を世俗に浸透させていった。[1]『浄土鎮流祖伝』（『浄土本朝高僧伝』、宝永元年・一七〇四成稿、正徳二年・一七一二刊）をはじめ、諸寺の縁起書に神秘化された浄土宗高僧の霊験・利益譚が散在するのはその一端である。[2]

山野の土着神や精霊を退け、教化する高僧の法力と名号の功徳を物語性あふれる描写によってつづる通俗高僧伝の流れは、やがて近世中・後期の「長篇仏教説話」（長篇勧化本）の台頭と時を同じくして、高僧一代記を標榜する僧坊の史伝文芸に展開していく。

二　『幡随意上人諸国行化伝』

洛北五劫院（現京都市上京区）の開山である喚誉が編んだ『幡随意上人諸国行化伝』（宝暦五年・一七五五刊）は片仮名本五巻五冊・四十二章の形態をもつ刊本僧伝である。本書の語り口が説教の法席と直結するものであることは、こまやかな情景描写や七五調の凝った文飾にもよくあらわれている。架蔵の一本には、随所に朱筆による書き入れがみえ、文末を音読に適した口語表現に直す工夫がうかがえる。版本を台本に用いて実際に幡随意伝の説教を行った痕跡と考えてよいだろう。

また、『行化伝』版本をもとにした掛幅絵伝の存在は、信徒の目と耳に直接訴えかける幡随意伝のありようを示している。三重県津市久居・引接寺蔵の『幡随意上人諸国行化伝画図』（四幅、紙本着色、幕末期成立、図1・2）の例に明らかなように、『行化伝』を絵解きのテクストに用いた立体的な説教が地方寺院において実地に行われていた。[3]熊野詣でや伊勢参宮で賑わう街道の人々に向けて、なかば芸能化した僧伝語りが行なわれ、高僧伝の流伝に拍車をかけた。

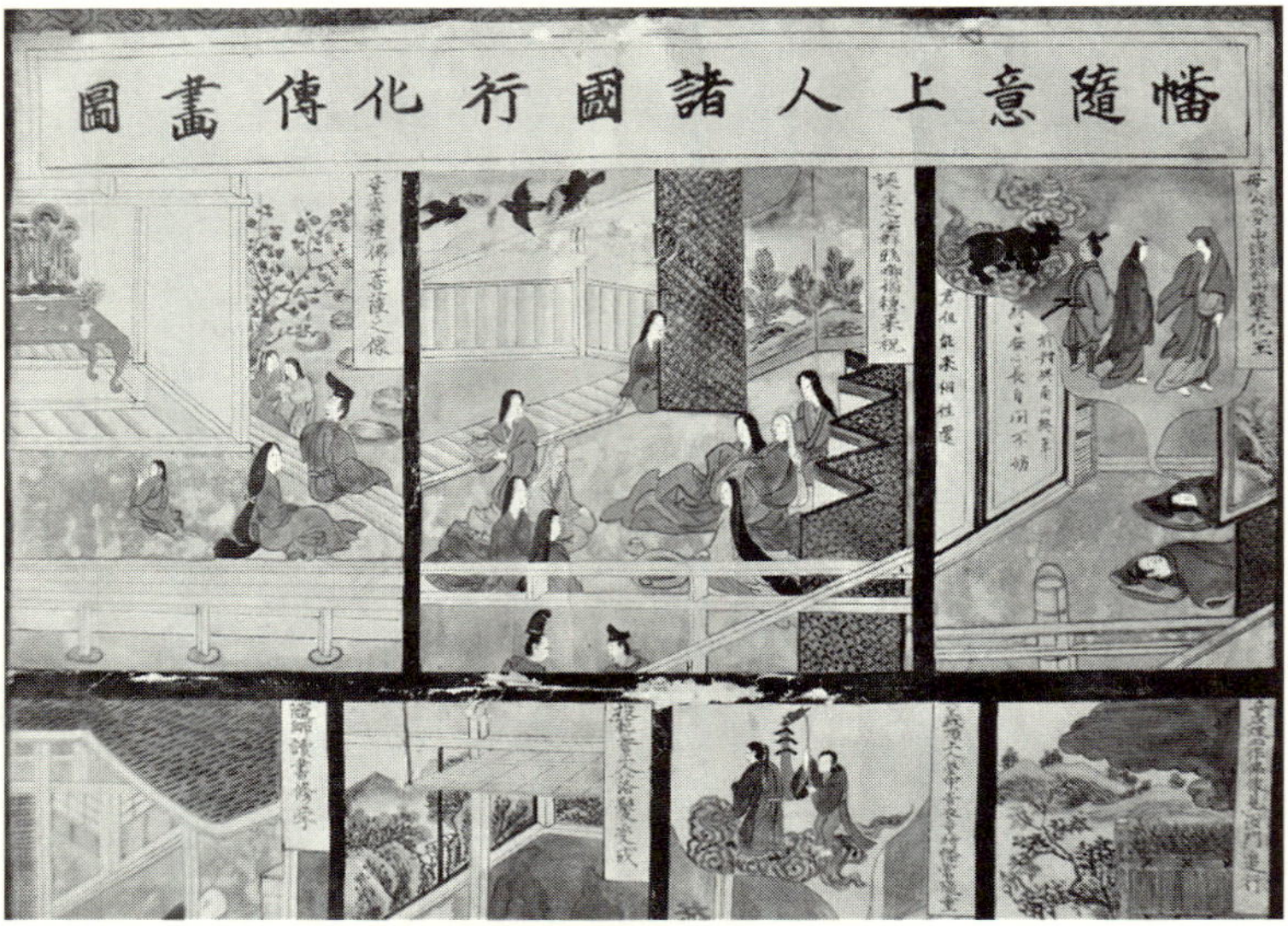

図１　『幡随意上人諸国行化伝画図』部分（三重県津市引接寺蔵）

『行化伝』が唱導の法席にあまねく用いられた理由のひとつは、通俗平易な文体もさることながら、全般に巷間に流布した口碑、伝説をちりばめ、さらには『因果物語』『伽婢子』といった怪異小説の筋立てを下敷きにする創作性の濃い潤色方法にあった。そうした編集方針のもとに、妻妾の愛執と葛藤の物語が先行作品から転用され、女人の妬毒と罪障を戒める教説と混交しながら、諸国行脚の上人の伝記にまとめられていく。以下にとりあげる章段は、長篇勧化本に組み込まれた後妻打ち説話の変遷をおしえるものであった。

三　本妻の呪詛

巻一の八「釘抜名号利生ノ事」および巻一の九「関宿大竜寺建立ノ事」は、下野の住人・三谷善八の身辺に起きた怨霊得脱譚である。

善八には四十になる妻のほかに、善八の子を宿した妾の照がいた。あるとき臨月の照が原因不明の腫れ物に苦しみ明日をも知れない病状となる。こうなったのは嫉妬に狂う本妻が藁人形に釘を打つ呪詛を仕掛けたためだったが、誰もそれを知る者はない。善八は下総国関宿に逗留の幡随意を訪ね、安産・治病に利益のある南無阿弥陀仏の名号を書き与えてもらう。ところが帰りの道すがら、川に落ちて大切な名号を失い、途方に暮れて家に戻ると、不思議なことに照の腫れ物は癒えていた。そればかりか、留守のあいだに男の子が無事に生まれたという。赤子の掌には、失ったはずの名号と一本の釘がにぎられていた。あれこれ詮索するところに、もはや悪事を隠しきれなくなった本妻が重い口をひらく。

　其釘ノ主シハ我レナリ。嗚呼《ア、》恨メシヤ我ヵ夫《オツト》、悋気嫉妬ハ女ノ習ヒ、照ガ事、始《ハジメ》終リヲ聞《キク》ヨリモ、瞋恚ノ炎《ホムラ》胸ヲ焦《コカ》シ、嫉《ネタマ》シサ苦シサ、何ニ喩《タト》ヘン事ソナキ。鬼ト成リ、蛇トモ成リ、取殺サント思ヒシカ、態《ワサ》ト悋気ノ色ヲ隠シテ、偽《イツワ》リヲ構《カマ》ヘテ呼迎ヘ、照カ姿ヲ藁人形ニ造リ、サマ〴〵呪詛シ調伏シ、思フ心ノ一念ニハ、石ニ矢モ立ツ習《ナラヒ》ソト、照カ臍《ホソ》ニ釘ヲ打《ウチ》、継《タト》ヒ非礼ヲ受ケストモ、我ヵ一念ノ力ヲ以テ殺サンモノト、祈ル念カ通シケルニヤ、腫物ヲ生シテ苦シム故ニ、大形《オホカタ》ニハ仕負《オホ》セタリ。(中略)尓《シカ》ルニ、御名号ノ光リヲ放チテ飛来リ、釘ヲ巻付ケ抜キ取リ、忽《タチマ》チ化シ去リ玉フト思フト、照ハ平産シ、我カ本意ハ遂サル、口惜シヤ。人ニハ怨ミノ有ルカ無カ、今ニ思ヒ知ラセン者。

怨みの言葉を言い放つと、本妻は脇指で喉を突いてあい果てた。この一件にちなんで掌中の名号を「釘抜名号」と呼びならわした。

つづく巻一の九では、自害した本妻の亡魂が小蛇となって照をおびやかすが、上人の善導を得て浄土往生を願うにいたる。かくして亡き本妻の菩提を弔うために関宿の大竜寺が建立され、別事念仏の執行により蛇形の怨霊も「菩薩ノ形《カタチ》ヲ現シ、光明を放て西ノ空ニ飛去」るという大団円を迎える。

図２　『幡随意上人諸国行化伝画図』「三谷善八妻呪詛妾照女」「照女重病名号告望」

総じて名号の効験を強調する浄土宗らしい利益譚でありながら、話の展開に本妻の憎悪、小蛇の祟りと高僧の鎮圧といった怪異にも通ずる話柄を大幅に導入しているのが分かる。

もっとも、文芸なみの通俗臭をみなぎらせてはいるものの、釘抜名号や大竜寺建立の由来に引き結ぶ文脈は、本書が決して仏書の枠組みを外していないことを意味する。それればかりか嫉妬の妄念を除いた幡随意の絶大な法徳を中心テーマにすえる筆致に、通俗高僧伝としての特質がみてとれるのではないか。角度を換えていうなら、それは妬毒にまみれた後妻打ち説話の伝統的な話型が、高僧一代記の一景に転用され、煩悩からの解脱を勧める唱導話材に再生していく姿といってよい。

後妻打ちの構造をそなえる筋立ては巻二の五「宇治ノ瘤女ヲ教化シ給フ事」にもうかがえる。継子をいじめ殺した罪科ゆえに首の瘤から蛇の湧き出る奇病をわずらう悪女が、上人の教化を受け、先妻と継子の怨念より救われる。浅井了意の『伽婢子』（寛文六年・一六六六刊）巻十三の三「蛇瘤《こぶ》の中より出《いづ》」を原拠としたものである。妬婦の悪報を描く『伽婢子』の内容に比べると、ひとつ屋根の下に暮らす姉妹をめぐる骨肉のドラマが新たに加えられ、業の深さを際立たせる改変に特色をみせる。まるで小説の虚構を思わせる筆遣いの妙味や、俗耳に入りやすい通俗唱導書の編述を目指す喚誉の姿勢については第三章Ⅲに考察したので、ここで繰り返すことはしない。

四　妬毒の戒め

ところで『行化伝』所収の怨霊譚に共通するモチーフは、後妻打ちを引き起こす激しい嫉妬の発動を戒め、称名念仏の功力による救済を説くことにある。そうした目的に合わせて原拠の大幅な追補が行われた形跡を巻三の一「亡妻ノ死霊得脱ノ事」を例に検証してみたい。

堂上侍の夫に去られて狂死した女の屍が、朽ちることもなく妖異を引き起こす。除災のために陰陽師を頼むが効きめがない。困り果てて百万遍の幡随意上人を訪れ、念仏回向のすえに女の怨念より逃れることができる。

筋の運びをみるかぎり、巻三の一が『今昔物語集』の屍に乗る男の話に拠ることは間違いない。近世に流布した井沢蟠龍編の絵入刊本『考訂今昔物語』（前篇享保五年・一七二〇刊）では、巻二の六に「人妻成二悪霊一除二其害一陰陽師語」の題で、陰陽師の教えにしたがい妻の遺骸に馬乗りになり危難をまぬがれた男の恐怖体験が載る。小泉八雲の『影』（一九〇〇）に「死者にまたがる男」（原題“The Corpse-Rider”）として英訳された古典怪談の名作である。

さて、大筋では原話の描く陰陽師の活躍を幡随意の法力譚に読み換えたところに『行化伝』が成り立つと考えてよい。ただし、編者喚誉の作意は単なる古典の借用にとどまらず、嫉妬を女人罪障のきわみと捉えて仏法への帰依を勧める唱導の論理を忘れていない。すなわち冒頭に、離縁の原因が女の尋常ではない悋気にあることを長々と述べ、嫌気のさした夫が後妻を娶って子をなしたことを霊異の引きがねとする。こころみに『行化伝』の書き出し部分を『考訂今昔物語』に対置してみると、女の妬毒の凄まじさが新たに加筆され、そのため導入部が原話の倍以上の分量に増えているのが分かる。

『考訂今昔物語』巻二の六

今はむかし、ある者、年ごろの妻をさりはなれけり。妻ふかく怨《うらみ》をなして、なげきかなしみけるほどに、そのおもいのつもりて、病《やまひ》つきて久しくなやみて死《し》しけり。其女は父母もしたしきものもなかりければ、死骸をとりかくしすつることもなく、家のうちに有けり。いかなる故にや、其かばね、肉も髪もおちずして、常《つね》にかはらざりけり。

『行化伝』巻三の一

或ル堂上ノ青侍ノ妻、世ノ人ニ勝《スク》レテ嫉妬深ク、下女ニ至ルマテ、人並ナレハ追出《ヲヒイタ》シ、五体不具ナレハ召使《メシツカ》ヒケリ。仮初《カリソメ》ニモ男女ノ睦《ムツマ》シキ物語リナト聞《キイ》テハ、他所ノ事マテ瞋《イカ》リ謗《ソシ》リ腹立テ、食事モ更《サラ》ニ口ニ入ラス。何《イカ》ニ況ヤ我夫《ツマ》ニ悋気スル事、言語ノ及フ所ニ非《アラ》ス。適《タマ》々他ノ女ニ言葉ヲカクレハ、恨《ウラ》ミテ悪口シ泣悲《ナキカナシ》ム。女猫《メネコ》ト云ヘトモ、近寄ル事有レハ恨ミ恚《イカ》ル。若シ夫、他ニ行テ夜入レハ、朋友一家ノ差別《シヤヘツ》ナク、走リテ悪口シ、恥《ハシ》シム故ニ、諸人トモニ悪《ニク》ミ嫌ヒ、此事ヲ評シケレハ、夫モ今ハ飽《アキ》ハテ、色々トコシラヘテ去リニケリ。女、去ラレテ後《ノチ》、兼《カネ》テ皆人ニ忌ミ嫌ハレシ女ナレハ、誰ヲ便リトスルモノモナク、春日通《トヲリ》ニ一間ヲ借リ、詫シク住居《スマイ》ケリ。夫ハ又、異《コト》女ノ色好キヲ迎ヘ、睦《ムツマ》シク契リテ、一男子ヲ産シケリ。

『行化伝』では、このあと先妻の家の前を子供を連れた後妻が通る場面へと続く。事態を知った女は、夫の仕打ちに顔色を変え、「悋気嫉妬ハ女ノ習《ナラ》ヒ、夫ヲ大切ニ思フヨリ発《ヲコ》ルモノヲ、我ヲ棄テ外《ホカ》ノ女ヲ愛スル事ノ口惜シヤ。此ノ怨ミ思ヒシラセン」と声を震わせ、そのまま家を出て舟岡山に籠もり、水食を断って憤死する。

後半に描かれた〈朽ちぬ屍〉の物語については、『考訂今昔物語』とさして変わらない。一方で、怨み死にした女の人並み以上の妬毒をくどい程に繰り返す『行化伝』の記述は、きわめて意図的といわなければならない。

引用部分の「下女ニ至ルマテ」以下は、直接には浅井了意『伽婢子』巻十の二「妬婦水神となる」に拠る行文であるが、『行化伝』の主題に照らしていえば、暮らしの防げとなる程の妬婦の業障をいかにして救済するか、にこの話の眼目がある点は動かしがたい。すなわち、世俗の「女ノ習ヒ」である嫉む心根が、かくもおぞましい屍の妖異をひき起こすことに目をみはり、死骸の背に浄水を以て名号を書き付ける呪法の効験により、妬毒の淵に沈む亡者を救う結末を用意する。『伽婢子』の援用は妬婦の得脱を導き出すための方便であり、念仏回向こそが濁世の妄執を消し去る唯一無二の道であると結語するところに、『今昔物語集』のエッセンスに依拠しながらも、浄土高僧伝への百八十度の方向転換を試みた勧化本編者の作意が判然となるのである。

なお、女性の嫉妬を戒める通俗教訓のたぐいは、仏書のみならず『婦人養草』（元禄二年・一六八九刊）などの民間倫理書にも散見する。[4] 近世庶民の世活圏に根をはった女訓物の着想とも共鳴しながら、妬毒消滅の比喩因縁として僧坊の後妻打ち説話が生み出されたことも事実であった。

注

1. 堤邦彦『江戸の高僧伝説』（三弥井書店、二〇〇八）第二篇「近世浄土宗の民衆教化」。
2. 『浄土宗全書』所収の寺誌・僧伝には妬心を抱いて怨霊となった妻妾の救済がしばしばとりあげられている。例えば、「宝暦丙子秋」の識語をもつ『紀小倉光恩寺開祖信誉上人伝』の次の話はその典型である。
　国府村人某婦死而新娶。新婦疾、巫曰亡婦為レ祟也。其夫請二上人一、以帰上人為授二十念一即日得レ起。
また、天保三年（一八三二）写の『仏定和尚行業記』は次の霊験を引いている。
　洛に丸屋徳兵衛といふものあり。その妻嫉妬の情ふかく、命終の後鼬となりて、その女の聟に託して家内をなやませしか、師十念をさづけ、且勧誡回向せられしかば、その怨霊たちどころにはなれて、病人本ぶくしければ、皆々日課念仏を誓約して、願生浄土の人となりけるとなん。
3. 堤邦彦『絵伝と縁起の近世僧坊文芸―聖なる俗伝』（森話社、二〇一七）Ⅱ第一「勧化本と絵解き」。
4. 例えば『婦人養草』巻三の三「嫉妬する女の夫の足に綱つけし事」、巻四の二「嫉妬する女絵を見て怨をわする、事」など。

Ⅳ 「人ごころ」の闇——西鶴と浮世の怪異

一 屋敷の奥

江戸時代人の生活感をあらわす文芸表現のひとつに雑俳の世界がある。近世風の後妻打《うわなりう》ちを描いた作例に着目することから始めてみたい。

奥様の　爪紅《つまべに》残る　下女が股　（『若みどり』元禄四年・一六九一）

不角選の雑俳集にみえる右の句[1]は、前句の「移り香こぼす袖のほころび」を主人の匂いの残る下女の袖と解釈して、二人の秘め事に気付き嫉妬に狂った奥方の淫虐な折檻へと話の連想を広げている。太ももに食い込む紅色の爪の痕から、情痴の結末が生々しく暴かれていく。屋敷の奥によどむ恋のゆくえと、奥方の恨みの深淵に目を見張る市井の人々の視線がうかがえる句作といえるだろう。

大名屋敷に仕える下女や、大店の女奉公人といった身分の女たちが、奥方の悋気に晒される風景は、後妻打ち習俗の遺伝子を受け継ぐ江戸怪談の諸作に散見するモチーフであるが、同時に本妻の嫉み心の発動を語る幽霊話の源流をたどると、早くも近世初頭の唱導説話に、女人の罪業を戒める例話として取り上げられていることが分かる。

序文に鈴木正三（一五七九〜一六五五）の収集した説話の筆録であるとする片仮名本『因果物語』（寛文元年・一六六一刊）の上巻五「妬深女、死シテ男ヲ取殺スコト」の第一話はその典型である。

それは越後の国大沼郡の代官を勤める吉田作兵衛の家中に起きた出来事である。作兵衛は国元の善光寺村に妻を残してひとり大沼に赴任していた。ある時、奥方の身の回りの世話をしていた下女が姿を消す。じつはこの女は作兵衛の思い者であり、密かに大沼に呼び寄せられたのである。思いもよらない真実を知った奥方は、懊悩のあまりに重い病の床についてしまう。心配して見舞いに訪れた家臣の武兵衛に向かい、「大沼ノ手掛ヲ殺シテ首ヲ持来リ、自ラ存命ノ内ニ一目見セテ給ヘカシ」という空恐ろしい頼みを口にする。奥方の心の内を察した武兵衛は、大沼に走り妾を殺して首級を持ち帰る。病婦の喜びは尋常ではなかった。

女房、可波《カハ》ト起上《オキアガ》リ、居長高《イダケダカ》ニ成テ大《ヲヽイ》ニ悦ビ、ニッコト咲《ワラヒ》テ、扨々嬉ヤ有難ヤ、我等頃《ヒゴロ》、如何斗《イカバカリ》カ瞋恚《シンイ》ヲ燃《モヤシ》、遺瀬《ヤルセ》ナク苦ニ沈《シズミ》シニ、其方《ソノハウ》ノ影ニテ、今コソ妄執解《モウシウトケ》テ心晴《ハレ》ヤカニ成タリ。

しかし、穏やかな笑顔もそこまで、であった。足元に転がる生首を引き寄せて喰らいつき、髪を引きむしる姿は、もはやこの世の者でない。さすがの武兵衛も「夫ハ余ニ浅マシキ御事也」と首を奪い取りどこかへ捨てた。時を待たずして奥方の様態が悪化し、次第に衰えて身まかった。それからというもの、死者の妄執が屋敷に取り憑き、昼夜を問わず脅かす。さまざまな弔いを行ない、宿替えもしてみたが祟りは止むことなく、ついに作兵衛は煩い付き、ほどなくこの世を去った。末尾に「其子、今越前ニアリ、越後ニテ陰《カクレ》ナキコト也」と付記して出所正しい因縁であることをことわる。

かつて徳川家の家臣として戦場を駆け回った経験を持つ正三の著述には、戦国武士の面影が見え隠れする。下女の生首に喰らい付く奥方の狂態も、どこか戦国の世の粗削りな直情と暴力の香気がただよう。

一方、片仮名本『因果物語』が刊本となって実際に世にでた寛文期（一六六一～一六七三）は、「元和偃武《げんなえんぶ》」以来の太平の世を迎え、法と秩序のもとに安定した日常を送る町人層の営みが三都に横溢していた。奥方と下女の血みどろの闘諍も、力任せの粗暴な制裁から、隠微な心の憎しみに置き換えられていく。陽の当たる暴力の様相はすでに過去の遺物と化していた。そのような世相の中で、十七世紀後半の浮世草子の時代が到来する。奥方の底知れない妬心が隠喩に充ちた怪談の世界を歩み出すようになるのは、まさしく時代の趨勢と言えようか。井原西鶴（一六四二～一六九三）の作品に、そのありようを読み解いてみよう。

二　「人はばけもの」

貞享二年（一六八五）に刊行された『西鶴諸国はなし』序文の末尾にみえる「人はばけもの、世にない物はなし」との文言は、西鶴の怪異観を考える際に避けて通れない一節である。示唆に充ちた表現ゆえに、今日に至るまで西鶴研究者の関心を集めてきた。

序文は、冒頭に「世間の広き事、国々を見めぐりて、はなしの種をもとめぬ」と起筆して、熊野の山奥に棲息する「湯の中にひれふる魚」以下、各地方の不思議な伝承や珍物を列挙していく。それだけのことであれば、同時代の奇談雑筆に比べてさほど珍しくはないのだが、問題は物尽くしの最後に添えられた都の嵯峨に出没する「四十一まで大振袖の女」の登場にある。小学館「日本古典文学全集」版の頭注によると、当時、都のはずれの愛宕山の宿屋に年をとっても娘の格好の客引き女がいたという。そうした噂によるものであろうか。いずれにしても、いわくありげな大振袖の女に続けて「人はばけもの」云々の結句が導き出される序文のコンテクストは、人の暮らしから遠く離れた山野の妖怪変化に言い及ぶ当代の怪異蒐集の常套とは異質な趣を露わにするといってよいだろう。例えば元禄二年（一六八九）刊の『本朝故事因縁集』のような類書の記述に比べてみれば、そのことは歴然としている。身近な大振袖の女の風聞を並べおくことにより、「ばけもの」の内実はにわかに現実味を帯びてくるのである。序文の「人はばけもの、世にない物はなし」をめぐり、有働裕は「どこにでも有りがちな現実の様相」に「ばけもの」を見出だす西鶴の視線を読み取り、森田雅也は「日常にある怪奇」の発見に言及している。[2]これらの先行研究を踏まえて人間に内在する「ばけもの」性への着目が西鶴の怪異観の根底にあるとした飯倉洋一の考究[3]もまた、基本的には同じ観点に立脚するものであろう。

ところで、飯倉論文が西鶴作品より抽出した「ばけもの」「化物」の用例の中で特に興味を惹くのは、『好色五人女』（貞享三年・一六八六刊）巻一の三「太鼓による獅子舞」の冒頭である。これ見よがしに着飾って花見に出かける女たちの世態をつづった以下の叙述に着目してみたい。

> 尾上の桜咲きて、人の妻のやうす自慢、色ある娘は母の親ひけらかして、花は見ずに見られに行は今の世の人心なり。莬角《とかく》女は化物、姫路の於佐賀部《をさかへ》狐《ぎつね》もかへって眉毛よまるべし。

「女は化物」とは、化粧や衣装でいかようにも容色を変えることを謂うこの時代の諺であるが、一方、全体の流れを通してみれば、美形自慢の人妻や、遊山客に娘を見せびらかす母親にフォーカスしながら、「今の世の人心」の思いもよらない有り様に、妖狐にもまさる「ばけもの」性を見出だしているのが分かる。言を換えていうなら、西鶴一流の怪異とは、「世の人心」より生み出されるものと理解してよいだろう。化物の意味内容が、西鶴本に頻出する「世の人心」と同義である点は見逃せない。

西鶴作品を貫く原理的なテーマに世間の人々の心の在り方（「人心」）の探求を見出す視点は、すでに多くの研究者の指摘するところである[4]。天和二年（一六八二）刊『好色一代男』の跋文で水田西吟が「人のこゝろ」をくみあげた作風と評し、また西鶴自身の遺稿作『西鶴織留』の副題を「世の人心」とするなど、「人心」は西鶴本の中心部分に位置付けられるキーワードであった。移ろいやすく計り知れない市井の人情と人間行動に向けられた「人はばけもの」の観察眼は、西鶴の怪異認識をものがたるものと考えられている。西鶴本において、刻々と転変し、思いもよらない結果をもたらす世の人心は、それ自体が「ばけもの」に他ならない、のである。

人ごころの深い水底を覗くとは、具体的にどういうことか。『好色一代女』（貞享三年・一六八六刊）の一章は、人間とりわけ女房の心の内奥をめぐる西鶴の怪異観をよく示している。奥方の内に秘めた憎悪が露わとなる物語の細部に分け入ってみよう。

三　木偶《ひとがた》を嬲《なぶ》る女たち

『好色一代女』巻三の二「妖孽寛濶女《わざわひのかんかつおんな》」は、主人公の「一代女」が奉公にあがった大名屋敷を舞台として、徒然の慰みのつもりで始めた「悋気講」が引き起こす木偶人形の妖異を描く。この時代、巷に言うところの悋気講とは、人妻が集まり亭主や愛人の悪口を並べ立てて鬱憤を晴らす女同士の講サークルのことであった。

さて、『好色一代女』巻三の二は、側室の存在をもの憂く思う奥方の気分を晴らそうと、葛井の局なる古株の奥女中が進み出て、「こよひも亦、長蝋燭の立ち切るまで悋気講あれよかし」と提案する。女中頭の下知で、三十四、五人の下働きの女たちが屋敷の一間に集められ、代わる代わる恋の恨みの体験を語り、座興に用意した美女の人形を小突きまわして嬲りものにする宴が始まった。やがて本作の狂言回しである「一代女」の番になったので、おもむろに人形を押し倒して馬乗りになり、情婦の分際で本妻を差し置くとは「おのれたゞ置くやつにあらず」と眼光するどく罵詈雑言を浴びせかける。傍らでこの様子をご覧になっていた奥方は、常日頃の悔しさを代弁してくれたことに狂喜し、皆で人形を痛めつけるに至った真相を告白する。国元より連れ来った美形の側室に明け暮れ泥む殿様を前にして、言いたくとも言葉にできない我が身の苦しさから「せめては、それめが形を作らせて、このごとくさいなむ」のだという。不思議なことに、奥方の言葉の終わらぬうちに、命の無いはずの木偶が人のように動き出す。

不思議や人形眼をひらき、左右の手をさしのべ、坐中を見まはし、立ちあがりぬる気色、見とがめる人もなく、踏み所さだめずにげさりしに、御前さまの上がへのつまの取りつきしを、やう〳〵に引きわけ、何の事もなかりし。

逃げまどう女中たちを尻目に、側室に瓜二つの人形は、奥方の着物の裾に取り付き放そうとしない。ようやく引きわけてその場を収めたが、それからというもの、奥方は精神を病んで所かまわず口走る始末であった。皆々「人形の一念にもあるやらん」と囁き、執心の障りを怖れて、これを屋敷の隅で密かに焼き払い、残骸は土中に埋めた。そののち「人形塚」より女の喚く声がするとの噂が立った。家中の災厄を知った殿は、このままでは側室の命が危ういと、すぐに国元に帰した。

以上のストーリーが『源氏物語』「若菜巻」を下敷きに創案されたものであることは、長谷あゆすの詳細な分析によって証されている。[5] 奥方の悋気は女三宮に対する紫上の嫉妬に想を得ており、また側室に似せた人形というのは、雛人形に興じる紫上の描写から出たものという。全般に『好色一代女』巻三の二が『源氏物語』の翻案であることは、間違いないだろう。

もっとも、西鶴小説の特筆すべき点は、人形の怪異が引き起こされた原因そのものにある。西鶴の他の作品、例えば『西鶴諸国はなし』巻四の一には古狸が浄瑠璃小屋の木偶に化ける奇談もみえるものの、『好色一代女』のそれは、かような妖怪話とものごとの本質を異にしている。すなわち「一代女」が目の当たりにした人形の怪は、狐狸の類の仕業ではなく、女たちの心内に潜む嫉妬の念を源泉とするからだ。とりわけ側室への憎悪と殿のつれなさを嘆く奥方の呻吟は、大名屋敷を震撼させた怪異の真因にほかならない。〈人形嬲り〉の座興は、やがて悪意の暴発を引き起こし、凝り固まった女の一念が木偶の祟りに連鎖していく。

話のパーツは確かに『源氏物語』に依拠しているのであるが、悋気講に象徴される本作の主題は、平安の物語とほど遠いところにある。『源氏物語』の「若菜巻」に散在する原拠のモチーフを拾い集めて女たちの愛憎の物語に統合し、怪異の元凶に一点集中させた西鶴本のオリジナリティは明白である。少なくとも紫上が雛人形をめでる『源氏物語』の優雅な場面（紅葉賀、若菜）と、女たちの悪意を具象化した動く生き人形の気味悪さの間には、作品の本質にかかわる落差が見て取れる。人形の愛玩が憎しみの木偶に転換する点にこそ、西鶴作品の特質を見るべきではないか。『源氏物語』「若菜巻」はここに至り、様相の異なる浮世の怪異に変貌することになる。

長谷あゆすの精緻な典拠考証によって王朝古典の雅の物語を俗世の悋気話に読み直す西鶴の趣向が白日の下に晒されたことは動かしがたい。長谷論文の作品分析に賛意を表しながらも、同時に典拠論のその先が気になる。典拠はあくまでも素材に過ぎない。表現されたものに対して深化を進めていくと、そこに何が見えてくるのであろうか。

むしろ注視しておきたいのは、屋敷の女たちの内面に棲みついた悋気の闇と、それを徹底して浮かび上がらせた西鶴の主題にあるのではないか。人妖の魔境を覗き見る作者のまなざしは「人はばけもの」の人間観察と共鳴するものに違いない。ちょっとしたきっかけで日常に沈殿する女の修羅を発動させてしまう人ごころの妖態なくして、西鶴本の怪異は成立しないといってよいだろう。むろん古典の俳諧化といった西鶴作品のテクニカルな側面は無視できない。だが、江戸怪談史の潮流に引き比べてことの全容を鳥瞰するとき、人ごころと怪異の結絡は格別の意味を持つことになる。

木偶の変事ののち、殿も「女はおそろしくおぼしめされ」、二度と奥方の閨房を訪れることがなかった、とある。西鶴の描く怪異の本源は、抑えられない悋気の漆黒にあった。「人形塚」は妬毒の沼に沈んだ奥方の因縁をものがたる妖跡にほかならない。本章の末尾に「さら〱せまじき物は悋気、これ女のたしなむべきひとつなり」とある結びの一節もまた、仮名草子風の女訓表現のようでいて、真の狙いは人ごころに巣くう悪念が招く浮世の怪異と、そのことに瞠目してみせる文芸世界の構築であった。

かくして一代女は屋敷奉公に嫌気がさし、「出家にもなる程のおもひ」で上方に帰っていった。女人の罪障を目のあたりにした者の遁世をつづる中世の仏教説話に比して言えば、それはまさしく心の魔界に足を踏み入れてしまった女の「その場からの逃亡」にほかならない。一代女には、尼になるような悟道は用意されないのである。作品に顕現する宗教性の後退は、むしろ人間理解の本質部分の発見に連なるのではないか。浮世の恋に懊悩する人間の内奥は怪異そのものである。そのことに気付いた近世小説の作者により、新たな怪談文芸の世界が紡ぎ出される。西鶴の登場は怪異の風景を一変させたといってよい。

西鶴から百年ほどのちに登場する巷説系怪談、例えば第一章Ⅴに取り上げた『耳嚢《みみぶくろ》』のような都市型奇談集の水源地が西鶴の人ごころ理解に萌すといった鳥瞰図は、十分に想像可能な範囲にある。

注

1. 日本古典文学全集『黄表紙・川柳・狂歌』（小学館、一九七一）二五六頁。
2. 有働裕『西鶴　はなしの想像力』（翰林書房、一九九八）第七章1、森田雅也「『西鶴諸国はなし』の余白《マルジュ》―その序文からの読みをめぐって―」（『日本文芸研究』一九九九・三）。
3. 飯倉洋一「人はばけもの―『西鶴諸国はなし』の発想」（国文学解釈と鑑賞別冊『西鶴　挑発するテキスト』至文堂、二〇〇五）。
4. 谷脇理史「西鶴の思想（物の見方考え方）」（『西鶴事典』おうふう、一九九六、五四～五五頁）は西鶴の「人の心への認識」について、研究史に沿って概説する。
5. 長谷あゆす「「妖孽寛濶女」典拠考―『好色一代女』と『源氏物語』」（関西大学国文学会『国文学』二〇一八・三）。

第五章　演じられた怪異——女霊の姿かたち

I　古浄瑠璃の女人蛇体

一　はじめに

幕末の浮世絵師・月岡芳年（一八三九～九二）の『新形三十六怪撰』（明治二十二～二十五年・一八八九～一八九二）は、前近代の怪異談の名場面に材を得た幻妖な説話画である。その第四十二「四ツ谷怪談」（図1）はタイトルからわかるように、鶴屋南北の『東海道四谷怪談』（文政八年・一八二五初演）を原拠とする。ただし、そこには歌舞伎の舞台で知られる醜怪な産女《うぶめ》姿の「お岩」とは異なり、我が子を抱くおだやかな母子像が描き出されている。

一方、幸せな時空を点描したかのような印象を与えるこの絵の本当の恐ろしさは、眠る母子の頭上で鎌首をもたげる「女の帯」と、帯がものがたる「蛇」のシンボリズムにある。これこそは無残な最期をとげたお岩の怨念を凝縮させた象徴物にほかならない。

もっとも、芳年の筆の妙味にこれ以上深入りするのは本稿の目的ではない。むしろ着眼したいのは、滾《たぎ》る妄執をあらわす「蛇帯」の隠喩[1]が浮世絵の享受者である一般民衆の側に自明のこととして理解された状況そのものにある。「蛇」を凝り固まった怨魂と偏愛のシンボルとみなす通念が醸成されて、人々の間にあまねく浸潤していた事実の重みといってもよいだろう、

たしかに女の愛着と妄執を蛇体の厭相にからめて説くことじたいは、近世特有の事柄ではない。例えば道成寺縁起の生成、展開をみれば〈女と蛇〉の息の長い説話伝承史が思い浮かぶ。

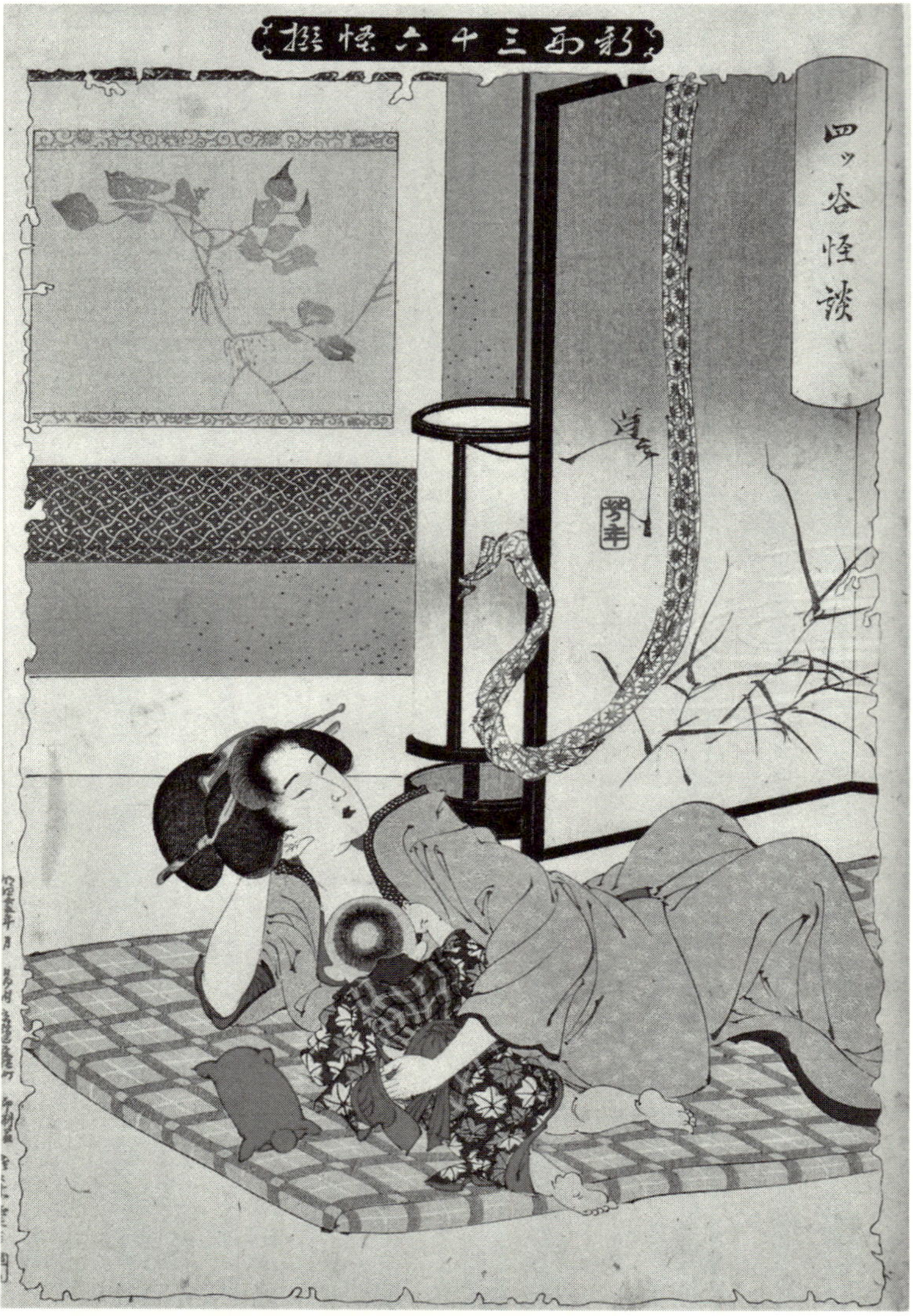

図 1　『新形三十六怪撰』第 42「四ッ谷怪談」（安城市歴史博物館）

だが、恋の執着にとらわれた女の内面を蛇の姿態になぞらえる表現が、僧坊の外縁に広く拡散し、民間に根付くようになるのは、江戸の庶民文化の時代を待たなくてはならない。仏教説話や寺院縁起の成立段階と、一般の人々をとりまく日常生活への定着は、明らかにものごとのレベルと本質を違えている。

そもそも女人蛇体の表象の滲透を可能にした時代の要因とは何か。この点をめぐり筆者は、仏教唱導の大衆化現象との関わりから、近世勧化本や高僧絵伝の事例を研究してきた。[2] また怪異小説の素材に編み込まれた蛇体の意味を取りあげたこともあった。[3] いずれも見逃すことのできない説話史の重要局面であるが、一方で大衆との距離の近さという観点からいま一度顧みておかなければならないのは、近世の演劇に潤色された女人蛇体の趣向・演出と意味付けではないか。

ことに十七世紀の古浄瑠璃には、恋の葛藤の末に蛇となり鬼となる妬婦の物語が、目に見える形に具象化され、「からくり」の技法を駆使した人形芝居に世間の関心が集まった。ここに至り、仏法布宣を目的とした女人蛇体の宗教概念は、即物的な形をともない、芝居見物の娯楽欲求を満たしながら、腑に落ちる隠喩へと変遷していったのである。以下、ここでは、「女」と「蛇」を交絡させる江戸時代人の理解の淵源を求めて、古浄瑠璃に立ちあらわれる〈妬む女、祟る女〉の蛇身を、芸態の視座から追尾してみたい。

二　后諍《きさきあらそい》物の諸相と人面蛇身

十七世紀の後半は浄瑠璃史に新たな動きがもたらされた時代であった。明暦・万治（一六五五〜六一）の江戸を中心に隆盛した武勇一辺倒の金平浄瑠璃も寛文五、六年（一六六五、六）には下火となり、[4] かわって霊験譚や高僧一代記とともに王朝物語、謡曲の世界を脚色した古典志向の強い作品群が登場する。[5]

なかでも『栄花物語』『源氏物語』等に擬《なぞら》えて女房たちの恋の葛藤と怨霊の祟禍を描く「后諍物《きさきあらそいもの》」（後妻打物）は、嫉妬に狂う女霊の蛇身を見せ場とした。最も早い時期の作である井上播磨掾の『花山院后諍』（延宝元年・一六七三刊）は「藤壺怨霊の場」に当たりをとっている。本作によって人形芝居の作風が一変したことについて、古浄瑠璃研究の先駆者・若月保治の指摘がそなわる。[6] 延宝年間（一六七三～八一）に入ると、単純な筋立ての金平浄瑠璃に飽きた芝居見物のなかに、新風を求める気運が日増しに高まっていく。ことに江戸と気風の異なる上方の民衆は、情味に欠ける荒々しい金平物に最初から物足りなさを感じていた。若月はいう。

此時に現れたのが播磨掾の正本『花山院后諍』であった。そこには今迄殆ど見られなかった嫉妬や怨霊の情趣もある（中略）興味の中心と作者の狙とは、寧ろ嫉妬と怨霊におかれてゐて、構想も著しく複雑となり、文章も比較にならぬまで優秀となり、長さに於ても今迄に其例を見ないものとなった。

延宝から元禄末（一六七三～一七〇四）にいたる三十年間は、〈女霊の時代〉と呼ぶにふさわしい怪談文芸の転換期でもあった。古浄瑠璃にみる怨霊物の人気は、歌舞伎の女方芸として発達した「怨霊事」「嫉妬事」（悋気事）に通底する芸態であり、この時代の演劇界全般において女霊の創り方に深化が見受けられる点は、近世芸能史のきわだつ傾向を示している。

さらにまた怪異小説の諸作に目を転ずれば、後妻打ちを基調とした怪異譚が、やはり延宝以後の仮名草子、浮世草子に好んで取り込まれていることに気付かされる。そのひとつ『諸国百物語』（延宝五年・一六七七刊）の後妻打ち怪談の特色については、第四章Ⅱに述べたとおりである。

芝居から小説にいたるまでの、十七世紀後半の大衆文芸の潮流は、江戸が「女霊の時代」となった背景を探り、怪談の生成プロセスを検証するために不可欠の要素であろう。その源流のひとつと見られる古浄瑠璃の后諍物に注目する理由は、まさしくこの点にある。

鳥居フミ子によれば、[7]『花山院后諍』に続く后諍物に宇治加賀掾正本の『殿上之うはなり討』（延宝五年・一六七七刊）、近松門左衛門の歌舞伎狂言『藤壺の怨霊』（同年、京都・都万大夫座）、江戸版の『きさきあらそひ』（貞享四年・一六八七刊）があり、土佐浄瑠璃の『源氏花鳥大全』（元禄〜宝永初年）もこの系統という。いずれも藤壺の怨霊が蛇身に変ずる趣向を見せ場としており、観客の目を驚かす演出に工夫を凝らしている。

『花山院后諍』第三において、弘徽殿女御に対する悋気の振るまいに怒った花山院は、藤壺を里に送り帰す。獄舎につながれた藤壺は「あら口おしやむねんや」と叫喚し、牢の格子に取り付き身もだえる。やがて激しい妄執のため、女は我が身を蛇体に変えていく。

しかる所にふぢつぼがまふねん、じゃしんと成、そばなるびやうぶにうつりつゝ、せうげをなすこそおそろしけれ。扨其後にふぢつぼのおんりやう、いとなまめいたるあを女ばうとあらわれ、そのさまけしからぬふぜいにて、つまどのわきにすご〳〵とたゝずみ給ふ。

蛇は屏風にからみつき、さらに青女房と転じて障碍をなす。図2にみえる蛇身の屏風渡りは、元禄歌舞伎の軽業芸にあい通じるケレン味あふれる演出とみてよかろう。

加賀掾正本の『殿上之うはなり討』第三にも蛇身化現の場面が描かれており、それらが后諍物に欠かせない見せ場であったことがうかがえる。

ただし正本の挿絵（図3）は三ツ鱗紋様の装束に打ち杖をたずさえた鬼女の姿をあらわしており、謡曲「葵の

図２　『花山院后諍』（古浄瑠璃正本集）

図４　『同』第三段（同）

図３　『殿上之うはなり討』第三段（同）

上」「鉄輪」などの、「般若出立」を模した怨霊表現と思われる。一方、晴明の祈禱により藤壺の怨霊が鎮まる正本第四の図様（図4）は、生角乱髪の蛇婦を描出しており、謡曲由来の般若の姿から、怪異小説に散見する当代的な女人蛇体の定型図様に移り行くプロセスが想察される。

加賀掾作品に顕著な謡曲の影響に関しては、すでに委曲がつくされている[8]。題材から詞章にいたるまで、この期の古浄瑠璃には謡曲に材を得た作劇法が目立つ。そのなかにあって、古い般若出立の様式を同時代の女霊の姿かたちに読み換える工夫が試みられた点は注視してよいだろう。

一方、女と蛇をめぐる古浄瑠璃の表象は、延宝期の諸作に〈人面蛇体〉の仕掛けを導入するようになる。

図５　『大日本神道秘密之巻』（同）

延宝三年（一六七五）の『大日本神道秘密之巻』は竹本義太夫（一六五一～一七一四）の初期作品で、神武天皇の大和平定を題材とする。その第四において、悪人「しらぬし」の刃に倒れた「やすらひめ」の亡魂は、恋い慕う彦照親王の命を救うため、蛇身となって敵の剣を巻く。その部分の詞章は「やすらひめの一ねん、かしらは有しすがたにて、しもはじやしんとあらはれ」とあるように、人面蛇体の新趣向を用いている。正本挿絵（図５）をみると、蛇の胴体に生前の姫の頭をのせた人形の造形がみてとれる。

同様の表現は延宝七年（一六七九）の山本角太夫正本『初庚申楽遊《はつこうしんらくあそび》』にも見出される。紀貫之の一子・勝久は唐橋姫と恋に落ちる。二人の中を裂こうとする佞人・ひろ介に害された姫の一念が、宇治川の水をくぐって蛇身となり、ひろ介を襲う。宇治の橋姫の前生を語る本作においては、両角を生じた乱髪の女霊が首から下を長蛇に変化させて虚空を舞い飛ぶ大がかりな仕掛けが、観客の目を驚かせている（図６）。正本の詞章は闘諍のありさまを次のように叙す。

ひろすけおどろき、引はなさんとする所をいかではなちはやるべきかと、いふよりはやくひつつかみ、一念のとくしやと成、こくうをさしてそまひあがる、つらゆき是を御らんして、すは八まんと、たちひんぬいてとんでかゝる。大じやいよ〳〵いかりをなし、其かしらたちまち五間ばかりぬけ出、つらゆきにとんでかゝる。

謡曲の静的で幽玄な世界に比べ、はるかに大衆好みの活劇娯楽を志向した延宝期の芝居小屋の雰囲気が想像できる。

人面蛇体の演出を流行らせた背景には、十七世紀後半の浄瑠璃界を支えた「からくり」技術の発達も大いに関係していた。延宝〜元禄の操芝居が機巧師や物真似を用いた娯楽本位の興業に移行し、「水からくり」「大からくり」の派手な仕掛けを重んじたことは、すでに研究者により証されている[9]。

例えば能の「葵の上」を潤色した加賀掾の『あふひのうへ』（貞享三〜元禄三年・一六八六〜一六九〇の間）におい

図６『初庚申楽遊』（同）

て、貴船神社に丑の刻参りを試みた六条御息所は社殿の前の橋が落とされているのを見て愕然となる。呪詛を嫌う社人の仕業と知り、御息所は大木を伝う「大からくりにてむかふへわたる」（図７の画中詞）といった挙に出るのであった。古浄瑠璃の作者は、〈女の日常〉を超える力を舞台上に具象化する方法を心得ていた。からくりは、そのための最も有効な手段にほかならない。人ならざる姿態がアクロバティックな演出により見物の眼前に現出する。十七世紀に江戸で流行した土佐浄瑠璃の妖怪変化物の特色に触れて、鳥居フミ子は次のように指摘する。[10]

図７『あふひのうへ』（同）

> 土佐浄瑠璃の鬼神退治ものでは、鬼神退治の場面は、神仏の霊験の出現によって、からくり応用の華やかな見せ場となったと思われる。（中略）鬼神退治や怨霊事はからくり演出が利用されて観客の目を驚かす場面を現出する。そのスペクタクル的場面を縫うように、荒事の場面が人形の所作を伴って観客の耳を楽しませる。

歌舞伎の怨霊事が追求したケレン味あふれる軽業利用の作劇法[11]とも連動しながら、操芝居は浄瑠璃特有の人形遣いの技術に磨きをかけ、からくりを駆使して、蛇となり宙を舞う幻妖な女霊の姿かたちに明確な目鼻立ちを与えた。近世演劇のこうした潮流が、祟る妬婦を意味する「人面蛇体」の定型化をもたらし、観念としてではなく、生きて働く目の前のカタチへと変えていった。古浄瑠璃の所作が、女と蛇をめぐる江戸時代人の怪異観の醸成に果たした役割は、存外に大きいと言えるだろう。

三　心内と外貌

大木にしがみ付き貴船川を渡る大からくりの趣向は、加賀掾の『吉田兼好物語』(一名『つれ〳〵草』、延宝九年＝天和元年・一六八一)にも応用されている。本作は近松門左衛門作の『蝉丸』、『兼好法師物見車』等に影響を与えたことで知られる[12]。

そうした演劇史の位置付けとは別に、作品そのものの新しさは、女主人公自身が、蛇になる程の嫉妬心を一人称で切々と語る詞章の情趣にある。そこには従来の古浄瑠璃と一線を画する怪異文芸の香気さえ漂う。

兼好に言い寄った科で、女主の「菅の宮」に追放された「侍従」は深い恨みを抱き、貴船神社への呪詛をくわだてる。橋のない川を枯れ木の枝を伝って渡り、境内の鳥居に針を打つと血が流れ出て川面を紅に染める。帰路、やはり枯れ木づたいに向こう岸を目指すが、川の半ばで枝が折れ、侍従は深淵に落下する。即座に鳥居よりうめき声が漏れ、大地が鳴動し雷電がとどろく。驚いた社人が水底を覗くと、蛇身の女が現れ出て紅の舌を垂れ、「むねんやはら立や、思ふおとこをいたずらに、よその花となしけるか、あらねたましや」と飛び上がり、鳥居にぐるりと巻き付く(図8)。苦しげにつく火炎の息に包まれ、やがて女霊は何処かに消え去る。本作の第二段は大からくりの蛇身出現の場が中心となっている。

なお、鳥居を巻く蛇身の趣向に関して付言するなら、同様の場面が竹本義太夫『祝言記』(元禄六年・一六九三以前)にも見出される。この作品では、暗夜の琵琶湖を泳ぎ渡る娘の怨霊譚が一話の中心となっている[13]。

さて、からくりの趣向とともにこの作品を特徴付けるいまひとつの局面は、嫉妬の心が侍従の口説を通して繰り返される独白表現にある。それは、内面に渦巻く愛執の念をつづることにより、妖魔化する女の性質を明かす語り口といってもよいだろう。例えば丑の刻詣りのきっかけとなる第二段の前半で、侍従は菅の宮の仕打ちを呪い、恋の嘆きを吐露する。

図８『吉田兼好物語』第三段、天理（同）

じゝうあきれはてしばし御あとをながめ、泪をはら〳〵とながし、くちをしやいかに主従なればとて、わらはが名をたておひ出し、其身の恋をかなへんとは扨なさけなやつれなやな。しよせん此事そうもんしひとつとがにと思へ共、いやまてしばし我恋ぢ、たへなはたへね玉のをの、いとしき人のあたならめと思ふ内にもあくねんのうらみめぐるやをぐるまのうしのときまうでして思ひしらせんはら立やア、、はらたちやねたましや、とこぶしをにぎりはをならし、はつたとにらむまなこよりちの涙をはら〳〵〳〵はら立やとのろひ出る心の中おそろしくもまたふびん也。

怖ろしくもまた不便な女の情に言いおよぶ詞章は、からくり仕立ての派手な蛇身乱舞の光景を導き出すために不可欠な内面描出であった。心奥の恋情と怨嗟を血の涙を流しながら表白してこそ、蛇となり鬼と化す女の怪異は説得力をもつことになる。内面と外貌の分かち難い濃密な関係性に重ねて注視しておきたい。

もっとも、侍従のほとばしる情念が、本作にあって、当代の倫理意識に照らして否定的に捉えられていることもまた事実であった。教訓臭の薄い今日の怪奇小説と同一視できない側面を露わにしているといってよいだろう。むしろそれは、女性教化の道徳律に支配された近世文芸らしい描き方にほかならない。水底の蛇身が登場する貴船川の場は、炎に包まれる醜怪な女霊のありさまに対して、女の偏愛を難ずる教訓の言葉により怪異発動のシーンを結ぶのであった。

女のじやうはみなひがめり。どんよくふかくりにくらく、つたなき女の色にふけるはおろかなり。みずからいましめておそるべくつゝしむべきはたゞ、此まどひ成けると皆かんぜぬ人こそなかりけれ。

理に暗く稚拙な考えより起こる女性の色恋を戒めるかような文脈は、じつのところ近世初期の女訓物仮名草子の常套であった。試みに啓蒙意識の濃い諸作をひもとけば、類型的な言辞に事欠かない。

・すべて女はまことすくなし（略）つゐせうけいはく、みなこれいつはりよりおこりて、たのみがたきは女の心。（寛文元年・一六六一刊『本朝女鑑』巻十一）。
・世のつねの女ごゝろは、すべてよこしまにひがみながら、くちにはつれなく、かみほとけをもときたてまつるほどの事どもいひちらす。（同、巻十二）。
・女は智恵浅くしてこゝろいれ恐ろしきものなり。（延宝九年・一六八一刊『女五経』）。

現代からみれば理解しにくい旧時代の蔑視が江戸庶民の生活倫理に根付いていたことは歴史の事実であった。近世怪異小説において、妻妾の「愚かな」妬心が引き起こす怨霊譚は枚挙にいとまがない。とりわけ後妻打ち型の二人妻説話には、女性の心根に絡めて嫉妬の害毒を指弾する教訓の言説がつきまとう。古浄瑠璃においても、同種の女訓意識が物語を支える基盤となっていた点は、散文と戯曲の差を問わない庶民思想の共通性を意味する。

そもそも近世文芸の創り手も、享受層もおしなべて男性社会を軸として成り立つものであった。そのような社会背景を考慮すれば、文芸に見える女訓の表出は当然の帰結かもしれない。ひとまずここでは、いわば反面教師としての〈妬む女の蛇身〉が江戸怪談の基本的な語り口を形成した点に怪異と倫理の交絡をみておきたい。

なお、恋の妄執にのたうつ蛇身の女を点描するにあたり、古浄瑠璃の詞章表現に「外面如菩薩、内心如夜叉」「千万無量劫」（『あふひのうへ』等）といった通俗仏教語[14]が散在することも傾注を要する。近世の勧化本にあい通じる常套句であるだけに、古浄瑠璃の文辞にみる仏教唱導の影響を論証する糸口が見え隠れする。

四　「心」を見せる演出

心内の執着や妬心を文芸の享受者に分かりやすく伝える方法とは何か。言葉、詩歌、音曲などが重要な要素となることはいうまでもない。他方、一回性を生命とする芝居において、舞台上の視覚効果が重視されたのは当然であろう。三次元芸術である演劇の特性を考えれば、舞台演出の観点は避けて通れない考究対象といえる。そうした観点から、以下にからくり芝居の技術的な側面を考えてみたい。

ことに着目したいのは心内表現の演出である。本来形状をともなわない人の心に、見て分かる「形」を与える

図９『河内通』第三段（同）

仕組みとは、どのような技法であったのか。

　元禄初年の版行とされる加賀掾正本『河内通』は謡曲「井筒」、『伊勢物語』の世界をもとに、在原業平をめぐる井筒姫と白露の二人妻の人間関係を軸に、当節流行の敵討譚に潤色したものである。[15]本作第三段では、武蔵野に下った業平の目の前で白露の生霊と井筒の死霊が恋のさや当てを繰りひろげる（図９上段）。

> 扨腹立や恨めしやと飛かゝれば、つかみ付互に諍ふしんゐのほむらはっともえ立ツ煙にうつり見えつかくれつ、かげろふ稲妻なきかと思へば顕れ出、恨は汝に我君に、恨めしや腹立やと、なきさけべる其こゑのさもすさまじくなる雷のひゞきわたりて雨と成り、前後をばうずる計也。

つかみ合い罵り合う女たちの怨魂は、やがて周りの景色を奈落の様相に変えてしまう。緑豊かな武蔵野が一瞬のうちに峨々たる峰に囲まれた冥府の闇に包まれる。立ち上る炎と生臭い風に、業平は「扨は地獄と心付」き、夢か現か疑いながら二人の女の影を追う。雲間に現れた白装束の井筒、白露は、すでに蛇形を顕しており、黒髪を乱してあい争う（図９下段右）。

扨二人は蛇形と成、飛か丶り飛ちがへ、口より火焔を吐出し巻返し巻もどし、くひ付くひあふ諍ひは、身の毛もよだちておそろし丶。

図9の挿絵右下にみえる両蛇闘諍のありさまは、機巧や糸繰りを積極的に用いる手法により、第三段の夢幻の場をこの世ならざる風景に脚色している。[16] まさに肉体をもたない人形をまわす操芝居にふさわしい異世界の創り方とみてよかろう。

図10　「熊野観心十界曼荼羅」の「両婦地獄」（二妻狂図）（秋田県宝性寺蔵）

もっとも素材面にからめていえば、喰い合う二匹の蛇の構図は、「熊野観心十界曼荼羅」の両婦地獄（二妻狂図、図10）に宗教的ルーツをもつもので、必ずしも作者の独創とはいえない。二道をかけた男が堕ちるとされた両婦地獄の図様は「熊野観心十界曼荼羅」のほぼすべてに載るばかりか、廻獄ものの古浄瑠璃『十界二河白道とうしやくぜんし』（寛文十三年・一六七三、図11）などに冥府の一景として紹介されている。さらに怪異小説の諸作にも両婦地獄の援用による二人妻型の怨霊譚がみえ、『新御伽婢子』（天和三年・一六八三刊）巻三の五などの類例をかぞえる。[17] 世俗によく知られた両婦地獄の図像説話に想を得て『河内通』の夢幻の場が演出されたことは想像にかたくない。言を換えれば、僧坊をルーツとした絵解き説法の女人蛇体は、巷の芝居小屋に取り込まれ、からくり技法の導入により、理解しやすい冥府の物語を民衆の意識に定着させていったわけである。

一方、『河内通』の斬新な演出はこれにとどまらない。夢幻の場の終

図 11　『十界二河白道とうしやくぜんし』（東京大学総合図書館霞亭文庫蔵）

盤、東雲の空とともに白露の生霊は娑婆に立ち帰る。残された業平は天人に案内されて、回向を求める井筒に再びまみえることとなる。地獄に墜ちても「恋敷思ふ念力」が忘れられず、業平の前に姿を現した死霊は、法華経読誦の弔いを切望しながら、霧深い谷のかなたに消えてゆく。不思議なことに、見え隠れする井筒の後ろ姿が「恋と言迷ひの文字」に変化する。呆然とする業平に向かい、天人が口を開く。

いかに業平あれを見よ、しゝても残る執着の恋と言もんじと成、ふかく弔ひ得させよや。

井筒の内なる執着は、女の体を「恋」の文字に変えてしまう。内奥の外部への放出と徹底した視覚化が操りの舞台に上げられ、見物の得心をほしいままにする。仏教の唯識論にみるような「心」の哲学思想は、観衆の視線のなかで、即物的であっても分かりやすい「心」のカタチに転換する。内面と外貌のバランスのよい状態が完了するのである。

もちろん、物理的には「恋」字を象《かたど》るからくり技法が何らかの工夫を用いて効果を発揮したのであろう。操りの実態に即した手順はよく分からないが、正本挿絵（図12）から推察すると、女の頭に「恋」の文字を連結した人形をまわしたのであろうか。画中詞には「いつ、のまへのしうしゃく／文字となる」とある。

作りものの「恋」の文字を舞台上に示す類似の演出は、どうやら寛文・延宝期の新趣向として様々な試みがなされていたらしい。寛文十三年（＝延宝元年・一六七三）の出羽掾正本『一心二河白道』では、桜姫を見染めた清玄の妄念が生霊となり姫につきまとう。本作第一段は猛火の中に現れた「心といふ文字」が「美しき法師の首」に変じて閨の内に入る怪異を演出する。また加賀掾『魂産霊観音』の、正本詞書きは「花世の娘ゑすがた心といふ字成／からくり」とするす。細部に不明な点はあるものの、この時期の古浄瑠璃に「恋」「心」の文字を高々と揚げて執着、妄念、愛欲といった怪異発動の真因を見物の視覚に訴え、好奇心を刺激するからくりが創案されたのであろう。

図12　『河内通』の「恋字」部分

元禄歌舞伎の全盛期になり、かような心内の表現はからくりならぬ役者の演技にゆだねられることとなる。元禄十五年（一七〇二）の近松歌舞伎『女郎来迎柱』は、寵愛を失った「かつ姫」が抑えきれない悋気を殿に訴えるため、「蛇のまね」をして驚かそうとする。家臣、腰元を相手に蛇になる稽古を重ね「ないしんはじやに成てゐますはいの」と恨み言を吐くうちに額に真の角（小道具）が生えて周囲を仰天させる。本人の気付かないところで、内なる悪念が角のシンボリズムを介して外貌に顕現するのであった。

歌舞伎への変遷については次節（第五章Ⅱ）に譲るが、総じて元禄前後の劇壇において、鬼になる心、蛇と化す愛念などの具象化が試行され、女霊の怪異史に豊かな表現のバリエーションを加えていったことは

図13　山東京伝『糸桜本朝文粋』口絵（『山東京伝全集』）

間違いない。延宝から元禄期の古浄瑠璃はその先駆けに位置すると考えてよいだろう。

五　江戸怪談との近接

古浄瑠璃にあらわれる女人蛇体の表象や心の闇の形象化は、怪異の文化史、文芸史にあって、いかなる位相を示しているのか。全体像の整理をしておく必要があるだろう。

仏教唱導の流れにひき比べていうなら、中世末から近世初頭の僧坊において、人の心が生み出す霊異や蛇体の形象が顧みられ、説教の話材に流入したことは紛れもない事実であった。『奇異雑談集』にみた「心蛇の変」「識心蛇」の説話はその典型であり、また鈴木正三『因果物語』をはじめとする勧化の書には、心と蛇の連関をめぐる深い思想と平明な例話が散在する。この時代の仏教唱導において、人の心念は怪異の源であり女人蛇体の悪相を眼前にさらす真因とされた。

僧坊より発信された〈蛇となる女の妄念〉の戒めは、やがて寛文・延宝期の怪異小説の素材に変遷し、唱導説話から奇談文芸へと話の目的を違えていく。『諸国百物語』『宿直草』『伽婢子』などの諸作は、そのことを如実に示している。そして同じ頃、三都操り芝居にあって、恋慕の心根を因とし、女の蛇身を果とみなす一連の作品群が創案され、あるまじき悪女の相に観客は身を振るわせたのであった。

それから百余年の時が流れ、江戸後期の戯作の時代となるころ、山東京伝（一七六一～一八一六）により芝居の名作をモチーフにした合巻本が次々と上梓されて江戸市民の喝采を浴びた。そのひとつ『糸桜本朝文粋』（文化七年・一八一〇刊）は口絵に二人の女の心奥に宿る嫉妬の邪心が両婦の黒髪を蛇に変え、くねりながら「うらめし」「ねたまし」の言葉に妖変するさまを描くのであった（図13）。いわゆる「苅萱物」に想を得た趣向であろう。かくして芝居小屋を源泉とする心内の蛇の通念は、京伝にいたり、さらなる進化をとげることになる。

注

1. 女の帯と蛇を結ぶ関係は、すでに鳥山石燕『今昔百鬼拾遺』（安永十年・一七八一刊）にみえる。
2. 堤邦彦『江戸の高僧伝説』（三弥井書店、二〇〇八）、『絵伝と縁起の近世僧坊文芸―聖なる俗伝』（森話社、二〇一七）。
3. 堤邦彦『女人蛇体―偏愛の江戸怪談史』（角川書店、二〇〇四）。
4. 若月保治『古浄瑠璃の新研究』第二巻（『若月保治浄瑠璃著作集』4、クレス出版、一九九八）六七頁。
5. 鳥居フミ子『近世芸能の研究―土佐浄瑠璃の世界―』（武蔵野書院、一九八九）二五一頁。
6. 注4に同じ。
7. 注5の論考三四六頁。
8. 注4の論考六九頁、注5の論考二五五頁。
9. 注4の著作集巻一巻・八一九頁、および山田和人「道成寺の芸能・からくりと軽業考」（『同志社国文学』七八号、二〇一三・三）。
10. 注5の論考五七頁。
11. 服部幸雄『さかさまの幽霊』（平凡社、一九八九）七七頁。
12. 諏訪春雄「近松青年期の述作」（『学習院大学文学部研究年報』二六号、一九八〇・三）。
13. 正木ゆみ「竹本義太夫正本『祝言記』考―海をも渡る女の一念をめぐって」（『歌舞伎』六一号、二〇一八・六）。
14. 注3の論考二三〇―二三四頁。
15. 注5の論考二九八頁。
16. 注4の著作集第三巻六七頁。
17. 堤邦彦『近世仏教説話の研究―唱導と文芸』（翰林書房、一九九六）。

Ⅱ　元禄歌舞伎と怨霊事

一　はじめに――幽霊を創る技芸

役者の身体表現に負うところの大きい歌舞伎が、人形を操る浄瑠璃と異なる作劇法を必要とした点はいうまでもない。とくに、この世のものでない異世界を描く怪談芝居の演出に際しては、工夫を凝らした特殊な演技が試みられて、元禄（一六八八～一七〇四）の歌舞伎小屋に新風をもたらすことになった。演劇としての歌舞伎の成立時期にあたるこの時代にあって、怪異の表現もまた、新たな趣向に充ちあふれていた。若女方の演じた「怨霊事」「嫉妬事」の発達は、その典型的な動向といえるだろう。[1] 役者は、人間離れした身のこなしや所作を求められ、隈取りをほどこした〈人ならざるもの〉の恨みの表情に磨きをかけることで、観客の肝を冷やす「化け物」の姿を現世の舞台上に降臨させてみせた。

化け物をこしらえる技芸に精魂を傾けた名優・初世山中平九郎（一六四二～一七二四）の噂話について、山東京伝の考証随筆『近世奇跡考』（文化元年・一八〇四刊）に興味深いエピソードがみえる。

劇壇の重鎮であった平九郎は、公家悪を得意として、元禄十四年（一七〇一）以降の江戸の役者評判記では「実悪」の部の巻頭に名を連ねている。のちには鬼女役にも評判をとり、「平九郎隈」と呼ばれた般若の隈取りは、鬼女の面相作りの手本となった。長身で歯の抜けた風貌ゆえに、面を付けずとも、ひと睨みするだけで客席の子供が泣きわめいた。平九郎の隈取りは、まさしく最強無比の「鬼女」を創り出す技のきわみにほかならない。

図１　『近世奇跡考』巻１の13挿絵（『日本随筆大成』）

『近世奇跡考』巻一の十三「山中平九郎鬼女話」は、名人が見物をうならせる鬼女役の極意を会得するに至った逸話を次のようにしるす。

伝へていふ。山中平九郎、一時《あるとき》我家《わがや》の二階に上りて鏡にむかひ、狂言怨霊の顔をさま〴〵に工夫し、とやせんかくやすべきと、眼《まなこ》をよせ口をひらき、心に学ばせてしばらくおもひをこらし、自然とおのれもおそろしきばかりの仕方を工夫し、かくてこそよけれと、鏡を手にとりて、おぼえず立上り、怨霊の身ぶりをする折しも、其妻は何の心もなく二階に上り、おもひかけず其ありさまを見て、「こハやのう」とさけびツ、、のけさまにたふれて死入《しにいり》ぬ。

自宅の二階で鏡を手に一心不乱に鬼の表情を修練する平九郎のありさまを前に、不用意に出くわした妻は、あまりの恐ろしさに気絶してしまう（図１）。これを見た平九郎は「我《わが》芸精身に入りて我妻すらかくのごとし、いはんや他の見物をや」とたいそう嬉び、入念に演技に取り

図２　『鬚金時出世後妻』（天理大学附属天理図書館蔵）　（古典文庫 532『江戸板狂言本 3』）

入れて舞台にあげた。「果《はた》して見物群衆せしとぞ」というのが、京伝の耳にした芸談のあらましである。当人すら戦慄をおぼえるほどの「鬼女」創造にまつわる巷説は、斎藤月岑の『百戯述略』[2]（明治十一年・一八七八）等にも筆録されており、人口に膾炙した話だったことが知られる。本物の死者を絵のモデルにして描いた円山応挙の幽霊画を見て下女が気を失ったエピソード（天保十五年・一八四四『近世名家書画談』第二編）にも通底する江戸の名人芸伝承であろう。

たしかに平九郎の鬼女は、市井の評判となるのに十分な迫真力をもっていた。宝永二年（一七〇五）正月、江戸森田座の『鬚金時出世後妻《しらがきんときしゅっせのうわなり》』は、古浄瑠璃の后《きさき》諍《あらそい》物《もの》を歌舞伎に移した作品であるが、この時、平九郎は藤壺の役を演じて弘徽殿の姿絵を笄《こうがい》で突き破る凄まじい「後妻打《うわなりう》ち」の果てに、嫉妬の鬼の体を顕わし、当代一の怨霊役者となった（図２）。

もっとも、幽鬼のこしらえに精進を重ねたのは、ひとり山中平九郎だけではなかった。否、見えない世界の可視化にこだわる種々の工夫は、元禄歌舞伎全般の傾向といってよい。
当節流行の、「怨霊事」を支えた若女方の芸風については、すでに黒木勘蔵、郡司正勝、服部幸雄、高畠由紀らによる多方面からの研究の蓄積がそなわる。[3]
井上伸子によれば、元禄十年代の江戸では、上方より下った水木辰之助を筆頭に、生島大吉、上村吉三郎、早川初瀬らの若女方が怨霊事を得意として見物の人気を得ていた。[4] また京坂にあっては、芳沢あやめ、嵐喜世三郎などの若女方により、恋の恨みと尽きぬ悋気を述べながら相手を苦しめる生霊・死霊の所作（嫉妬事、悋気事）が当りを取って女方芸のひとつの定型を確立したという。
さて、女方の名優による怨霊事の諸作において、いまひとつ特筆しておかなければならないのは「軽業事《かるわざごと》」の導入であろう。近松門左衛門作『傾城壬生大念仏《けいせいみぶだいねんぶつ》』（元禄十五年・一七〇二初演）を例として、当時の若女方の芸風について言及した服部幸雄の次の指摘は、元禄歌舞伎に見出される怪談芝居と軽業芸の深い関係を端的に説明している。[5] 怨霊となる「妾おみよ」の演出について服部はいう。

> この狂言におけるおみよの演技術には、元禄歌舞伎に大流行を見せたひとつの趣向のなかで若女方の一系統が成立していたことを確認するために、格好の典型が見えている。
> それは、悋気事《りんきごと》（嫉妬事）、怨霊事《おんりょうごと》、軽業事《かるわざごと》（からくり事）という三つの「事」を、それぞれ独立したものではなく、一連の演技の類型《パターン》、同時に劇《ドラマ》の仕組みの類型とする方法である。
> 古風な傾城の役の表現を究極の理想とした、この同時代に、やはり女方の演技術として、こうした方向が確立していたことは、注意しておいていいことであろう。

女の内面に渦巻く悪感情と恋の邪念の放出が、綱渡り、屏風渡り、宙返りといった、人間業とは思えない身体表現と合体することにより、怨霊を創り出す作劇技法のパッケージが出来上がる。

さらにまた、動物（蛇、猪、鶏）が憑依して狂う「変化物」の演出に際し、音曲を駆使した妖艶な舞踏を劇中に加え、女方役者の美しさを損ねない怪異の空間を用意することで怨霊事の技芸は完成度を高めていく。「浅間物」「道成寺物」の諸作はその典型であった。妖怪変化を舞踊劇の一シーンに組み込む表現の登場は、きわめて都市的な「美しい怪異」の解釈を可能にした。かくして化け物は山川草木の民俗事象を離れ、文芸の世界に翻案されることになる。

一方、役者たちの演技を支えたもうひとつの要因として、狂言本の作者による元禄歌舞伎の文芸的な成長も考えておかなければならない。十七世紀末を代表する歌舞伎・浄瑠璃作者の近松門左衛門（一六五三〜一七二五）は、大坂の儒者・穂積以貫に語った芸道論『難波土産』（元文三年・一七三八）において、登場人物の「情」を語ることをドラマの枢要と述べている。もちろん『難波土産』は、「人形芝居」の極意を語った近松晩年の言説ではあるが、一方で、青年期の歌舞伎狂言にも「情」表現の導入が随所に見てとれる。すなわち近松歌舞伎の怨霊事に、人としての苦しみを切々と訴える女幽霊の愁嘆場が描かれ、芝居の見せ場となっている点は、留意すべき特色とみてよい。かような女霊表象の登場は、怨霊事に文芸の香気を加味する結果をもたらしたのである。

以上の観点をふまえてここでは、見物の目を驚かすからくり芸と、〈妬む女〉〈祟る女〉の心情表現の交絡に目を配りながら、「情」の重視に傾斜した元禄の怪談芝居の特質を検討する。あわせて、人間存在そのものに「怪異」を見出そうとした十七・八世紀の文芸思潮に類比することで、日本怪談史に果たした歌舞伎の役割と位相を明らかにしてみたい。

二　若女方の軽業芸

若女方の演技と軽業の密なかかわりは、すでに近世初頭の歌舞伎黎明期にさかのぼる。十七世紀半ばの慶安～明暦（一六四八～五八）のころには、「蜘蛛舞」の流れをくむ軽業芸が女方の演技に取り入れられていた。蜘蛛舞とは、クモが糸を渡るさまに見立てた綱わたりの一種で、古代散楽の系統のアクロバティックな曲芸を特色とする。明暦の女方名優・伊藤小太夫の評に「縄わたりゑものにて、なわの上にて曲あふぎ」とあるのは、女方と軽業の結び付きをいうものである。[6]

また明暦二年（一六五六）の京都見物記『美夜古物語』の四条河原の景に「吉郎兵衛が女がた、れんとびくもまひ」とあり、鴨川のほとりで興行された女方による「連飛び、蜘蛛舞い」の軽業芸のさまを点描している。

こうした軽業芸の伝統をふまえて、怨霊事に付きものの綱わたり、宙のり、逆立ちといった奇抜な芸風が確立していく。元禄歌舞伎を特徴付ける「怨霊事の身体表現」に特化していえば、それらは、目に見えない霊異の世界を舞台上に可視化する手法という一点において、散楽以来の古態の軽業芸と一線を画するといってよいだろう。人が化け物を演ずる技芸の時代が、元禄の芝居小屋に華開いたのである。軽業のスリリングな要素は、生霊・死霊の表象に融合しながら新たな舞台空間を創造して〈怖いもの見たさ〉に充ちあふれる庶民娯楽の一端を担うことになった。その意味において、歌舞伎の怨霊事もまた、フィクションの妙味を命とした同時代の怪談文芸に相通じる性格をもつといってよいだろう。いずれも娯楽としての怪異を描く表象にほかならない。

十七世紀後半にあっては、記録としての怪異とは別に、文芸性のまさる怪談読み物が都市の巷間にあふれていた。『宿直草』『諸国百物語』『伽婢子』などの奇談仮名草子の流行を見れば、この時代の怪談文芸がいかに持てはやされていたかが分かる。元禄歌舞伎の怨霊事もまた、このような動向と無縁ではなかったはずである。恋の執着ゆえに人外のものに変じて怨嗟の言葉をつらねる。そのような女霊の演出に若女方の軽業が援用された例を、元禄十六年（一七〇三）七月、江戸市村座の『小栗鹿目石《おぐりかなめいし》』に見てみたい。

本作は説経節の『小栗判官』を原拠に、鹿島の要石《かなめいし》伝説を混交させたものである。小栗判官兼氏（生島新五郎）の妻・名月（生島大吉）は、夫と照手姫の仲を妬み、嫉妬深さを厭う小栗の手で斬殺される。執念深く付きまとうが、最後に遊行上人の祈りによって救済されて仏果を得る。

『小栗鹿目石』が『小栗判官』の世界を下敷きに成り立っていることは、人物設定の面からも明らかである。名月の前生を洛北・深泥池の大蛇としたのは、女の姿の水精が登場する『小栗判官』の発端部をふまえた結構とみてよかろう。もっとも原作の説経節では、小栗の笛の音を慕って現われる妖女はあくまでも深泥池の主の自然神であって、一人の女性として恋情や愛欲を訴えるような生々しい存在ではない。これに対して、悋気にさいなまれる名月の死霊が蛇の姿で怨みの言葉を投げかける次の場面は、本作独自の新趣向であった。『小栗鹿目石』第三において、若女方の名優・生島大吉の演ずる名月は、小栗をかくまう美濃国万屋の「長が後家」に憑依して心の内の口惜しさを訴える。この段の冒頭、小栗は後家の顔付きが、あやめた名月に似ることを不審《いぶか》しく思う。[7]

> 小栗驚《おどろ》き。よく〳〵顔を眺《なが》むれば、我《わ》が殺したる名月に似たれば、其儘《そのまゝ》逃げんとすれば、長は「其方《そなた》はおれが顔を見て、不思議さうな心底《しんてい》や」其時《そのとき》小栗「なう奥様、お腹立ちもなされまするな。申しませう我《わ》が元《もと》の女房めが嫉妬の深きゆゑ殺しました。其女《そのおんな》めによくお前が似ました」長「何《なに》嫉妬深きとは名月が事《こと》か」兼氏《かねうじ》いよ〳〵恐ろしく「どうしてお知りなされました」長は聞いて「我《われ》こそ誠《まこと》の人間でなし御菩提池《みぞろがいけ》の大《だい》蛇《じゃ》なり。我《われ》名月と生《しやう》を換《か》へ、汝《なんじ》に契りをこめたりしに、よくも〳〵某《それがし》を刃《やいば》にかけた。え、口惜《くちを》しやと

思ふ所に、此主長《このあるじちやう》が体《からだ》に飛び入って、時節を待つて居たりしに、其方《そなた》に逢ふこそ嬉《うれ》しけれ。いで〳〵思ひ知らせん」と。小栗も今は為《せ》ん方《かた》なく、懐中したる不動の経さら〳〵と読みければ、いよ〳〵怨霊怒りをなし　此所水溜の上にて色々軽業あり　兼氏今は為ん方なく、跡《あと》をも見ずして逃げ給ふ。怨霊は腹を立て、何処《いずく》迄《まで》と追つ駆《か》け行く。

図３『小栗鹿目石』第三挿絵（『元禄歌舞伎傑作集』上巻）

絵入狂言本の挿絵（図3）には、大吉扮する名月が、蛇身を意味する三ッ鱗模様の衣装をまとい、水桶の上に立つ姿が描かれている。本文の割注に「此所水溜の上にて／色々軽業あり」とみえるところから、溢れるほどに水を張った不安定な水桶を小道具に使うアクロバティックな所作が見せ場になったことがうかがえる。

水桶の利用は、丸い形をした水回りの生活具（井戸、タライ等）を異世界への通路と考える民俗心意[8]との関連を想察させる。そういえば、鶴屋南北の『東海道四谷怪談』（文政八年・一八二五）にも、血に染まったお岩の着物を洗う盥から亡霊の手が出る趣向が見出される。仄暗い水底はあの世に通じる入口の心象風景を与えたのかもしれない。芸能史の水面下には、民間信仰との符牒が思いもよらない形で顔を出すことがある。後に述べる「水からくり」とともに、歌舞伎の民俗性を示唆する特徴とみておきたい。

話を『小栗鹿目石』に戻す。生島大吉の水桶乗りが評判になったことは、和泉屋五郎八版の絵入狂言本の表紙（図4）に

生嶋大吉かるわざ（上部左脇）

大あたり大きやうげん（題簽右横）

とあるのをみても明らかであった。図4をよく見ると、水を張った三つの桶の上にさらにもう一つを重ねている。難度の高い曲乗りは、怨霊役者の芸質の高さを示す。逆上して恨みの言葉を吐く妬婦の狂態と、普通の女の仕草を超えた若女方の曲技が、互いに絡み合いながら相乗効果をもたらす。怨霊事のクライマックスを創り出す演出技芸の典型を『小栗鹿目石』の名月化現のシーンにみることができるだろう。

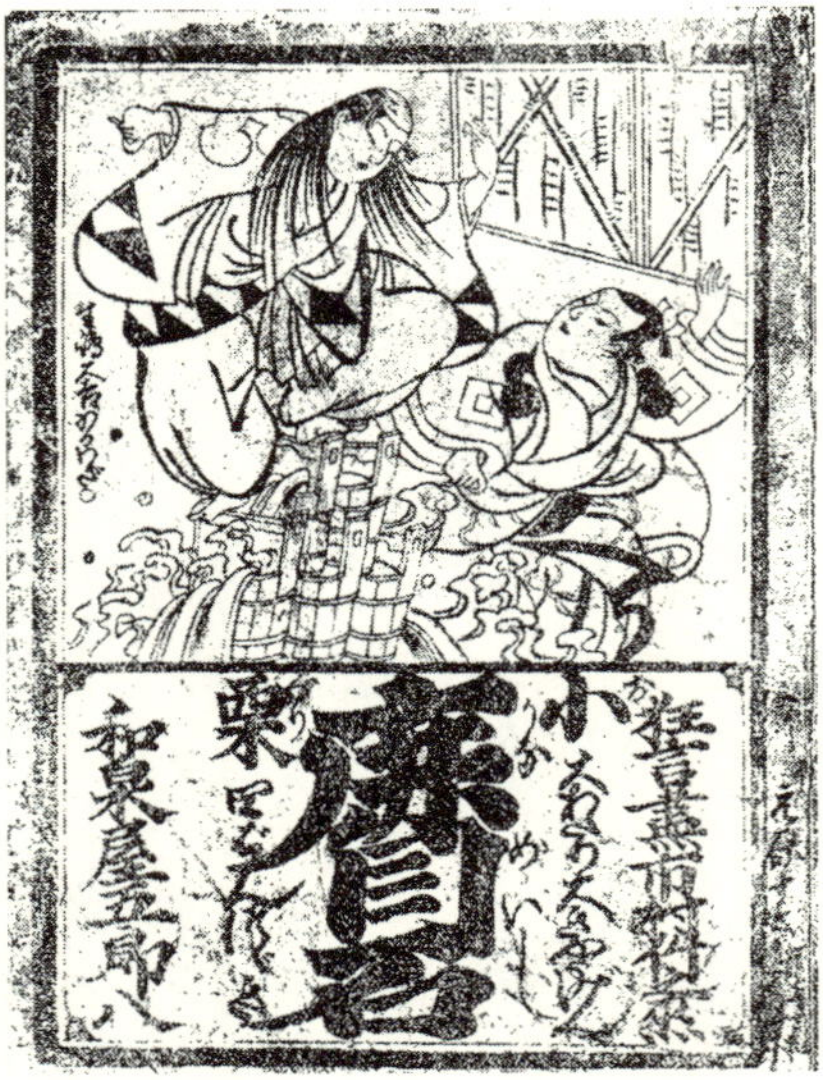

図4 『小栗鹿目石』絵入狂言本表紙（同）

生島大吉は『小栗鹿目石』の他に、『女《おんな》鵺《ぬえ》艶《つや》頼政《よりまさ》』（元禄十二年・一六九九）や後述の『薄雪《うすゆき》今《いま》中将《ちゅうじょう》姫《ひめ》』（同十三年）に男を追う女の執念を演じ、濡れ場にも長じた怨霊事の第一人者となる。宝永二年（一七〇五）の『役者三世相』で、早川初瀬とともに若女方の巻頭の地位に名を連ねたのをみても、大吉の人気がよくわかる。ところが、絶頂期のさなかに彼は尾張公の未亡人と通じて投獄され、宝永四年に狂死する。三十二歳であった。スキャンダラスな女方役者により、元禄の妖しくも美しい怨霊事の世界が大成していったことは、江戸の怪談芝居の娯楽性と大衆性を象徴する事柄であろう。

一方、生島大吉と同様に元禄歌舞伎の舞台をにぎわせた早川初瀬の場合も、軽業の芸風を取り入れて観客の喝采をほしいままにした。元禄十四年（一七〇一）の役者評判記『役者略請状』にしっとをうつさる、思ひ入、大きによし（中略）井づゝのかるわざ、竹をわたりひっくりかへらる、身のかるさよし。

とあるように、初瀬もまた悋気事、怨霊事、軽業事の名人として一世を風靡したのである。[9]
元禄十四年三月、江戸山村座の『愛《あい》護《ご》十《じゅう》二《に》段《だん》』において、「かつ姫」の怨霊を演じた初瀬は、大詰めで舞台に張った「善悪の綱」を渡る大仕掛けの末に、真如堂（京都市左京区）の利益により即身成仏を果たす大団円を演じてみせた（図５）。

図５　『愛護十二段』初瀬の綱わたり　（古典文庫439『江戸板狂言本1』）

絵入狂言本の本文は、不動明王の剣と化して怨霊を斬り払う阿弥陀如来の方便を語り、真如堂宝物の開帳にふれたあと、かつ姫怨霊の得脱シーンをこうしるす。[10]

その折ふし、かつひめのゆうれい、ぜんあくのつなをわたり、そくしんじやうぶつ、是ぶつほうはんじやうめでたかりけるしだいなり。

善悪を表す二本の綱を軽々と渡り、幽霊は即身成仏を果たすのである。仏教絵画の「二河白道図」を彷彿とさせる善悪の綱の趣向は、庶民仏教の知識をにおわせながら、それでいて綱渡りの曲技という当節流行の大衆劇の芸態を中心に据える。即物的でアクロバ

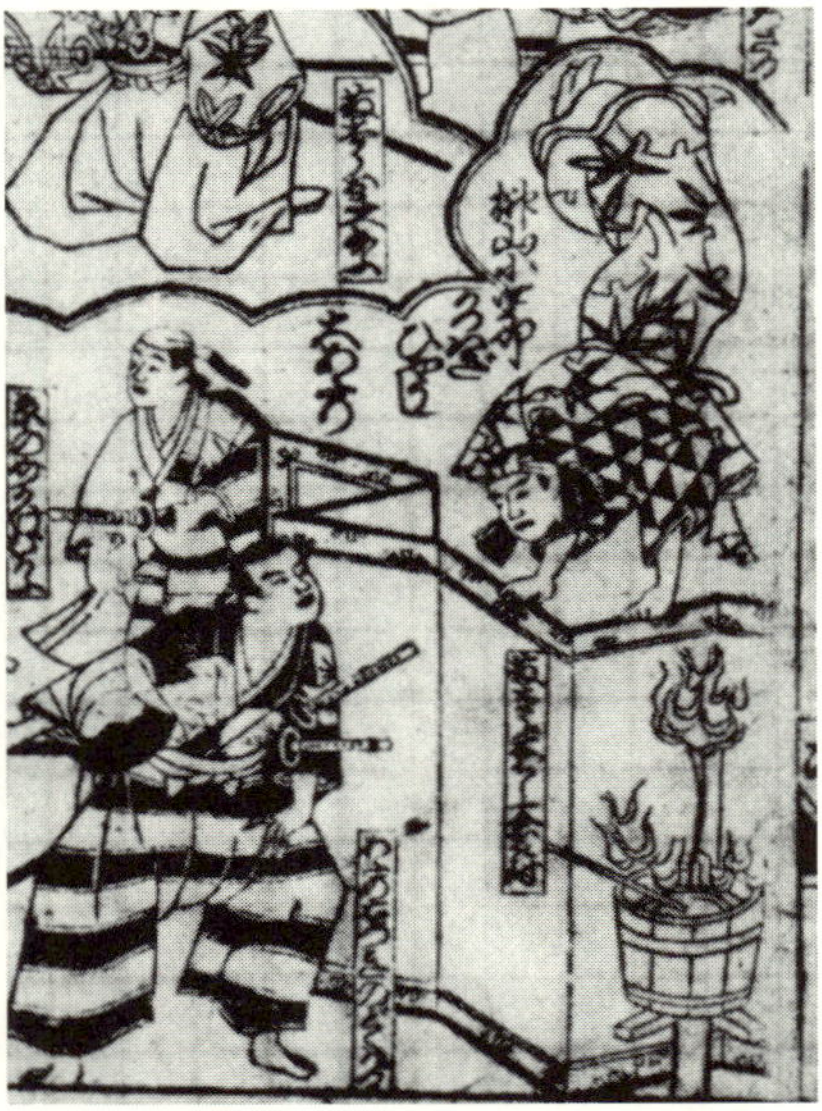

図6　『けいせい元女塚』（天理大学附属天理図書館蔵）（近世文芸叢刊6『絵入狂言本集』下巻）

ティックな演出だった。

ちなみに古態の蜘蛛舞の時代から、綱渡りは「二本綱」を用いるのが常であった。[11] そのような軽業芸の伝統をふまえて、真如堂本尊の善導にからめた「善」と「悪」の二本綱が着想されたのであろう。

綱渡りとともに、逆立ちの姿勢で屏風の上を歩く屏風渡りもまた、見物の意表をつく軽業芸として知られた。

宝永三年（一七〇六）正月、京都早雲座の『けいせい元女塚《もとめづか》』において、榊山小四郎扮する若殿「藤十郎」に遊女「大橋」の一念が取り憑き、せまい屏風の上で足上頭下の軽業を披露した（図6）。右下に描かれた手桶の炎は憑霊の恨みを視覚化したものであろう。

榊山小四郎は屏風渡りを得意とした大坂の役者で、[12]『元女塚』は小四郎の京都初舞台となった。上演時の評判について、絵入狂言本の画中詞（図6右下および中央）は、

藤十郎に大はし一念取付

榊山小四郎／かるはざ／ひやうし／大あたり

としるし、怨霊憑依の狂乱を屏風渡りの軽業により表現した小四郎の芸態が、大当たりをとったことを伝えてい

る。宝永四年の『役者友吟味』をひもとくと、京都・立役の部に「上々吉」として小四郎の名がみえる。女方のみならず立役の軽業も行われたことを示す例といえるだろう。

なお、絵入狂言本に「ひやうし」とあるのは、音曲にあわせて足拍子を踏む所作をいう。艶のある音曲《うた》と舞踏《おどり》を大幅に導入した怨霊事の特色が「ひやうし」の一語にみてとれる。若女方の幽霊はあくまでも華麗に舞い踊るものでなければならない。元禄の大衆が舞台上に求めた女霊像の理想型は若女方の妖艶な芸の魅力と連動していた。それは、怨霊のおどろおどろしい姿態とは雰囲気をたがえる、新たな「美しい幽霊」の案出ともいえる文化事象であった。

ところで、屏風渡りにみるような逆立ちをする怨霊は、民間説話や仏教唱導の世界に広く流伝した〈さかさまの怪異性〉と関わる特色でもある。服部幸雄は近世初期の仏教説話、怪異小説そして説経節、古浄瑠璃の事例（図7の『因果物語』等）に引き比べ、歌舞伎の怨霊事、軽業芸の背景に「江戸時代の大衆の精神文化レヴェルにおける、はるばると広い想像世界が広がっていたこと」を明らかにした[13]。不慮の死をとげた女、とりわけ井戸などの水底に落とされた女霊の伝承と怪談芝居の関係に言いおよぶ服部の視角は卓見というほかない。江戸の怪異表象の全体像を民衆の精神文化にそって捉える鳥瞰図が示されたといってよいだろう。

ただ、一方では、大衆が「さかさまの幽霊」を最も身近に感じ、具象化した姿かたちを体感する場が芝居

図７　平仮名本『因果物語』巻１の１にみる逆さまの幽霊

図８　『傾城蓮川』（天理大学附属天理図書館蔵）（近世文芸叢刊６『絵入狂言本集』下巻）

小屋であった点も事実である。元禄歌舞伎において、逆さ幽霊は軽業を駆使した華やかな舞台をともなうことにより、寺院に固着した布教のための話材や、限られた地域の説話伝承を抜け出し、広汎な世俗の目にさらされる〈怪異の姿〉に変遷していった。それを可能にした近世演劇の発信力は、ことのほかに大きい。

三　水からくりの演出

若女方の軽業とあわせて、怨霊事に欠かせないものは、大道具を用いた大仕掛けである。とくに本物の水を使う「水からくり」は芝居のスペクタクル性を補強した。

元禄十二年（一六九九）正月、大坂南座の二の替り『傾城蓮川《けいせいはちすがわ》』は、天理大学図書館所蔵の絵入狂言本二丁分のみが残る零本で、全容はよく分からない。しかし、天理本の残存部分から、水からくりの趣向を用いて逆さ幽霊や蛇身の女を舞台にあげる作柄だったことが読みとれる。狂言本の挿絵（図８）は、画中詞に「たけ姫おんりやうおつかる」「水からくり」「今川さかさゆうれいにげる」とあり、蛇身に追われる逆さ女の図様を載せる。残欠二丁分の本文より、男をめぐる二人の女の愛憎劇を主筋に、溺死させられた「今川」の亡魂が逆さまの姿となる怪異を描いたものと推測される。[14] また挿絵の別の箇所には、「今川が一念大じやとなる」とみえ、蛇身に変化して奴二人を水に引き込む祟禍のさまが見せ場となっていたようだ。

じつは、からくりと蛇身表現の結合は、すでに述べたように歌舞伎に先行するかたちで、延宝期（一六七三〜八一）上方の古浄瑠璃に種々の工夫が試みられていた。そうした動きを踏まえて言えば、宇治加賀掾、山本角太夫らの正本にみえるからくりの技法が、元禄歌舞伎の源流にあったことは想像に難くない。

一方、水中の大立ち回りや宙のりの派手な趣向に富む上方歌舞伎の舞台作りは、やがて江戸の歌舞伎界に影響をおよぼし、怨霊事の演出をいっそう大仕掛けなものに変遷させていく。その一因として、早川初瀬などの上方役者が、元禄後半に至り、あい次いで江戸に下ったことも当時のからくり芝居の流行色に拍車をかけたのであろう。江戸歌舞伎に登場する水からくりの実態をめぐり別の事例に話をすすめよう。

元禄十四年（一七〇一）七月、江戸森田座の『三世道成寺』は、道成寺物を歌舞伎に取り込んだ早い時期の作品である。真子庄司の娘「白菊」（上村吉三郎）は、橘道成の一子「道信」に恋慕し、一念が蛇になる。道成寺に逃げた道信を追い命を奪うものの、それだけでは終わらず、さらに道信の弟・道善の異母妹「満月」に白菊の妄執が憑りつき、今度は道善を追いかけて祟りをなす。これに加え、道善の正妻「待宵の前」（歌村十次郎）、白菊の妹で道善の愛人「十六夜」（いろは）の亡魂が嫉妬をむき出しにして三つ巴の争いを繰り広げる。おどろにもつれ合う女たちの愛憎をあえて描き出した背景には、森田座の若女方を総出演させる興行側の意図があった。上村吉三郎をはじめとする人気役者が勤める華やかな舞台は、怨霊芝居に対する人々の関心を呼び起こしたに違いない。幽玄な能の「道成寺」とは雰囲気の異なる、活劇性の強い歌舞伎風のアレンジがここに完成する。役者の人気を前面に出した、からくり満載の舞台の様子を覗いてみよう。絵入り狂言本の内題左脇に

付タリ　みずからくり中のり川中仕合

切　大おどり座中不残罷出候

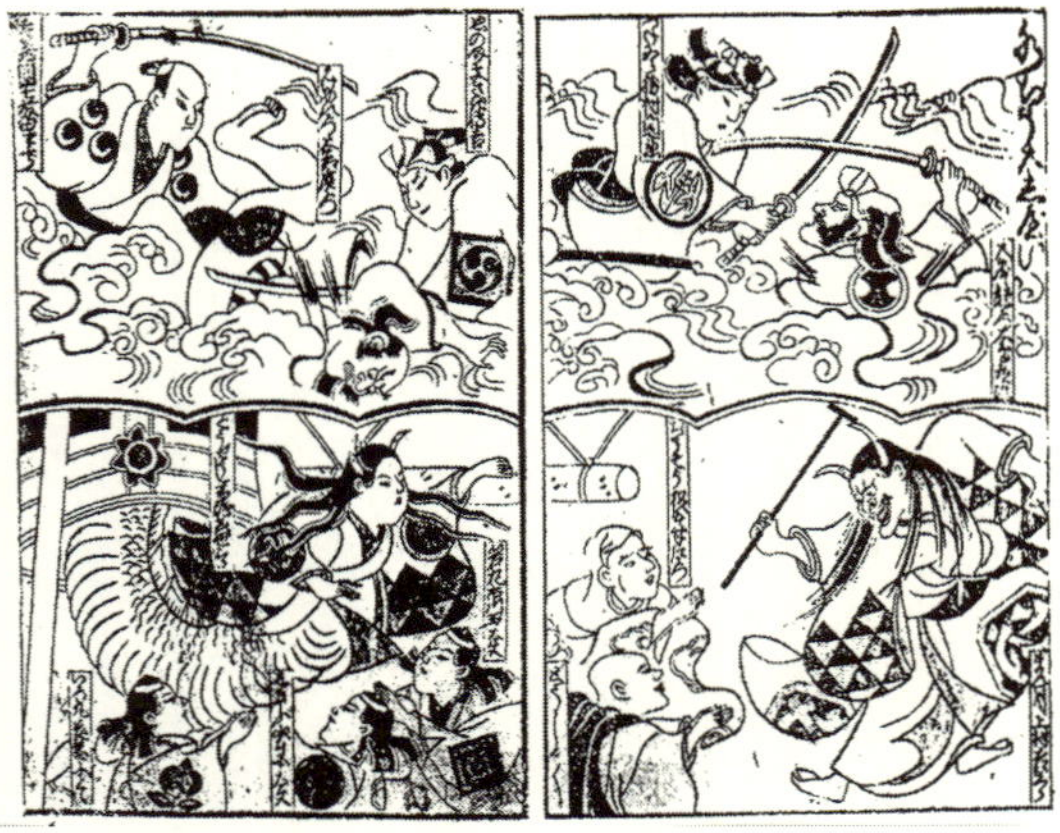

図９　『三世道成寺』（『元禄歌舞伎傑作集』上巻）

とあり、本水を張った舞台（図9上段）や飛び回る蛇身の宙のり（図9下段左）が芝居の見所になっていたのが分かる。また図9の上段右端に「水ちう大しやい」（水中大仕合）とあるのは、川中で斬りあう大立ち回りの趣向を指すものであろう。さらに最後の切（大詰）の場面には、森田座の役者全員による揃い踏みの派手なパフォーマンス（「座中不残罷出候」）が仕組まれ、踊りの輪が舞台のラストシーンをいやがうえにも盛り上げる。『三世道成寺』は上方風の仕掛けと大踊りが江戸の怨霊事に移された記念すべき作品とみてよかろう。

かくして、複数の女方役者が生霊・死霊となって絡み合う趣向は、軽業芸とともに怨霊事のもうひとつの魅力となった。例えば、宝永四年（一七〇七）正月、江戸山村座の『頼政《よりまさ》五《ご》葉松《ようのまつ》』の上演時には、「あやめの前」（荻野八重桐）を中心に「女房しののめ」（袖崎かほる）、「白菊」（三保木難波）がたがいにもつれ合い、嫉妬の渦を巻く女どうしの争いを演じている。絵入狂言本の挿絵（図10）は、あやめの前を脅かすしののめの生霊（右丁上段）、橋上の逆立ち（同下段）、宙を舞う白菊の亡魂（左丁上段）などの嫉妬事、軽業事の名場面を強調する。ちなみに本作には、六十九歳になった老名優・山中平九郎が平清盛役で登場し、残忍な殺し場に往年の実悪ぶりをみせている。

一方、上方では宝永六年（一七〇九）京都布袋座の『厳島姫滝《いつくしまひめがたき》』で、芳沢あやめの扮する「いもせの前」が、滝の中から現れて恨み言をつらねる「水からくり」に大当たりをとっている。狂言本挿絵（図11）は「あやめ大

図 10　『頼政五葉松』（『元禄歌舞伎傑作集』上）

図 11　『厳島姫滝』（天理大学附属天理図書館蔵）
（近世文芸叢刊 6『絵入狂言本集』下巻）

でけ」「水がらくり」としるす。この場面の本文は、胎内の子を殺された無念さにのたうつ母幽霊のありさまを次のように描いている。[15]

　女のかたちあらはれ、我はゆり若のみだい、いもせの前、其方べつふに頼まれ、我ガたいない成ル子をふうせし、其うらみつきせぬゆへ一念是迄あらはれたり。

図12　『けいせい弘誓船』（天理大学附属天理図書館蔵）（近世文芸叢刊5『絵入狂言本集』上）

いわゆる「産女《うぶめ》の怪」をモチーフに用いる脚色は、後年の『東海道四谷怪談』にみるお岩の造型（「うぶめ」の姿）を連想させる。そうした演出の原初を考えるうえからも、留意すべき特徴をみせていて興味深い。

四　猛火の趣向と心の炎

水からくりとともに、上方芝居において発達した怨霊事の趣向に、燃えさかる炎を使った仕掛けが思い浮かぶ。早いものでは、元禄十一年（一六九八）正月、京都早雲座の『傾城浅間嶽《けいせいあさまがたけ》』が当り狂言となり「浅間物」の嚆矢として知られる。

同十三年正月、京都藤十郎座の『けいせい弘誓船《ぐぜいのふね》』では、寺に納めた亡き娘「おかつ」の小袖が燃え上がり、猛火の中から長嶋庄之助の演ずるおかつの幽霊が現れる（図12）。結局、娘は「舟いたの名号」の功力により成仏得脱を得ることとなる。そうした宗教的大団円を引き立たせたのが火炎の仕掛けであり、亡魂登場の場に欠かせない新趣向となっていた。

仏教説話史の見地から付言すれば、人の邪念が怪火となって現れる話は、近世ごく初期の『奇異雑談集』に類型がそなわる。写本上巻第五話「久世戸の蚊帳の中に思の火むねより出し事」では、同じ蚊帳に寝る尼の肉体に欲情した旅僧の「小念」が火の玉となる（本書第一章Ⅲ）。こうした僧坊所縁の説話の伝統を踏まえて、〈亡者の一念が燃えさかる趣向〉の位置付けを考える視点も考えられるのではないか。怪異の表象はジャンルを超えて民衆生活の諸所に顔を出すものである。

ところで、火炎の仕掛けを特徴とした上方系の浅間物は、荒事芸《バイオレンス》を好む江戸の芸風と異なり、女霊の嘆きを連綿とつづる心理描写に秀でていた。近松門左衛門作の『傾城壬生大念仏』は、そのことをよく示している。元禄十五年（一七〇二）正月の春狂言として京都・都万太夫座の舞台にかかった本作は、同年三月の壬生地蔵尊開帳を当て込み、壬生寺の利益にからめながら、作中に壬生狂言を引くといった作為をみせる。

高遠家の若君「民弥」（初世坂田藤十郎）は傾城「道芝」に溺れて家を捨て、ために家督をめぐるお家騒動が起こる。落ちぶれた民弥は糟買いに身をやつし、婚約者の「かつ姫」（浅尾十次郎）を訪ねる。濃厚な濡れ事におよぶ二人の前に妾「おみよ」（嵐喜世三郎）の死霊が立ちふさがる。足を洗う盥が炎に包まれ、中から現れたおみよは、かつ姫の悋気ゆえに命を奪われた無念さに身もだえし、憎悪の言葉を投げつける。絡み合う男と女の性愛が死霊を引き寄せたのであった。再会を果したかつ姫・民弥の濡れ事シーンにさかのぼって狂言本の叙述を追ってみよう。[16]

かつ姫は「さあ斯《か》う言うて下《くだ》さんせ、やい女房ども、そちは今迄男持たずに、よう待つてゐた、可愛者《かわいもの》ぢやと、いうて、抱いて下さんせ」「そんならさういひますぞ」と望みの如《ごと》くいひ抱付《だきつ》けば「さあ寝て下さんせ」「そんなら奥へ行かう」「いや爰《ここ》がよい」と障子《しやうじ》の内《うち》へ入り、裲襠《うちかけ》脱いで打敷《うちし》き、其上《そのうへ》へ上《あが》り「さあ爰《ここ》へござんせ」「そんなら寝るぢや迄、足に泥が着《つ》いてゐる。洗うて来ませう」と井戸の水汲上《くみあ》ぐれば、火焔《くわえん》なれども民弥《みんや》の目には水と見え、盥《たらひ》へ汲入《くみい》れ足を漬《つ》け「なう熱や此水《このみづ》は火ぢや」といへば、勝姫《かつひめ》手をつけ「なう熱や〳〵、不思議《ふしぎ》な事ぢや」といふ所《ところ》へ、おみよが死霊、盥の中《うち》よりすつくりと現《あらわ》れ出《いづ》れば、民弥見て「やいそちは国許《くにもと》に残し置いた、妾《めかけ》のみよではないか」「なう殿様《とのさま》か懐《なつか》しや、お前《まへ》の名を借《か》つて此所《このところ》へ贋《にせ》

図13　『傾城壬生大念仏』（『歌舞伎脚本集』上）

者《もの》が来てゐると聞きました故《ゆゑ》、是《これ》へ来て見ればさうではなうて、誠《まこと》の民弥様ぢやよな。是《これ》かつ姫怨《うら》めしい。俺《おれ》が殿様に遭《あ》はうといふを妬《ねた》み、情《なさけ》なくもようも俺を殺させた、此怨《このうらみ》の一念何処《いちねんいづく》へ行かうぞ、そちを殿様と添《そ》はする事はならぬぞ」「是《これ》は覚《おぼ》えのない事《こと》を、迷惑《めいわく》な」と恐れ給へば、民弥は「扨《さて》はそちは死んだか、姫は然《さ》様《よう》な心底《しんてい》な者ではない、悪人共《あくにんども》が所為《しょい》であらう。可愛《かあい》や〳〵怨を晴《は》らせよ」「いや〳〵一緒《いっしょ》ぢや、殿様《とのさま》も憎《にく》い憎《にく》い」

このシーンを描いた絵入り狂言本の挿絵（図13）は、燃える盥の前に仁王立ちする「てかけおみよがしれう」（画中詞）と恐れおののく民弥、かつ姫の両人に焦点をあてる。元禄十五年の役者評判記『役者二挺三味線』が「一念たらひの中より出ての所作大きによし」と絶賛した見せ場である。ちなみに、元禄十三年、都万太夫座の『松風』に井戸の水が生霊の仕業で火焔となる趣向がみえる。近松はのちに自作の浄瑠璃『松風村雨束帯鑑』にこれを援用している[17]。元禄十三年のころ、近松が都万太夫座の座付作者だったことから、『松風』の趣向取りも大いにありうるだろう。

陰火を抜け出る怨霊の演技は、のちの『東海道四谷怪談』で有名な「提灯抜け」の趣向に発展していく。心内に沈殿する恨みの情念を、舞台上にゆらめく陰火に象徴させて描く演出の原初的なありようが見て取れる。

また絵入狂言本の別の箇所の挿絵には、「三尺てぬぐい」で締められ、井戸に屍を投げ込まれたおみよの惨殺シーンがみえる。井の底に落とされた女霊という点では、服部論文の指摘に詳しい〈逆さ女の霊異〉のモチーフとの関連が想起される。

ただし近松作品の特質は、他の作品を凌駕する圧倒的な表現の妙味にある。激しい憎悪を口走るおみよの死霊の心の内は、右に引いた台詞に続けて、下座の奏でる「小歌」の詞章に引き継がれ、やるせない恋の歌声に転換していく。怨霊役の嵐喜世三郎が舞い踊る所作事のバックに流れる、以下の小歌を通して、舞台上に起きた水火の怪異と死霊の恨み心の連関が観客に向けて明かされる。[18]

小歌「憎《にく》いぞや、また愛《いと》しさに腹立《はらたち》や、かねて夜毎《よごと》に変《かは》るものとは、誰《た》が言初《いひそ》めし黒髪の、もつれて解《と》けぬはの、妬《ねた》ましや、殿は秋野《あきの》のますほの薄《すゝき》、余所《よそ》へ靡《なび》くが憎《にく》ござる。いふにも余《あま》る言《こと》の葉《は》の、うら吹く風の便《たよ》りさへ、なき魂結《たまむす》ぶ文《ふみ》とても、暮《く》るゝ夜毎《よごと》に寝《ね》られねば、袖《そで》はなん〱〱〱なん〱涙《なみだ》に憂《う》き年月《としつき》をえ、この年月《としつき》をえ、心の水も湧出《わきい》で、却《かへ》つて熱《あつ》や苦《くる》しや堪《た》へがたや。胸《むね》の火の川水《かわみず》の川、怨《うら》みの炎情《ほのほなさけ》の雫《しずく》、空《そら》には煙《けぶり》大地《だいち》は波《なみ》の、ちり〱〱、男一人《をとこひとり》を二筋《ふたすぢ》の。我《われ》よ人《ひと》よと争《あらそ》ひし。女心《をんなごゝろ》ぞはかなさよ」

盥の水が炎と変じた本当の意味が浄瑠璃の音曲により解き明かされる。あふれる涙は「心の水」となり、やがてそれは、堪えがたい胸のうちの情炎ゆえに、猛火となって我が身を焦がす。一人の男を争うおのれの儚《はかな》い境遇を嘆くおみよの切なさがあってこそ、水火の仕掛けが織りなすアクロバティックな演出も、芝居の醍醐味となり生かされるのである。珍奇なケレン味だけでは、観客の耳目と心に訴える真のドラマたりえないことを、作者は熟知していた。ここに至り、眼前のからくり技巧と心に響く言葉の合一化が完了し、怨霊芝居に文芸としての深みが与えられる。それは、市井の口碑・伝承に立ち現れる幽霊話とは異質な、「怪談文学」への昇華というべき創作営為の誕生であった。

近松はのちに芝居の極意を「虚実皮膜論《きょじつひにくのろん》」にまとめている。「芸といふものは実と虚《うそ》との皮膜《ひにく》の間にあるもの也」（元文三年・一七三八刊『難波土産』第六条）との言葉は、優れたドラマの創り方を、フィクション（虚）と真実（実）の間に求める作劇論として知られる。そしてまた近松は、虚の世界をまことらしく描くのに必要な要素として、「情」を語る言葉が発する内的な必然性をあげる。[19] 恋慕の気持ちを訴える女の口説（クドキ）を上手に叙述する勘所《コツ》に触れて、近松は「実《じつ》の女の口より得いはぬ事を打出していふゆへ、其実情があらはるゝ也」（同書第四条）と説く。積極的な求愛の封じられた江戸期の現実社会にあって、あえて女の「情」を切々と語ることにより現実味《まこと》のある虚構《うそ》が出来上がる。かような芸道観に立脚するなら、人ならざる幽霊であっても、「情」を語ることで真実の存在として認知可能となるのである。女霊の繰り言のつらねは、怨霊事にフィクションとしての文芸、芸術の香気を付与する結果となった。

元禄期を境とする怪談芝居の文芸化が、心内の情の表出を重視する近松の芸道論と共鳴しながら深化していった点は、日本怪談史の看過できない一局面といえるだろう。ここにも演劇の果たした役割の重みが見出される。

五　嘆きの肉付面

上方に生まれた心情重視の怨霊事のテイストは、やがて江戸の芝居小屋に移され、模倣作を世に出すことになる。その先駆けは元禄十三年（一七〇〇）三月、山村座の『薄雪今中将姫《うすゆきいまちゅうじょうひめ》』であった。髪の逆立つ奇病のために「薗部衛門」に遠ざけられた「花鳥の前」（生島大吉）は、衛門の正室で実の姉の「薄雪」に嫉妬する。じつは逆髪の病に罹ったのも、姉の連れ合いに思いを寄せる道ならぬ恋の報いであった。その事実を明かす花鳥の懺悔に耳を傾けてみよう。[20]

只《たゞ》あさましいはおれが身ぢや。恥《はづ》かしながら懺悔《さんげ》しませう。何時《いつ》の頃《ころ》よりか衛門様《えもんさま》に心をかけ、姉様《あねさま》と夫婦《ふうふ》中《なか》のよいのを見るたびに、え丶羨《うらやま》しや、妬《ねた》ましや。姉に生れたらば、衛門様をおれが添《そ》はうものを口惜《くちを》しやと、思ひ〱て暮しましたれば、ある夜の夢に、さも恐ろしき獄卒来《ごくそつきた》つて、姉の夫に心を懸《か》ける邪淫《じやいん》の罪《つみ》、等活《とうくわつ》地獄《ちごく》へ墜《おと》すぞと此黒髪《このくろかみ》を取つて引上《ひきあ》げるを、あ丶悲しやと声を立てると思へば、夢覚《ゆめさ》めて、鏡に向《むか》へばあさましや此如《このごと》くの姿になり。撫《な》づれど梳《けづ》れど髪はしなはず、詮方《せんかた》なさに此貴船《このきふね》に詣《まう》で、病本復《やまひほんぷく》の祈誓《きせい》といふは偽《いつは》り、命《いのち》を取《と》って給《たま》はれと立願《りふぐわん》すれどもつれなき命を死にもやらず。斯様《かやう》に恥《はぢ》を曝《さら》しまする心を推量《すいりやう》して下《くだ》され。

花鳥は、邪淫の罪を責める夢により、逆髪の姿に変じた原因がおのれの道ならぬ恋にあると悟ったいきさつを語り、そして病本復の祈願にみせかけて死を望んだのに、死にきれない我が身を嘆いて涙にくれる。花鳥の奇病じたいは、直接には能「蝉丸」の「逆髪の女」に材を得た潤色であろう。原作の設定に、姉の良人に懸想する罪科の報いという筋立てを付け加えたところに、本作のオリジナリティがあるといってよい。

一方、衛門は、花鳥を寝かし付けると、祝言の約束を反故にし、書き置きを残して逃亡する。つれない仕打ちに怒った花鳥は、般若の面をかぶり、夜叉の姿となって跡を追う（図14）。

花鳥を起《おこ》せば、目を覚まし、「殿様は何処《いづこ》へござんした」と書置《かきおき》を見て気色変《けしきかは》り。「恨めしや衛門様、せめて情《なさけ》らしい言葉の上《うへ》にて、思ひ切れとの事ならば、是非添《ぜひそ》はうともいふまいに、だまして逃げをつたな、此《この》一念《いちねん》は何時迄《いつまで》も離れはせぬ」と神前《しんぜん》の絵馬《えま》に掛けし般若《はんにや》の面《めん》を取つて冠《かむ》れば、とぢ付いて離れず、さながら夜叉《やしや》の姿にて跡《あと》を慕《した》ひ追駆《おつか》くるは凄《すさま》じかりし次第なり。

図 14 『薄雪今中将姫』（『元禄歌舞伎傑作集』上）

憤怒の情が昂じて覆った鬼面が離れなくなるということの後の展開は、お伽草子『磯崎』をはじめ、仮名草子の『七人比丘尼』、奇談物浮世草子の『多満寸太礼《たますだれ》』などに散在する肉付面説話[21]の援用であろう。仏教唱導との関わりでは、越前・吉崎御坊に伝わる蓮如上人の「嫁おどし肉付面」が世俗に流布している。また、近世演劇に取り込まれた早い時期のものとしては、天和頃（一六八一～八四）の古浄瑠璃・宇治加賀掾『源海上人』に、面が取れなくなった悪女を念仏の功徳で救う段がみえる。[22]時代は下がるが、寛政十一年（一七九九）大坂中の芝居『雪国嫁威谷《よめおどしだに》』に北陸の蓮如伝説に拠る潤色がみとめられる。

肉付面説話の息の長い系譜を下敷きにしながら、『薄雪今中将姫』は、姉の夫に恋慕する邪淫の女の悪業を本人の告白によって切々と語らせる。そして男の裏切りに心の鬼を発動させる本作の筋立てには、やるせない恋の心情の吐露を見所とした元禄歌舞伎の常套表現が示されている。

一方、恋情を表現してやまない女霊像の登場は、近松作品に代表される上方芝居の流行色と無縁ではなかった。井上伸子の指摘するように、『薄雪今中将姫』は元禄十一年（一六九八）に京都早雲座で上演された『関東小六今様姿』の趣向取りであった。[23]男の心変わりを詠嘆する原作の高根の前（芳沢あやめ）を肉付面の妬婦・花鳥に改作し、江戸の好尚にかなう「行動のグロテスクさ」を強調したとみる井上の評価は説得力をもつ。たしかに上方の怨霊事に不可欠な若女方の優美さや、小歌を挿入した所作事の情緒的演出に比べて、江戸風のデイモニッシュな死霊描写は芝居の情趣をたがえている。

しかし他方では、醜怪な逆髪の姿を嘆き、「斯様に恥を曝しまする心を推量して下され」と泣いて訴える花鳥の苦悶の深さには、行きつ戻りつ揺れ動く、恋する女の情感がにじむ。さらには、衛門の逃亡を知り「怨めしや衛門様、せめて情らしい言葉の上にて、思ひ切れとの事ならば」云々と口惜しさにのたうつ肉付面の女の哀れな心の内に踏み込む叙述は、激しく破壊的な行動や豪傑の妖魔退治を好む江戸根生いの荒事の気風に見られない、情念重視の指向性をものがたるのではないだろうか。

江戸の怪談芝居にみる〈憂悶する女霊の登場〉の背景には、上方より下った若女方の活躍もあったのだろう。先述の早川初瀬が京から江戸に移り軽業芸で見物の評判となったのは、元禄十三年（一七〇〇）のことであった。この時期以降、江戸の怨霊事は、女の内面を語る抒情性の獲得に傾斜をみせていく。

それでは、本家本元の上方の怨霊事において、女霊たちの懊悩はどのように表現されていたのか。この点をあらためて明確に把握するため、元禄の上方歌舞伎に立ちあらわれる「女人蛇体」の表現と、化ける女の心奥描写の混交を考究の俎上にあげておかなければならない。

六　蛇身と邪恋の交錯

元禄歌舞伎以前の古浄瑠璃において、すでにからくり技法の導入は積極的に行なわれていた。なかでも、恋の執着にとらわれた女の蛇身といったモチーフが、さまざまなからくりの趣向を用いて潤色されていた点は見逃せない。延宝元年（一六七三）の井上播磨掾『花山院后諍《かざんいんきさきあらそい》』を嚆矢とする「后諍物《きさきあらそいもの》」（後妻打物《うわなりうちもの》）には、蛇身と化して障碍をなす女房「藤壺」の妄念が類型的に描かれ、女人蛇体の表現の基本を確立していった。

歌舞伎にあっても、同様の題材が好んで使われている。例えば、延宝五年（一六七七）に上演された京都・都万太夫座の近松作『藤壺の怨霊』は、古浄瑠璃の后諍物を歌舞伎に移した早い時期のものである。本作においては、「藤の花が大蛇と成る工夫より、門左衛門〳〵ともてはや」されたという（寛延三年・一七五〇『古今役者大全』）。

元禄期に入ると、若女方の演じる女人蛇体は、怨霊事になくてはならない見せ場となる。水からくりで有名な前出『三世道成寺』の場合は、上村吉三郎が蛇身の満月姫となり（図15）、また元禄十四年（一七〇一）正月、江戸山村座の『傾城三鱗形《けいせいみつうろこかた》』では、下り役者の早川初瀬により、腰から下の尻尾をひきずる紀州那智の大蛇が舞台

図 15 『三世道成寺』（『元禄歌舞伎傑作集』上）

図 16 『傾城三鱗形』（同上）

に上げられた（図16）。

ところで、蛇身の女の脚色にあたり、軽業芸の他にどのような新奇な演出が行われたのであろうか。その詳細を知るてがかりを求めて、元禄十五年（一七〇二）正月、大坂岩井半四郎座の二の替り『けいせい夫妻池《めおとがいけ》』に着目してみたい。

本作は近松作の『傾城壬生大念仏』と同じく当年三月の京都の壬生寺の延命地蔵尊開帳を当て込んだもので、三番続きの上之巻「洛陽の桜」は『傾城壬生大念仏』を狂言取りしており、ほぼ同様のストーリーであった。これに対して中之巻以降はオリジナルの新作である。とくに中之巻「難波の梅」に用いた「長蛇《ながへび》の趣向」がこの興行の看板となった[24]。

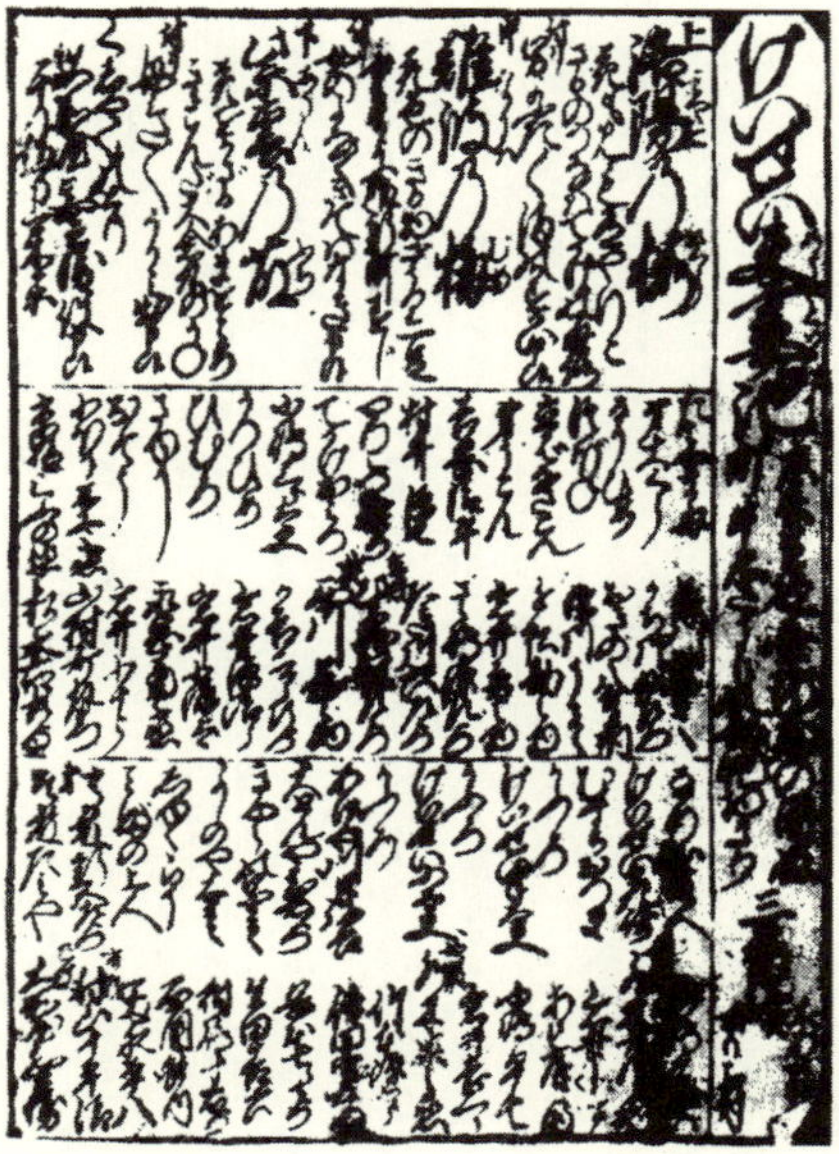

図17 『けいせい夫婦池』（古典文庫205『上方狂言本3』）

中之巻において、水木辰之助の「花崎幽霊」は女夫池の大蛇に変じて京極壬生丞を苦しめる。この場面が当時の巷間に流伝した蛇妖の噂に想を得た潤色とみられる点は、蛇身の趣向の当代的なリアリティを示唆するものであった。土田衛によれば、本作狂言本の見返しのタイトル右脇に「町中ゑさうしの長蛇物かたり」とあり（図17）、加えて前年の元禄十四年に都万太夫座で上演された『竜門滝』にも、生島新五郎が二十尋《ひろ》の大蛇となって姫を助けるシーンがそなわる（『女大名丹前能』）という[25]。これらの情報をつなぎ合わせてみるなら、世俗に取り沙汰された「長蛇物かたり」が一連の歌舞伎作品の素材になったことは想像にかたくない。やはり元禄十四年の『日本紀素蓋鳴尊《にほんぎすさのおのみこと》』(三月、大坂片岡座)に「八ツ面の大蛇を十二人にてつかひ好評」(『役者略請状』)とあり、数人がかりで操るような大掛かりな蛇の作り物が見物の目を楽しませていたのが分かる。

もっとも、真に注目すべきは、珍奇な趣向じたいではなく、むしろ大蛇出現の動機にある。元禄歌舞伎にあっては、女たちの心に潜むよこしまな恋の妄念や執着の深さが我が身を蛇に変える結果をもたらすのである。かようなコンテクストの強調が、怨霊事、嫉妬事を特徴付ける不可欠の要素となったといってよかろう。

では、元禄歌舞伎に展開した蛇身と邪恋の交錯は、いかなる表現をみせたのか。そのあたりを具体的に検証してみよう。

七 「蛇のまね」から出たまこと

近松が『傾城壬生大念仏』の後日狂言(改作劇)として書いた『女郎来迎柱《じよろうらいごうばしら》』(元禄十五年・一七〇二、都万太夫座)も、長蛇の趣向を大幅に取り入れた作柄であった。ただし本作の場合は、妬む心の強弱の度合いにより、女霊の背たけが大小に変化するという珍奇な工夫を加えた点において、それまでの長蛇物にない新たな演出効果を発揮している。

遊女「道芝」に入れあげる「高遠民弥」に対し、言いなづけの「かつ姫」(浅尾十次郎)は悋気をあらわにする。第二幕では、民弥と道芝の前にかつ姫の一念が化けて出て、丈十丈《たけじよう》の「背高女」となって門の上から恨み言をいう(図18)。この時、怒りと安堵の感情の落差を反映するがごとくに、女の背が伸び縮みする。長蛇の仕掛けの応用と目される怪異の描写を狂言本より抜き出してみよう。[26]

かつ姫が一念、たけ十丈の姿にて、もんの上より「是民弥様　聞へぬ」と　うらみをいへば　道しばは「とてもこよひかぎりの命。内へ入　たいめんあれ」と。門をひらけば　つねのせいと成内へ入。道しばと心中してしぬると心へ　いかりをなせば。又せいたかく成。民弥あい口にてつきとをせば姿きへうする。

背高女の物理的な演じ方に、どのような技法を用いたのか定かでないものの、第一幕で、腰元役の役者を姫の着物の裾に入れて長蛇に見立てているところをみると、何らかの人為的な仕掛けを加えたのであろう。いずれにせよ、女の一念の激しさが、身体の外見を変化させる表現に注目しておきたい。なぜなら、そのような心の内奥を暴き出す叙述方法は、次に述べる第一幕の長蛇の登場場面にも生かされていて、近松劇の斬新な作劇法《ドラマツルギー》とみなしうるからである。

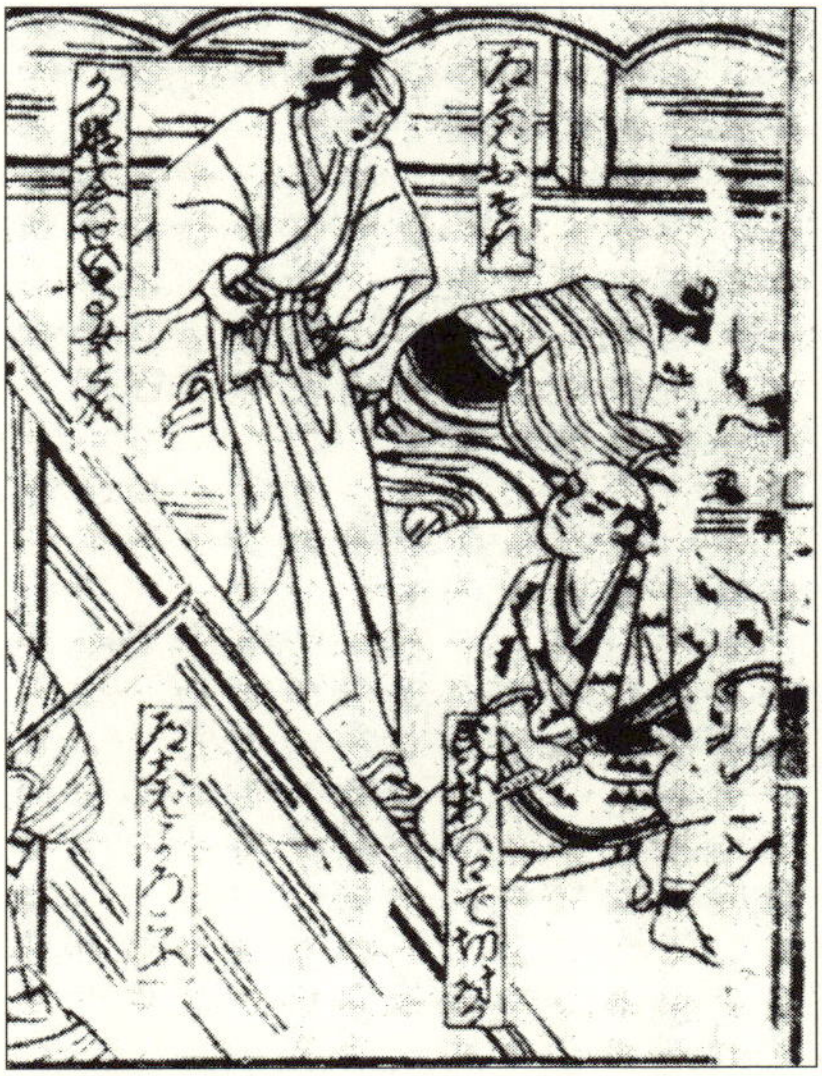

図 18 『女郎来迎柱』背高女の場（天理大学附属天理図書館蔵）（近世文芸叢刊 6『絵入狂言本集』下巻）

高遠家の忠臣「彦六」は道芝に溺れる民弥をかつ姫のもとに戻そうとして一計を案ずる。すなわち獅子舞の要領で腰元を裾に入れた蛇の作りものを用意し、これを殿と愛人の居る座敷に出して恨み言をいわせる。怨みの蛇身の祟りにみせかけて殿の翻意をうながそうというのである。もくろみを知ったかつ姫は、「人にいはしては心もとない、おれが成てゆかふ」と自分から蛇の真似を引き受ける。七、八人の腰元を打ちかけの裾にもぐらせて長蛇の尻尾をこしらえると、かつ姫は彦六を相手に「じやのまね」の稽古を始める。〈執念の蛇〉になりきる姫が思いの丈《たけ》を吐き出していう。[27]

　なふ民弥様　聞へぬ。道しばゆへに云名付の私をおすてなされ、るらうの身とならせ給ひ　私が所共しらず。かすかいの姿で御入なされた。何とぞとゞめませんと色々と申。夫婦と云しるしに　一どあふて下されと申たれば。其ことばか有と有て、私がへやへ一どならでは御入なされぬ。それはあまりどうよくじや。おもてへこそあらはさね。ないしんは　じやに成てゐまするはいの

そう言って睨む目付きの凄まじさと、ただならぬ気配に、彦六は覚えず身構え太刀に手をかける。その時であった。かつ姫の身に異変が起きる。

　にらみ給ふ目つき　すさまじく。彦六きみわるく　たちに手をかけゐる所に。たちまちかしらにつの出れば。るり姫女房は「なふこはや」と　おくへにげ入。こしもと共は「扨もあつい事や、先やすましやんせ」と皆〳〵打かけの下よりかほ出し、是も見「なふおそろしや」と皆にげて入にける。

内心は蛇になっている、と言うが早いか、かつ姫の頭に正真の角が生じ、本物の蛇身に変化していく（図19）。偏愛の女の内なる心根は両角の怪異となって外貌に立ち現れるのであった。その場に居合わせた人々は異形に打ち震えて逃げ失せる。何も知らない打ちかけの下の腰元たちは「暑い暑い」と顔を出し、これも驚き逃走する。不気味な中に滑稽味の漂う異様な舞台が観客の眼前に繰りひろげられる。

ひとまずその場を繕う彦六の言葉になだめすかされ、頭の角が消える。かつ姫は「扨々むねがあつい」と手水

鉢の水を呑みほしている。これほどの妖異をあらわす女を殿にひき会わせるわけにいかぬ、と強く心に思う忠義の臣・彦六であった。かくして彦六は心中をよそおいつつ姫を亡きものにしようと決意するが、不首尾におわり、腹を切るはめになる。このあと舞台は、蛇身露見の一件を姫に明かして諭す彦六の最期の言葉へと続く。[28]

是かつ姫殿、此はらは　こなたのきらし給ふ。さいぜん　じやのまねをして　身を殿にして　うらみをいはしやつた時、ねたましう思召一念で。かしらにつのが出いきながら　じやしんと成給ふ。それゆへ　いけて置ては殿のお命が心もとない。さしころさふと思ふたれ共。とかく　ふぎになしてゆびを切かはし。心中と云てしゝなば。姫君は　殿の手うちにし給はふと思ひ。此彦六は　まだ殿のやくにたゝねばならぬ大じの命なれ共、はらを切て　いけんを申たぞや

図 19　『女郎来迎柱』蛇の真似の場（近世文芸叢刊 6『絵入狂言本集』下巻）

これを聞いたかつ姫は「おれにつのが出たとはおそろしい事を云」と本気にしない。しかし、るり姫や腰元たちが「成程私らが見ました」と口を揃えて証言するにおよび、「扨は誠かはずかしや」とおのれの身の浅ましさに肩を落として落涙する。

本人の知らないうちに発動したグロテスクな邪念の証拠に打ち震える〈蛇になる女〉の姿を、近松は巧みに形象化してみせる。「蛇の真似」が胸の奥の激しい嫉妬と怒り、そして深い悲しみと呼応して、角の生えた鬼女の醜態を白日のもとにさらす。心内を因として、外貌を

果とする怪談芝居の平仄がここに完結するといってよいだろう。芸は虚と実の皮膜《あいだ》にありと考える近松の芸道論に則るなら、現実には起こり得ない「女人蛇体」もまた、浮世にありがちな女心の激情とからみ合いながら、芝居小屋の真実《まこと》となって見物の嘆声を誘う。巧みな演出技法に富む近松劇の作為に再度注目しておきたい。

近松作品に顕現する人間心理の奥底を掘りおこす方法については、すでに多方面の考究がそなわる。とりわけ女性の慕情の強調と共感が近松劇を特徴付けるテーマであることは動かしがたい。[29]例えば、密会相手を恋い慕うあまり、暗夜の琵琶湖を泳ぎ渡る姫の蛇身を描く『祝言記』を評して、女の一念に同情し寄り添う姿勢を読み解いた正木ゆみの考察[30]は正鵠を射ている。

もっとも、幽鬼の出現を人間そのものの内面にからめる創作のまなざしは、ひとり近松作品にとどまる問題とはいえない。それは、あまねく元禄の文芸思潮と連動する事柄であった。

井上勝志は近松劇と怪異談の関連について述べた論考の中で、内在する「情」の不可思議を怪異とみなす「元禄という時代の特性」に言及した。[31]井上は近松『曾根崎心中』の悲劇の発端に、信頼しきっている友を平気で裏切る「生身の人、あるいはそのようなことを考えてしまう人の心」が登場する点に着目し、そこに怪異の萌芽を読む。そしてまた、近松作品のかような特性を、同時代の井原西鶴に比肩して元禄文学の怪異認識を想起する井上の文芸史観は大いに首肯できるものであった。それは、生きて働くこの世の人間の内部に真の闇を垣間見る文芸意識の登場を意味している。人の心の仄暗い魔境に気付き、怖れの正体をあばき描く物語が、ここに成立する。「蛇」や「鬼」は、人間存在の歪みを示す文芸的な隠喩に遷移していくのである。

八　おわりに —— 怪談の世紀の胎動

人の心の不可思議に分け入る人間理解のあり方が、近松、西鶴を生んだ元禄文学の底流に脈々と流れていたことは、大きくいえば、「情」の表出を許認する近世前期の思想界の新思潮とも連関するものであった。

かつて中村幸彦は、京都商家の出身である儒者・伊藤仁斎（一六二七～一七〇五）とその長男・東涯（一六七〇～一七三六）の唱えた〈文学は「人情を道《い》う」〉との言説（『読詩要領』）に注目し、仁斎門下の古義堂・堀川学派の思想が当代文芸のバックボーンになっていたことを、多くの典籍をもとに論証してみせた[32]。たしかに朱子学派の禁欲的な道学とは異なる人間主義の文学観は、元禄の作者たちのスタンスにあい通じる。近松の虚実皮膜論をしるす『難波土産』の編纂に深くかかわった穂積以貫（一六九二～一七六九）が古義堂に学んだ儒者である点、あるいは西鶴の唯一の伝記として知られる『見聞談叢』がやはり仁斎の次男・梅宇の著述である点など[33]を重ねてみれば、心奥の「情」にこだわる元禄文学の思想的背景に、人情を肯定する古義堂の文学観の深く静かな浸潤が存したことは想像にかたくない。「人はばけ物世にないものはなし」（『西鶴諸国はなし』序文）と言い切り、恋の闇路や欲望の奈落に目をみはる西鶴流の人妖論的な怪異認識もまた、日常卑近の「情」に人の真理と本質を見出そうとした古義堂の思想に通底するものであった。

十七世紀末の、かかる文学観の大きな潮流のなかに、若女方の怨霊事に立ちあらわれる「情」の表出を位置付ける見方も、あながち的外れとはいえないのではあるまいか。中村の言説を踏まえていうなら、人ならざるものもまた「人情を道《い》う」時代が到来したのである。

否、むしろそれは、「人としての幽鬼」の発見を意味するといった方が正確かもしれない。女たちの負の人生を語る江戸怪談の幽霊像は、このあと、日本列島の怪談文芸にとって不可欠の要素となっていくのである。

近世は怪談が娯楽として、そして大衆文化として享受され、あまねく消費された時代であった。江戸がいわば「怪談の世紀」となった要因を探るため、元禄歌舞伎の怨霊事をてがかりにこれを追尾し、やがてその先を行く近松、西鶴らの人間主義の作品世界に到達した。幽霊のなかにヒトの本質を見出す江戸怪談文芸の流れは、十八世紀後半に至り、上田秋成を頂点とする幻想文学の境地を拓くことになる。「怪談の世紀」のその後について、さらに考察を深めていこう。

注

1. 服部幸雄『さかさまの幽霊―〈視〉の江戸文化論』(平凡社、一九八九)一七九頁。
2. 『新燕石十種』(大正二年・一九一三)巻三所収。
3. 黒木勘哉「劇の幽霊物の系統」(『近世演劇考説』六合館、一九二九)所収、郡司正勝『かぶき―様式と伝承』(寧楽書房、一九五四、ちくま学芸文庫に復刊)第一編「かるわざの系譜」、服部幸雄『変化論―歌舞伎の精神史』(平凡社、一九七五)および注1の服部論考、高畠由紀「元禄歌舞伎における怨霊事」(『成蹊国文』六号、一九七三・一)。
4. 井上伸子「江戸の女方」(『立教大学　日本文学』四〇号、一九七八・七)。
5. 注1の論考七六頁。
6. 注3の郡司論考・ちくま文庫版一三七頁。
7. 本文引用は高野辰之・黒木勘蔵校訂『元禄歌舞伎傑作集』上巻江戸之部(臨川書店、一九七三)六二〇頁による。
8. 例えば中世末成立の『義残後覚』巻二「岩岸平次郎蛇を殺す事」に「水桶」の呪力によって蛇の怨念を封じた旅僧の話が見える。
9. 注1の服部論考八四頁。
10. 本文引用は古典文庫四三九『江戸板狂言本』(古典文庫、一九八三)。
11. 注3の郡司論考・ちくま文庫版一三五頁。
12. 近世文芸叢刊6『絵入狂言本集』下巻(般若庵野間光辰先生華甲記念会、一九七〇)の解説一三頁。
13. 注1の服部論考一〇七頁。

14　注1の服部論考一〇二頁。
15　本文引用は注12の『絵入狂言本集』下巻二三四頁による。
16　本文引用は注7の『元禄歌舞伎傑作集』下巻上方之部五三〇～五三一頁による。
17　土田衛「近松浄瑠璃における歌舞伎の役割」（『シンポジウム日本文学⑦近松』学生社、一九七六）九五～九七頁。
18　本文引用は『元禄歌舞伎傑作集』下巻上方之部五三一頁による。
19　大久保忠國「近松の虚実皮膜論」（学燈社『国文学』一九六〇・九）。
20　本文引用は注7の『元禄歌舞伎傑作集』上巻三〇〇～三〇一頁による。以下同。
21　堤邦彦「生活のなかの異界」（別冊太陽一七〇号『妖怪絵巻』平凡社、二〇一〇所収）。
22　延広真治「江戸文学の多様性―「肉付きの面」を通して見る―」（帝京大学文学部紀要『日本文化学』四一号、二〇一一・三）。
23　注4の井上論考。
24　古典文庫二〇五『上方狂言本3』（一九六四）の土田衛解題、一三頁。
25　注24の解題一四頁。
26　本文引用は注12の『絵入狂言本集』下巻八〇頁による。
27　本文引用は注12の資料五八頁による。
28　本文引用は注12の資料六〇頁による。
29　白方勝「⑴近松門左衛門」（『近世の演劇』勉誠社、一九九五所収）、矢野輝明「元禄歌舞伎における物語の構造―プロットと登場人物の関係性より―」（『筑波大学地域研究』三四号、二〇一三・三）。
30　正木ゆみ「竹本義太夫正本『祝言記』―「海をも渡る女の一念」をめぐって―」（『歌舞伎』六一号、二〇一八・九）。
31　井上勝志「人形浄瑠璃における怪異」（園田学園大学『地域連携推進機構年報』一号、二〇一四・三）。
32　中村幸彦『近世文芸思潮攷』（岩波書店、一九七五）第三章「文学は「人情を道《い》ふ」の説」。
33　注32の同書第五章「虚実皮膜論の再検討」。なお、『難波土産』の実際の編者である三木平右衛門も古義堂に学んだ経歴をもつ。

第六章　侍のイエに祟る女霊たち——江戸の王権と怪異

I　徳川小王権の闇 ―― 築山御前伝説

一　江戸城半蔵門

東京都千代田区千代田一番の住居表示をもつ皇居の出入口には九つの門がある。そのうち西側の半蔵門だけは一般の通行を許可しない皇室専用の禁門である（図1）。

徳川将軍家の時代にさかのぼれば、そこは江戸城の裏門にあたり、甲州街道に直結する軍事上の重要拠点であった。もしもの時には、将軍を幕府直轄地の甲府に逃すため、半蔵門から外濠沿いの四谷見附にいたる麹町周辺は旗本屋敷で固められていた。ことに半蔵門の前には家康に仕えた服部半蔵正成（一五四二〜九六）の「伊賀衆組頭屋敷」が置かれ、配下の伊賀同心とともに、江戸城防衛のシンボリックな存在となっていた。現在の「半蔵門」および「伊賀町」（新宿区三栄町）は、いずれも軍事都市江戸の成り立ちに関わる地名である。

服部半蔵は「鬼半蔵」「鎗半蔵」の異名をとった勇猛の士であり、本能寺の変に際して家康の伊賀越え逃避行を支えたエピソードが後世に伝わっている。天正十八年（一五九〇）の家康江戸入府にあたり、与力三十騎と伊賀同心二百人を従える八千石取りの旗本に任ぜられた（『寛政重修諸家譜』）。のちに忍びの者の頭目として語られた半蔵の人物像につながる下地が江戸開府のころに形づくられていく。

一方、華々しい経歴とは裏腹に、徳川家と半蔵のあいだには、歴史の表舞台に出しにくい暗い過去が横たわる。天正七年（一五七九）九月、家康の長男・岡崎三郎信康を自刃に追い込んだ出来事がそれである。

図１　皇居半蔵門（千代田区千代田）

図２　西念寺の信康供養塔（新宿区若葉町）

永禄三年（一五六〇）、今川義元が桶狭間で討たれると、家康は今川方より離反して織田信長との同盟に踏み切った。同六年には信長の娘・徳姫（五徳）を信康の正室と定め、両家の関係は盤石なものになる。長じて岡崎城主となった信康は、長篠の戦いに出陣して勇猛果敢の若武者と評判される。『三河物語』によれば、徳姫は今川の一族である姑の築山殿（家康正室）との折り合いが悪く、父の信長に信康と築山の行状を難ずる十二箇条の手紙を送る。そこには、敵対する武田家との内通まで書かれていたので、信長は家康に嫡男の処断を求めたというのである。

大久保彦左衛門忠教の『三河物語』は徳川方の史観に偏向した書とされ、現代の歴史学から正される点も少なくない。しかし、信康切腹の一件は動かし難い歴史的事実であった。天正七年（一五七九）九月十五日、徳川の若き後継者は二十歳の若さで二俣城において自刃して果てた。この時の介錯役が服部半蔵と天方山城守だった。鬼の半蔵といわれた正成も、さすがに主君の嫡男に刃を向けることができず、天方がかわって首を打ったとされている。遺骸は二俣の清瀧寺に葬られた。

この事件ののち、半蔵正成は信康の死を悼んで出家し、安養西念と名のり麹町清水谷に一宇を建てて若君の菩提を弔った。寺は寛永十一年（一六三四）、江戸城外濠の拡張にともない四谷見附の外側に移され、西念寺の寺号で現在にいたる（現新宿区若葉町）。境内には信康の遺髪を納めた供養塔（図2）と、半蔵正成の墓が残る。江戸開府前夜の暗鬱な歴史のひとこまを伝える幕府公認の聖跡である。

二　築山殿の祟り

信康の切腹よりひと月ほど以前、天正七年の夏の終わりにもうひとつの悲劇が浜松の近郊・佐鳴湖の畔で起こる。家康の正室であった築山殿の誅殺である。

築山殿（旧名「瀬名姫」・図4）は駿河関口氏の出身で今川義元の姪にあたる。幼少期を今川家の人質として過ごした家康は、弘治三年（一五五七）に瀬名姫を正室に迎え、永禄二年（一五五九）に信康が生まれる。桶狭間の戦いののち、十七年ぶりで岡崎城に戻った家康は人質交換により妻子を取り戻し、正室を城内の築山に住まわせた。「築山殿」の名はこれによるものである。

元亀元年（一五七〇）、家康は浜松城に居を変え、元服して岡崎城の主となった信康の周辺に今川ゆかりの築山殿と、永禄十年に嫁いだ信長の娘の徳姫が残った。かくして仇敵の間柄の嫁と姑の確執が十二箇条の信長宛訴状へと連鎖していくわけである。その結果、築山母子は家康の命により排除されることになる。

天正七年八月の末、信康の命乞いのため岡崎を出立した築山殿は東海道を東に進んだ。佐鳴湖東岸の小藪村（現浜松市富塚町）まで来たところで、密命を受けた野中三五郎重政、岡本平左衛門時仲に殺害される。検使役は

図３　太刀洗の池（浜松医療センター前）

石川左衛門義房が勤め、遺骸を近くの西来院《せいらいいん》に埋葬した。築山最期の地を今も「御前谷《ごぜんだに》」と呼び、血に染まった刀を洗ったという「太刀洗の池」が史跡になっている（図3）。

『徳川実紀』巻三は、野中重政より築山誅殺の報告を聞いた家康が、「女の事なればはからひ方も有べきを、心をさなくも討取しか」と嘆く様子に触れている。密かに見逃すことを期待した主君の心を察し得ず奥方の命を奪った短慮を恥じて、野中重政は領地に引きこもってしまう。

一方、こうした史話の周辺に、無念の最期をとげた築山殿の祟りを語る口碑伝承が生まれ、徳川家臣団のあいだに囁かれていた。高知県立図書館山内文庫蔵の『松平記』（延享四年・一七四七写）は、天文年間（一五三二〜一五五五）から天正七年（一五七九）の築山殿誅殺までをつづる編者不詳の写本である。その一節は、介錯に立ち会った者とその一族の不幸をしるし、奥方の怨霊の発動に言い及ぶ。

カイシヤク申シタル岡本平左衛門、石河太郎左衛門、皆御罰アタリ或ハカツタイニ成、アルイハ子孫皆キラレナドシテ一人モスナオナルワナシ。後ニツキ山殿ノヲンリヤウトテ、ヲソロシキコト限ナシ。平左衛門子・岡本大八ハ、家康小性ナリシガ盗ヲシテハタモノニアガリ、カレラガ兄弟女子迄モ、ツキ山殿ノヲンリヤウトテ、イロ〳〵フシギノコト共有テ、ミナ罰シ殺シ給フトキコヘシ。

家康の小姓であった岡本の息子・大八が盗みを犯して武士に似つかわしくない磔刑となったのは、築山殿の祟りに違いない、というのである。祟禍は大八の親族にもおよぶことになる。

また、寛永・正保（一六二四〜四八）以降の成立とされる『三河後風土記』は祟る婦霊の禍々しさをさらに詳しく記述する。誅殺の土壇場に臨み、築山殿はみずからに刃を向ける岡本・石川の両人を睨みつけ、声を荒げ両家子孫の凶運を予言する。

汝等カ為ニハ女ナレ共《ドモ》主ナラズヤ、天罰争《イカデ》カ遁レン。吾、怨霊ト成テ三年ノ間ニ憂目ヲ子孫ニ見セン。
（愛知県立図書館蔵本による）

図４　築山殿肖像画（西来院蔵）

朱に染まる奥方の「最後ノ面相眼《マナ》ザシ」が両人の目の端に残り三日の間消えることがなかった。果たして岡本、石川の血筋は凄まじい災厄にみまわれ、息子の罪科のみならず、娘の身に築山殿が憑いてさまざま口走り、「人ニ切ラル、真似」をして絶命するありさまであった。

これらの資料の記述に野中重政の名はないものの、同家の一族もまた安穏には居られなかった。天正十四年（一五八六）の家康の駿府入城にともない、蟄居の身の重政は許され、再び家臣となることが決まった。ところが出発の直前に急な病に倒れこの世を去る。そればかり

図５　西来院「月窟廟」の築山殿供養塔

か、跡を継いだ息子の重次も若くして横ざまな死をとげたという。[1] 重次の子の友重が久世大和守の推挙を得て水戸の徳川家に仕官を許されたのは、事件からおよそ百年の時を経た延宝四年（一六七六）のことであった。

ちょうど同じころ、西来院において延宝六年八月二十七日より築山殿の百回忌が三日にわたって盛大に執り行われ、「青池院涼月秋天大姉」の法名を追号している。[2] 寛政元年（一七八九）の地誌『遠江風土記伝』は、築山殿の斬殺以来、濁り水となっていた「血洗池」が「自ら清」らかに変じた霊験を紹介している。[3] 荒ぶる女霊の解脱は、延宝の遠忌を経てようやく仏果を得たと考えられたのであろう。

もっとも野中家の回向は水戸に移封してからも止むことがなかった。西来院の築山墓所「月窟廟《げっくつびょう》」（図５）の前には野中家が奉納した石灯籠と手洗鉢がある（図６）。一番古いものは野中三五郎薫朋の名を刻む享保八年（一七二三）の灯籠であり、天明五年（一七八五）の手洗鉢も同家の寄進による。年号はいずれも築山殿の百五十回忌、二百回忌に前後する時期に合致しており、後世にいたるまで、先祖の刃に倒れた女霊への畏怖と鎮魂を忘れずにいたことがうかがえる。

築山殿の亡魂にまつわる口伝はこれにとどまらない。家康の重臣で信康事件の折の二俣城主だった大久保忠世《ただよ》は、若殿を救えなかったことを悔やみ、信康の死後十五年を経た文禄三年（一五九四）九月十五日の命日に追腹を切って果てた。その孫にあたり、のちに小田原城主となる加賀守忠朝《ただとも》は、明暦の火災に損壊した築山廟所の修復に奔走した人物である。じつは忠朝の祖父・忠常（忠世の孫）は築山殿の長女・亀姫の娘を妻に迎えている。つまり忠朝は築山殿の玄孫（孫の孫）となるわけである。大久保家との深い関わりから生じた口碑であろうか、『遠江風土記伝』「西来院」の条の末尾に『引馬拾遺』を出典とする築山殿の亡霊にまつわる因縁が忠朝の体験談として引かれている。

忠朝が唐津藩の二代藩主に任ぜられたころの出来事である。陽が落ちた城内の庭先にたたずむ妖しい女を目にする。一度ならず女は翌日の夕暮れにも姿をあらわした。高貴の者とみえ、「下には赤き絹、中には黄なる嶋衣を着、上には白絹をうちかけた」装いで忠朝をつくづくと見つめ、影のように消えていった。いかなる女房であろうかと老臣に問うたところ、幼いころ祖父から聞いた「築山御前亡《うし》なはれ給ひし時、着給へる衣」の様態に寸分違わない。幾世代を経て唐津城内に「此霊《ミタマ》」が化現した事実を目のあたりにして、一同驚きを禁じ得なかったと伝える。

図６　月窟廟前に配された野中家寄進の石灯籠二基

築山怨霊の異聞は、徳川家臣団のあいだに伝播したこれらの口伝のみならず、東海地方に教線をひろげた唱導僧の側からも取り上げられていた。浜松城の奥深くに渦巻く女霊の怪異と鎮魂をめぐり、遠州可《か》睡斎《すいさい》の動向に注目してみたい。

三　浜松城寝殿の蛇体

静岡県袋井市久能の可睡斎は応永年間（一三九四〜一四二八）に恕仲天誾《じょちゅうてんぎん》が開いた曹洞宗の名刹である。天正十一年（一五八三）十一月、家康より三河・遠江・駿河ならびに伊豆の四箇国を束ねる「僧録司《そうろくす》」の寺格を許され、東海道一の大寺院となった。席上で居眠りをする第十一世の仙麟等膳《せんりんとうぜん》の姿を見た家康が、「眠るべし」と評した故実によって、可睡斎の寺号を得たという。

さて、徳川家と等膳の深い関係を説く寺側の説話に、浜松時代の家康を悩ませた築山怨霊の因縁話がある。元禄十三年（一七〇〇）の『可睡斎起立并開山中興之由来記』や、紀州徳川家旧蔵の『遠州上久野村万松山可睡斎略旧記』に見える説話の梗概を示そう。

家康が浜松城に居たころのことである。罪科ゆえに斬られた築山殿の怨念が蛇の形を顕し寝所にとぐろを巻いて、昼となく夜となく大神君を悩ませた。諸寺の名僧知識が集められ、いろいろと追善供養の修法を執り行ったが、霊異はいっこうに収まる気配をみせなかった。そこで榊原式部大輔に命じて可睡斎の等膳が呼び寄せられた。家康は法弟の禅易・宋山とともに登城した和尚を城の奥に招き入れ、じかに上意を告げて言い放った。

其の方、禅法之修力を以て、速やかに悩す所の怪鬼を降伏すべし。

等膳たちは、早速その晩から寝所に泊まり、禅の儀法に力の限りを尽くした。凝り固まった恨みの蛇に対して様々教え諭し、「三帰戒」と仏祖正伝の「菩薩戒之血脈」を授けると、さしもの悪霊もすっかり浄化され、深遠な仏法の有り難さに感謝の言葉を捧げた。「禅師さまのお導きにより積もった罪業と蛇の姿を脱することが叶いました。もはや歪んだ恨みの心は微塵もございませぬ。これよりは天下の太平と御家の繁栄を護り続けます」。かくして築山殿の悪念はことごとく鎮められ、家康の病悩も癒えたので、城中が歓びに包まれた。君臣ともに等膳の禅定力を称え、可睡斎の名声は世俗に四散したのであった。この一件を機縁に、寺は東海一の総録司となり、曹洞禅の教線をますます伸張させた。可睡斎中興の寺誌へとつながる築山怨霊譚の性格付けがよく分かる叙述といえるだろう。

もっとも曹洞宗全体の布法史に照らしていえば、築山殿の帰伏説話じたいは、決して珍しい話ではない。中世・近世の洞門縁起にしばしば見出せる「神人化度《しんじんけど》」の一類型とみなし得るからだ。村里に蟠踞する異神、悪霊のたぐいが竜蛇の姿で禅僧に救いを求め、血脈を授かる方法によって仏果を得る。和尚の法力に深謝し、寺域や霊泉を献上するという開創縁起は全国の洞門禅林に散在している。ことに戦国〜近世初頭のものには、大名の家筋に祟る女霊を鎮め、在地領主の外護を得る話が目につく。

『曹洞宗全書』に収められた諸寺院の「寺誌」をひもとくなら、死後に蛇身になった領主青田氏の室を済度した常陸・松岳寺の摸堂永範、堀江越前守ゆかりの蛇婦を弔い武蔵国の浄牧院を開いた大空玄虎など、多くの類例をかぞえることになる。どれも大檀那との繋がりを説くために編まれた洞門特有の縁起説話とみてよい[4]。

そもそも曹洞宗の開祖・道元による永平寺の建立じたいが、大檀那・波多野義重の愛妾をめぐる亡霊帰伏譚（血脈池伝説）にからめて説かれていた。延宝期（一六七三〜八一）以降の近世道元伝にはその傾向が著しく、幽霊済度の景を視覚化した高僧絵伝（図7）が作成されている[5]。

このような神人化度説話の文脈にそって可睡斎・等膳和尚の築山化導説話を読み解くならば、じつにオーソドックスな曹洞系寺院の開創譚の定型がみてとれるだろう。ただし、怨霊得脱の相手が神君家康公の正室である

図７　『永平道元禅師行状図』（仙台市林香院蔵）
永平寺・血脈池の景

点に、可睡斎縁起の特異な歴史性があるともいえる。

なお、可睡斎縁起の解釈について、鈴木泰山は、家康自身の心の懊悩を象徴的に扱う説話と捉える見方を示している。鈴木は、「菩薩戒の血脈授与」が死霊というより、むしろ生きている信者を対象とした修法である点に着目しながら、築山怨霊譚の眼目を「生ける家康の心意識の済度」とみる。[6]

松平家忠の『家忠日記』によれば、築山殿の生害から数日後の天正七年九月二日に浜松城の家康は「御煩いにて城へは候はず」病の床に臥す状態であったとある。自責の念が神君の心身を蝕んでいたのであろう。そのような中で「生ける家康の宗教的救済」が禅僧の手で執り行われたとの想像は、確かに理にかなう。

ただ、その一方において、宗門内より流れ出た築山殿の怨霊譚は、誅殺者の不幸や亡魂の化現といった世俗の怪異に変貌しながら、徳川家臣団の周辺に口碑伝承の水輪を広げていった。説話伝播の全容を鳥瞰していえば、築山殿をめぐる怨霊譚の多様化と民俗怪談への分岐は、教団の内と外の温度差から生じたものかもしれない。怨霊の帰伏に重心をおく唱導の立場と、祟りの禍々しさに瞠目する口碑は、話の目的を違えている。いずれにせよ、可睡斎の主導によって生成した築山殿の怨霊譚が物語の宗教的な基層をなしたことは想像にかたくない。

四　首級のゆくえ

天正七年、二股城において切腹して果てた信康の首級は、信長の首実検ののちに岡崎に戻され根石原観音堂（現岡崎市）に埋葬された。また浜松城近郊で惨殺された築山殿の首も同じく根石原に晒された。やがて岡崎城代の石川数正が菅生郷投村（現岡崎市若宮町）の祐伝寺境内に「築山殿御霊神明宮」を勧進して丁重に祀った（『岡崎市史』第七巻）。信康の方は若宮八幡としてこれも祭祀されたというのである（同書）。

両社が建立された折のいきさつをめぐり、『祐伝寺由来記』は「岡崎之御城にて、三郎様、築山様之御恨之怨霊有之《これあり》と沙汰し（中略）御亡魂之御欝憤《うっぷん》を」鎮めるべく両社が創建されたことを記す。同時にまた、祐伝寺は築山神明宮の別当寺に任じられたのだった。真宗高田派に属する祐伝寺は信康事件の折に殉死した柴田正親の子の柴田六郎が出家し、祐伝坊了慶の法名を得て築山母子の菩提を弔った寺である。

徳川家臣団との浅からぬ血縁・縁故のもとで岡崎に信康、築山殿の供養塔が建てられたことは事実であるが、その際、城中を脅かす怨霊発動の噂が付きまとったことは、徳川家をめぐるイエの暗部に恐れおののく家臣団の心意を反映したものとみてよいだろう。

ところが築山殿の誅殺から六十年を経た正保三年（一六四六）、水野監物忠善が岡崎城主に任ぜられると、祐伝寺境内の築山神明宮は、足軽屋敷を建てるために取り壊され、北東に数キロ離れた八柱神社（現岡崎市欠町）に合祀される。信康・築山事件に距離を置く水野氏による冷遇との見方もある。[7] そうした経緯をへて、現在は、八柱神社の社殿脇を下った土手の傍らに五輪塔の形の「築山御前首塚」（図8、9）があり、若宮八幡の信康首塚とともに往時をしのぶ史跡となっている。

図８　築山御前首塚（八柱神社）

図９　首塚改築碑（昭和52年建立）

岡崎市役所に隣接する両町の祐伝寺は水野氏の命により欠町からここに移転したものであるが、境内の片隅に今も「築山御前首塚」と称する五輪塔が伝存している（図10）。さらにまた、岡崎市中央図書館近くの福寿町には、「築山殿の墓標」とされる榎の大木があった[8]。最初に築山殿の首を埋めたのはこの場所で地蔵の小祠があったともいう。悲憤の奥方・築山殿にまつわる口碑の散在を、今も岡崎城の周辺に見ることが出来るのである。

図10　祐伝寺の「築山御前首塚」

五　悪女の相

信康と築山殿の無惨な最期と祟禍、そして関係者による鎮魂の営みも、徳川の世の移り変わりとともに人々の記憶から遠ざかっていく。東京四谷の西念寺に伝存する『岡崎信康廟修補記』は、母子に対する畏怖が薄れた時代の人物像を示す重要な記録である。

巻子本一巻に仕立てられた同資料は、幕府草創期の暗部ともいうべき誅殺事件より二百三十年を経た文化十一年（一八一四）十二月に、服部半蔵の子孫である一郎右衛門保紹が編んだものである。前半は信康廟を修復した際の記録であるが、注目したいのは、母子の人物・言動と事件にいたる顛末をまとめた後段部分である。すなわち二人を業の深い佞人《ねいじん》として描く叙述を憚ることなく表出する点は、まだ誅殺の生々しい心象が鮮明な幕初のころの口碑伝承の世界と性格を異にしている。

気性の荒い信康の「御酒宴、法ニ過タ」る態度が自刃の遠因であることを明かしたあと、本文は駿河に留め置かれた築山殿と、妾女に囲まれて暮らす三河の家康の夫婦仲が冷えきっていたことを前置きに、人質交換の末に岡崎城に入った築山殿の心の煩悶を次のようにしるす[9]。

三州へ迎取玉ヘドモ、サノミ御賞翫モナク、別殿ヲシツラヒ、築山殿ト号シ居ヲキ玉ヒケレバ、常ニ恨ニ憤リ玉ヒ、「吾コソ　徳川殿ノ本妻、殊ニ御嫡　三郎殿ニハ正シキ母也。其上、我父者、君ノ為ニ命ヲ失ヒ玉ヒ、叔父ノ義元ハ御後盾ト成テ長ナラセ申ス。カ様ノ事モ思召出ザレバ、余人トハ違ヒ御労リモ有ベキニ、御対面サヘ稀ナルハイカナル事ヤ」ト、或ハ怒リ或ハ嘆キ、御心モ勝レザリケル。

築山の実父関口親永は家康の今川離反の責任を負わされ駿府にて切腹した。また、大恩ある叔父の義元が織田勢に討たれたいきさつを引き合いに出して激しい憤怒をあらわにする。まるで浄瑠璃芝居の怨嗟の場にも似た口説《くぜつ》を吐露して打ち震える築山殿の人物像は、魂《たま》鎮めの祭祀を要する荒ぶる御霊の威儀から程遠い悪女の相といえるだろう。

『修補記』の本文は、右に続けて武田方の「滅慶ト云フ唐人ノ名医術者」と密通した築山殿が、武田勝頼への内応を画策し、結局信康とともに亡ぼされるまでを、侍女の斬殺や嫁姑の争いを織り交ぜて語りつくす。

じつは妖しげな唐人医師を事件の裏に書き添える叙述は、必ずしも『修補記』のオリジナルとはいえない。すでに近世前期の『三河後風土記』に「其比甲州ニ滅慶ト云唐人医師有」として、奥方に取り入り寝返りを勧める間者が登場している。先行書の参看により『修補記』を編纂した形跡は明らかであった。

しかし、やや視点をずらしてみると、思わぬ局面が見えてくる。かつて服部半蔵が深い慚愧の心を抱いて建立した信康廟の記録に、奥方の嘆きや佞漢の暗躍といった講釈まがいの人間ドラマを迷わず加える行為そのものが、説話史の重要な転換点をおしえている。近世軍書のなかで増殖を繰り返す俗伝の世界が、幕府公認の聖跡である西念寺の由緒に援用される構図は、築山誅殺事件の風化と歴史秘話への融解を意味するのではないだろうか。浜松城の寝殿にわだかまり、神君家康を苦しめる強勢なる御霊「築山殿」。その罪業を白日のもとに晒す『修補記』の登場は、真に怨霊を恐れ祀り上げる時代の終焉を物語る。同時にそれは、歴史を語り、秘された奥方の崇禍に瞠目する江戸怪談の幕開けでもあった。

注

1. 神谷昌志『浜松ふしぎ物語』（郷土出版社、一九九四）。
2. 「旅籠町平右衛門記録」（『浜松市史』史料編1・一九五七所収）。
3. 『遠江風土記伝』巻二「西来院」の項。
4. 堤邦彦「神霊済度説話の形成と土着」（『近世説話と禅僧』和泉書院、一九九九、第一章Ⅰ）。
5. 注4の『近世説話と禅僧』第三章Ⅳ「道元絵伝の成立」。
6. 鈴木泰山「中遠地方仏教教団史稿㈡」（『愛知学院大学総合郷土研究所紀要』一九八二・九）。
7. 典厩五郎『徳川家康秘聞　消された後継者』（世界文化社、一九九四）。
8. 『岡崎市史別巻　徳川家康と其周圍』（一九八七）。
9. 本文引用は『新宿区文化財総合調査報告書⑵』（一九七六）所収の活字資料に拠った。

Ⅱ　地方奇談にみる「祟る奥方」

一　〈イエに祟る死霊〉の位相

鶴屋南北の『東海道四谷怪談』（文政八年・一八二五初演）で、隣家伊藤家の孫娘・お梅の横恋慕から、妻の座を奪われる悪計にはめられ、顔の崩れる毒薬を盛られたお岩は、おのれの命の尽きることを悟り呻吟する。

いまをも知れぬこの岩が、死なば正《まさ》しくその娘、祝言さするはコレ眼前、たゞ恨めしき伊右衛門殿、喜兵衛一家の者どもも、なに安穏におくべきや。思へば〳〵、エヽ恨めしい

夫の民谷伊右衛門と伊藤喜兵衛一家の血筋を根絶やしにするまで止まないお岩の怨嗟は、亡霊と化して現れる後半「隠亡堀」の場にも「民谷の血筋、伊藤喜兵衛が根葉を枯らしてこの恨み」のように表現されていく。仇敵の家が、絶えるまで終熄しない怨魂の蠢《うごめ》きは、『東海道四谷怪談』の全編に重低音となって共鳴する。

もっとも〈イエに祟る死霊〉の怪異は、ひとり南北のオリジナルとはいい難い。むしろそれは、江戸怪談を形づくる主要な構成要素のひとつであった。実録体小説『皿屋舗辨疑録《さらやしきべんぎろく》』（馬場文耕、宝暦八年・一七五八序）のお菊は、青山家の屋敷を更地《さらち》にするまで鎮まらず、累ヶ淵の婦霊は、夫・与右衛門の血をひく娘に憑いて昼夜の別なく口走り、その肉体をむしばむ（『死霊解脱物語聞書』元禄三年・一六九〇刊）。江戸怪談を通覧していえば、血族への

祟禍が荒ぶる怪異の常套となったためしは十指に余るだろう。

一方、創作怪談の世界とは別に、いやむしろその底流として、諸国の大名、名家に起きた死霊事件と領主支配層による鎮魂祭祀が、郷土の歴史となって語り伝えられてきた点にも注視しておかなければならない。

例えば、南郷晃子の報告した中国地方の「おさご」伝承は、大名家に憑く婦霊譚の典型であった。[1]「おさご」は池田氏の係累に災いをもたらし、改易・断絶ののちまでも霊異の神霊として祭祀され続けた。領主のイエ意識と絡み合いながら、祟る女の伝承が中国山地の武士支配層に畏怖の心意を根付かせていく。

同時にまた、領内の村里や城中をおびやかす婦霊の調伏には、仏法の慈悲と高僧の験力が不可欠となる。〈イエに祟る死霊〉は、領主の請願を受けた高僧の法徳により浄化され、二度と御家に障りをなさないと誓うのが常であった。そこには、唱導者の側から発信された亡霊鎮圧の仏教説話の顔が見え隠れする。曹洞宗の開祖・道元が越前志比庄を支配した波多野義重（～一二五八）の妾霊を救済した功績から、この地に永平寺を建立したと伝える「血脈池伝説」は、この種の寺院開創縁起の典型である。鎌倉初頭の歴史を語るようでいて、じつは血脈池伝説の宗門公許は江戸時代の延宝元年（一六七三）刊『永平開山道元和尚行録』をまたねばならない。[2]唱導史の流れを念頭に置いていえば、〈イエに祟る死霊〉の鎮圧は、近世僧坊の法席をにぎわせた話材と考えてよい。

ひるがえって、日本社会に浸透した怪異伝承の長大な系譜のなかに〈イエに祟る死霊〉の説話群を位置づけて考えようとするとき、解決しておかなければならない大きな問題は、古代・中世の「王権と怪異」の思想との連関であろう。かつて西山克は「怪異のポリティクス」[3]において貴族日記の記述に触れながら「為政者が怪異に敏感に反応したのは、それが前近代の国家と王権による危機管理の問題につながっていたからだ」として、支配層と怪異のポリティカルな関係性に言及した。古代・中世の国家＝朝廷の管理下に置かれた祟禍と祭祀のメカニズムは、それでは近世以降の社会においてどのような方向に変遷したのか。十七世紀を境に怪異と政治の関わりは消滅したのであろうか。それとも形態を変えて民衆の生活に融化していったのか。

仮に王権の内実を、国家の中枢から「箇々のイエ」に縮小化した「小王権」の概念を思いえがき、幕藩体制下の諸藩や、さらに小単位の家臣たちの家々に災いをもたらす婦霊の伝承に絡めて考えるならば、江戸怪談にみる祟りの構図もまた「王権と怪異」の思想の申し子であり、国家からイエに鎮魂・祭祀の規模を小さくした結果になりはしまいか。

本書前節においては、徳川家康の正室・築山殿の誅殺を発端とする死霊伝承をとりあげ、三河国松平家という小国家が天下の将軍家に肥大する過程で、闇に葬られた築山殿の怨魂をいかに畏怖したか、またどのように祭祀したかについて考究した。江戸幕府の巨大組織を背景とする崇禍と鎮魂の図式は、むろん他の諸藩にあっても、ことの本質を同じくしている筈である。

そのような観点から、ここでは十七世紀末に丹波何鹿郡《いかるがぐん》（現京都府綾部市）の山家藩《やまが》に起きた死霊騒動を対象として、地方武家社会の小王権をおびやかす怪異の正体をあばき出してみたい。局地の事例のようでいて、じつは山家藩の一件は、〈イエに祟る死霊〉の思想に直結するレアケースに相違ない。そしてそれは、江戸怪談の基層をなす祟りの構図と、血筋の断絶を怖れる心意とも大いに重なりを持つことになる。

二　お梅の障礙やまず

山家藩谷氏は一万石の小藩ながら、江戸城出仕の御城使役に任ぜられた由緒ある家柄だった。元禄末年の領内を震撼させた代官・楠数右衛門の妻・お梅の亡魂について筆録した早い時期の資料に木崎惕窓《きざきてきさい》（一六八九～一七六六）の『拾椎雑話』がある。

惕窓は若狭小浜の町人学者で、古老の聞書や小浜周辺の地理、民俗、天災、口碑などを蒐めて宝暦十年（一七六〇）に『拾椎雑話』二十八巻を編んだ（のち「追加」二巻を加える）。本書巻二十七「他邦」の第四十三話は、惕窓の耳に達した隣国丹波の死霊騒動一件を細部にわたり書きしるす。それは山家藩の外部に流伝したオーラルな話の臨場感がうかがえる記録内容であった[4]。

丹波国山家領の郷士代官役に楠数右衛門といふ人あり、妻女お梅長々相煩て死す。松福寺に葬る。塚穴を堀るに蛇多く出てさわりと成、皆人あやしむ。其後福知山より後妻をよび入、或時友を招き披露して盃を取かはせし処へ、亡妻出て挨拶あり、みな興をさまし出去ぬ。数右衛門亡妻に向ていひけるは、汝病死是非なし。役儀を勤る身なれは外へも毎度出る事、留主居なくては家とゝのひかたし、止事を得す。然るに爰へ参るは嫉妬の執念なるか、未練の事と叱りけれは、其儘失て影なし。又後妻髪をゆふに鏡の内に亡妻の影うつる。鏡の内はかり影見へて外に何もなし。是に依て後妻を親元へ返すとて駕籠に乗て行、其駕籠にお梅ものりて重くして舁事なりかたく家に帰る。真言宗或は山伏祈禱すれとも験なし。禅宗覚応寺禅嶺和尚懺法施餓鬼の法事あり、その夜弟子病気にて寝て居たりける所へ、我はお梅也、此度御法事に預り候へともいまた成仏は得いたさぬなり。今より何もさはりは致すまし、和尚にお目にかゝり候事はなりかたし、是迄御礼に来りしといふて失けるとなり。

お梅か法名を妙喜といふ。妙喜か障礙やます、終に数右衛門も自殺す。弟も江戸にて自害、其類族を亡す。皆人聞て恐る、元録末の事なり。

『拾椎雑話』が伝える楠家の死霊騒動の全容を整理して示すと、およそ次のようになる。

a　丹波山家領の代官、楠数右衛門の妻・梅が長煩いの末に死去、法名は「妙喜」。
b　菩提寺の松福寺（照福寺）に埋葬の折、塚穴より蛇が出て参列者を驚かす。
c　数右衛門の再婚。
d　婚礼の場に化現する亡霊、「未練の事」と叱る数右衛門。
e　後妻に障りをなすお梅（鏡中の影、駕籠に乗り込む亡霊）。
f　真言僧、山伏の祈禱も験なし。
g　禅宗覚応寺の禅嶺和尚による「懺法施餓鬼」の法事。
h　僧の夢に現れ謝意を示すお梅。
i　成仏しない亡魂、「さはりは致すまじ」と告げる。
j　（付記）「お梅の障礙やまず」して数右衛門は自殺、弟も江戸で自害して一族は亡ぶ、元禄末の出来事。

お梅を葬った「松福寺」とは綾部市鷹栖町小丸山の臨済宗妙心寺派・照福寺のことであろう。元禄当時は塩谷山覚応寺（同市旭町寺ノ前）の末寺であった。覚応寺は山家藩主・谷衛政が先祖代々の墓所として中興し、二世禅嶺のころ貞享三年（一六八六）に講堂を造立するなど、藩内随一の名刹となり隆盛期を迎えている。その後、近代にかけて寺勢が衰え、現在は無住となり照福寺の兼務に帰している。

さて、『拾椎雑話』所収のお梅死霊譚を一読して気付くことは、全体に既視感の強い表現描写に富む点である。夫の再婚が霊異発動のきっかけとなり後妻に異変をもたらす展開（c、d、e）は、近世仏教の唱導話材や怪異小説にしばしば見かける話柄であり、本書第四章Ⅰ、Ⅱにとりあげた「後妻《うわなり》打ち」のモチーフを援用したものとみてよい。また、後妻を乗せた駕籠が女ひとりにしては重すぎることから、後を追って来たお梅亡魂の存在を悟る（e）というのは、本話を特徴付ける秀逸な怪異表現といえるだろう。やや後代のものであるが、杉原顕道の『信州百物語』（一九三四）所収の皿屋敷伝説（「お菊大明神の話」）には、下女お菊の祟りを避けて松代に屋敷を移す「小幡上総介」の行列の駕籠が何故か一挺増える同工の怪異談が見える。種々の類型を指摘しうる点で、木崎惕斎の採取したお梅死霊の風聞は近世怪談の一類型であった。

ところが、累物《かさねもの》のような仏教起源の死霊得脱譚に類比してみた場合、『拾椎雑話』の結末には大いに違和感を覚える。

禅嶺の法要により一度は報謝の笑みをみせたお梅が、「妙喜」の戒名を得ながらも「障礙やまず」、ついに楠家を亡ぼしたというのは、仏法の勝利を謳う唱導説話の目的を逸脱するからである。和尚の禅定力をもってしても浄化されない死霊の噂に身を震わせ、山向こうの山家領に起きた底知れない祟禍の連鎖を筆に留めざるを得なかったところに、木崎惕窓の耳に達したお梅一件の特異性があるのではないか。言を換えていえば、それは江戸時代人の耳目に親しい〈イエに祟る死霊〉の文脈に通じる理解にほかならない。鎮まることのない婦霊の障礙が一族の根葉を枯らす災危となり肥大化する。『拾椎雑話』所収の死霊譚の中心点は、まさに名家滅亡の全容を書き残すところにあったのだろう。

もっとも、隣国に聞こえた霊異の風聞とは裏腹に、楠家の血統は断絶していない。明治の世に至るまで数右衛門の係累は連綿と続くのである。丹波山家藩の内部に何が起こっていたのか。歴史の事実と伝承のはざまを追い求めて、さらなる深部に分け入ってみたい。

三　楠家の人々

現在、旧山家藩領内の地区に楠姓の居住は確認できない。しかし近世から明治初年の文書を丹念に繙《ひもと》いていくと、藩内に残る同家の足跡が浮かび上がる。元禄のころ、山家藩に楠数右衛門が実在したことは、綾部市資料館蔵の「西田好三氏所蔵文書」などから明らかになる。元禄五年～十六年（一六九三～一七〇二）の免状（「志賀町年貢割付」）に名がみえるので、元禄末まで存命していたものと考えられる。

一方、はるかに時代が下がった嘉永二年（一八四九）の「御分限帳」（「森田幸一氏旧蔵文書」）に

一　高七拾石
　　江戸
　　　楠丈左衛門

とあり、楠家の末裔が麻布にあった藩の江戸屋敷詰を命じられていた事実に行きあたる。江戸麻布の藩邸に仕えた九十九人の藩士のうち、丈左衛門は二十一番目に記載されており、小禄の身分ではなかった。また楠家が、国元を離れて暮らす藩主を支える「江戸詰」の役目に任じられていた点は、山家領内のお梅の伝承が、江戸に出仕した藩士の屋敷跡にあたる綾部市広瀬町の周辺に散在することと重なる。これについては後に詳しく触れたい。

さらにまた、明治五年（一八七二）の「壬申戸籍」（山家郷土歴史資料館蔵・福井家文書No.58）[5]を閲していくと、山家村在住の「楠保真二十六才」と義父の「楠立人三十六才」の欄に目がとまる。後者の立人の項には「祖父　楠丈左衛

門」とあり、嘉永の「御分限帳」に載る丈左衛門の家系にそって幕末・明治期の楠家の消息を追うことができる。同資料は明治維新直後の山家の士族七十四人のリストであり、そこに楠家の記載があるということは、江戸期を通じて同家が侍の身分を保った証しといえるだろう。

なお、江戸における楠家の足跡をたどると、安永十年（一七八一）の『武鑑』に載る山家藩の項目に、江戸城出仕の「御城使」を補佐する役目として「木南丈左衛門」の名前が見える（図1左下）。同じく寛政十二年（一八〇〇）、文化元年（一八〇四）の『武鑑』にも同役目の「木南衛守」（前者）、「木南衛方」（後者）の記載がある。「木南」が「楠」を表す筆遣いのうえの表記なのか、あるいは後に述べる「木南《こみなみ》」家を示すものか判然としないものの、楠の末裔が江戸に深くかかわっていたことじたいは間違いない。

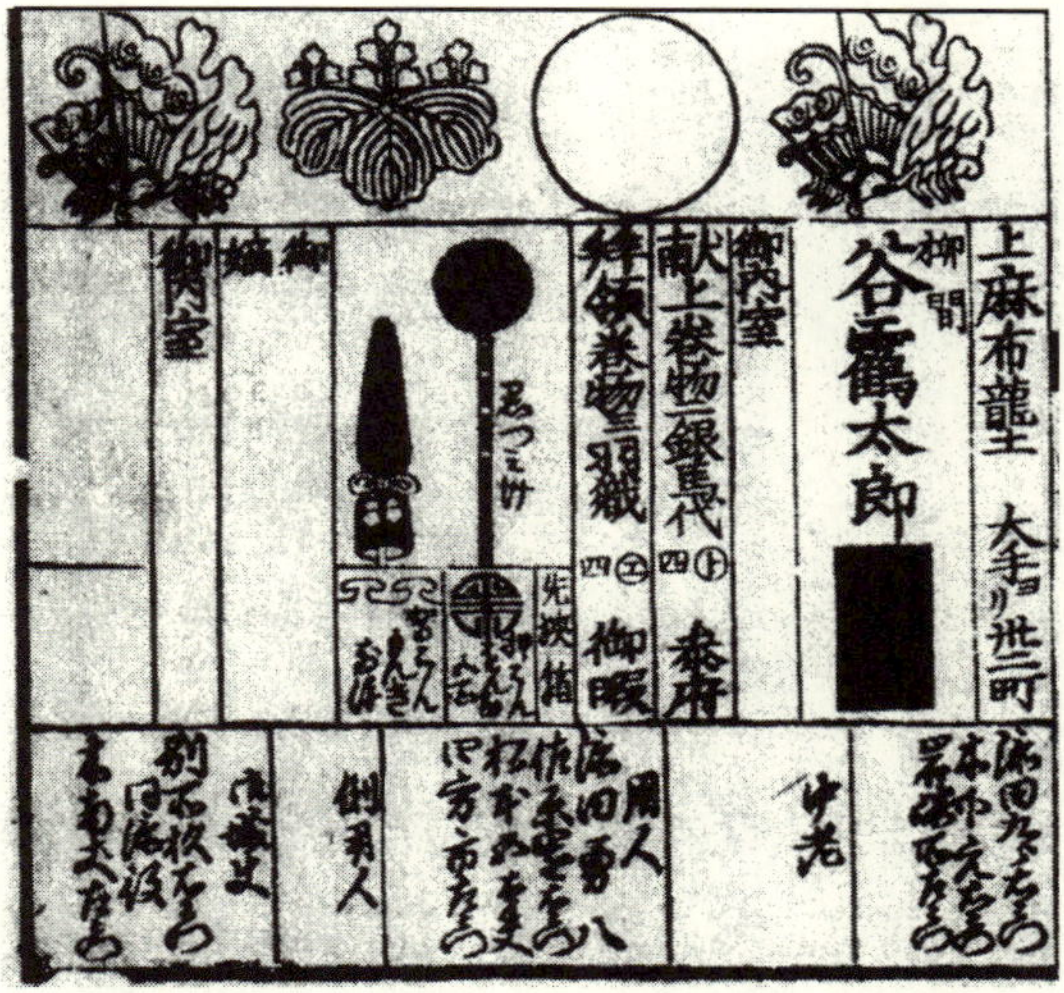

図1　安永10年『武鑑』（国書データベース）

加えて興味深いことに、「壬申戸籍」の楠保真の項の末尾には、一族の檀那寺として「同国同郡山家鷹栖村臨済宗覚応寺」の記述がみえる。明治初頭に至って、なおも覚応寺との深いつながりが存したことは、お梅の説話の生成に関与した寺院側の役割を示唆する。退転して無住状態のいま、覚応寺の唱導営為の全貌を明かすには困難がともなう。あくまで推測の域を出ないものの、死霊譚の生成プロセスを解く手がかりは覚応寺の周辺にあると考える。

ところで、もう一点気にかかるのは、楠立人の項に「元山家藩士木南薫方同居」と付記する箇所である。「壬申戸籍」の別の項目には、同じく覚応寺の檀家だった山家村士族の「木南薫」の名がみえる。「木南」の姓をめぐっては、「楠」の、文字を二つに割った分家の名とする地元の口碑が伝わる。山家歴史の会のご示教によれば、山家には二戸の楠家があったが、一方は事情があって姓を「木」と「南」に分け、「木南《こみなみ》」を名乗ったというのである。[6] 確かに『山家史誌』(一九八七)所収の明治六年「士族屋敷配置図」を見ると、藩主の館であった「御館」(現山家城址公園)に近接する御館北門右手の江戸出仕武家屋敷の一画に「小南」の記述(図2右上)がみえる。これは「木南」と同音の表記にして、明治初年に山家に残った木南家のことだという。[7]

お梅の一件を連想させる姓氏改めの言い伝えは、それではいつの頃より口承されたのであろうか。少なくとも山家に伝わる歴史資料の側面から木南姓の存在を確認できるのは、嘉永二年の「御分限帳」を待たねばならない。すなわち同資料に領内の「山方手代」として「木南操」の名が見出される。あるいは江戸詰めの楠家に対して、地元の役回りを司る木南家が存続していたのかもしれない。

山家歴史の会によれば、木南、楠の両家は現在いずれも地域内に類縁を残しておらず、丹後方面への移住が古老のあいだで話題になったという。[8]

いずれにしても、山家の村里にあっては、小浜に伝播した風説とは異なり、楠一族の血筋は絶えていない。しかるに、同家に関する記録が藩制時代から明治初頭のものにとどまり、木南改姓のいきさつも口碑の域を出ないのは、いかなる事情によるものか。またお梅の伝承の生成に覚応寺はどう関わったのか。死霊騒動に向けられた領民の心意とまなざしを含め検討すべき点は少なくない。

それらの詳細を知るてがかりとなる在地資料として、二〇二〇年春に発見された新資料『楠氏死霊記』に注目してみよう。

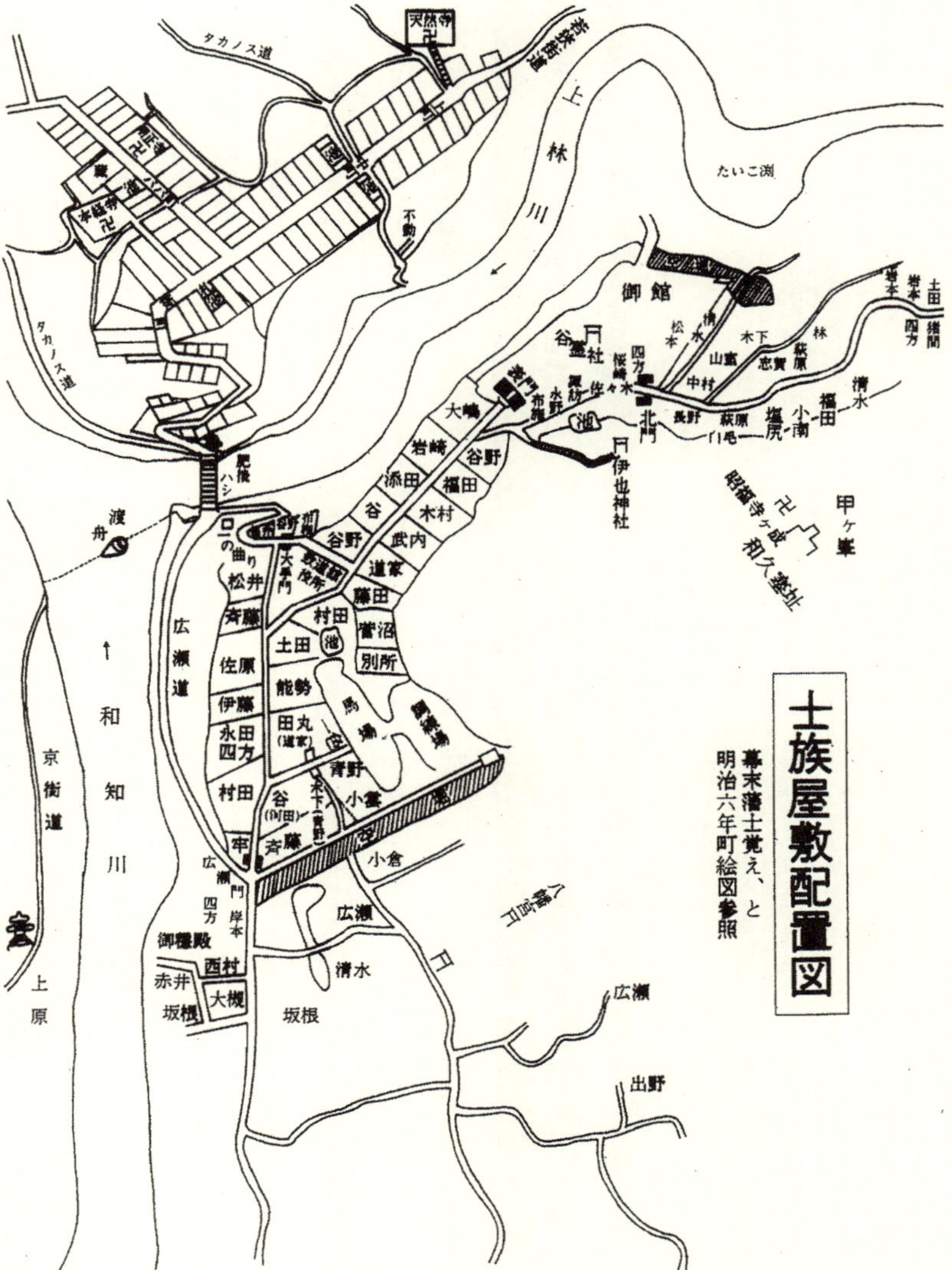

図２「士族屋敷配置図」（『山家史誌』）

四　『楠氏死霊記』の意味

お梅の説話を求めて幾度か綾部市に足を運ぶうち、綾部市資料館の御示教を得て、広瀬町・岩本家の文書中に「楠氏死霊略記」[9]の伝存があることを知ったのは存外の驚きであった。後日、岩本善邦氏の御厚情により「楠氏死霊略記（楠お梅幽霊記）」と題する資料のコピーを閲覧し、その内容の豊富さに瞠目した。外題下に「塩谷山覚応寺蔵書典」とあり、また末尾の識語に「元禄十三年五月／釈氏用珉《ママ》聞書瑞誌之」[10]とあることから、元禄の事件の直後に覚応寺周辺の僧の手で編まれた記録をもとに「楠氏死霊略記」が写された経緯が分かる。ただし、同資料は岩本氏の御尊父が原本の内容を現代口語に改め筆写したペン書きの写本（Ｂ５版七枚）であったため、元になった覚応寺蔵本の出現が望まれた。

幸運なことに、二〇二〇年の五月、元禄十三年本の転写とみられる天保十二年（一八四一）写の『楠氏死霊記』の画像データに触れる機会に恵まれ、写本の全貌を知ることとなった。同資料は綾部史談会会長の故・川端二三郎氏の手元にあったもので、全十五丁（本文十三丁、跋文二丁）の漢文体写本を撮影したデジタル画像である。表紙・外題・奥付は次のとおりである。

〔表紙〕

干時

天保十二辛丑年

楠氏死霊記
正月吉日　山家家中
布施時之助

〔奥付〕
元禄十三年庚辰五月日
釈氏周珉聞書端誌之

〔跋文奥付〕
天保十二年丑年
正月吉日　布施時之助焉之

天保十二年（一八四一）の布施時之助（山家藩士）の跋文によれば、死霊一件について楠家から禅嶺和尚に書き送った五、六点の草稿をもとに、繁雑を避け類似するものは要点をひとつにまとめ「後来ノ憑拠」としたのが『楠氏死霊記』であるという。元禄十三年の原本との関係はいまひとつ不明瞭な部分もあるが、近世前期にさかのぼるお梅の祟禍を細部にわたり書き残している点は、この写本の重要な意味を示す。ひとまず『楠氏死霊記』の内容を略述し、死霊事件の全容を鳥瞰することにする。番号に□を付した箇所は『拾椎雑話』に不載のオリジナルな在地伝承である。

① 山家藩の侍・楠数右衛門の妻が急な病に罹り元禄十二年五月五日に亡くなる。法名を「華岳妙輝信女」とい

い、享年十七歳。父は丹後国田辺の吉見平治。

② 葬儀の折に小蛇があらわれ、参列の人は訝しがる。

③ 数右衛門の再婚。後添えは丹後の氏家玄三の娘。

④ 九月六日の夜、夫の留守を守る後妻が小用に立つと顔に生暖かい風を受け、狐狸の仕業かと疑う。

⑤ その後、昼夜を問わず死霊があらわれ、後妻の口を借りて恨み言を口走り、「前生ノ形影」をみせた。

⑥ 真言僧を呼び狐落としを修したが効験なく、楠氏は前妻の霊象なることを悟る。

⑦ 災いが半年におよぶころ、死霊は後妻の鏡に影を映すようになる。そのため後妻は化粧を整えられなくなる。

⑧ 天照皇太宮に祈願したところ、死霊は「この世にありし時は神を畏れたが、彼ノ土の者となった今は少しも懼れない」とうそぶく。

⑨ 数右衛門は死霊に問うた。「お前の寿命が尽きたのは業因である。武士の妻たる者が何故道理をわきまえな

いのか」。

⑩ 死霊いわく、「私は罪業が深く両親の気に入る嫁にもなれず、そのうえ瞋りに支配され三毒に心を悩ます日々であった。今は中有をさまよい憂い悲しみと苦しみのただ中にある」。

※このあとに欠丁があるか。岩本家蔵本のペン書き写本により⑪を補う。

⑪ 「ましてや後妻がそなたに寵愛されているのを見ては嫉妬に身をやき悩まずにはいられない」と答えた。数右衛門は、中有にあるのは汝のみかと尋ねると、死霊は、「いやいや中空に迷うは数多く、年久しきも近日のものもあり、その数を知らず」と。数右衛門は、「法名も受け弔いもあるのに何故成仏しないのか」と聞くと、「法名はあるとも今は尚俗名お梅であって生前と変わらない。自分は業が深いので何の供養も意味なし」と言って退散しない。

⑫ その後も死霊が化現するので、数右衛門は相対して「なぜ早く去らぬか」と尋ねた。死霊いわく「冥途の風が吹けば去る」。数右衛門「冥途の風とは何か」、死霊「夜に三度、昼に三度吹き、これに乗じて往来する」。

⑬ 十二月二十六日後妻を親元に帰す。途中で駕籠が重くなり死霊の同乗を知る。

⑭ 道中、後妻は蛇の幻影にまどわされ苦悩する。

⑮ 駕籠の通った街道は通行人に災禍がおよぶため、近郷の者は「死霊往還ノ道」を忌避した。

⑯ 祈禱僧を呼び地鎮法を修したうえ、後妻を山家に戻したが、夜中に叫喚する始末で、近隣の者も気味悪くおもう。

⑰ 後妻の夢に赤蛇があらわれ乳の下に入るとみるや、腹に赤い模様が浮かぶ。あわせて神の化身の白犬が蛇を殺す夢をみる。

⑱ 前妻、後妻いずれも丹後出身なので、田辺の氏神を祀るが、神に見離されて験がない。

⑲ 真言、禅、浄土、日蓮など諸宗の経文も効をなさない。

⑳ 槙の尾の大比丘を頼るが一向に鎮まらない。

㉑ 翌二月十日、意を決して禅嶺和尚の救いを求める。

㉒ 栂尾・明恵上人の土砂を以て後妻の腹をなでると赤い筋が消える。

㉓ 二月十一日、死霊が大蛇の姿になって数右衛門のもとを訪れる。

㉔ 禅嶺は「倩女離魂」の法を行い、偈を授ける。

㉕ 禅嶺と僧衆の修法、法会は十七日におよぶ。

㉖ 懺法の最終日、仏壇の灯が振れる。

㉗ その後、覚応寺の寺僧の枕辺に女があらわれ、禅嶺に謝意を告げたいと望むが、僧は病臥の状態ゆえ返答をなさない。

㉘ 女は数右衛門のもとを訪ね、禅嶺に取り次いでもらえないことを嘆く。直接和尚に会えない理由を尋ねると、凡身ゆえに「広徳有智」の禅師に近寄り難い旨を告げる。

㉙ これよりは楠の家に仇なすことはせず、二度と姿をあらわさないと誓い、女は跡なく消え去る。

※ペン書き写本は、末尾に「二度と姿を見せない証拠」として、亡霊が領内の橋を落としてみせた故事を追記する。

全体の話の骨格自体は『拾椎雑話』所収の風説とそう変わらないものの、『楠氏死霊記』には、さらに細かな話の顛末と土地の人々の見聞きした独自の情報がしるされている。

たとえば、お梅の乗り込んだ駕籠が通った道は亡霊に行き逢うので、貴賤を問わず「死霊往還ノ地」を避けて遠回りした⑮というのは、当事者の周辺にあった生の在地伝承とみてよい。

其節、近郷ノ民農、到テ二死霊往来ノ地ニ一、行遇イ二于死霊ニ一、日、未ルニレ幾ク病死ス。所以ニ無レ貴ト無レ賤ト、聞キ伝、避二死霊往還ノ地ヲ一徒ニ通シ二線路ヲ一側ルレ耳者ナリ乎。

土地との密なつながりという点では、皇大神宮に祈りを捧げ⑧、神の化身の白犬が蛇を殺す奇瑞を得る筋立て⑰も同様の傾向を示す。お梅と後妻の生国丹後が元伊勢内宮皇大神社（現京都府福知山市）の信仰圏であることを踏まえた叙述であろう。白犬の加護については、丹後周辺に伝播した麻呂子親王伝説との連関を想察させる。在地性の濃さがうかがえる表現に注目しておきたい。

さらにまた、憑霊におびえて夜半に喚き叫ぶ後妻の声に耳をふさぐ里人の様子をつぶさに描くリアルな筆法は、『楠氏死霊記』の特色であった。

然ル処、亦是レ死霊相イ添イ来リ至ル二楠家ニ一。三五更ノ節、揚テ二高声ヲ一如レ怒如レ慕喚ヒ鳴コト一二三夜有リレ之。近隣ノ衆攪シテレ瞠感慨統スレ之ヲ。

眼前の禍々しい出来事や土地の人々の反応を余すところなく書き込む本書の描写力は、楠家に近い立場の人物でなければ知り得ない情報と臨場感に充ちている。元禄十三年の識語にしるす「釈氏周珉」については不詳ながら、覚応寺所縁の僧であることを思わせる。さらに言えば、説教の場の常套表現に通底する叙述の頻出という側面からも、『楠氏死霊記』の編纂に関与した僧侶の介在は大いに考えられるものであった。

五　説教話材としての特色

『楠氏死霊記』の特徴のひとつは、仏教唱導僧の口吻をうかがわせる内容にあるといってよい。高僧の法力による婦霊得脱の宗教テーマは、禅嶺和尚の道声を称える結末に至るまで一貫している。家の断絶を語る『拾椎雑話』の風説に比べたときの根本的な落差は、まさにこの点にある。以下、死霊の解脱を描く他の近世勧化本との類想を軸として、『楠氏死霊記』の唱導性を検証してみたい。

前掲梗概の④以降、前妻の死霊は後妻の身体に憑いて「種々ノ恨」を口走り、「前生ノ形影」をあらわして冥府の苦しみを訴える。その際、あの世のありさまが「問答」により明かされる叙述形式は、同時代の勧化本に散見する地獄語りの典型を示す。

数右衛門は亡妻に向かい、若くしてこの世を去らねばならなかったのは業因によるもので「千悔万恨」も是非に及ばずと道理を尽くして言い聞かせる⑼。すると死霊は生前の行いを懺悔しながらも、中有にさまよう自らの境涯を嘆く。

> 我レ罪業深シテレ身而不レ合ワ二両親之気ニ一、多瞋ニシテ而三毒労レ思ヲ焦スレ身ヲ而已。今亦、迷イ二中有ニ一而為ス二憂悲苦悩ヲ一甚タ多シ。

死者と生者の問答を通じて堕獄の原因や、冥府の状態を語る。そのような語り口が勧化の場面に珍しくないこ

図３　『死霊解脱物語聞書』挿絵（叢書江戸文庫）

とは、累ヶ淵怪談の源泉とされる『死霊解脱物語聞書』（図３）の次の一文にも見て取れる。事件の舞台となった下総国羽生村の名主と累の亡魂の間に交わされる問答から、死者が現世に舞い戻る理由が判然となる。亡くなる者の多いなかにあって、なぜお前だけが姿をあらわすのか、との問いに対して死霊が口を開く。

能《よく》こそ問《とは》れたれ此事を、それ善人悪人怨讐執対《おんじうしったい》有て、死する者多しといへ共、来て告《つぐ》る人少き事は、是皆過去善悪の業決定《ごうけつでう》して、任運《にんうん》に未来報応の果《くわ》を感じ極むる故、爰《こゝ》に来る事能《あた》はざる歟《か》。あるひは宿世《しゆくせ》におゐてこゝに帰り告げんと思ふ深き願ひのなきゆへか。又は最後の一念につよく執心をとめざるにもやあらん。他人の事はしばらくおく。我は最後の怨念に依《よつ》て来りたり。

（上巻「羽生村名主年寄累が霊に対し問答の事）

執着心の有無浅深が幽霊となって化現するか否かを決めるという理法が、死霊とのやり取りから浮かび上がる。まるで紙上説法を代弁するがごとくに、亡者は雄弁である。そうした仏教怪異談のオーソドックスな語り口の癖を知ったうえで『楠氏死霊記』を読み進むなら、説教の基本的な文脈が盛り込まれている点に気付かされるだろう。

さて、別の日、再びやって来た死霊に対して、数右衛門は屋敷を脅かすことなく速やかに「可㆓帰リ去㆒ル」と告げる。すると死霊は「冥途風吹カハ者須ク㆓帰リ去ル㆒」と返した（⑫）。その言葉のとおり、しばらく去らない時もあれば、瞬時にいなくなる時もあったので、不審に思いいま一度訊ねてみた。

楠氏問曰ク「冥途風トイフハ者如何ン」。死霊答曰ク「迷《ママ》途風ハ者夜分三度昼三度之風吹ク、乗㆓比風ニ㆒往来ス。実、欲スレハ㆑行ン則千里万里一時ニ行キ、欲㆑坐則坐ス、自由自在也。」

冥途の風とは『往生要集』以来の「地獄の業風」（等活地獄）の変奏であろうか。廻獄譚形式の勧化本『孝子善之丞感得伝』では、追善の功徳を積んだ亡者が「涼しき風颯と吹き来りぬる」と見て毒蛇の責めより解き放たれるありさまを描く。『往生要集』の説いた地獄風は近世唱導の解釈を経てさまざまなバリエーションを生んでいる。かような話材を数右衛門と亡妻の問答を通じて布宣するところに『楠氏死霊記』の唱導性がうかがえる。

「明恵上人の土砂」の利益（㉒）に関しても、密教系の勧化本にしばしば見受けられる話材であろう。「土砂加持」とは、清浄な白砂を光明真言を以て加持し、これを遺骸や墓所に散布すれば、生前の罪障を滅して極楽往生がかなうとする呪法である。ことに明恵（一一七三～一二三二）は光明真言を亡者得脱の行法に用いたことで知られる。近世勧化本においても、蓮体（一六六三～一七二六）の『光明真言金壺集』、『秘密安心往生要集』などにその効験の程が詳しく述べられている。

ただし、『楠氏死霊記』の場合は、やはりお梅一件を取り上げる後掲の『善悪業報因縁集』と比べるなら、土砂加持の扱い方に軽重の差が見出される。臨済宗覚応寺の影響下に編まれ、禅宗の教義に直結するとみられる本書の位相を考えれば、それは当然の帰結かもしれない。

禅宗の教えに最もよく合致するのは、㉔の修法と偈文であろう。大蛇に姿を変えた死霊に対峙した禅嶺和尚は、「倩女離魂ノ古則」を説示し、さらに次の偈を与えた。

変㆓化シテ大蛇ニ㆒成ス㆓怨敵ヲ㆒　法威何ソ脱㆓却セザラン沈淪ヲ㆒
春風ニ得テ㆑意ヲ閑ニ観見スレバ　本体如然月一輪
喝

「倩女離魂《せんじょりこん》」とは、中国唐代の『離魂記』を出典とする禅話である。駆け落ちして男の家で五年を過ごした娘・倩女の魂と故郷に病臥する本人の肉体が皆人の眼前でひとつに合わさる奇譚をいう。禅宗においては『無門関』第三十五則に「倩女離魂」の説話を引き「那箇か是れ真底」（どちらが本物か）と問いかける。師僧が弟子に真理を尋ねる禅問答（公案）のテクストに用いられ、洞門済家の僧坊にあまねく流伝した。

禅僧にとって親和性の強い「倩女離魂」の古則に絡め、ここでは大蛇に変化した死霊と奥方のいずれが真の姿かを問い糺《ただ》す。禅旨に基づく救済を示したうえで教化の要点を美文調の偈文に託しながら怨霊解脱の場面へと、物語は展開していく。禅宗の法儀をふまえた鎮魂の手順がすぐさま発想されるところに、この写本の生成を支えた覚応寺所縁の臨済僧の介在を考えるべきではないだろうか。

皇大神宮の御稜威《みいつ》も効なく、諸宗の加持祈禱も受け付けない。明恵上人の土砂さえもが一過性の利益に終わり、万事休すと思われた最終局面で、禅の古則と偈により亡婦の悟道が成就する。『楠氏死霊記』の底流に禅宗布宣の明確な意図が含まれることは、もはや疑いないだろう。少なくとも楠家をめぐる死霊帰伏一件の筆録に、覚応寺は中心的な役割を果たしたと考えて大きくあやまつまい。

六　勧化本への拡散

もっとも覚応寺周辺の局地の信仰圏に留まるかぎり、楠お梅の亡魂にまつわる怪異は、地方口碑の枠組みを出ることはなかっただろう。じつは、この話のいまひとつの特異性は、小浜藩の領内にまで伝播したばかりか、都市部で刊行された勧化本に採取され、仏法の勝利をあらわす証拠となって説教僧の法席に話の輪を拡げていった点にある。具体例として天明八年（一七八八）刊の『善悪業報因縁集』をとりあげる。そこでは禅宗と異なる他宗派の解釈が加えられ、「後妻《うわなり》打ち」のモチーフや、「土砂加持の功徳」を強調する新たな唱導説話への読み直しがなされていた。

『善悪業報因縁集』は内題下に「豊後臼杵城下一叢軒露宿／皇都音羽山下隠乞子採璞校評」とあり、序文の記述から、豊後の僧・露宿の編んだ「仮山簀《かざんき》」なる書をもとに、法相宗の学匠であった京都の採璞《さいはく》が評言を加えて、改題、出版したものと分かる。銭屋利兵衛、勝村次右衛門合板の国立国会図書館蔵本の見返し宣伝文に、

> 此書は近き比《ころ》見聞せし善悪因縁の業報ありし、善業《よきわざ》をなせし者には善報《よきむくひ》あり、悪業《あしきわざ》をなせし者には悪報《あしきむくひ》ありしが、物語の其源《そのもと》を糺して、実事《たしかなること》のみ集記《あつめしるす》、諸人悪を遠ざけ善事を作《なさ》しむる為《ため》とする書なり。

とある通り、目のあたりの実説を標榜する通俗仏書特有のスタイルを基調とする。十七・八世紀の都市の出版メ

図４　『善悪業報因縁集』巻２の１挿絵（叢書江戸文庫）

ディアを背景に量産された平仮名絵入りの勧化本の典型であった。

　さて、本書巻二の一「先妻の死霊、後妻を悩ませしを仏力を以て助くる事」は以下の書き出しで始まる。

　　享保年中の事なりしが、丹波国に楠数右衛門といふ武士、其妻は丹後国より嫁し来れり。其名をお梅といふ。

冒頭の一文を見ただけで、これが山家の死霊騒動を出拠としたものであると分かる。夫妻の仲も睦まじく平穏な暮らしぶりであったが、一両年を過ぎたころ、お梅は病の床に臥す。明日をも知れない容態に、お梅は夫を枕元に呼び寄せた。

　　「私は追付《おつつけ》死するで有らん。必《かならず》後妻を持給ふな」と泣々言ひければ、数右衛門も不便に思ひ、「我も今は家督の子なければ、独身にても済《すむ》まじければ、左様に思ふ事ならば、妾《せう》を置《おく》事は如何《いかゞ》」と問へば、「夫《それ》は如何様共《いかようとも》。しかし、家督成長の上《うへ》は、妾を外へ形付遣され」など。呉々《くれ〱》と言ふて、一両日を過て命終《めいじう》しぬ。

「家督」は家の跡を継ぐ嫡男の意味である。侍の家名を絶やさぬため、お梅は妾を持つことまでなら、と承知する。しかし心の底では他の女を夫に添えて欲しくなかった。

以上を前段に、三回忌を過ぎるころ、正式に後妻を迎えたことをきっかけとして「妙輝信女」の遺念が発動しはじめる（図4）。鏡の中の亡霊、蛇の幻影などの霊異は『楠氏死霊記』とほぼ一致するものの（駕籠の一件なし）、他方『善悪業報因縁集』においては、夫の再婚と正室の地位そのものに対する執着の怨嗟が、お梅の成仏を妨げる要因となって記されるのであった。

夫より後は後妻に先妻の死霊が託《つき》て、種々《さまぐ》口ばしり申けるは、「其方は妾の分《ぶん》として本妻の様に心得《こころゑ》て居《お》るのが気に入らぬ。本妻は此梅《このむめ》じゃ」と言ふて、可畏顔《おそろしきかほ》をして召使共《めしつかひとも》を叱廻《しかりまは》して一向に手におはず。

近世の勧化本において、奥方の亡魂がのち添えの女に災いをもたらす二人妻型の妬婦譚は、唱導話材の主要モチーフのひとつであった。早くは鈴木正三の片仮名本『因果物語』（寛文元年・一六六一刊）上巻六「嫉深キ女、死シテ後ノ女房ヲ取殺ス事」に代表される破約と復讐の幽霊話が説教の法席を飾った。古代中世の「後妻打ち」をふまえながら、よりドメスティックな妻妾の確執に焦点をあて、女人の罪障を説く説話に変遷したのが、この種の仏教説話群であった。

採璞は『善悪業報因縁集』の他の章段にも後妻を廃除する先妻亡魂の祟禍を取りあげており（巻一の五）、山家の死霊一件について後妻打ちの文脈から理解していたと考えてよい。丹波の山家に根付いた楠お梅の在地伝承は、広い享受層を対象とする絵入勧化本に採録され、世俗にありがちな後妻打ち怪談に話柄を均質化させていったわけである。

一方、「明恵の土砂」に対する関心の度合いについていえば、『楠氏死霊記』の冷淡な扱いとは異なり、土砂の功徳を重ねて説く採璞の布法態度が鮮明になる。ことに一話の末尾に付された評言部分は、光明真言と土砂加持の利益を丹念に説明し、明恵の土砂を称える姿勢をあらわにしている。

採璞評に曰《いはく》、夫《それ》加持土砂といふは、光明真言を以て加持する作法、御経《おけう》に委《くは》しく説給《ときたま》へり。土砂とは大地なり。一切衆生の所依処《しょいしょ》といふて、依《よ》り処とするは此大地なり。大地より山河草木一切の受用する程の物、皆大地より出生せり。此の所依処《よりどころ》の土砂を取《と》りて、仏の五智光《ごちこう》の真言を以て加持すれば、仏の所依処《よりどころ》となさる、真如浄法界《しんににょじょうほっかい》の体《すがた》と成る。真如浄法界とは、不可言説《ふかごんせつ》の境《けう》といふて、凡夫の智恵の及ばぬ処《ところ》、無二平等《むにべうどう》の処なり。左《さ》すれば此場《このば》に於て、怨親喜怒哀楽の差別《しゃべつ》はなき也。栂尾明恵上人の加持し給《たま》ふ土砂なれば、猶以《なおもつ》て効験《しるし》の有《あ》る筈也《はずなり》。

土砂加持の重視は先に触れた蓮体の『秘密安心往生要集』や超海の『瑞応塵露集』（享保十八年・一七三三刊）といった真言律系の勧化本にしばしば見受けられる[11]。法相宗とみられる採璞の勧化本もまた、禅宗・覚応寺周辺のお梅得脱譚とは違い、密教呪法の称揚に説話のベクトルを読み換えているのである。勧化本という広域普及型の出版物に転載され、編者の宗旨にかなう修法・儀礼を加味しながら別種の唱導説話に再生していく。そのような道筋を『善悪業報因縁集』の「お梅の成仏」の例話にみておきたい。

七　在地伝承の現在

江戸前期の覚応寺を主軸に生成し、さらに若狭小浜の郷土資料や勧化本に展開した楠家の死霊譚は、明治以降の山家村にあって新たな局面を見せることとなる。旧藩時代の記憶にもとづく土地の言い伝えのゆくえに焦点を当ててみたい。

綾部市資料館蔵の「加藤宗一氏研究基礎資料『山家民話』」は、序文に、編者の島田篤郎が「山家に生を受け、幼時をその地に過ごした母」より聞いた「明治初年」の民話を集めて一書となしたいきさつに触れている。オーラルな伝承の宝庫ともいうべき内容を読み進むと、村落内の源頼光旧跡や孝子伝とともに、第三話に「楠屋敷の幽霊」と題する話が載る。

> 広瀬の上の町に楠という家があった。時代は何時ごろかわからない。主人が江戸詰をしている間に、奥方おうめに不届があり、自害したがその時主人に後妻をいれるかどうかを聞いた。主人は絶対に後妻をいれぬから安心せよと答えた。それなら心積りがあるといって死んだが、その後は主人の毎日の城勤めに、朝御飯のしたくから、服装迄一切準備され、何一つ落度がなかった。只一つ前とかわったことはおうめの姿がみえないことである。三ヶ年の日月《ママ》もたってだん〳〵おうめの事も忘れがちになるにつれ、妻のいないのに物たらず遂に人の世話するのにまかして後妻をいれた。ところがその後楠の屋敷にちょい〳〵変なことがおこりだした。主人の出仕した後後妻が髪をすいていると鏡に自分の姿以外のものが写る。主人の宿直の晩臥床してふと天井をみると、髪をふりみだした女がにた〳〵笑っている。思わず布団をかぶると、上からギュッギュッとおさえてくる。布団をはねのけるとドタンと大きなたおれる音がする。一晩中まんじりともさせない。主人のいる間はすこしもこんな事はないが、主人がいないとすぐこんな事がくりかえされる。ついにたえかねた後妻は家をでてしまった。よしそれならばといって、あとを入る女もあったがいずれもたえかねてでてしまい、ついに楠の屋敷はたえてしまった。
>
> おうめの幽霊は裏の尼寺に帰るのによくみちをまちがった。そこで尼僧が道しるべをたててからまよわな

くなったということである。

註　以上は母から聞いた話であるが先年広瀬の俗称家中城跡の道を歩いている時道辺にたっている一小碑に気が付き近隣の老人にたずねた処それがおうめの道しるべであった。その際聞いた話ではおうめは主人の沢山の妾をうらんで死んだということであった。

主人の破約に怒ったお梅が後妻の鏡の中に影を映してなぶるので嫁のなり手がなくなり、楠の家は絶えてしまう。全体の流れをみる限り、この話が前近代の死霊譚をルーツにしていることは否めない。しかしここには覚応寺禅嶺の救済が一顧だにされず、名家没落の話柄に傾斜する語り口は『拾椎雑話』に似通う。

明治維新による寺勢の衰退を経て僧坊主導の高僧伝の色彩が薄れ、〈イエに祟る死霊〉の鎮魂と救済の宗教説話から、共同体に災厄をもたらすお梅の怪談に話の軸足を移していく。とりわけ末尾にみえる「道しるべ」の伝承は、村落を今なおさまよい歩くお梅の亡魂に向けられた山家の人々の怖れの心意のあらわれであった。道しるべの存在は何を意味するか。あるいは「註」の部分に付記された「広瀬の俗称家中城跡」とは共同体にとってどのような場所なのか。

前掲図2に揚げた明治六年の「士族屋敷配置図」をみると、和知川と上林川に囲まれた中央の地区は、旧藩時代、藩主の山家陣家（「御館」）を中心に侍屋敷が集まる高台の一帯で、現在は綾部市広瀬町に属する。これに対して上林川対岸（図2の左上）の低地には若狭街道に沿って町人街が配置されていた（現東山町）。図の中にはないが、覚応寺・照福寺も町人街の周辺に位置する。居住地域の身分差は、お梅騒動に対する心理的な距離感の差を生んでいたとも考えられるだろう。道しるべをめぐる伝承が、山家藩谷家という「小王権」の中心核をなす高台の広瀬地区（図5）に点在することは、そうした想像を容易にする。

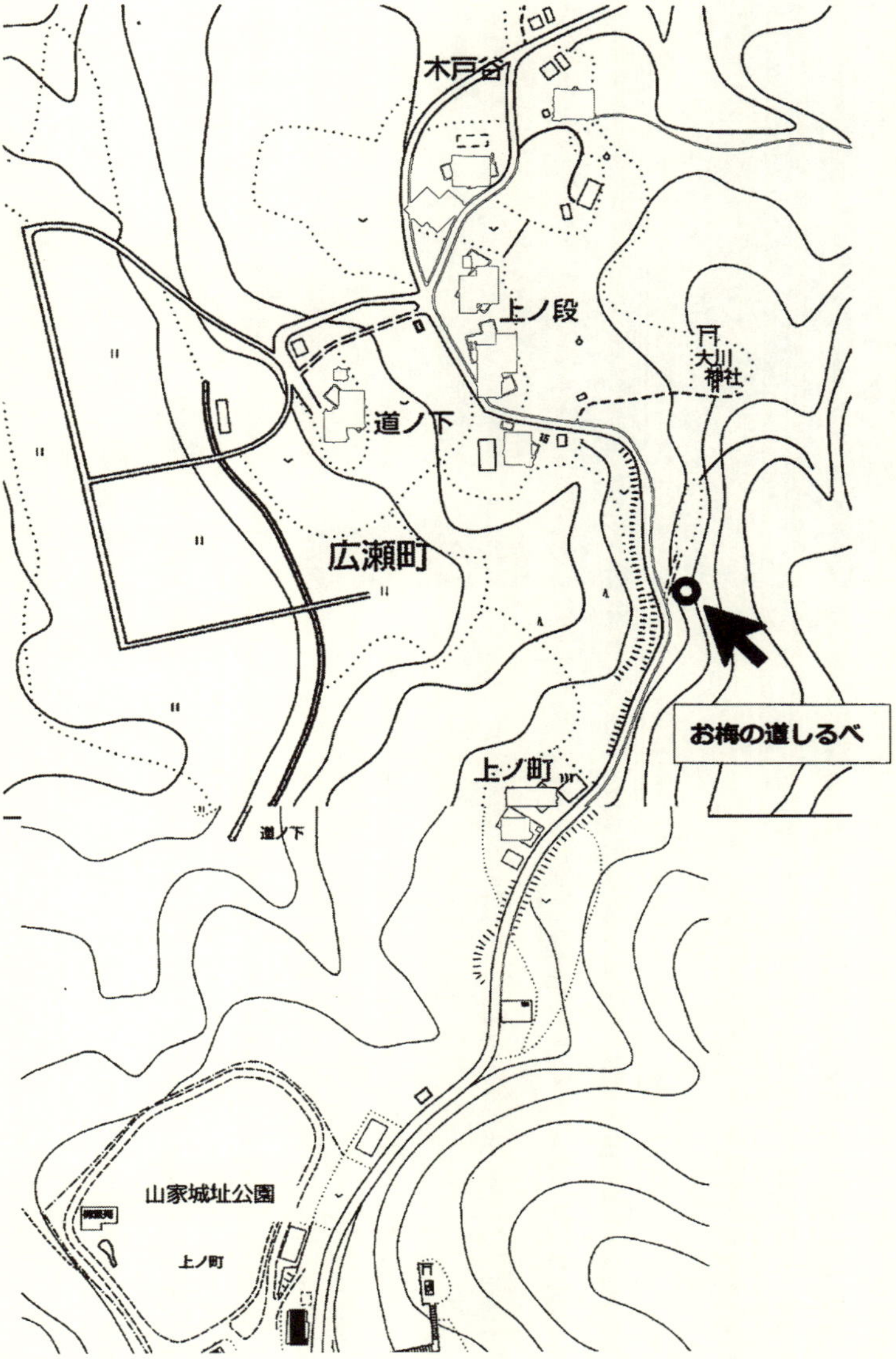

図５　広瀬地区拡大図

図6　江戸詰め武家屋敷の跡地

現在、山家城址公園になっている旧御館を上ノ町方面に二百メートル程進むと、かつて木南家などが居住した江戸詰め侍屋敷の跡に出る。一年のほとんどを江戸屋敷で過ごす藩主谷氏に仕えた家臣たちの国元屋敷が軒を連ねるこの場所は、今は住む者もいない更地となっており、道路から二メートル程登ったところに屋敷跡の広場が広がる（図6左上）。

屋敷跡地を過ぎ上ノ町を徒歩十分ほど奥に進み、山腹の大川神社に続く小路との分岐にさしかかるあたり（図5の矢印）に五〇センチほどの石碑がみえる。これが「お梅の道しるべ」である（図7）。表面に「天光院梅室永□大姉」、裏には「くハんをん」と刻まれており、お梅の法名「妙輝（喜）」と異なる。別人のものであろうか。一方、地元の口碑では、道に迷う亡魂のために近くの尼寺が石碑を建立したといい、大川神社脇の小丘を尼寺跡と言い伝えている。

さらにまた、山家歴史の会によれば、道しるべのさらに先の旧士族墓地（橋上町木戸谷）に「お梅の墓」と称する古い石塔が残るという。また、袈裟がけに折ら

図８　数右衛門の墓

図７　お梅の道しるべ

れて二つに割れた墓石（図８）は、お梅の夫・数右衛門の墓石と伝える。『山家民話』に不祥事のため自害したお梅の最期が語られていることと関連するのであろうか。いずれも文献資料の裏付けを得にくい口頭伝承の一群である。

ただし口碑の全体像をまとめていえば、この世に未練を残して広瀬の山道を彷徨しつづける婦霊の心象が、現代に至るまで民談のなかに生きていることは疑いない。

二〇一九年十二月のはじめ、地元各位の御厚意により綾部市の東山公民館で催された「楠お梅を語る会」に陪席の機会を得た。その折、昭和二十年代当時の東山で語られたお梅の幽霊話が諸氏の話題にのぼった。夏の夕涼みの怪談にお梅の話はつきものであった。夫を捜して迷うお梅が道しるべによって救われたこと、また幽霊が現れる時、山から竹を落とすような大音を発したこと、などの夜話の記憶が再現されたのであった。

右の席上、楠お梅の怪談は主に東山地区の言い伝えであり、隣の鷹栖町ではあまり耳にしなかったことも話題になっていた。東山の町人街に住む人々にとり、日々仰ぎ見る対岸高台の広瀬の武家屋敷に起きた死霊の祟禍は、日常と距離を置く異世界の噂と認識されてきたのかも知れない。上林川を挟んだ二つの地域が武士と町人の異なる共同体によって構成されていた点も考慮すべきであろう。

八　王権と怪異のゆくえ

お梅騒動がリアリティをともなって武士階級に流伝した旧藩時代に比べると、明治以降現代に至る民談には、山中をさまよう女の怪異に恐怖する心意が色濃くうかがわれる。〈イエに祟る死霊〉と血筋の断絶に底無しの怖れを抱いた時代は、遠い過去の記憶に埋没していった。侍のイエという「小王権」に障りをなす荒ぶる婦霊を鎮撫し、藩の治世を安穏な状態に保とうとする旧幕時代の政治思想は、明治維新の激動のなかで無化されていく。近代の黎明期にあって、小王権と怪異の緊密な構造と機能に綻《ほころ》びが生じ、断裂と再編を余儀なくされることになる。

あるいはまた、たぐい稀なる法力の絶対性に信頼性を置く信徒と、檀家の精神世界に寄り添っていた庶民仏教の信仰基盤は、廃仏毀釈の暴風雨に打ちのめされ、一夜にして僧坊の日常《ルーティン》を退転させた。そうした歴史の荒波にもまれながら、山家の死霊騒動は宗教的な弔祭の枠組みとは無縁な「怪談」にことの本質を変えていった。説話を語る目的と環境をめぐる大いなる方向転換といってよいだろう。

いずれにしても、近現代の民談が語るお梅亡魂の彷徨は、領主と家臣のイエを共同体の中心に置く旧藩時代の怪異の終焉をものがたる。巨視の立場からみれば、それは怪談史のターニングポイントであった。

注

1. 南郷晃子「「おさご」伝承の考察～近世における「御家」意識と伝承の変容～」(『説話・伝承学』二二号、二〇一四・三)。
2. 堤邦彦『近世説話と禅僧』(和泉書院、一九九九)。
3. 東アジア恠異学会編『怪異学の技法』(臨川書店、二〇〇四)。
4. 本文は福井県立図書館郷土誌懇談会編『拾椎雑話・稚狭考』(一九七四)に拠った。
5. 外題は「明治五壬申年／京都府管轄第壱区戸籍／丹波国何鹿郡／山家邑」とある。
6. 二〇一九年十二月に山家東山公民館で開催された「山家歴史の会」主催「楠お梅を語る会」において会員諸氏より木南姓の由来に関する言及があった。それらは不祥事のあと藩主から「コミナミ」への改姓が命じられた、あるいは楠家の墓が二つに割れたため、「木」／「南」の姓に改めたなどといったものであった。いずれも楠家にまつわる言い伝えの心意を話の背景に漂わせる。
7. 前注の「楠お梅を語る会」における談話。
8. 注7に同じ。
9. 山家歴史の会ほか編『山家藩の一年』(二〇一二)に岩本家文書のリストがそなわる。そのなかの一書が『楠氏死霊略記』。
10. 「釈氏用珉」とある僧侶の名前の部分は、『楠氏死霊記』の画像データでは「釈氏周珉」になっている。覚応寺の二世「禅嶺周心」、三世「雪洞周珠」の法号から推察して「周珉」であろう。
11. 『瑞応塵露集』は巻四ノ三「加持土砂不思議ノ事」以下の五章にわたって土砂の呪的効能に関する説話を載せている。

【付記】本稿をなすにあたり、諸寺・諸機関のご高配に預かった。とりわけ山家歴史の会会長・有道大作氏、綾部史談会・林万之氏、広瀬町・岩本善邦氏、および綾部資料館前館長・三好博喜氏、朝倉有紀氏には多大のご教示を賜った。記して深謝申し上げる。

【追記】本稿脱稿後の二〇二四年三月、山家歴史の会編の『楠お梅　幽霊記』が刊行され、天保二年書写の『楠氏死霊記』の影印が公開されるに至った。

Ⅲ　皿屋敷と名家没落譚

一　皿屋敷伝説の原風景

江戸は怪談の世紀であった。妖魔、幽魂の跳梁は、都鄙の巷説はもとより、芝居や小説の題材にとりあげられ、近世庶民の心象風景に怪異と幻想の表現様式を根付かせて行ったのである。

さまざまな化け物咄のなかでも、とくに女幽霊を主人公とした江戸の四大怪談は、今日の映画、マンガ、アニメーションにいたるまで、息の長い和製ホラーの系譜を生み出したことで知られている。『東海道四谷怪談』のお岩、「累ヶ淵」の累、「牡丹燈籠」のお露、そして「皿屋敷」のお菊を語らずして、江戸怪談の全貌を理解することは、おそらく不可能であろう。

ところで、これら四つの怪談は、それぞれの成立事情に照らしていえば、必ずしも同じ土壌から生まれたものではなかった。すなわち中国の話の翻案である「牡丹燈籠」、仏教布法の場を源流とした「累ヶ淵」、鶴屋南北の怪談芝居によって世間に流伝した『四谷怪談』に対して、「皿屋敷」ものの系譜は、およそ中世末から近世初頭のころに成立した各地の名家没落伝説を下敷きとしている。もちろん、小説、芝居、講談への脚色や、あとに述べるように寺院縁起との結び付きがないわけではないのだが、話の出自をたどると、常に下女「菊」の怪死にまつわる在地の民間伝承の根強い影響に行きあたる点では、「皿屋敷」ものの民話的な色彩は、四大怪談のなかでも際立つ特色といえるだろう。

家宝の皿を割った罪科のために虐げられ、折檻のすえに井戸へ身を投げた下女の祟り、そして名家の滅亡。そのような皿屋敷伝説のバリエーションを江戸期の文献資料に求めたなら、出雲・松江の亡霊話（『本朝故事因縁集』）、小幡一族と甲州菊寺の由来（『古今犬著聞集』）、播磨・姫路城下のお菊井戸（『播州皿屋敷実録』、『西播怪談実記』）といったぐあいに類型的な地方伝説の分布に気付かされるだろう。北は岩手から南は鹿児島におよぶ全国規模の皿屋敷伝承地とそれらの現状、伝存の宝物（皿など）、記録類については伊藤篤の詳細な調査がそなわる。[1]

さて、江戸・番町の青山主膳の屋敷を舞台とする明治期の講談『番町皿屋敷』もまた、大筋ではそうした民間口碑の世界に話のルーツをもつとみてよい。文化四年（一八〇七）の『久夢日記』は、天和元年（一六八一）のころの出来事として、江戸牛込御門の旗本・大久保彦六と下女の「ふじ」にまつわる怨霊事件を紹介している。生国の相州藤沢に許嫁《いいなずけ》のいるふじは、殿様の横恋慕に応えようとしない。それを恨みに思った彦六は、家宝の南京皿十枚のうちの一枚をわざと隠しておいて、連日連夜紛失の科を責めたてたので、ふじは苦しさに堪え兼ねて井戸に身を投げる。このことがあってから、井戸のあたりで一つ二つと皿を数える声がするようになり、怨霊のために彦六は狂い死にして果てたという。

同様の怨霊咄は、都の錦の浮世草子『当世智恵鑑』（正徳二年・一七一二刊）の「牛込の亡霊」に妻・妾のあいだの女の争いに起因する怪談のスタイルで作品化されており、すでに十八世紀のはじめのころ、江戸の皿屋敷伝説が人口に膾炙していた点をほのめかす。また俳人・菊岡沾涼《きくおかせんりょう》の『江戸砂子温故名跡誌』（享保十七年・一七三二刊）を繙《ひもと》くと、

牛込御門の内。むかし物語に云ふ。下女あやまつて皿を一つ井の中におとす。その科により殺害せられたり。その念此所の井に残りて、夜ごとかの女の声して、一ツより九ツまで十をいはで泣きさけぶ。声のみあ

りてかたちなしと也。よって皿屋敷とよびつたへたり。牛込御門台のかたはらに社《やしろ》あり。俗に皿明神とぞ。かの女の霊をまつりたりといふ。それよりしてその事なしと也。此社は稲荷の社也。

とあって、荒ぶる皿数えの亡霊を鎮めるため、当地に稲荷の社（皿明神）が建立された経緯をしるす。

牛込御門（現千代田区飯田橋・日本歯科大学付近）の稲荷社について、三田村鳶魚《えんぎょ》は、英国公使アーネスト・サトウが明治初年に住んでいた飯田町の邸内の古井の傍に「お菊稲荷があって、かの狂言をする時には、座方の者や俳優が参詣」するならわしのあったことに言及している。[2] 皿数えの亡霊の話が小祠の由来を語る縁起譚として巷間に流伝していた点、そしてまた、芝居の興行に際して下女鎮魂の宗教モニュメントが常に意識された点に、皿屋敷伝説の実話性と民間伝承的な側面をうかがい知ることができるだろう。怪談を実際に起きた事件にことよせて語り、話の顚末に庶民仏教の説く因縁咄の色彩を加味して理解する傾向性は、この時代の奇談文芸全般に通底する特徴でもあった。

二 〈下女の復讐〉と名家没落

もっとも、名家没落の因縁を語る皿屋敷の伝承が、近世の小説、芝居、講談などに好んでとりあげられたいまひとつの背景として、〈下女の復讐〉を怪異の中心テーマにすえる怪談文芸の流行色が、すでに十七世紀の仮名草子、浮世草子に浸透していたことも念頭に置くべきであろう。いまは更地と化してしまった大名や名家の「荒屋敷」「空屋敷」の因縁を下女の虐待死にからめて詳らかにする、そのような叙述様式を持つ江戸怪談の流れにふれておきたい。

寛文元年（一六六一）刊の片仮名本『因果物語』は仏教怪異小説の源流ともいうべき作品である。序文によれば、本書は禅僧鈴木正三の説法した因縁譚をあつめたものという。その上巻第七の第三話に次のような話がみえる。大坂夏の陣で豊臣家が滅びたころのこと、落城に際して一人の「女落人」が捕らえられて甲斐国の侍に預けられる。奥方はこの女に嫉妬し、侍の留守を見はからっては折檻におよんでいた。ある時、十二歳になる息女が急死する。原因を占ってみたところ、女落人の呪詛であることがわかり、怒った家中の者は女を嬲りものにするのであった。

夫ヨリ息女ノ守《モリ》ヲ始《ハジ》メテ、皆々彼《カノ》女ヲ折檻スルコト限《カギ》リナシ。女、堪へ兼ネテ身ヲ認《シタヽ》メ、茶磨《チヤウス》ヲ頸ニ結付《ユイツ》ケ、深キ井ニ入テ死ス。驚キテ取出ダス死骸ヨリ、一尺五寸ノ尾切蛇《オキレヘビ》出デタリ。是ヲ殺セバ身ノ中《ウチ》ヨリ同ジ様ナル蛇、八筋出デタリ。殺セドモ〳〵八ツノ蛇尽キズ。頓《ヤガ》テ縁端ヱ上《アガ》り、シキ井《イ》ニ頭《カシラ》ヲ持タセテ彼《カ》ノ女房ノ方《カタ》ヲ見付ケ守り逼《セメ》テ居《イ》ル也。真言坊主、道切《ミチキリ》シケレバ蛇失セテ来タラズ。然《シカ》レドモ子息数多《アマタ》取リ殺ス也。寛永十五年ノコト也。

井戸の底に沈んだ女の怨念が蛇に変じて奥方につきまとい、ついにはこの家の跡継ぎに祟って血筋を絶やそうとする。怖るべき霊異の発動も、もとはといえば奥方の無慈悲な振る舞いの報いであることを言外に述べる『因果物語』の筆法は、説教の場に近接する「仏教怪異談」の典型的な語り口を示している。

一方、仏教臭をたぶんに残す『因果物語』に比べると、寛文三年刊『曽呂里物語』に描かれた次の話の場合は、よりいっそう潤色された江戸怪談らしい作風をみせている。巻一の六「人をうしなひて身に報ふ事」と題する怪異譚に注目してみよう。

図１　『曽呂里物語』巻１の６挿絵

摂津の大坂に「兵衛の次郎」という好色漢がいた。召し使いの女に亭主の手がついたことに気付いた本妻は、怒りをこらえきれず、密かに女を簀巻きにし、「井の内へ逆様《さかさま》に落とし」て惨殺する。しばらくしてこの家の一人息子が原因不明の病に倒れる。夫婦は世間に名の聞こえた鍼医を呼び寄せ、治療にあたらせた。ある晩、鍼医の目の前に下女の亡霊が鬼形のごとき姿をあらわし、奥方への恨み事を述べながら、

其の子は何と針を立て給ふとも、更に甲斐あるまじ、急ぎそなたは帰りたまへ。さなくば。眼前に憂きめを見せ侍《はべ》らせん。（中略）此の子を取り殺さでは置くまじ。

と喚びののしるのであった（図１）。結局、亡霊の予言どおりに息子は夭折し、「一門尽《ことごと》く滅び」てしまう。

下女の復讐が主家の跡とり息子に向けられるという因果応報のパターンは、『番町皿屋敷』第十二席のプロットにも見出される。邪険な奥方の指図もあって皿の代償に指一本を切り落とされ惨死したお菊の亡霊は、まず青

山家の嫡男に呪いの鋒先を向け、指のない子供の出産といった災厄をもたらすのであった。血筋に祟る怨魂の発動である。

さて、無念の死を遂げた下女の祟禍と一族の滅亡を因果律の糸筋によって結び付け、人の執念の底知れない闇部を描き出すこの種の怪談は、本作にとどまらず延宝五年（一六七七）刊『諸国百物語』巻五の十一「柴田主馬が女房嫉妬の事」、享保十七年（一七三二）刊『太平百物語』巻四「女の執心永く恨みを報ひし事」などの類型的な名家没落譚の系譜を怪異文芸史の中に形成している。ことに『太平百物語』の話は章末に、

或る人のいはく「世上に播磨の皿やしきといひ伝へしは、実は此所の事なりける」とぞ。

といった一文を添えており、皿屋敷伝説の民話性と地方色が怪談作者に意識されていた点をほのめかす。文芸史に立ちあらわれる名家没落型の怪異譚の幅広い流布は、地方の民俗社会を源郷とする皿屋敷伝説が都市の芸能、庶民文芸に変貌する道のりをあらわすと考えて概ね間違いないだろう。あわせて講談の「皿屋敷」が生成する前提にかような近世怪異小説の流行が用意されていた点を確認しておきたい。

三　更地《さらち》の因縁

皿屋敷伝説を題材とした講談本の祖は、馬場文耕の『皿屋舗辨疑録《さらやしきべんぎろく》』（宝暦八年・一七五八序）であろう。豊臣秀頼未亡人・天樹院（千姫）の乱行と「吉田御殿」の噂、当時盗賊改め役にあった青山主膳による屋敷の拝領、首斬り役人・粂《くめ》の平内兵衛の逸話、主膳による盗賊・向崎甚内の捕縛と娘お菊の女中奉公、奥方の嫉妬、そして皿

を割ったお菊に対する指切りの惨たらしい仕打ち、井戸に身を投げた亡魂の祟り、伝通院の三日月了誉上人を導師とする皿数えの幽霊の済度、成仏などのプロットは、皿屋敷ものの講談の基本的な筋立てを充たしている。

ところで、『皿屋舗辨疑録』以降の講談本は、いずれも話の冒頭に酒色に溺れる天樹院の残忍な行状をしるし、意に背いて井戸に投げ込まれた者たちの怨念のために化け物の出没する魔所となった「吉田御殿」を誰もが気味悪がって拝領せず、荒れ果てた「空地更屋舗《あきちさらやしき》」に変じたことを話のイントロダクションとしている。のちにこの地に屋敷を構えた青山家がお菊の怨霊事件をきっかけに家禄を失うようになるのも、すべてが呪われた「吉田御殿」の因縁によるものと解釈してみせる講談本の語り口に、血筋の絶えることを怖れてやまない江戸民衆のオソレの観念を見出すことになるだろう。そのような一家断絶の象徴は、多くの場合、「更地」となった屋敷跡のイメージに凝縮され、表現されるのが常であった。

幕末の『狂歌百物語』(嘉永六年・一八五三刊)に見える次の詠風は、人も住まなくなって荒れるにまかせた化け物屋敷のありさまを「皿屋敷」のシンボリックな景物として点描する。

念仏のなんまいだてふわれ声に　むかし弔ふ皿やしき跡　清明堂喜代明

たらざりし皿のおもひは残るとも　さらに屋敷のあとにこそなき　団子

屋敷跡七つ八つとかぞへぬる　さら地の井戸の声の哀れさ　蔭芳

「皿屋敷」が住む者もない更地の掛詞であることはいうまでもない。これらの狂歌に共通する「屋敷跡」「更地」のイメージ感覚が、講談をとりまく皿屋敷ものの芝居、文芸に欠かせない重要な因果律のファクターとなっている点は、この話の説話特性を考えるうえからも留意すべきであろう。誰も住まなく（住めなく）なった化け物屋敷の故実を白日のもとにさらし、怨霊出没の謂われを謎解きする皿屋敷ものの物語構造は、それではいかなる江戸怪談の伝統をふまえているのだろうか。

じつはそのような名家没落の皿屋敷説話は、さかのぼれば井原西鶴の浮世草子にすでにあらかたの素型を見出すことができる。貞享四年（一六八七）の『懐硯』巻三の五「誰かは住し荒屋敷」は次のような話である。

下総国須賀山を訪れた旅僧・伴山は、なかば崩れかけた石垣に昔の栄華をとどめる屋敷跡に行きかかり、土地の噂に耳を傾ける。かつてそこは高塚沖之進なる領主の館で、たいそう富み栄えていた。あるとき隣国の大名家より嫁いで来た奥方が病の床につき、明日をもしれない容態となる。臨終に際して垢づいた蒲団を取りかえようとしたところ、枕の下から針をさした女の姿絵が出てきたので、これこそ何者かの呪いに違いないと、家中大騒ぎになる。沖之進は詮議のうえ、犯人を腰元の「ゑん」と御髪揚げ役の「もん」の両人に絞り込み「子細はやく白状せずんば、あらゆる責にかけても言わせ」てみせるとばかりに、真冬の寒風の中、二人の女中を裸にして庭の木に括り付けた。針責め、水責めの拷問に息も絶え絶えとなった女中たちは、五日目の夕暮れにおのれの無実を訴え、「主なればとて非道はたつまじ、此一念つゐに思ひしらすべし。無念や口おしや」と恨みの言葉を残して憤死する（図2）。

ところが、しばらくして物縫い女が衣装絵のひな形にさしたまま自分の「針」を紛失していることに気付く。枕の下の姿絵を呪詛の証拠としたのは、大きな間違いであったと一同後悔するが、もはやどうにもならない。その翌年、女中たちの怨霊のなせる業か、沖之進は「怖《おそろ》しや、氷の剣身を通《とを》す」と嘆きながら狂い死にし、一門散り散りになって家名も断絶した。あとには雑草の生い茂る屋敷の跡だけが残り、雨降る夜になると幽霊の姿が

図２　『懐硯』巻３の５挿絵

幻視された。この話を聞いた伴山は、「抜苦与楽《ばっくよらく》」のために「法華経」の「提婆品」を誦して女たちの魂を弔い、再び旅路を急いだ。

ちょっとした不注意と当て推量が、豪族の家筋を絶やしてしまう恐るべき怨霊事件の原因となる。西鶴の作品世界には、人の世の不可思議なめぐりあわせが巧みな筆遣いで描き出されているわけだが、他方、一家断絶の怪異譚に「荒屋敷」の象徴的なキーワードを与えたところに、十七世紀の奇談文芸に深く根をおろした名家没落譚の常套的な説話表現を読み取るべきではないか。むろん、『皿屋舗辨疑録』以下の皿屋敷もの講談に、天樹院の乱行から「吉田御殿」の崩壊、青山家の断絶にいたる因縁の構図がたえず顧みられ物語の骨格をなしたのも、そのような怪談話の約束事に由来すると考えて差し支えない。

先祖累代の家筋の存続を最重要視する儒教道徳の教えのもとで、江戸の民衆が更地の因縁に底知れない恐怖を抱いたのは、当然の帰結であっただろう。

四　皿屋敷伝説と仏教唱導

ところで、江戸中・後期の随筆、記録にしるされた皿屋敷伝説のなかには、お菊亡霊の鎮魂と救済に関与した仏教寺院の動向をとらえた記事が少なからず見受けられる。

寛政七年（一七九五）の夏、摂津の尼ヶ崎あたりで、女が後ろ手に縛られた姿の「お菊虫」が大量に発生した。[3] これについて、大田南畝の『石楠堂随筆』は、元禄のころ、尼ヶ崎城主青山氏の家臣・木田玄蕃の召し使い「菊」が無実の罪で手打ちとなり井戸に落とされた故事をとりあげ、さらに、亡霊の祟りにより廃宅となった木田家の跡に「源正院と云ふ仏寺」が建立されて怪異も終息に向かったことを述べる。女中の遺恨のためか、寺の庭には決して菊の花が咲かなかったという。源正院は怨霊の寺であった。

さて、菊の殺害から百年を経た寛政七年、再び寺の古井戸より幼虫の変事が起こる。

寛政七年卯夏に至り、かの廃井より女の裸躰にて縛せられたるさまの小虫夥しく出て、木の葉あるひは細き枝につきて死したり。寺僧ふしぎに思ひ、其ノ虫を城主に献じけるとぞ。元禄九子年より寛政卯年まで、凡そ百年になん及びたりといへり。

源正院の和尚が古井の妖虫を城主に献上したという表現、そして思い起こせば、それが菊の百回忌に相当する寛政七年の出来事だったことに驚愕し、戦慄する世間の受けとめ方は、菊女亡魂の弔祭に従事し、怪異譚を用いて女の執念の業障を説きひろめた説教僧たちの足跡を暗にものがたる。少なくとも、当代の人々がお菊虫の風説

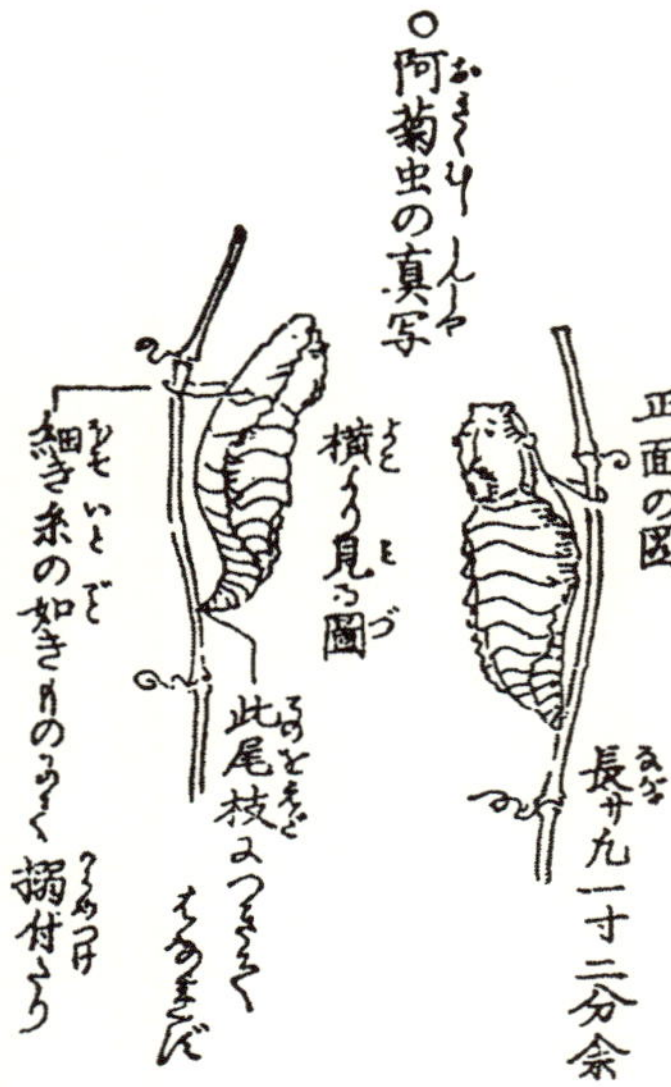

図３　阿菊虫《おきくむし》（『雲錦随筆』）

を「百回忌」という一般的なイエの仏事にからめた文脈から理解した点は明らかであった。そのような理解は、寛政七年の妖虫発生に言いおよぶ根岸鎮衛『耳嚢』巻之五「菊むしの事」の記述からもうかがえる。

　其後、右玄蕃が家は絶〱《たえだえ》に成りしとかや。今は領主もかはりて年へけるが、去年は百ヶ年忌に当りしが、菊が怨念の残りて異虫と変じけるや。

弔祭の年忌にこだわる感性の発露に、この時代の通俗仏教が声高に説いた荒ぶる怨霊とその宗教的な救済の物語の多大な影響が暗示されるだろう。

宗教色の発露は、『皿屋舗辨疑録』以下の講談本が、お菊の亡霊に対峙する高僧を怨霊事件終息のキーパーソンに据える点にもうかがえる。すなわち『皿屋舗辨疑録』の最終章に「伝通院三日月了誉上人、菊が怨念を鎮め給ふ事」の一章を設けたのを皮切りに、明治・大正の講談がおしなべて江戸小石川伝通院（現文京区）の了誉上人の霊験に怪談話の結末を委ねて終わる。

浄土宗第七世にして宗門中興の祖と崇敬された了誉《りょうよ》聖冏《しょうげい》は暦応四年（一三四一）常陸に生まれ、小石川の草庵（のちの伝通院）に没したのが応永二十七年（一四二〇）なので、青山主膳をめぐる承応年間（一六五二～五五）の皿屋敷伝説より二百年以上前の浄土僧ということになる。宗門資料に筆録された上人の霊験としては、小石川開庵のころの竜女教化や氷川大明神を仏教に帰伏させた法徳譚が知られるものの、正統的な浄土宗高僧伝の視点からすればお菊亡霊の救済に関する物語は後世のフィクションに過ぎないということになる。

しかし、かような逸話が宗門の了誉伝にないからといって、これを講釈師一流の潤色と理解するだけでは、この時代の仏教と怪談文芸のかかわりを見誤ることになりかねない。なぜなら、近世中・後期の江戸において、了誉の法系を継承する浄土宗白旗派の高僧たちによる亡者済度や難産死婦の成仏などの宗教言説が、芝の増上寺をはじめ関東十八檀林の門流寺院を中心に布宣され、江戸時代人の霊異観や亡霊供養の宗教意識に深く影響を与えていたからだ。

あるときは幽霊の遺した奇宝、珍物の開帳をともない、またあるときは安産呪符の配布といった実利と現世利益的性格をともないながら、説教僧たちは庶民層に〈高僧の幽霊済度〉にまつわる霊異のものがたりを定着させていった。試みに浄土宗の高僧伝をあつめた『浄土鎮流祖伝』（宝永元年・一七〇四刊）を繙《ひもと》けば、幡随意（一五四二～一六一五）、呑竜（一五五六～一六二三）、珂碩（一六一八～一六九四）らの白旗派の学僧による異神、死霊の化導説話がじつに具体的でドラマチックな高僧伝説にまとめられているのがよくわかる。例えば武州奥沢の浄真寺（九品仏とも、現東京都世田谷区）を開いた珂碩上人は、山城宇治の茶師の一家に祟る醜女の霊魂をみごとに鎮め、難産で死んだ女の亡者を血の池の苦しみより救うことによって仏法の慈悲力を衆庶に説いたという（『九品山縁起』）。今日でも盆の虫干会になると、幽霊成仏にちなんだ「大茶釜」や「血の池の帷子」が公開されていて、証拠の品を目のあたりに示す庶民仏教の場の雰囲気を伝えている。

こうした近世唱導文化の基層のうえに、やはり白旗流浄土僧の祐天（一六三七～一七一八）をめぐる「累」怨霊の得脱譚が生成したことはまぎれもない事実であった。仏書の性格をもつ『死霊解脱物語聞書』はもとより、鶴屋南北らの歌舞伎芝居や、実録本、講談、落語から邦画怪談までの幅広い「累もの」古典怪談が形づくられる前提に説教僧のひろめた布法説話の伝統が潜在する点は見逃せない。

五　「十」を足す僧の機智

『皿屋舗辨疑録』や明治の講談『怪談番町皿屋敷』に描かれた了誉上人の法力咄も、じつのところ、江戸の高僧伝説の典型的な話柄を示すものと考えてよい。

なかなか鎮まらないお菊の執念に心を悩ます了誉の夢に不思議な女人が現れ、法衣の袖に「機」の一字を書きしるす。この時、上人は「時に臨み機に応ずる」臨機応変の意を悟り、その晩、古井のほとりで九つまで皿を数える亡霊に「十」を読み次いで十念を授け、妄念より救い出してやるのであった。「十」を口にできない亡者の苦しみに対して、傍らの僧が言葉を足してやる方法によって執着を消し去る。そのような機智のエピソードは、すでに元禄二年（一六八九）刊の『本朝故事因縁集』第五十八話「雲州松江皿屋敷」に大まかな話の骨格が見えている。

正保年中ニ、雲州松江ノ士《サムラヒ》、秘蔵セシ皿拾ノ内、一ッヲ下女取落シテ砕《クダ》ク。士怒テ古井ノ底へ押《ヲシ》落シテ殺《コロシ》ケリ。此ノ女、死シテ亡魂《バウコン》消《キヘ》ズ、夜々井ノ端《ハタ》ニ現ジテ其皿ノ数ヲ一ッニッ三ッ四ッ九ット云テ、十ト云事ヲヱイハズ、ワット叫ブ事不《ズ》レ止《ヤマ》。有ル時キ、智者ノ僧来テ、一ツヨリ九ット云ト否《イナ》ヤ十ト脇ヨリ数ヲ足シタレバ、形消へ失《ウセ》テ再《フタ、》ビ不レ出。

こうした話の類型を求めて民話の世界に目を向けると、機智にあふれた問答によって妖魔を退けた旅僧の話（昔話「化物寺」「蟹問答」等）や、上句を詠じて苦吟する幽鬼に、下句を付け足して執着を取りのぞいてやる名僧知識の話（「幽霊の歌」）に行きあたる。それらが唱導の場に近接する口頭伝承である点を推察するなら、皿数えにからめた亡婦成仏の教化説話に説教僧の口吻を読みとることは、そう困難ではあるまい。

一例を示そう。先にふれた幡随意の教化譚をあつめた唱導書に、宝暦五年（一七五五）刊の『幡随意上人諸国行化伝』なる高僧説話集がある。その巻三の八「板橋ノ幽魂ヲ教化シ玉フ事付リ連歌ノ事」は、「幽霊の歌」型の口碑伝説にあい通ずる法力話であった。

慶長十八年（一六一三）、旅の道中、武蔵国板橋の里に一宿した幡随意と弟子の意天は、夜更けてその家の女主が、

廻シテミレバアジキナノ世ヤ

の下の句を吟じて嘆く声を耳にする。すでに女はこの世の者ではなく、そこは亡者の巣くうあばら家だった。結局上人は女の執着が亡児への恩愛にあることを見破り、

稚児《ミドリゴ》が形見ニ残ス風車

の上句を付けて母子の霊魂を救済する。この話の章末は、幡随意上人の逸話に関連して、「宗祇法師」が苦吟する連歌師の亡者に付句を与えて成仏させた故事を引き、言葉の呪力をテーマにすえた亡者得脱に言い及ぶので

図４ 「菊女皿の来由」に載る皿の図（東京都立中央図書館特別買上文庫蔵）

あった。

皿数えのお菊に「十」を足してやる幽霊済度の話柄は、おそらく世間にひろまった唱導僧の機智譚に源流をもつものであろう。

ところで、十八世紀のなかばに『皿屋舗辨疑録』に脚色されて講談化した了誉のお菊済度譚は、化政期の江戸で再び寺院の唱導説話に姿を変え、しかも幽霊の献納した「皿」一枚を、証拠の寺宝と称して一般に公開する寺さえあらわれるようになる。それは、江戸の皿屋敷伝説と当代仏教界の浅からぬ関係性を示す現象であった。

文政元年（一八一八）の四月、江戸は麹町の曹洞宗常仙寺（通称「寅薬師」、現在は杉並区に移転）を訪れた随筆家の山崎美成は、寅歳ごとの開帳でにぎわう本堂の片隅に「番町皿屋敷よりお菊が菩提のためとて納めしと云ふ皿壱枚」を見付け、その由緒を『提醒紀談』（嘉永五年・一八五二）のなかに書き写している。

一方、これとほとんど同じ内容をしるした常仙寺版の略縁起「菊女皿の来由」（刊年不明、図４）が東京都立中央図書館に伝存し、勉誠出版刊『略縁起集成』第一巻に翻刻されている。もちろん、こちらの方が美成の報告の原典である点はいうまでもない。略縁起の内容を読むと、前半はおおむね『皿屋舗辨疑録』に拠り、「青山某」のために刑死した向崎甚内の娘・菊の祟りを「皿数え」にからめて記述する。ただし、結末部分には、浄土宗・了誉ならぬ常仙寺三世「文令禅師」を登場させて菊女の解脱をしるし、禅師の法恩に報いるべく亡者が遺していった「壱枚の皿」を図入りで紹介するのであった。文耕の講釈を通して世上に流布した番町の皿屋敷伝説が、いまひとたび宗門の法徳説話（ただし今度は禅宗の）に援用され、お菊成仏の顛末を「皿」の開帳につどう江戸の人々に説きひろめたわけである。舌耕文芸と仏教界の切っても切れない関係性をものがたる興味深いエピソードといえるだろう。今日においても、お菊の皿を寺宝として持ち伝える古刹があちこちに存在すること（岩手県盛岡市・大泉寺、滋賀県彦根市・長久寺等）は、皿屋敷伝説の唱導性と宗教的側面をものがたる。

なお、青山家に仕官して首斬り役人になった粂の平内が、「庭石に喰いついてみせる」と言い放つ罪人に対し、峰打ちで気を逸らせておいて打首にした話（『皿屋舗辨疑録』等）の場合も、僧の宗教的な機智を示す法話の伝統にもとづく内容とみてよい。小泉八雲の「かけひき」（Dipromacy、『怪談』所収）で有名なこの話は、古くは『多聞院日記』天文八年（一五三九）の記事にみるように、「臨終の一念」をめぐる禅話（しつこく少女を追い回す蛇の尾を踏み、妄執を逸らせておいて首をはねる）の流れと無縁ではなかった。講談本の筋立てを形づくるさまざまな説話のパーツが、説教の法席に培われた霊異語りと同じ水脈の末流に位置する点に、再度注目しておきたい。

六　明治版・講談本の皿屋敷

最後に明治期の皿屋敷物の講談本に関して、テキストの流布にふれておきたい。長い話の伝統をもつ皿屋敷伝説が、今日、江戸四大怪談のひとつに数えられるようになったのは、じつは明治以後の講談本の流行に負うところが少なくない。その代表的な作品のひとつは国立国会図書館所蔵の『怪談番町皿屋敷』であろう（図5）。本書は、明治三十一年（一八九八）一月、東京博成堂より刊行された全二〇一頁の一冊本であり、放牛舎桃湖《ほうぎゅうしゃとうこ》の口演、転々堂吟竹《てんてんどうぎんちく》の速記したものという。

図５　『怪談番町皿屋敷』表紙（国立国会図書館蔵）

三代目旭堂《きょくどう》小南陵《こなんりょう》の『明治期大阪の演芸速記本基礎研究』（たる出版、一九九四）によれば、同じく放牛舎桃湖口演の皿屋敷ものの二編が明治四十二年（一九〇九）一月、同四十三年七月に中川玉成堂から出ている。前編は『吉田御殿』（『大奥吉田御殿』の改題）、後編を『怪談皿屋敷』と題しており、天樹院の乱行と青山家の亡霊事件を前・後二編のストーリーでつなぐ因縁咄を基調とした語り口がみてとれる。なお、この系統の二冊本の初出は、明治三十五年（一九〇二）吉田至誠堂の『吉田御殿』、『怪談皿屋敷』であろう。口演は、四季亭三馬。梗概が小南陵の『続・明治期大阪の演芸速記本基礎研究』（たる出版、二〇〇〇）にそなわる。

この他、明治十年代から二十年代にかけて東京、大阪の版元より数種の皿屋敷もの講談本が発行されている。また、『怪談阿菊虫』のタイトルで明治二十五年六月に東京三友舎から刊行された「お菊虫」系の講談本もある。こちらは松林伯知の口演、今村次郎の速記による。

こうした講談本の流行を経て、やがては岡本綺堂の戯曲『番町皿屋敷』（大正五年・一九一六）を生み出して行く。ちなみにいえば、綺堂は常仙寺に程近い麹町元園町の住人であり、終生江戸の風情を漂わせた文人小説家であった。旗本屋敷に囲まれた番町は、皿屋敷の怪異を語るのに最もリアリティを放つことの出来る江戸の怪談名所に他ならない。

注

1．伊藤篤『日本の皿屋敷伝説』（海鳥社、二〇〇二）。
2．三田村鳶魚「怪談の皿屋敷」（『三田村鳶魚全集』第八巻、中央公論社、一九七五）。
3．尼崎の皿屋敷伝説については久留島元「近世近代の「怪談」文化」（大江篤編『尼崎百物語』のじぎく文庫、二〇一六）に考証がそなわる。

Ⅳ　貞女か悪女か――四谷怪談を歩く

お岩様は祟《たた》る。

雑誌『怪』三十一号（二〇一一年十一月）の「現代妖怪職人伝」に登場したお化け人形師・中田市男氏の語るエピソードに次の話がある。

北海道のお化け屋敷から頼まれて、あまり気がすすまないままに「お岩さん」の人形を拵《こしら》えた。ところが半年程して「何か変だ」といって人形を送り返してくる。訊いても決して理由を明かさずに。結局、いわくつきの「お岩さん」は工房の裏手にひろがる瀬戸内の海に流された。お化け人形一筋に七十余年を過ごしてきた中田氏の怪談話には、人を慄《ぞ》っとさせる凄みがある。

なぜにお岩様は祟るのか。文政八年（一八二五）初演の鶴屋南北『東海道四谷怪談』が大当りをとって以来、芝居、浮世絵、映画などにくりかえし〈お岩の亡霊〉は描かれたが、そのたびに関係者が東京・四谷の於岩稲荷に詣でたという。そうしなければ、役者の急病で興行を行えなくなったり、撮影中の事故が頻発したりする。そのような噂は今日でもしばしば耳にする話である。

もっとも、江戸の町に実在したお岩という女性は、じつは怪談とは縁のない「貞女の鑑」であったともいわれている。芝居に描かれたお岩の亡霊と貞女お岩の実像は、どのような関係にあるのか。ことの真相を求めて新宿区四谷左門町の現場に深く分け入ってみよう。

一　貞女お岩と田宮家

『東海道四谷怪談』の「民谷伊右衛門」はお岩の亡霊に追いつめられたすえ、蛇山庵室《へびやまあんじつ》の場において討ち果される。一方、歴史上の田宮家は初代伊右衛門（元和八年・一六二二没）以来、於岩稲荷田宮神社（新宿区四谷左門町）の宮司を務める十一代田宮均氏にいたるまで永々と累世をかさねている。

田宮家の史伝によれば、徳川家の御家人であった田宮又左衛門の娘・岩は夫の伊右衛門と仲睦まじく暮らしていた。しかし三十俵三人扶持の禄高では家運を興すことができない。そこで家計を助けるため奉公に出たが、お岩が厚く信仰していた屋敷神のお稲荷さんの加護により、夫婦はみごとに家を再興することができた。かくしてお岩は寛永十三年（一六三六）の二月二十二日に亡くなり、左門町に程近い田宮家菩提寺の妙行寺《みょうぎょうじ》（日蓮宗、明治四十二（一九〇九）に豊島区西巣鴨の現在地に移る）に葬られた。平成七年（一九九五）には、妙行寺においてお岩の三百六十年法要が行なわれている。

ちなみに寛永元年（一六二四）建立の妙行寺には、浅野内匠頭の祖母と、弟の大学長広夫人が葬られている。「裏忠臣蔵」としての趣向で知られる『東海道四谷怪談』の着想との関連が想像される。鶴屋南北は『東海道四谷怪談』を忠臣蔵外伝という構想で描き、初演時は、『仮名手本忠臣蔵』と日替わりで演じられていた。民谷伊右衛門は塩谷家（播州浅野家）の浪人という設定だった。

一方、お岩の没後も、貞女の名声と稲荷社の功徳は江戸中の評判となり、参詣人があとを絶たなかった。そこで田宮家は享保二年（一七一七）、屋敷神のかたわらに小さな祠を造って「お岩稲荷」と称し、現在にいたった。

以上が於岩稲荷田宮神社の創建にまつわる由緒である。当社は、夫婦和合、家内安全、無病息災、商売繁盛の

図1、2　四谷の於岩稲荷田宮神社。裏手にはお岩様ゆかりの井戸がある。

開運神として、あるいはまた芸道上達の守り神として広く信仰をあつめている。社殿（図1）の裏庭には往古より水をたたえる古井戸があり（図2）、責任役員総代の栗岩英雄氏（十代保松氏の娘婿）によれば、つい十年程前まで使用していたという。

なお、中央区新川にも左門町の社と同体の新川於岩田宮神社がある。そのいわれは、お岩様を信じていた名優・初代市川左団次から「四谷は遠いのでぜひ新富座の近くにお移り願いたい」との懇請があり、ちょうど明治十二年（一八七九）の火災で四谷の社殿が焼けたのを機に、田宮家ゆかりの越前堀（現・中央区新川二丁目）に遷座したものといわれている。[1]

いずれの社も明治期には「田宮於岩命」を祭神として崇敬をあつめたが、昭和二十年（一九四五）の空襲で両社ともに焼失した。その後、四谷の方は昭和二十七年（一九五二）、新川は四十九年（一九七四）に社殿の復興をみている。前者を旧地、後者を本社と呼び慣わす。

ところで、度重なる罹災にもかかわらず、左門町の田宮家には常にお岩の小祠が祀られ、地元はもとより、遠方からの参拝が少なくなかった。貞女お岩の遺徳と開運の御利益をあらわすものといえるだろう。

そのような民間信仰の隆盛を背景に、戦後の混乱期には、於岩稲荷田宮神社（四谷）のすぐ向かいに陽運寺なる寺が建てられた。世田谷にあった日蓮宗・玄照寺の住職が「お岩の木像」を運び込み、於岩稲荷立正殿と称したのがその起立という。

歴史的には縁もゆかりもない場所に、庶民のお岩信仰が新たな民俗事象を派生させたというべきか。昭和の中頃には、寺域に浴場などの施設もあり、お岩信仰の在地的な展開を垣間見る思いがする。

図３　お岩水かけ観音（新宿区四谷三丁目）

なお、地下鉄丸の内線の四谷三丁目駅に近いスーパーマーケット丸正総本店の入口に「お岩水かけ観音」の石像が置かれている（図3）。これもまた陽運寺の信者であったオーナーが昭和四十九年（一九七四）の丸正ビル建設にあたり建てたものと伝える。[2] その昔、左門町に実在した「田宮於岩」のあずかり知らぬところで、四谷の街はいまも新たな「お岩様」の利益信仰を増殖させているのである。

二　鬼女狂走の噂

一方、南北劇に脚色された「祟るお岩」のイメージについては周知のとおりである。芝居の大当りに反応したものであろうか、『東海道四谷怪談』初演の二年後、文政十年（一八二七）には、怖ろしい怨霊としてのお岩が公文書のなかに登場するようになる。幕府の命により四谷塩町（現・新宿区本塩町）の名主茂八郎より提出された『文政町方書上《ぶんせいまちかたかきあげ》』に書き添えられた「於岩稲荷神社」の由緒がそれである。

四谷左門町の御先手《おさきて》同心・田宮伊織[3]が五十四歳で大病にかかり、跡継ぎの心配から当時二十七歳の娘・岩に婿養子をとることになる。お岩は病魔のため片目がつぶれた醜い女であったが、同役の秋山長右衛門を媒酌人として摂州《せっしゅう》浪人の三十になる男を迎え、伊右衛門を名乗らせる。

やがて伊右衛門は上司の与力・伊藤喜兵衛に気に入られ、妊娠した妾の「こと」を妻にするよう勧められる。伊右衛門は邪魔になった岩につらくあたり、岩は秋山の説得もあって番町の屋敷に下女奉公に出た。

貞享四年（一六八七）の七月、ついに伊右衛門はことを家に入れ夫婦の生活をはじめる。ことは喜兵衛の子の他に三人の子を産む。一方、岩の方は奉公先で煙草売りから伊右衛門の様子を聞き、嫉妬に狂って鬼女の姿と化し、伊右衛門宅の近くを走り抜け、西の方角の横丁あたりで行方知れずとなった。

その後、ことと子供たちはことごとく変死し、伊右衛門も悪疾でこの世を去る。田宮家と同じように秋山、伊藤の両家も断絶となり、この一件の関係者十八名が次々に横死した。

さらに田宮邸の跡に住んだ者にまで奇怪な事が起こるので、妙行寺に依頼して田宮の旧宅跡に稲荷を勧請し、仏事を執り行なったところ、怨魂を鎮めることができた。お岩の狂走から約百五十年後の文政八年（一八二五）

八月、妙行寺にて追善供養を行ない、「得證院妙念日正大姉」の戒名を過去帳にしるした。『文政町方書上』は、妙行寺の供養によってお岩の祟りが終息したことをもってひき結ぶ。なお、左門町北側の東西の路地をいまも「鬼横丁」と呼ぶ[4]のは、『文政町方書上』の伝える鬼女の狂走にちなむ通称である。

じつは怨霊と化すお岩の物語は、『文政町方書上』より前の怪談絵本『模文画今怪談《ももんがこんかいだん》』（天明八年・一七八八刊）にみえ、古くは享保十二年（一七二七）の写本実録『四谷雑談集《よつやぞうだんしゅう》』にも、「四谷怪談」の原話とみられるお岩の祟りが載る。実録本と南北作品との素材上の対応関係については高田衛『お岩と伊右衛門——「四谷怪談」の深層』（洋泉社、二〇〇二）をご参照いただきたい。結論からいえば、貞女お岩の実像を鬼女狂乱の怪談に変容させる発端は、どうやら『四谷雑談集』のような、実録本の世界にさかのぼるものであった。

『四谷雑談集』の表現上の特色としては、たばかられたお岩の鬼女への変身のみならず、少女の体を借りて恨みのたけを口走る憑依霊や、七代まで祟り血筋を絶やす醜怪な怨霊の姿がありありと描かれている。それらは、まさしく累ヶ淵怪談に通底する、祟る女の系譜とみてよい。また、田宮邸が没落ののち凶宅となって誰も住むことのできない荒れ屋敷と化したことは、『皿屋舗辨疑録《さらやしきべんぎろく》』などで知られる皿屋敷もの（更地となった幽霊屋敷の謂）の筋立てに通じる。およそ十八世紀の江戸市中に流行したそれら怨霊物の実録本は、於岩稲荷田宮神社を発信源とする貞女お岩の話とまったく別のベクトルを示す。「四谷怪談」誕生の原初の様相がそこに見出されるのであった。

三　お岩入水の俗伝と坂の下の異界

ところで『文政町方書上』の結末が妙行寺の法力を語って終わることは、四谷という土地の地理条件や、地元の民間伝承との関わりから、とくに注目すべき特色であるように思えてならない。
妙行寺の寺域は江戸期を通じて左門町の南側に広がる低湿地にあった。現地名では、南元町《みなみもとまち》と若葉町にまたがるこの一帯を千日谷《せんにちだに》といい、近くに架かっていた「鮫ヶ橋《さめがはし》」の名で呼ばれることもあった。『新宿の民俗（2）四谷地区篇』[5]より周辺の地勢に関する記事を引いてみよう。

鮫河橋の低地一帯も、古は葭《よし》などの茂っていた池沼で、周囲の台地から湧き出す水を湛《たた》え、東南に流れて鮫河となり、赤坂の溜池《ためいけ》に注いでいた。

このあたりは家康の江戸開府にあたり、伊賀者の下忍に与えた土地であったと伝える。かつては海に通じる入江があり、鮫がさかのぼる伝説から「鮫ヶ橋」の地名となったともいう。異説として享保十七年（一七三二）刊の『江戸砂子』は、降雨の折に周囲の水が鮫ヶ橋付近の谷間に落ち合い増水するので、「雨ヶ橋」と呼んでいたものの転訛とする。いずれも水はけの悪い坂の下の湿地である特徴を地名の由来にする点で共通性をもつ。
一方、沼のほとりに位置する妙行寺をめぐっては、お岩の入水にまつわる奇怪な伝説が語られていた。『新宿と伝説』よりその部分を引用する。[6]

南元町の低地はむかし沼地になっていた。お岩は、草履をその沼のほとりに脱ぎ捨てて投身自殺した。その死骸を近くの妙行寺に運んで葬り、墓を建てたのだという。

むろん、このような俗信は巷間の噂話のたぐいか、もしくは後世の俗説かもしれない。だがしかし、南北劇の

図４　「鮫ヶ橋せきとめ神」の碑

インパクトとは別の次元で、四谷の土地柄に根ざすお岩信仰が湿地の物語となって伝承されていたことも事実であった。地理条件に照らしていえば、妙行寺のある鮫ヶ橋周辺は、四谷から新宿へと西走する甲州街道の台地の背より、急な坂を下った底に位置している。湿気の多い湧水地帯は地形上の境界にあたるばかりか、江戸後期には遺体処理の湯灌場《ゆかんば》や、夜鷹の出没する岡場所が点在し、一般の生活圏と様相を異にしていた[7]。いまは埋められて失われた鮫ヶ橋の跡地には、咳止めの神を祀る小祠が祀られ、都会の片隅に跡をとどめる塞の神の風景を目のあたりにすることができる（図４）。

要するに、妙行寺の寺域じたいが、いわば坂の下の非日常世界を意味していたわけである。『四谷雑談集』から『文政町方書上』へとつらなるお岩怨霊譚を生み出した巷間の怪異伝承にせまろうとするとき、千日谷より鮫ヶ橋にいたる谷あいの異形性と、お岩済度の寺・妙行寺の連関は無視できないのではないだろうか。お岩伝説の背後には、江戸の街の高低差のはざまに出来した水際低湿地の怪異性が見え隠れする。四谷の「四谷・怪談」

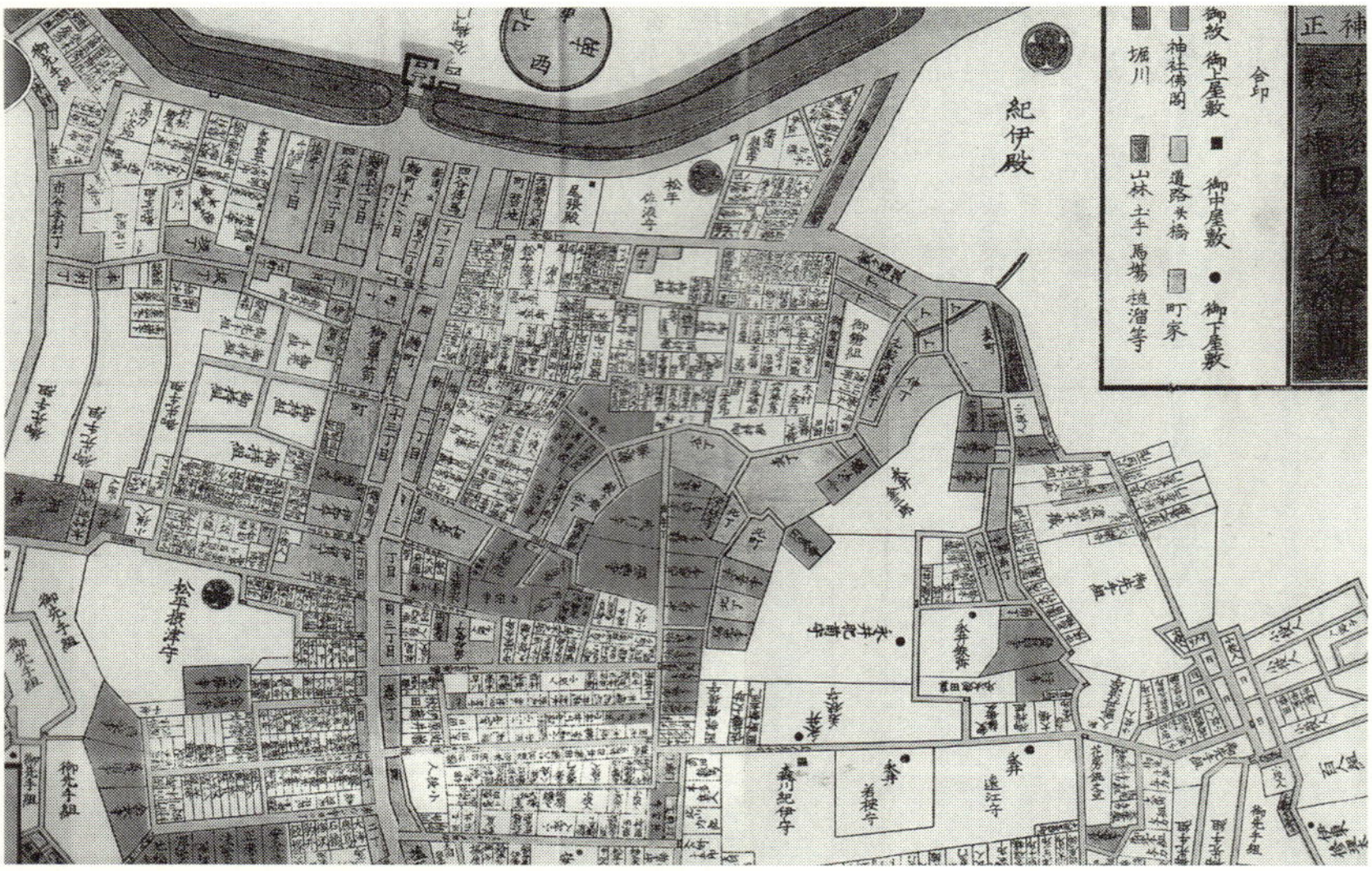

付図　四谷絵図　嘉永三年（1850）

は風土の記憶とともに語られたものであった。

江戸怪談の風土性については、本書第八章に詳しく述べることとする。

注

1. 田宮家の敷地が越前堀にもあったため、四谷の火事の後、稲荷社も家屋敷とともに移転した。
2. 二〇二三年現在、「お岩水かけ観音」はビルの建て直しにより移転中。
3. 田宮家は鉄砲組に属していた。
4. 新宿区教育委員会編『新宿と伝説』（一九六九）。
5. 新宿区立新宿歴史博物館編（一九九二）。
6. 注4に同じ。
7. 季刊『帰仁』一九六六年八月号。

第七章　生活の中の異界——性・婚・嫉

Ⅰ　鬼女と蛇婦の説話史をたどる

一　はじめに

日本のテレビアニメ『鬼滅の刃』は二〇一六年～二〇二〇年の『週刊少年ジャンプ』に連載された吾峠呼世晴《ごとうげこよはる》のマンガ作品を原作とする剣戟奇談である。大正期（一九一二～一九二六）を舞台に、主人公の少年・竈門炭治郎は、鬼になった妹の禰豆子を人間に戻すため、悪鬼との戦いを繰り広げる。

空前の大ヒットとなった『鬼滅の刃』において、人と鬼の境界がじつに曖昧な状態にあることは、日本文化のどのような局面を示唆しているのだろうか。あるいは、妹の鬼化を何の違和感もなく受け容れる日本のアニメファンの感性は、いかなる歴史の変遷を経て今日に至ったのか。ここでは、鬼となり、蛇と化す「女」の表象をめぐり、平安後期から江戸時代の約千年間の仏教説話、物語、古典演劇をたどりながら、怪異表現の背景となった日本文化の基層に照射してみたい。

二　仏教の女人罪障観と救済の思想

女性を罪深い存在とみなす仏教の教説は、「法華経」の龍女成仏譚をはじめとして諸書に説かれている。そしてまた、かような思想を物語に託して分かりやすく説明する説話が古代日本の寺坊において数多く作られた。

例えば、平安後期の長久年間（一〇四〇～四四）に編まれた『大日本国法華経験記』（法華験記）下巻一二九話は、旅の僧に恋した寡婦が大蛇に変じて紀伊の国・道成寺（現和歌山県御坊市）の鐘の中に隠れた僧を焼き殺す話を載せている。修行の身ゆえ、女の愛欲を拒み遁走した僧のふるまいに、未亡人の女は怒り狂い、自室に籠って気配すらしなくなる。しばらくすると女は「五尋《いつひろ》の大毒蛇の身」へと姿を変え、男の後を追いかける。逃走と追尾の果てに道成寺の山門が姿をあらわす。

この話のテーマが単なる奇談の紹介にとどまるものでないことは、章末の後日談に、悪縁のため地獄に堕ちた女と僧が、「法華経」の書写供養により救われ、女は忉利天に、また僧は兜率天の浄域に往生するという、聖典讃美の結末を描いておわるのを見ても明らかであった。

このような仏教説話の特性は、『大日本国法華経験記』の類話である『今昔物語集』巻十四の三話においても見出される。すなわちここでも、寡婦と僧の昇天を記した後に法華経の功徳と救済をいう以下の言葉が添えられている。

実《マコト》ニ法花経ノ霊験掲焉《ケチエン》ナル事不可思議也。新タニ蛇身ヲ棄テ、天上ニ生ル、事、偏《ヒトヘ》ニ法花ノ力也。此《コレ》ヲ見聞ク人、皆法花経ヲ仰ギ信ジテ、書写シ読誦シケリ。

さらに右の法華経礼賛の言辞につづけて、「然レバ女人ノ悪心ノ猛キ事、既ニ如此《カクノゴト》シ、此《コレ》ニ依テ、女ニ近付ク事ヲ仏強《アナガチ》ニ誡《イマシ》メ給フ」云々の結句を付け加えているのは、この話が仏教の女人罪障思想を奇異な出来事に絡めて説き弘める方便である事をものがたる。かつまた救済の方法を示す語り口により、女人蛇体の説話の息の長い流伝がもたらされるのである。

三　老妻が鬼となり蛇と化すとき

一方、平安後期の民衆の間に、女人の罪障を鬼・蛇の異形に喩える仏教説話が滲透するにつれて、婦女子の心に宿る嫉妬の悪心や淫欲の邪念を「毒蛇」、「悪鬼」の妖態に重ね合わせる比喩・修辞表現が貴族社会にあらわれるようになる。十一世紀の文章家として名高い藤原明衡（九八九？〜一〇六六）は、当時の京都に流行る「猿楽」見物の様子を書きとどめ、『新猿楽記』の一書を残した。風俗史の面からも興味深い記事に富む本書の一節に、猿楽を見に来たある家族の日常が点描されている。西の京に住む右衛門尉は三人の妻と娘十六人、息子九人がおり、今日は一家そろって河原の猿楽興行を楽しんでいる。六十歳になる年かさの本妻は、せっかくの遊楽なのに機嫌が悪い。すでに容貌の衰えが目立つ老妻に対して、どうやら夫は心が冷めているようである。この女は天性好色な性質で、常日頃から怪しげな性神に祈願しては夫の情を得ようとするが上手くいかない。「吾が身の老衰を知らずして、夫の心の等閑《なほざり》なることを恨む」[1]とは何とも気の毒な境遇である。つれない亭主への怨嗟の気持ちを藤原明衡は次の比喩表現によって叙述している。

嫉妬《しっと》の瞼《まなぶた》は毒蛇《どくじゃ》の繞乱《ねうらん》せるがごとく、忿怨《ふんえん》の面《おもて》は悪鬼《あくくゐ》の睚眦《がいさい》するに似たり。恋慕の涙は面上の粉《ふん》を洗ひ、愁嘆《しうたん》の炎は肝中の朱《しゅ》を焦《こが》す。すべからく雪の髪を剃《そ》り除きて、速《すみやか》に比丘尼《びくに》の形と成るべし。しかれども猶し露命《ろめい》に愛着《あいぢゃく》して、生き乍《なが》ら大毒蛇の身と作《な》る。

嘆きと怒りに身もだえする老妻の面差しは、ぬめぬめと纏《もつ》れわだかまる毒蛇のようであり、眼光鋭くにらみつける悪鬼のようでもある、というのである。引用部分最後の「生き乍ら大毒蛇の身」は、『大日本法華経験記』にみた紀伊の国の蛇身譚の風聞に拠るものかもしれない。平安朝随一の文章家の筆により、女の心根の奥にひそむ邪念を「毒蛇」「悪鬼」に喩える表現が示された点は注目に値する。あるいは、悶々の情を蛇・鬼に重ね合わせる俚諺が、明衡の周辺ですでに囁かれ常態化していたとみるのは考え過ぎであろうか。いずれにせよ、女と蛇・鬼を結絡させた早い時期の資料として、『新猿楽記』の記述は見逃せない。

四　能「鉄輪」の女――生成《なまなり》、般若《はんにゃ》、真蛇《しんじゃ》

武家政権の成立した鎌倉時代に入ると、嫉妬の鬼、愛欲の蛇をめぐる異形の女の物語は、仏教説話の枠組みを脱して文学・芸能の世界に話の輪を広げていく。後世、「宇治の橋姫伝説」と呼ばれた説話を例に、みずから鬼になることを望んだ妬婦の物語を取り上げてみよう。

橋姫の由来は、妖魔退治の刀剣にまつわる説話を集めた『平家物語』「剣之巻」あるいは『太平記』所収の剣の巻にその原型が見える。前者の「田中本平家物語」によれば、時は嵯峨天皇の御世（八〇九～八二三）、京都の公家の娘が恋敵の女を呪い、貴船明神に参籠して「生乍《イキナガラ》鬼ニ成《ナ》シ給へ」と祈願する。鬼になってでも憎い相手の命を奪いたいというのである。「望みをかなえたければ姿を変え、三七日（二十一日）のあいだ宇治川に身を浸しなさい」との神のお告げのままに、女は家に帰ると長い髪の毛を五つに分け、松脂で固めて「五ツノ角ヲ作」り、顔には朱を指し、躰を丹で赤く染めて頭に三本足の鉄輪《かなわ》を被るいで立ちとなった。そのうえに、火をともした松明を鉄輪の足にさし、口にも咥えて大和大路を南の方角に走り、宇治川を目指す。この鬼形に行き合う者は皆肝を消して恐ろしさのあまり気を失った。鉄輪の女の妖態は後世の絵師・鳥山石燕により視覚化されることに

なる（図1）。

結局、鬼女は相手の女とその一族、さらに二道かけた夫の親族をことごとく取り殺した。荒ぶる悪鬼は狡猾で、「男ヲ捕ラムトテハ、貌、天女ニ変ジ、女ヲ取ントテハ男ト」なる変幻自在の霊力によって、手当たり次第に人を殺《あや》めたため、都中が恐れおののいたという。

さて、恋の妄執ゆえに鬼となる女の物語は、時代が下り中世末の室町期になると、能の演目に潤色され、古典劇の題材に取り上げられるようになる。貴船の丑の刻詣りの場面を描く「鉄輪」はその典型であった。本曲では、「剣之巻」と同様に、神託を受けた下京の女が頭に鉄輪をいただく鬼の姿の生霊となり、自分を離別した夫と新しい妻を襲う。そこには平安朝以来の「後妻《うわなり》打《う》ち」の習俗が見え隠れする。後妻を象徴する黒髪の束を杖で打ち据える後半の場面には、先妻の嫉妬が織りなす「うわなり妬み」の物語の伝統が投影したのであろう。

図1　宇治の橋姫（鳥山石燕『今昔画図続百鬼』）

もっとも能の「鉄輪」において、先の妻の復讐は成就しない。悪夢にうなされる夫の依頼を受けた陰陽師・安倍晴明の祈禱のために、生霊は目的を果たせず無念の退散となる。マジカルな呪詛の匂いを漂わせる「剣之

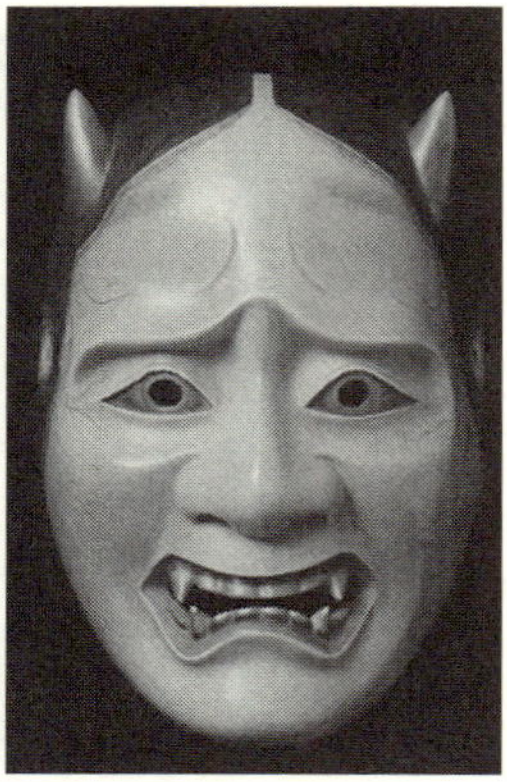
図２　生成の面

図３　般若の面

図４　真蛇の面

巻」の橋姫伝説に比べると、「鉄輪」の筋立てには、能楽の庇護者たる高級人士の鑑賞に堪えうる幽玄美の演出がほどこされ、鬼にならざるを得ない女の鳴動する怨嗟と慟哭が、深く静かな舞台空間に底なしの闇を創り出しているといってよいだろう。説話はこの時点で芸術を志向し始めるのである。

能の演出技法においては、物語を前半と後半に分ける複式夢幻能の舞台が設定される。同じ登場人物であっても、前・後に性格付けの異なる衣装と面を着けて舞台に上がる。とくに主人公の場合は、これを前シテ、後シテといって区別する。

「鉄輪」では、前シテは目と歯の部分に金泥を塗った「泥眼《でいがん》」の女面を着ける。もともと金泥は、人間を超越した存在を表すものであり、したがって、丑の刻詣りの妬婦が人から別のものに変わろうとする前シテの表現にあえて泥眼の面が用意されたのである。

一方、中入りのあとの後半、後シテの登場になると、面は生霊を象徴する「鉄輪女」に変わる。激しい怒りと哀しみが鬼女の姿となって顕われたことを、能面の造型により具象化してみせる演出と考えてよい。流派によっては、後シテの面に「橋姫」を使い、また「生成」(図２)を用いることもある。[2]

「生成」とは、人から鬼へと変貌する途中の有り様を模した表情の面であり、いまだ人としての葛藤を残しながら、恨みの果てに鬼に変わりゆく女の心の内奥を「見える形」に造型化した表象と考えてよい。そしてさらに内なる憎悪、執念、悲嘆の情が昂ずれば、「生成」は「般若」面に置き換えられ、鋭い二本の角と歪めた瞼、牙のある大きな口で頬を硬直させた醜怪な鬼面を舞台に晒すことになるのである（図3）。それでも怒りが収まらない時、女はついに「本成」となり、人より蛇に近い双角、赤舌の「真蛇」面で観客の前に立ちはだかる（図4）。

ある意味で、能の成立は、それ以前の観念的な鬼女の存在に明確な姿かたちを与える結果をもたらした。女の悪感情の度合いを、それぞれに意味性を持つ面の使い分けによって観客に伝える。そのような芸態の発達は、人が鬼になる過程を、ごく普通に理解できる民衆文化のリテラシーの醸成に大いに寄与したといえるのではあるまいか。

ひるがえって室町期は怪異の存在が、はじめて視覚表象をともなって描かれた時代でもあった。妖怪の図像を絵巻に仕立てた「百鬼夜行図」の成立を含めて、人間が化物を「見る」世の中が到来したのである。目の前の舞台上に鬼女の実在を認識する様式の芸能・能楽の発達もまた、こうした時代の趨勢とみておきたい。

五　道成寺縁起の大衆化――絵解き、芝居、開帳

鬼女や蛇婦の造型化、絵画化という点では、室町末期に盛んになる道成寺縁起絵巻の制作も同様の流れを示している。加えて、寺僧が絵巻を用いて物語の内容を参詣人に語り伝える「絵解き」説法の隆盛は、室町期の時代の変化に即応した仏教側の新たな動きであった。紀州の道成寺では、寺蔵の『道成寺縁起絵巻』（天正元年・一五七三写）二巻をテキストにした絵解き説法が行われた。絵と語りを駆使した立体的な布教は、現在も境内の

絵解き堂で行われており、絵解きの伝統的な語り口を今に残すことで知られている（図5）。

能の「道成寺」を通して大名・武家の支配層に知られるようになっていた女人蛇体の物語は、絵解きの流行を経て、『大日本国法華経験記』の時代をはるかに超える享受層の拡大に向かい、周知の説話に変遷していくことになる。

もっとも、江戸時代以降、道成寺縁起の大衆化に拍車をかけたのは、能の演目を一層華やかな舞台に作り変えた浄瑠璃、歌舞伎などの大衆芝居の人気に負うところが少なくない。アクロバティックな大道具の仕掛け（宙乗り、本水など）をふんだんに使った『三世道成寺』（元禄十四年・一七〇一初演、図6）や、美形の女方が妖艶に舞う舞踊劇の『京鹿子娘道成寺』（宝暦三年・一七五三初演）といった名作が江戸、京都、大坂の芝居小屋を賑わせ、名優の演じる蛇身の芸態が芝居見物の喝采を浴びていた。主人公の名前が旅の僧「安珍」に恋焦がれて蛇に変じる少女「清姫」に定まるのも、これらの芝居の影響力による。名は体を表す。僧と寡婦の名を出さない『大日本国法華経験記』の説話は、ここに至って目鼻立ちのはっきりした主人公を持つ男と女の邪恋譚に生まれ変わる。文芸の香気に彩られた女人蛇体の物語は、能に始まり江戸の芝居に完結するといって過言ではないだろう。仏教思想を源流とする道成寺縁起のフィクションへの変容が、近世文学の一隅に完成をみるのである。

江戸庶民の心象に定着を果たした芝居仕立ての鬼女、蛇婦の表象は、一方で寺院の説法そのものにも変化をもたらし、より大衆的な布教の方法に工夫が凝らされていく。

図5　道成寺の絵解き説法（和歌山県観光公式サイトより）

絵解きとともに、秘仏宝物の一般公開を行う「開帳」興行はそのような寺院活動の一端といえる。大掛かりなものでは、寺の本尊や霊宝を江戸、大坂、京都、名古屋などの繁華な都市に運び込む出開帳が行われ、寺社の由来を平易にしるす簡易版の「略縁起」の印刻配布により、寺院の物語は大衆の間に広まっていった。また出開帳の際には、その寺の宝物や高僧に関連のある演目の芝居が当て込み公演のかたちで舞台に掛けられ、歌舞伎小屋と開帳場の連結さえ行われていた。

かくして近世寺院の布教営為は、江戸期らしい祝祭空間を都市の巷間に生み出すことになったわけである。

図６『三世道成寺』（元禄歌舞伎傑作集）蛇女が宙を舞う

道成寺の場合には、文政元年（一八一八）の江戸回向院出開帳、同二年の名古屋門前町出開帳を通じて安珍清姫の物語を都市に喧伝していった。その内容は、基本的には室町の縁起絵巻を前提としながら、一方で、物語のディティールに関わる地元の地名や伝承碑を端々にさしはさみ、道成寺の所蔵する宝物の由来に絡めて再編されたものであった。ことに文政元年の開帳に合わせて新調した五幅本の絵解き図（図7）には土地の名所旧跡が描き込まれ、宝物に関連する場面を強調する作意に充ちている。安珍を追う追跡ルートを進むにつれて、清姫が目にしたはずの土地の風景が展開し、蛇身に変わりゆく場所と証拠の品が図像となって示されるのである。

文政開帳の折には、縁起の証拠となる数種の宝物（道成寺文書）が遠く江戸、名古屋に運ばれ、物語のダイジェストをつづった略

図７　五幅本道成寺縁起絵解き図（道成寺蔵）
　逃走する安珍と追う清姫の物語を土地の伝承碑、風景とともに描く。川を渡りながら蛇体に変化する清姫の頭には二本の角が生えている

縁起とともに公開されている。その中には安珍、清姫の所持品から蛇体脱却の清姫が残した「角」までもが堂宇に並べられたという。詳細は後掲の第八章Ｉにゆずるが、絵と宝物と由来譚の三位一体を駆使した立体的な布教が用意され、蛇身の女の物語にリアリティを与えていたことは間違いない。それはもはや、エンターテイメントの域に達する仏教唱導の現場の常態化といえるだろう。

　女の悪念のシンボルである「角」の存在、そしてその角を落とす経典の功力と仏の慈悲が声高に説き弘められ、仏教の教えを民衆の心に根付かせていく。角は、日々の生活に起こる悪しき行いを戒め、どこにでもいるような市井の女に生きるための行動規範を教え諭す宗教アイテムとなったわけである。

　儒仏思想の民衆化、通俗化が進んだ江戸

後期の社会において、角のシンボリズムは町人好みの軽文学の中にも影響を及ぼしていった。例えば当節流行の川柳は、婦女の邪念を戒める教訓の句を、娘の隠された「角」にからめて軽妙に表現する。

つの隠し　心の鬼の　棒しばり　（『誹風柳多留』第三）

「角隠し」とは、婚礼の場の花嫁がかぶる白帽子の意味であり、無垢な若妻の心の底にわだかまる黒い邪念をひた隠しにしてくれる。いわば心の鬼の表出を内にとどめてくれる有り難い婚礼呪具なのである。角を出さず、鬼にならない「女の一生」に、江戸の民衆は格別の価値を見ていた。脱角は家内安全のシンボルであり、「我慢の美徳」とも絡み合う文化事象として機能したといえようか。少なくとも江戸の庶民感情のままに、鬼になり、蛇と化す女への戒めがあまねく浸潤していたことは間違いない。

そう考えてみると『鬼滅の刃』の兄妹愛や葛藤は二〇〇〇年代の新たな価値観の所産といえるのではないか。鬼は今も深化を続けている。

注

1. 本文引用は日本思想大系第八巻『古代政治思想』（岩波書店、一九七九）による。

2. 『能学大事典』（筑摩書房、二〇一二）。なお、図2～4は倉本朗『般若面を打つ』（日貿出版社、二〇一三）に拠る。

Ⅱ　女房の角——執念のシンボリズム

一　一枚のかわら版から

ここに一枚のかわら版がある。

江戸時代の民間にあって、天変地異や奇聞、仇討ちのたぐいを一枚刷りの板木に印刻して市販する絵入り刊行物を「読売り」あるいは「絵草子」と呼ぶ。今日、「かわら版」の名で親しまれる市中情報誌は当時の世相を伝えるものとして知られている。

さて、図1に掲げる読売りは、天保九年（一八三八）の京都に起きた下女の怪死事件を報じている。右端に「天保九戊秋京師ニテウルトコロ」「留吉求来ル」と墨書するところから、旅行者が洛中の辻売りより買い求めたものであることが分かる。天保期の京都を騒がせた奇怪な出来事の全貌は、次のようなものであった。

但馬国から奉公にあがった下女は、朝も晩も一心不乱に働いて国元の病夫を養っていた。ある日、主人の使いで町なかに出て故郷のなじみに行き逢う。夫の具合を訊ねる女に、思いも寄らない非情な事実が告げられた。

そなたは何もしらずや、かの男は病気はとく本《ほん》ぶくして、今はうつくしき女を女房にもちて、むつましくくらしゐらるゝ。

図１　かわら版（堤邦彦蔵）

病いはとうに癒えており、あまつさえ若くて美しい女を嫁に迎え、仲睦まじく暮らしているという。あまりのことに下女は血相を変え、奉公先に走り帰ると、梯子段をかけ上ったまま、いつまで経っても下りてこない。不審に思い別の下女と下男に二階を確かめさせるが、いずれも悲鳴をあげてころがり落ち、気を失う始末であった。ただならぬ様子に主人みずから見に行くと、乱れ髪に口が耳まで裂け、「ひたいに角」の生えた「鬼女《おに》」が遠く但馬の方角を睨みつけ、立ったまま死んでいるではないか。

早々に死骸を片付け、国元に変事を知らせる。すると入れ違いに先方からも飛脚がやって来て、禍々しい事実が明かされる。下女の立往生と同じ刻限に、但馬の夫と新妻、そしてふたりの間に生まれた子の三人が不慮の死を遂げていた。

　とおもへは夢《ゆめ》はさめたり。さて〳〵おそろしきゆめ
　也けり。

読売りの末尾は、すべてが夢であったと締めくくる。誰の夢なのか主語を明かさない筆遣いに、街の噂となった鬼女伝承の扱い方がうかがえる。あるいは周知の実話であるが故に、障りを避けて夢の話に落としたのかもしれない。

人が鬼になる奇聞は、江戸後期の上方に珍しくない話題であった。同時代の大坂の世相を記録した『摂陽奇観』には、盗賊、火災や芝居の評判に混ざって「摂州富田村百姓某の母、生ながら鬼となり、一夜の間ニ角生ぜしとの風説」が囁かれた記事を載せている（巻四八、文政五年・一八二二・五月の項）。読売りの伝える鬼女の噂もこの種の巷説に違いない。

たしかに日本の説話史を見渡してみれば、鬼女の噂じたいは諸書に散在しており、さほど希有なものではない。例えば『徒然草』五十段は、応長（一三一一〜一三一二）のころ「女の鬼になりたるもの」が伊勢の国より京にのぼり大騒ぎとなったことを書き残している。同じころ、洛中に流行り病が蔓延したことから、鬼の噂はその前兆ではなかったかと訝る声があったという。

鬼の出没をめぐる市井の奇談は、近世に入っても枚挙にいとまがなく、『古今犬著聞集』のような生々しい実見譚を目にすることになる。本書巻九「女の鬼に成し事」では、長年にわたり夫に嫉妬心を抱き続けた江戸中橋の女房が、いまわの際に自らの手で口を引き裂き、鬼の形相となって暴れだす。困惑のあまり、「夜着、蒲団」を打ちかぶせ六、七人の男たちが覆いかぶさって鬼の息の根を止める騒動のさまは、目の前の凄惨な光景を語る臨場感にみちている。葬儀を引き受けた僧侶さえもが、あまりに醜怪な姿に慄き、亡骸の髪を剃ることもせずに長櫃に押し込め、蒲団ごと火葬してしまう。世間を驚かせた鬼女の狂態をつぶさに書き留めた事例といえるだろう。

もっとも、天保九年の読売りに立ち戻っていえば、この話の特異なリアリティと生活の臭いは群を抜いている。どこにでも居そうな、つつましやかな暮らしぶりの下女が、普段着のまま角の生えた鬼になり立往生をして果てる。世間にありがちな夫婦の痴話をきっかけに、男の背信を呪い、我が身の上を嘆く負の感情が人の姿を妖魔に変えてしまうのである。立往生の鬼女は、恨みと自責の入り混じるやり場のない心奥の形象化にほかならない。日常生活にありがちな女房の悩みが、一足飛びに双角の鬼に結び付けられるのである。それは外部から人々の生活圏に侵入する鬼形の妖魔、例えば都に流行る悪疫のたぐいとは次元の異なる〈心の内なる闇の発動〉といってよい。そして「角」は女の妬心の象徴であり、凝り固まった負の烙印であった。鬼女の存在は、誰の心にも宿り得る嫉妬の悪念に置き換えられることにより、にわかに現実味を帯び、人生の機微を語る寓喩となる。化け物の巣くう異界は、じつは日常生活のすぐ隣に魔境の入り口を開けていたわけである。

かくして生活のなかの異界が読売りに報じられ、市井の口から耳へと噂の輪をひろげていく。

二　となりの鬼女の戯画

もちろん蛇身となり、鬼形をあらわす妬婦の霊異は近世特有のものではない。前節にとりあげた道成寺縁起の女人蛇体、あるいは能の鬼女物（「鉄輪」「葵上」など）に登場する生成《なまなり》、般若、真蛇の芸態は、連綿とつづく〈嫉妬の鬼（蛇）〉の伝統をおしえるものであった。

そのような流れは、近世初頭の古浄瑠璃、歌舞伎の趣向や所作にさまざまな影響をおよぼしている。表に出せない心内の蛇身といった発想が元禄期（一六八八～一七〇四）の近松歌舞伎『女郎来迎柱』などに脚色されたことについては、これも第五章Ⅱに述べた通りである。人気役者の演ずる芝居の舞台を仲立ちとして、蛇となり鬼に変ずる偏愛の執念が庶民の心象に定着を果したといってよいだろう。

一方、江戸中・後期の鬼女譚のいまひとつの特色は、角を振り立てる妬婦たちの表象が、芝居小屋や物語世界の虚構《フィクション》にとどまることなく、日常の隅々に溶け込み、普通の女の本性を白日のもとに曝《さら》す俚談となって機能した点にある。例えば、隣家の娘や嫁、立派な門構えの屋敷に暮らす奥方の隠しきれない悪感情を「角」にシンボライズしてみせる雑俳、川柳のまなざしは、心内の鬼の観念と戒めが町人社会にあまねく浸潤し、共通理解となって大衆化していく様子をものがたる。少なくとも、女の内面が角の生えた鬼女の姿を生み出すと考える社会通念を前提に、以下の軽文学が発想されたことは事実であった。

享保期(一七一六~三六)の京都俳壇に君臨した淡々(一六七四~一七六一)の高点句集『万国燕』(享保十三・一七二八刊)に次のような高点句が見える。

腰元いなせ　角おちにけり

殿様の手が付いた腰元を里に帰したのだから、これで奥方の悋気も鎮まるに違いない。とある屋敷の色恋沙汰の終着を「角おちにけり」と結ぶ。妬毒の霧消をはらはらと落ちる鬼角に見立てた軽妙な読みぶりが示されている。

さらに、怒りに打ち震える本妻と逃げる下女の人間模様は、『誹風柳多留』所収の川柳にも点描されている。

指二本　額に当てゝ　下女は逃《にげ》(第三篇)

主人に口説かれた下女は、問い詰める奥様の前から逃走しながら「お、怖い、鬼になった」と道化てみせる。

心内の角を真似る仕草は、好色生活の戯画を表すのに格好の光景だったに違いない。

この他、『誹風柳多留』には、花嫁の被る「角隠し」に絡め、内なる夜叉をあばき出してみせる表現が目につく。

ありがたい　出る角かくし眉かくし（一六〇篇）

婚礼の場の白無垢姿に秘められた花嫁の暗部を「角隠し」の語彙に掛けて洒落たものである。日々の暮らしに潜む漆黒をうがち、家内安全の回復を〈脱角の瞬間〉に求める感性が江戸後期の市井に行きわたっていたことは疑いない。一連の生活詠はその証左といえるだろう。

そもそも怒りの角を出す女とは、いかなる記号を意味するのか。内面と外貌、念としぐさはどのように結びついていたものか。解明を要する問題は少なくない。

三　妬み心の戒め

道成寺縁起や謡曲を媒介として世上に流布した、蛇となり鬼になる女の面影は、江戸中・後期に至り、「嫉妬の戒め」のニュアンスに彩られるようになる。そのような意味づけを肥大化させ、大衆のあいだに話の裾野をひろげた要因とは何か。またそこには、どのような世相の動きが見出せるのだろうか。

江戸期の庶民道徳のありようや、宗教文化の実態を念頭に置きつつ、全体像を把握しようとするとき、第一に浮上するのは、仏教の説く女人罪障観の通俗化と一般社会への浸透である。

徳川政権下の檀家制度のもとで、全国の寺院は信徒の数を倍加させるとともに、寺参りの善男善女に向けては、仏のおしえを平易な言葉と馴染みやすい例話にそって説き示す庶民教化の宗風へと傾斜していった。それらの内容は、今日「勧化本」の呼称で知られる近世の通俗仏書に記述されており、経典の俗解から説教の語り口にいたるまでの布法の実情を知ることができる。

また、地域の年中行事となった法会や神仏の縁日に際しては、寺の宝物が頻繁に開帳され、さらに仏画・絵伝の絵解き説法を駆使した布教の立体化がおしすすめられた。寺坊に集まる人々の耳目に直接訴えかける通俗平易な法席は、江戸期の民衆を法悦の空間に誘《いざ》なう有効なてだてとなっていた。

じつはそのような開帳の折にかなりの数の霊宝、寺宝の類が並べられ、唱導文化の遊山化に拍車をかけた。十七・八世紀の寺誌や開帳時に配布した略縁起をみると、宗派の開祖・高僧にまつわる霊験の聖なる証《あかし》として、仏に帰依した龍女の鱗、鎮圧された火車の爪、大蛇の頭骨といった珍奇な遺物が記録されている。[1]

ことに文政元年（一八一八）の江戸回向院における紀州道成寺の秘仏開帳の折は、「清姫が鬼女になりし時の角」（『増補武江年表』）が展観されて世俗の目を驚かしたという。[2] 時をへだてた明治期のものであるが、和歌山出身の日本画家・湯川松堂（一八六八～?）筆の彩色版画「道成寺図」には、安珍を追う清姫の頭に一角が生ずる場面が描かれている。追跡にくたびれ「腰掛石」（図2右上）に座りこんだ女はすでに角の生えた鬼と変じている。南紀地方の道成寺伝説をめぐる清姫の角の伝承については、改めて第八章Ⅰに詳しく述べてみることにする。いずれにしても近世の開帳場において「角」を罪業の象徴とみなし、妬毒の消滅を説く女人教化の語り口が案出され、工夫を重ねるとともに、土地の在地伝承に融化していったことは事実であった。

鬼女の角を霊宝とする寺院縁起は、安珍清姫伝説ばかりではない。浄土真宗の親鸞伝と深くかかわるものでは、茨城県常陸太田市の西光寺に伝わる「鬼神成仏証拠の角」の縁起がある。宗祖親鸞の導きにより脱角を果た

図２　湯川松堂「道成寺図」（堤邦彦蔵）

した娘の因縁は、双幅の掛け幅絵伝（図3）に描かれ、証拠の角（図4）とともに今も展観が行われている。さらに鬼女成仏の説話は、関東の親鸞旧跡「二十四輩」を巡る門徒により、四国香川県下の真宗寺院に運ばれ、明治の親鸞絵伝を物語性に富むものにしていく。「満善寺絵伝」をはじめとする絵解き図（図5）の詳細に関しては、旧著『絵伝と縁起の近世僧坊文芸』に述べたとおりである。[3]

本来、深遠な教理から出発したはずの女人罪障、女人成仏の思想が、即物的ではあるが一般信徒の感性にとどきやすい目の前の「角」に具体化されて世俗に根をはるようになった点は見逃せない。これら「角」のシンボリズムの根底には、仏の説く「邪淫」の戒めが巧みに配されていた。恋の妄執から逃れられず、嫉妬の鬼となる女の物語を介して、衆庶に向けた妬婦の罪と救済が声高に語られた。この一事に限らず、庶民仏教の教線に即した視点にこだわることにより、〈鬼女の成仏〉が同時代の大衆文化に皮下浸透していく道筋を正確に捉え得るのではないだろうか。仏教が人々の生活のすみずみに融化した、近世期の宗教環境はそのような見方を可能にしている。

図３　西光寺絵伝

図４　西光寺の鬼角

図５　満善寺絵伝

四　儒者の女訓

あわせて考えてみたい第二の点は、儒者を中心に発信された「女訓」の教戒である。『女大学』に代表される女性道徳は、浮世を渡るのに不可欠な社会の規範として提唱され、女子教育や家庭教訓のみならず、近世文芸に立ちあらわれる女性の描き方、描かれ方の拠り所となった。とりわけ妬み嫉《そね》む心根を家婦の道にもとる瑕疵とみなす倫理観は、一方で反面教師としての〈妬心の鬼〉の寓話を必要としたのである。近世の鬼女譚につきまとう教訓臭の発露は、そうした女訓意識を根拠にしている。

「近江聖人」の名で知られる近世初頭の儒者・中江藤樹（一六〇八―四八）は、道徳実践を教えの基盤に据えて理想の生き方を説き、庶民の教化に奔走した。仏典にも深い造詣を見せる藤樹の著作には、中国の善書『廸吉録《てききつろく》』などの漢籍に典拠を求め、悪報のありさまを示して嫉妬の心を戒める説話が目に付く。例えば、女子教育の訓話集として版行された『鑑草』（正保四年・一六四七）をひもとけば、巻三「不嫉妬毒報」の条に、嫉妬のあまり奴婢の女を殺しておぞましい蛇難を受けた家婦の返報譚が、『廸吉録』の話をもとに例示され、妬毒の弊害を分かりやすく説明している。すなわち「不嫉妬毒報」の冒頭は次の教訓から筆を起こす。

不嫉《ふしつ》はねたまずとよむ。吝気《りんき》の心なく、りんきの行《をこな》ひなきことなり。妬《と》も又ねたむとよむ。りんきは三毒《さんどく》の蛇心《じゃしん》なればその身の明徳仏性《めいとくぶっしゃう》をそこなひ、終《つゐ》に人をなやまし人をころす事、毒薬《どくやく》よりもすさましきゆへに、りんきふかく人をなやまし人をころすを妬毒《ととく》と云なり。不嫉《ふしつ》は守節《しゅせつ》の善行《せんかう》なるゆへに、かならすめてたき報《むく》ひあり。妬毒は背夫《はいふ》の悪逆《あくぎゃく》なれは、かならす浅《あさ》ましくおそろしきむくひあり。

ここにいう「りんきは三毒の蛇心…明徳仏性をそこなひ」云々の一節は、仏教経典の用語を用いて儒教倫理に包摂させる藤樹の「戦術」をよくあらわす文脈とされている。[4]「三毒」とは、「貪欲」（むさぼり）・「瞋恚《しんに》」（いかり）・「愚痴」（おろかさ）の三つの煩悩を言う仏教語であり、『大智度論』三十一に「三毒は一切の煩悩の根本なり（三毒為一切煩悩根本）」とある。衆生を損なう害悪の凄まじさから、古く毒蛇に喩えることもあった（『大乗義章』第五本）[5]。『太平記』三十三で「煩悩の大河を渡れば三毒の大蛇浮かび出でて」とあるのは経典を踏まえたバリエーションであろう。あわせて『摩訶止観』五の「三毒是心病」などの言説に引き比べて考えてみると、女性の悋気ごころを「蛇心」の二文字に凝縮させる表現は近世の通俗仏教に近い言い回しと理解することができるのではないか。あるいはそれは、『奇異雑談集』の人魂譚にみえる「心蛇ノ変」「識心蛇」（本書第一章Ⅲ）に通底する思惟かもしれない。人を害する根源は人の心根に在る、というのである。近世初頭の儒・仏がともに心内の魔境を顧みる視座を示していることは傾注すべきであろう。

さて、おのれの身より三毒を取り除き、天の与える「明徳」と、仏の説く、生まれながらの「仏性」に目覚めよ、と説く『鑑草』の教戒は、仏教語を援用しながら儒教的な女訓の世界に家婦たちをいざなう藤樹一流の教化の手法に支えられたものであった。心山義文によれば、日頃から寺僧の仏説になずむ市井の女たちに向けて刊行された『鑑草』の書物としての性格から考えても、それは有効な叙述の方法であったという。[6]「三毒の虵心」に触れた先の冒頭文に続けて、藤樹は家道の勧めを熱心に説き示す儒者の顔を顕わにするのであった。

扨《さて》又、妬毒《とどく》の虵心《じゃしん》はなはたしく、或《あるひ》は、はけしく、夫《をっと》をふせき、或ねたましき女にすさましくあたりて、おそろしき行《おこな》ひあれは、その夫たるもの、其妬毒を見れば興《きゃう》さめ、おそろしくて、毒虵のことくおほえぬれば、つゐに離別《りべつ》のもとひと成ぬ。吝気《りんき》は離別をいとふ心よりおこりて、かへって離別の害にあへり。是《これ》妬毒の損《そん》その一なり。妬毒の虵心ふかければ、かならす、まつ家内和睦《けないくわぼく》せす。しかのみならす、妬毒の悪行《あくぎゃう》は、そのむくひ、踵《くびす》をめぐらさゞれは、或はその身をなやまし、毒虵となるも有、或は其子孫を絶滅《ぜつめつ》し、家門《かもん》のすいび、多分《たぶん》これより発《おこ》る。これ妬毒の損、その二なり。

家婦の嫉妬心が離別や家内不和による一門の衰微をもたらすというのは、イエの重視を基本とする封建道徳の現れであった。そのような言説の裏付けとして、藤樹はこの後に『廸吉録』の霊異譚を紹介していく。説話内容をめぐる細かな考察は本書第二章Ⅱに譲り、ここでは「妬毒の蛇心」に儒学の立場から明確な解釈が施され、妬む女の惨めな末路に眉を顰める感性を日々の暮らしの倫理感に根付かせる一因となった点に注視しておきたい。心に巣くう妖魔の存在に道義的な根拠を与えた民間儒者の教化活動、とりわけ女訓思想の滲透と影響の意味するところは少なくなかった。

さて、「角」を妬心の象徴と捉える通念が江戸の大衆文化に蔓延するに至った要因をめぐり、庶民仏教の唱導営為と、女訓思想の普及という二つの視角から個々の説話の具体例を検証してみたい。また二つの観点とあわせて、近世文芸との関わりにも目を配りながら、「女房の角」にまつわる説話史の全容を繙《ひもと》いていくことにする。

五　生きながら鬼女となる妬婦

ひとくちに近世唱導の大衆化現象といっても、それは必ずしも均質、一様なものではない。むしろ時代変遷を経て少しずつオーソドックスな説教の語り口を獲得したとみた方が、実態に近いのであろう。そのような見方を前提に、近世初頭の遺風を残す片仮名本『因果物語』（寛文元年・一六六一刊）に着目し、幕末期勧化本への説話内容の変容を追いかけてみよう。

オーラルな説教の臨場感を漂わせる片仮名本『因果物語』の霊異譚をめぐっては、先にいくつかの説話をとりあげてきたが（本書第一章Ⅰ、Ⅱ）、ここでは上巻第八の「愛執深《フカキ》女、忽《タチマチ》チ蛇体ト成《ナル》事」の冒頭話をてがかりに、愛欲と角のシンボリズムの濃密な連関を読み解いていくことにする。

備中国松山《ビチウノクニマツヤマ》ノ近所《キンジヨ》。竹《タケ》ノ庄ト云村ノ。庄屋《シヤウヤ》ノ女房《ニヨウバウ》。山伏《ヤマブシ》ヲ陰　男《カクシヲトコ》ニ持《モツ》。山伏死《ヤマブシシ》シテ後《ノチ》。幽霊ト成《ナリ》、彼　女《カノヲンナ》ト出合《イデアウ》コト数年《スネン》也。

夫、怪《アヤシ》ミ、終《ツヒ》ニ見出《ミイダシ》。女房《ニヨウバウ》ヲ恥《ハヂシ》メケレバ、其儘《ソノマヽ》、気違《キチガヒ》テ、怖布狂《ヲソロシククルヒ》ケルヲ、籠舎《ロウシヤ》サセ置《ヲク》ニ、次第《シダイ》ニ形《カタチ》替《カワリ》、髪筋針金《カミスヂハリガネ》ノ如《ゴトク》ニ成《ナリ》、眼光《マナコヒカリ》、口《クチ》ハ耳《ミヽ》マテ切《キレ》、即《スナハ》チ、角出《ツノイテ》テ、蛇《ジヤ》ト成《ナル》。其所《ソノトコロ》ニ、大《ヲヽキ》ナル池《イケ》アルニ。此池《コノイケ》ニ入《イル》ベシ、是《コレ》ヘ鐘大鼓《カネタイコ》ニテ、囃　送《ハヤシヲクル》ベシ。左無《サナク》ハ、此郷《コノサト》ヲ残《ノコ》サズ取殺《トリコロシ》、池《イケ》ト為《ナス》ベシ。好《コノミ》ノ如《ゴトク》セバ、礙《サワル》ベカラズ、ト、云《イフ》。所《トコロ》ノ者共《モノドモ》、畏怖《ヲヂヲソレ》テ、池《イケ》ニ送《ヲクル》ベシ、ト、談合究《ダンコウキワメ》テ、正保《シヤウホウ》二年酉《トリ》ノ六月廿八日ニ、送《ヲクリ》ケル由《ヨシ》、備中笠岡《ビッチウカサオカ》、東雲寺《トウウンジ》ノ江湖《ゴウコ》ニ在《アリ》シ僧《ソウ》、佐和山大雲寺《サワヤマダイウンジ》ノ春甫《シユンホ》雑談也《ザウタンナリ》。

この話の前半は、山伏との密通を重ねる備中松山・竹ノ庄（現岡山県賀陽町）の庄屋の女房の話からはじまる。山伏は死後も幽霊となって女のもとに通う。そのことを咎められ、牢につながれた女は、たぎる愛欲のためか、乱心の果てに角の生えた蛇形をあらわす。怒髪は天を突き、眼光を爛々と輝かせる妖婦の口は耳まで裂け、すでに角のある蛇体に変じていた。そこで、困り果てた村人は、女の望みにまかせて蛇身を池の主に祀り上げることとなる。

前代未聞の珍事に困惑した村人は、談合の末に、鐘・太鼓を打ち鳴らしながら蛇身を在所の大池に鎮送する。一村残らず取り殺して「池ト為スベシ」と猛り狂う妖婦を慰霊するためには、それ以外の方法はなかった。かくして正保二年（一六四五）六月二十八日に蛇身鎮めの祭祀がしめやかに執り行われた。虫送りの習俗を思わせる村落共同体の呪的儀礼が愛欲の女の蛇身譚と交差する。

この話の話者「春甫」の名をしるした後に続けて、『因果物語』の本文は、蛇身の鎮送を見届けた海徳寺（岡山県倉敷市玉島）の僧「嶺的」の体験と、列座に間に合わなかった僧たちが目のあたりにした当日の「大雨」の様子を書き添えている。僧坊をとりまく口承的《ナラティブ》な「雑談《ザウタン》」の現場を垣間見ることができる記述といえるだろう。

海徳寺《カイトクジ》ノ住持嶺的《ジウジレイテキ》、六月廿七日ニ、東雲寺《トウウンジ》へ来《キタリ》、明日《ミヤウ》廿八日ニ、池《イケ》ニ送入由《ヲクリイルヨシ》ニテ、我等《ワレラ》アタリノ郷中《ガウチウ》ノ者共見物《モノドモケンブツ》ニ行《ユク》ナリ。同《ヲナジク》ハ、此寺《コノテラ》ノ僧達《ソウタチ》モ、末代《マツダイ》ノ物語《モノガタリ》ニ、行《ユイ》テ見給《ミタマ》へ、ト、云《イ、》ケレ共、九里《クリ》ノ路《ミチ》ナレバ、行《ユク》コト不《ス》レ叶《カナハ》、ト、慥《タシカ》ニ語《カタラ》レケルガ、果《ハタ》シテ、廿八日ニ、大雨降《ヲ、アメフル》コト一時斗《イットキバカリ》、噪《サハガシ》カリシ、ト、也。

豪雨を呼ぶ邪霊の描写は、この話がもともと備中松山に伝わる沼沢の主の由来と深く関係したことを想像させる。[7] あるいはそれは、土地神の鎮圧と帰伏を語る中世風の「神人化度」の因縁に通底する唱導話材なのかもしれない。[8] 中世の曹洞宗禅林を中心に流伝した土着のカミの従属説話を思い起こすならば、『因果物語』の蛇身譚が地方小農民の生活圏に根付いた古伝承の世界に連なる風土的な怪異譚である点は動かしがたい。

これに対して、幕末の上方で出版された普及版仏書の『観音経和訓図会』（嘉永二年・一八四九刊、山田意斎叟述、松川半山画）では、『因果物語』をほぼ丸取り引用しながら、話の局地性にとらわれず、むしろ婬欲の戒めを説く当節流行の女人教化の文脈に読み直す作意を露わにしている。

本書上巻二十九丁は、まず「観音経」の「若有衆生多於淫欲」の一節を示し、経文の意を俗解するなかで、「常に観世音を敬ひ念ずれば婬欲の念を離《はなれ》しめ給ふ」と注釈し、逆に「女の色に迷ひ（中略）他の男と密通する類」の邪婬になずむ限り、現世において我が身を亡ぼし、末世は堕獄の苦しみを味わうに違いない、と繰り返す。そのような言説に続く形で『因果物語』の本文を掲げ、「昔、備中松山竹の庄に真辺《まなべ》某といふ者の妻、或山伏と奸通し」にはじまる例話をほぼ原文のとおりに引用する。

さらに『観音経和訓図会』は『因果物語』上巻八の妖婦蛇身譚の後に、能の「鉄輪の女」や道成寺縁起に登場する蛇婦の類例を並置して、観音の威力にすがり婬欲を遠ざける方法を懇切に説き示す周到さを忘れていない。

> 此他、謡《うたひ》の金輪（ママ）の女、日高の真郷《まなご》の庄司の娘なんど、婬欲の為に蛇身となりし者、倭漢《わかん》ともに其例《そのためし》多し。されば婬欲萌《きざし》なば、是《これ》夜叉羅刹の障碍《しょうげ》するなりと思ひ、早く観世音を恭敬《くぎゃう》して念ずべし。然《しから》ば菩薩の威力にて婬欲を離《はなれ》しめ給ふとなり。

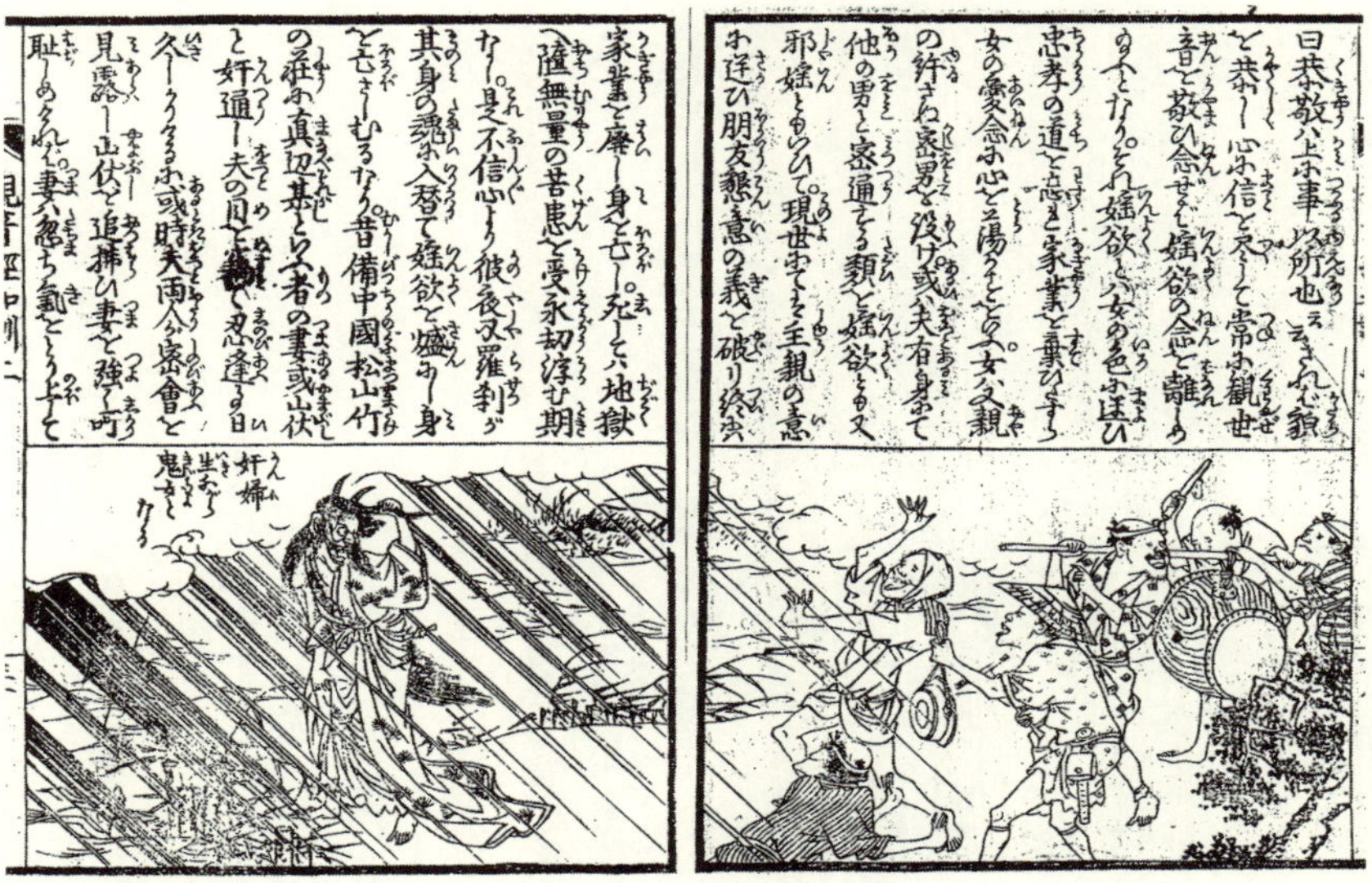

図６　『観音経和訓図会』上巻（堤邦彦蔵）

地方色の濃い備中松山の蛇身譚は、十九世紀半ばの『観音経和訓図会』にいたり、婬欲の女のステレオタイプに均質化され、一般信徒や大衆向けのテクストにふさわしい話材に置き換えられていく。かような営為は、都市を中心に編まれ、幕末の三都（京・大坂・江戸）にあまねく流伝した、勧化本の女人教化の文脈と無縁ではない。

なお『観音経和訓図会』は随所に浮世絵師・松川半山（一八一八〜一八八二）の挿絵を加えている。『因果物語』の蛇身鎮送の話に対応する箇所は、鐘・太鼓を打ち鳴らして囃す村人の行く手に佇む雨中の女を描き、左脇の画中詞には、それが「奸婦《かんふ》生《いき》ながら鬼女《きぢょ》となる」悪相であることをしるす（図6）。近世前期の正三の時代から幕末の通俗仏書までの二百五十年ほどの間に、淫欲に溺れる女のよこしまな心根を「双角の鬼」に具象化する理解が僧坊と民衆のあいだに共有され、都鄙の幅広い階層に浸潤していたことを示唆する表現といえるだろう。

蛇婦と鬼女の違いから両者を別種の説話とみなす見方があるかもしれない。しかし蛇・鬼のモチーフの違いは副次的な差異にすぎず、むしろ注目すべきは、生身の女がほとばしる情念のために人ならざる妖態に変異していく怪異の原因そのものにある。蛇・鬼の差は下位の徴表であり、人の心の魔障こそが、これらの話を構成する上位の共通モチーフに据えられていると考えてよいだろう。

そのような観点から言えば、『因果物語』から『観音経和訓図会』へと展開した蛇身譚は、ひと続きの唱導説話に他ならない。ところが、同工の説話にもかかわらず、「双角の鬼」という異曲が生じたところに、江戸後期に顕在化する〈鬼となる妬婦〉のシンボリックな姿かたちと、角のある妬婦の心象の広汎な流伝を読み取っておきたい。

そもそも「女房の角」の表象が説教の法席に一般化して用いられるようになったのは、いつの頃であろうか。またそれは、いかなる教義の裏付けと語り口を伴うものであったのか。鬼女の救済と解脱をテーマにすえる唱導説話の多くが愛欲、邪淫の戒めを語るにあたり、女性の生き方そのものを教化の俎上にのせた点は、近世の鬼女譚の出発点を物語るものではなかったか。

たしかに近世後期真宗の『妙好人伝』には男の角をめぐる言説（第三篇「備後常七」）もみえるが、これとて稀な例にすぎず、脱角説話のジェンダーバランスは明らかに偏向している。業障のシンボルを鬼女の角に限定した要因として、仏教の女人観はもとより、同時代の社会構造に組み込まれた女訓意識の投影と混在もまた、あわせて顧慮すべき事柄であろう。そこで、勧化本と女性教訓書の両方に目配りをしつつ、江戸の婦女道徳と鬼女譚の密接なかかわりを検証してみたい。この方面の考究は、江戸が女霊の時代となった背景とも連鎖する庶民文化史の重要な局面でもある。

次節では、近世勧化本にみえる『発心集』の受容と改変の道筋を追尾しながら、唱導の場に即して「角」の象徴的な意味付けを考えることから始めよう。

六　『発心集』の近世的な受容

近世の教養書、宗教書の特徴のひとつに、和漢の典籍を縦横に引く知識偏重の傾向がある。勧化本の編纂においても、多くの引用書にもとづく経典・教義の解説が主流となっていた。そうしたなかにあって、女人罪障の例話として、しばしば援用されたものに鴨長明『発心集』の妬婦譚がある。すなわち慶安四年（一六五一）の刊本巻五に収められた第五十話は、「母、女《むすめ》を妬《ねた》み、手の指蛇《くちなわ》に成る事」の題名が示すように、蛇身の妬婦の説話の源流に位置するものとみてよい。じつはこの話は、勧化本のみならず、儒学の影響の色濃い近世の女性教訓書にも引用されており、それぞれの思想を基調とする教化の姿勢をうかがい知ることができる。同時にまた、女性の嫉み心を害毒の極みと考える通念が、宗旨を問わず民衆の道徳意識に根を下ろしていた江戸中期の庶民倫理の実相を教える点からも、『発心集』説話の受容は重要な意味を持つ。そこには中世の蛇身譚に向けられた江戸の唱導僧や知識人のまなざしがリアルに見て取れるのである。ひとまず『発心集』巻五の五十話の梗概を慶安四年刊本により示しておきたい。

若い夫を持つ年上の女房が我が身の老いを悟って一人になることを望み、納得づくで先夫との間の娘を現在の夫と娶わせる。その後、三人同じ屋根の下で暮らすが、ある時、母の様子に異変を感じた娘が問いただすと、老女は重い口を開いた。良かれと思い身を引いたはずなのに、独り寝の寂しさに耐えきれず「胸のうち騒ぐ」日々を送るうちに、深い罪のなせる業か「あさましきこと」になってしまった。そう言って両の手を差し出すと親指の先が「二つながら蛇《くちなわ》になりて目も珍らかに舌を出で、ひら〳〵」と動いている。娘は言葉を失い、すぐさま髪をおろして尼になった。事情を聞いた男は、これも出家し、剃髪染衣した母親と一緒に三人で仏道修行の身となる。それからしばらくして、指は元どおりになった。くだんの母親は、京で乞食をして歩いたという。

『発心集』は近世に入り、慶安四年版の他に寛文十年（一六七〇）版などが世に出て、広く読まれるようになる。そうした出版事情もあって、当時の勧化本に多くの題材を提供した。

巻五の五十話の場合は、享保十六年（一七三一）刊、南溟の『女人往生聞書鼓吹《にょにんおうじょうききがきくすい》』巻三の九に「母妬《ネタンテ》レ女ヲ手ノ指成ルレ蛇ト事」のタイトルでほぼ全文引用がなされている。章末に、

此レ等《ラ》ハ我カ心カラ思ヒ立チテ一旦《タン》ハ清《キヨ》カリケレド、女人ノ欲情ノ盛ンナル、嵬《カヽ》ル怖《ヲソロ》シキ事ニナンナリヌ。

との評言を加え、さらに続く巻三の十「嫉妬ノ名義」の章に、女人の心底にひそむ妬心の本質を言葉の意味にそくして解説し、漢籍の妬婦譚（『義苑』等）にその例証を求める。『発心集』に依拠した女人教化の手順が、勧化本の叙述から明らかになる。

一方、やはり『発心集』の転用を試みた元文五年（一七四〇）刊・伝阿編の『女人愛執怪異録』下巻第二話の場合は、章題に「嫉妬愛欲《しっとあいよく》の心《こゝろ》ふかき故指蛇《ゆへゆびへび》と成《なり》て額《ひたゐ》に角生《つのはへ》たる事」とあるとおり、妬婦の姿かたちに潤色が加わり、額に双角を生じた鬼女の定型表現に引き寄せられているのが分かる。

もっとも、『女人愛執怪異録』のオリジナリティは、そのような表現のレベルにとどまらず、話の展開じたいに女主人公の邪婬の罪を強調する新たな設定が追補された部分にある。例えば本書の冒頭は、『発心集』には見当らない次の人物紹介から始まる。

元久《げんきう》二年の比《ころ》、鎌倉に三十歳計《ばかり》の後家《ごけ》、十五歳ばかりの娘壱人もち、家富《いへとみ》、家来あまためしつかひ、豊《ゆたか》に

暮せし者あり。その家来の内に、筋目ある者の子を、十歳の比《ころ》よりもらひて、そだてたるあり。此者《このもの》、成長するに随《したが》ひて美目《みめ》かたち美しく、ことに才覚者《さいかくもの》なれば、後家も取分《とりわき》不便《びん》がり、幼年より閨《ねや》ちかく寝臥《ねふし》させけるゆへ、二十歳《はたち》になりけれども遠慮《ゑんりょ》なく傍《そば》にて召《めし》つかひけり。

壮年の夫と年上の妻との間柄から筆を起こす『発心集』の人間模様に比べると、ここでは娘を持つ富裕な三十余りの後家と、女あるじに養われることになった童児の話に置き換えられている。やがて少年は成長するにつれて賢く美しい若者になる。この後、勧化本の編者は、原拠には見えない女と男の歪んだ関係を明かしていく。大人になった若者をそば近くに置いて可愛がるうちに、いつしか二人のあいだに「不埒《ふらち》」な行いが日常化していた。一年も過ぎるころには、実の娘さえもが「うさんに思ふ」親密さだったので、女あるじの所業は家来たちの噂になっていった。周りの目に気付いた後家は、あってはならない不適切な関係を断ち切るため、一念発起する。

或時後家《ごけ》つく〳〵と思ひけるは、「成長せる娘持ながら若き男といたづらせし事、さて〳〵はづかしき事なり。此後《のち》はふつ〳〵と　おもひきりぬべし。さて彼男《かのおとこ》は元来《くはんらい》筋目《すじめ》正敷《たゞしく》発明《はつめい》にて、此家《このいへ》の勝手も知りぬ。向後《きやうこう》は娘と夫婦にして家をつがせ、わが身は隠居《ゐんきょ》して心静《こゝろしずか》に後世《ごせ》の勤めすべし」と存じ極《きは》め、さて娘と若き男とをまねきて、心底《しんてい》を申聞《きか》せけり。

家来の子との道ならぬ情愛を絶つため、後家はわが娘を若者に添わせるというのである。

確かに全体的に見れば、この話は『発心集』説話の亜型に相違ないのだが、一方、後家と若者の恋の「いたずら」にあえて言い及ぶ筆法には、例えば好色物浮世草子を連想させるような創意工夫の跡が見て取れる。言を換えて言えば、こうした人物設定の改変を通して、女あるじの深奥に潜む邪婬の念を暴き出そうとする勧化本編者の明確な意図が浮き彫りになるのである。

さて、一度は別の棟に隠居して安穏な暮らしぶり、と思われた後家であったが、若夫婦の仲睦まじさを見るにつけ、気持ちはうち騒ぎ、内心妬ましくてならない。食事ものどを通らず、夜着をかぶって伏す母親のただならない様子に、娘は心配のあまり「何なりとお話ください」と声をかけた。隠しきれなくなった老母は、想像を絶する事実を告白する。男との過去が忘れられず、寂しさのあまりに悶々と過ごすうち、女の心身に恐るべき変調が現れたというのである。やや長い口説ながらその部分の本文を追ってみよう。

「これへ引込《ひきこみ》て十日二十日のほどは、さりとては世話《せは》もはなれ、こゝろやすくくらしぬるが、此ごろに至りては、日《にち》々夜《や》々に淋しく成《なる》に付《つけ》ては、過《すぎ》し比《ころ》まではかやうにてこそ暮《くら》せしなどゝ、越方《こしかた》をおもひ出《いだ》し、忘れんとすれどもわすられず。兎《と》に付角《つけかく》につきて心ぐるしくねたましく成《なり》て、寝《いぬ》れども目もあはざりし。夜の明《あけ》方《がた》、手水《てうず》つかひ、髪を掻《かき》なでければ、額口《ひたゐぐち》、かみの中《うち》に手にさはる物あり。何やらんと鏡にうつし見ければ、芋《いも》のごとく成角《なるつの》弐本はへたり。こはそもかなしやと、あきれはてけるに、指の先もつねと違ひたるやうに覚《おぼへ》しゆへ、能々《よく》見れば、十の指の先《さき》、しだひ〱にみな蛇のかしらに成《なり》ぬ。その方達《はうたち》に見せ参《まい》らするもはづかしけれども、兎角《とかく》申され候に、左迄《さまで》かくすべきにあらず。これ見給へ」とて、かぶりたる物をぬぎければ、額《ひたゐ》には角《つの》ふたつはへ、口は耳のきはまで切《きれ》てすさまじき事、、道成寺《どうじゃうじ》の面《おもて》に似たり。十の指先はまことに蛇と成《なり》て、舌《した》をびろ〱と出《いだ》しけり。

図７　『女人愛執怪異録』挿絵（叢書江戸文庫）

説話の内容を図像化した挿絵（図７）は「舌をびろ〳〵」と出す指先の蛇の醜怪な様子をありのままに描く。おぞましい図様と相俟って、女の邪婬をあらわす悪相が生々しく表現されている。

原拠の『発心集』にも増して、女人罪障の悪因縁をくどいほどに綴る編者・伝阿の意図はどのあたりにあったのであろうか。この点を明らかにしてくれるのは、本書下巻の末尾に付載する「道宣律師《どうぜんりっし》之《の》浄心戒勧《じゃうしんかいくはん》云《にいふ》女人《にょにん》之十悪」の内容である。

伝阿は、中国唐代の高僧・道宣《どうぜん》律師（南山大師、『続高僧伝』の編者）が弟子に示したと伝える「浄心戒勧」に基づき、「女人之十悪」を平易な言葉に直してつまびらかにする。[9] 巻末のこの教戒に呼応するように『発心集』説話の援用と改変がなされたといってよい。たとえば「女人之十悪」の最初の二条を見れば、それは明らかになる。

　一に貪《むさぼりて》レ婬《ゐんをなし》無レ厭《あくこと》　女人の婬欲《ゐんよく》をおもふ事、
海の一切《いっさい》の大河小河の流れを、幾万年以前より今日《けふ》迄呑《までのめ》どもつゐに飽《あく》ことなきがごとし。遂《つゐ》にあきたる事なし。美目男《みめよきおとこ》を見るたひには、幾万人でもあれ、どれとも交合《かうがう》したきとおもふ。昼夜片時《ちうやへんし》も婬欲をわするゝ事なし。

二に嫉心如《しっしんごとし》レ火《ひの》　家内《かない》に女人あれば、忌悪《いみにく》み、口には親切ぶりにいへども、心の中《うち》にはあたかたきの様《やう》に思ふ。若《もし》わが夫《おっと》としたしむ女人《にょにん》あれば、或《あるひ》は呪詛《しゅそ》し、毒をもあたへたくおもひ、他《ひと》を頼《たの》みて殺して成《なり》とも、われ一人愛《ひとりあい》せられたくおもふなり。

今日の感覚からは認められない女性蔑視の言説であるものの、伝阿の勧化本において、右に列挙する女人罪障観のあかしとして長明『発心集』の一話が引かれたことは否めない。淫欲（貪淫無厭）と妬心（嫉心如火）にまみれたあり様を具体的に示す例話として、「美目かたち美し」い若者に狂う蛇身の母の悪因縁は実に効果的な説話であった。美形の異性に媚びる淫欲の女への指弾は「女人之十悪」の他の条（第四、六条）においても強調されており、伝阿の唱導スタイルの一貫性を示している。すなわち異性の目を気にして着飾り、恥も道理もかなぐり捨てて美男子に血道をあげた結果、精神を病んで寝込んでしまう等々、女人にありがちな（と編者の考える）瑕疵を日々の生活に照らして逐一あげつらう。こうして情愛に溺れ乱れる悪業を一から十までの条々に分けて説明したあと、編者は、「女人之十悪」を受けるかたちで阿弥陀如来の女人救済に引き結ぶことを忘れていない。

かなしく恨《うら》めしきは女人なり。然《しか》るに西方《さいはう》の教主《きやうしゅ》阿弥陀如来、是《これ》を不便《びん》におぼしめされ、一切《いっさい》の女人等《にょにんとう》、われだに見捨《みすて》ば何の世にかうかむ瀬《せ》あらんと思召《おぼしめし》て、十方衆生《じっはうしゅじゃう》と誓ひたまへる第十八の願《くはん》に、男女ともにこもれども、殊《こと》に第三十五の願《ぐはん》を立させたまひしぞかし。愛欲の念さかんなるにつきても、いよ〳〵弥陀如来をたのむべし。嫉妬の心やみがたきに付《つき》ても、倍《ます〳〵》西方浄土を願ふべし。心にはたすけたまへと念じ、口には唱《とな》へられ、次第に名号《みやうがう》をとなへば、如来の本願力《ほんぐはんりき》に乗《じやう》じて、此生《このしやう》の終りには御来迎《ごらいがう》に預《あづか》り、必《かなら》ず極楽へまいらむこと、何のあやぶみか有《ある》べき。かへす〱信心相続《しん〱そうぞく》して、念仏を怠《おこた》る事なかるべし。

女人の救済を説く弥陀の第三十五願を示して、念仏に生きることを進める結末部分に至り、本書の編纂意図が鮮明になる。女人の悪癖をあげつらいながらも、最終的には、「愛欲の念」「嫉妬の心」を名号の功力により克服する知恵が示されるのである。いわば日常に潜む負の感情をつまびらかにしながら、教義の本質につなげる論法は、近世中期の唱導者の口吻をよく表すものといえるだろう。

ドメスティックな夫婦生活に引き付けて深遠なる浄土教の思惟を伝えようと試みる通俗説教の方法は、「嫉妬愛欲の心ふかき故、指蛇と成て額に角生たる事」の話の章末評言にも明確に見出される。『発心集』に拠る蛇身譚が母・娘・聟の三人の発心遁世をもって宗教的な悟道に至り（図8）、「目出度往生《めでたきおうじょう》を遂《とげ》」たことをしるした後、編者の伝阿は世間の女たちに次のメッセージを発して終わる。

一切《いつさい》の女人たち、かやうの事を見聞《みきく》に付《つき》ては、かならず〱こゝろばへを慎《つゝし》み給ふべし。愛欲《あいよく》のこゝろさかんに起《おこ》る時は、面《めん》々のゆび先蛇《さきへび》のかしらにはならぬか、心をつけて見るべし。嫉妬《しつと》のこゝろ烈《はげ》しき節《せつ》は、ひたゐに角《つの》はへぬかと折々さぐり見べき事なり。弁《わきま》へもなき今までは、あしき事にてもあれ、それは過《すぎ》たる事《ごと》、悔《くや》みても益なし。かならずしも此後《このゝち》は心でこゝろをいましめて、万事《ばんじ》に付《つけ》て慎《つゝ》しむべし。角《つの》はへ蛇《へび》に成ては、かなしき事なれ共《ども》、夢《ゆめ》の間《あいだ》の今生《こんじやう》は、それ猶《なを》ともかくもにて侍《はべ》れども、死して地獄《ぢごく》に堕《だ》して、幾《いく》万年《まんねん》の間《あいだ》が湯火《とうくわ》の責《せめ》にあひ、いかばかりの苦《くる》しみをか請《うけ》ん。おそろしくかなしき事には侍《はべ》らずや。（後略）

おのれの心に愛欲の心や嫉妬の邪念を感じた時は、すぐに自分の指先と額を確かめよ、と指南する書きぶりは、『発心集』の故事因縁を一人ひとりの日常に生かすための工夫を示すものであり、紙上説法の様相を呈するといってよい。

引用後半に載せる堕獄の恐ろしさとあいまって、「角はへ蛇に成」る女の罪障は、勧化本の読み手を仏教的な生き方に導く方便となり機能する。それは、古い説話のエッセンスを用いた人生密着型の教化の語り口であり、江戸の庶民仏教が獲得した新時代の布教のスタイルといってよい。

図８　同

なお、『女人愛執怪異録』を改題再編した寛政四年版（一七九二）『霊魂得脱物語』では、『発心集』説話の時代設定を江戸中期の元文二年（一七三七）に書き改めている。遠い鎌倉時代の出来事ではなく、出版から半世紀ほど前の因縁としたところに、常に説話のリアリティを担保しようとする勧化本の姿勢が浮き彫りになる。目のあたりの実見譚が放つインパクトは、説教の高座に不可欠な要素だったのだろう。

七　『婦人養草』の女性観

一方、『発心集』に材を得た日常教訓の方法は、仏教唱導のみならず、儒者や武家支配層の手になる啓蒙書の

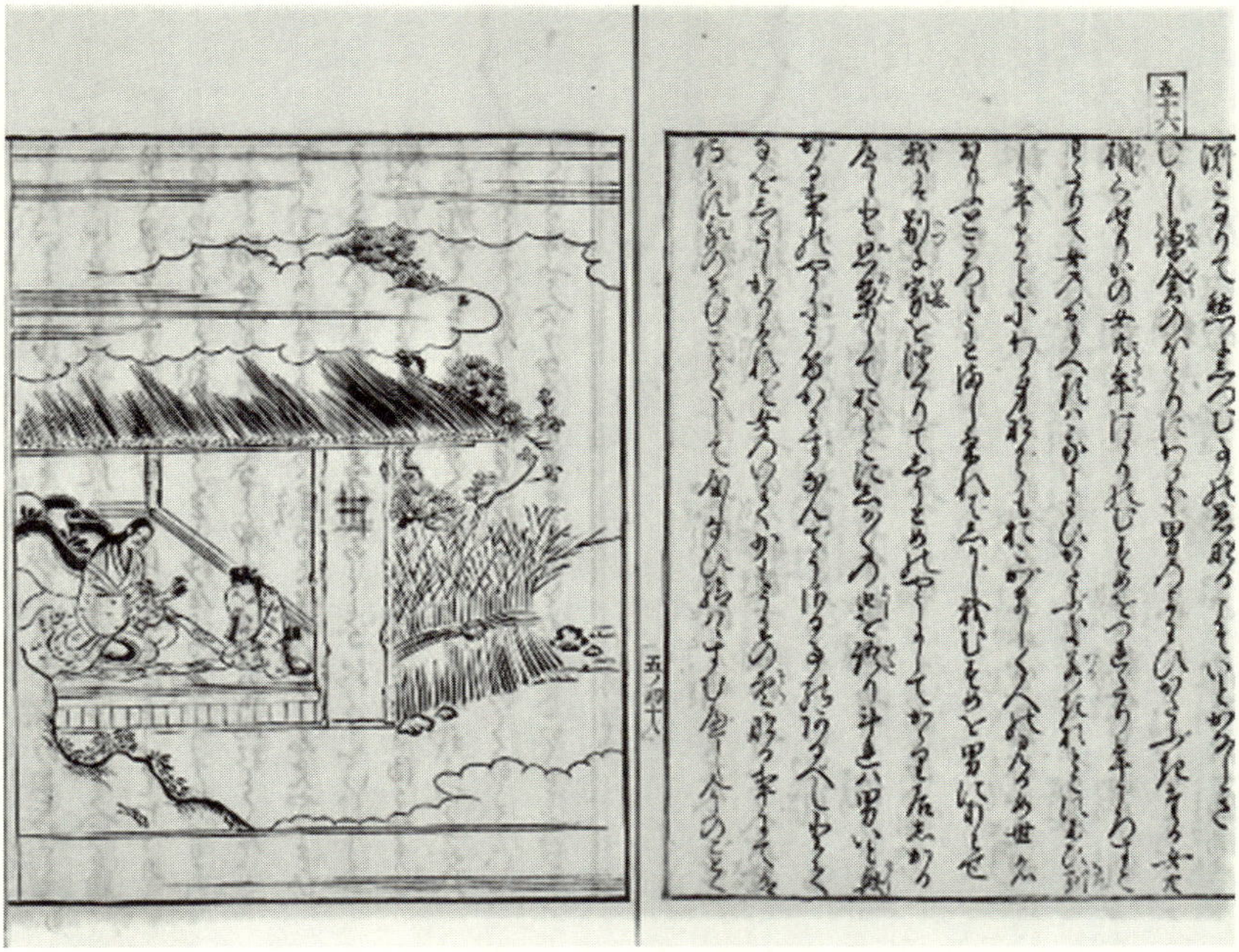

図９　『婦人養草』巻５の56挿絵（国際日本文化研究センターデータベース）

類にも見出される。その典型例として『発心集』の転用がみられる元禄二年（一六八九）刊の往来物『婦人養草《やしないぐさ》』をとりあげてみたい。

本書巻五の五十六（図9）は『発心集』の蛇身譚を全文引用し、その前後にオリジナルな女訓の言説を配する構成になっている。いわば古い説話を援用して、新時代の婦女の生き方を教える方法とみてよいだろう。むしろ、ものごとの順序を考えるなら、儒教思想にもとづく女性倫理の普及にこそ、近世特有の『発心集』受容を指摘するべきかもしれない。

『婦人養草』は女性一生の教養となる諸事を全五巻にまとめた啓蒙書であり、二二六条の内容は祝言、出産、育児から衣装、言葉遣いなどの家事全般におよぶ。作者の村上武右衛門は三百石取の加賀藩士であった。武家の立場から発信された家を守る婦道啓蒙の書としての性格が認められる。

本書巻五の五十六が『発心集』の妬婦譚を積極的に援用した理由は、編者の執筆意図と深く関わるものであった。すなわち序文に「婦人の事に預る趣《おもむき》、唐の大倭《やまと》の貞女、義婦のむかしをたづねて、善を勧《すす》め、悪を懲《こら》しめて段々に書《かき》つらね婦人養草と号《なづ》く」とあるように、和漢の典籍一二九部を博索し、家婦の規範となる知識や心得を示すところに本書公刊の意義があった。その叙述態度は生活実践に即したものであり、例えば巻一の冒頭で胎教について説き、「孟母三遷」の故事を挙げて母親による教育の大切さを諭すなど、おしなべて実利実用に適した筆法がうかがえる。巻四には『奇異雑談集』の奇譚（鬼子、産女、女になる僧等）を引くが、これも産育をめぐる医学知識を提供する意図によるものであった。

女性啓蒙の姿勢の色濃い『婦人養草』において、特に重視されたのは家庭を脅かす妬み心の戒めである。巻三の三「嫉妬する女の夫の足に綱つけし事」は次の理屈から嫉妬の弊害を女性特有の性癖と断ずるのであった。

夫婦ともに物にねたむ心は人の常也。中にも婦人は此まどひに家を破り身をうしなふ事まさるためし多かりき。妬《ねたむ》は嫉妬とかけり。されば女にかぎりての病なればこそ、二字ともに女偏に疾《やまひ》と書《かき》、女偏に石とかけり。

本章の後半は、嫉妬深い妻が夫の行動を疑い足に綱を付けたところ、いつしか男が羊に化身してしまうという「綱引き」の語源説話に展開する。今日の目からみれば唐突感は否めないが、少なくとも十七世紀末の民間にあって、この種の倫理啓蒙は社会の基本理念に位置づけられ、世間の家婦に支持されていたと考えてよい。そうした風潮のはざまで、『婦人養草』の編者は『発心集』所収の蛇形の妬婦に着目したのであろう。そこには、女性教訓のあからさまな意図とともに、怪異小説が目指す方向とは異なる啓蒙布宣の目論見がみてとれる。

僧坊の女人教化と別の場所で、蛇になり鬼と化す嫉妬の心に警鐘を鳴らす「啓蒙の思想」が巷にひろまっていた。そのような動向は同時代の女訓物の流行と軌を一にするものであり、十八世紀の貝原益軒や心学の思想へと連なる婦道布宣活動の一環に位置付けてよいだろう。

儒者の説きひろめる「嫉み心の戒め」とは、あくまでも処世教訓の目的にかなうものでなければ意味を持たない。とりわけ家を治め家名を守ることを至上とする「婦道」をあまねく広めようとする姿勢は、女訓物に顕著な特色であった。例えば近世を代表する民間儒者・貝原益軒の著述を見れば、そうした言説に事欠かない。処世のノウハウを平易な言葉をもってしるす益軒十訓のひとつ『和俗童子訓』（宝永七年・一七一〇刊）巻之五は、孔子の『小学』より「婦人の七去」を引いて妻を離縁すべき七つの悪しき振る舞いに言いおよぶ。その五番目にあげる「嫉《ねた》めば去る」理由をめぐって、益軒は次のように説明する。

> 妬めば夫を恨み妾を怒り、家の内乱れて治まらず。又、高家には婢妾多くして、よつぎをひろむる道もあれば、ねためば子孫繁昌の妨《さまたげ》となりて、家の大いなる害なれば、これを去るもむべなり。

家名の存続と一族の繁栄は、近世の人々にとってこの上もなく重大な関心事に他ならない。これを妨げる家婦の嫉妬は厳に戒めるべき女の罪とされたのである。先に見た仏書の言説が、「妬心」を女人の心奥に潜む罪障のあらわれとみなしたのに対して、儒者のまなざしはあくまでも「子孫繁昌の妨《さまたげ》」を取り除くことに終始するのである。そうした「家の論理」を基底に置くかたちで、『婦人養草』に見るような『発心集』説話の援用と理解が成り立つ点に再度注目しておきたい。

一方、思想・宗教界の動きと別の所では、鬼となる女の物語と角のシンボリズムを素材に用いた創作文芸の一群が登場して、江戸時代らしい浮世の怪異を世間に弘める役割を担った。かくして十七世紀後半の仮名草子、浮世草子に潤色された鬼女の物語は、江戸怪談の常套表現のひとつを形づくることになる。怪談文芸は女霊の時代を支えるのに不可欠なファクターとなっていた。

注

1. 堤邦彦『近世説話と禅僧』（和泉書院、一九九九）、同『絵伝と縁起の近世僧坊文芸―聖なる俗伝』（森話社、二〇一七）。
2. 高田衛『女と蛇―表徴の江戸文学誌』（筑摩書房、一九九九）。
3. 堤邦彦『絵伝と縁起の近世僧坊文芸――聖なる俗伝』（森話社、二〇一七）Ⅱ第六章。
4. 心山義文「『鑑草』をめぐる仏教的心性論―戦術としての仏教―」（『季刊日本思想史』48号、二〇一八・三）。
5. 『大乗義章』第五本の原文には「此三毒通摂二三界一切ノ煩悩一。一切煩悩能害二衆生一。其猶二毒蛇一。亦如二毒龍一。是故喩レ龍名為レ毒」とある。
6. 注4に同じ。
7. 竹ノ庄に程近い現岡山県賀陽町周辺には、雨乞いと龍蛇をめぐる土地の伝承が残る（『賀陽町史追補版』、二〇〇四、第四章第一節「雨乞いについての伝説」）。
8. 広瀬良弘『禅宗地方展開史の研究』（吉川弘文館、一九八八）、および注1の『近世説話と禅僧』第一章Ⅰ「神霊済度説話の形成と土着」。
9. 叢書江戸文庫44『仏教説話集成［二］』（国書刊行会、一九九八）五七四ページの西田耕三解題。

Ⅲ　文芸化される鬼女――お伽草子『磯崎』から「吉備津の釜」まで

一　懺悔の物語はいかにして怪異小説に変容したか

仏教・儒教の思想に裏打ちされた蛇婦と鬼女の説話は、「角」のシンボリズムをともないながら江戸の民衆生活に深く融けこみ、日常と密な関係を持った女の怪異が創作文芸の作者によって潤色されていく。さまざまな趣向を凝らす江戸怪談の誕生である。近世文学史に立ちあらわれる女霊の怪異を追って十七世紀の怪異小説から話を始めたい。

天和三年（一六八三）刊の『新御伽婢子』巻三の五「両妻割ク夫ヲ」は、京と江戸に二人の妻をもうけた浮気男が、東海道の見附宿あたりで両妻の怨魂に引き裂かれる怪異を描く。挿絵（図1）は角の生えた乱髪の鬼女を男の左右に配する描図になっており、地獄絵の「熊野観心十界図」や「立山曼荼羅」（図2）の一景を連想させる。熊野比丘尼の絵解きに使われた同図は、二人の女に惑う男が堕ちる「二妻狂」の冥府図（両婦地獄とも）を特色とする。

図1　『新御伽婢子』巻3の5挿絵（古典文庫）

図２　二妻狂図（立山曼荼羅、富山市・来迎寺蔵）

図３『風流夢浮橋』巻３の１（古典文庫）

怪異小説以外にも妬心の鬼女のモチーフは当代文芸に種々なバリエーションを派生している。一例すると、元禄十六年（一七〇三）刊の好色本浮世草子『風流夢浮橋』巻三の一に登場する島原の大夫「かをる」の幽霊は、恋人を寝取られた恨めしさから「妄執の角を振たて」て主人公の枕元にあらわれる（図3）。角を出す遊女霊の趣向に、この時代の好色本らしいオリジナルな虚構の作り方がみてとれる。

もっとも近世文芸のこうした新機軸が唐突に創案されたわけではなかった。双角の女霊の怪異というモチーフの成立過程には、仏教色の濃い室町時代小説（お伽草子）の妬婦譚が近世初期の仮名草子に吸収され、さらに娯楽性のまさる浮世草子作品に転換していく道のりが遠望されるからである。発心遁世物のお伽草子『磯崎』を出発点として、近世怪異小説に見出される鬼女譚の変容を追い求めてみたい。

『磯崎』は元亀・天正（一五七〇〜一五九二）頃の成立とされ、また一説には、より近世に近い時期に奈良絵本の様式で読まれたものとも推測されている。[1] 寛永十九年（一六四二）の松江重頼『俳諧之註』に「いそさきとかや云草双紙に」とあり、本書の内容を紹介しているところから江戸初期の広い流布が知られる。[2] 本作の梗概は以下のとおりである。

日光山の麓に住む武士の「磯崎殿」は、訴訟のために上った鎌倉より美しい女房を連れ帰る。これを知った奥方は嫉妬に狂い、鬼の面を被って後妻《うわなり》を脅したばかりか、憎しみのあまり愛人を打ち殺してしまう（図4）。妬毒のためであろうか、それからというもの、面が顔から外れなくなり、心根までも鬼に変化していく。

真宗・蓮如上人の伝承で知られる「嫁おどし肉付き面」に似た話を前段に置きながら、物語は、日光山の稚児学生となった息子に導かれ、この女が前非を悔いて出家し、磯崎殿も僧となる大団円へと展開する。肉付き面の説話が、古浄瑠璃をはじめ近世演劇の世界に脚色されていたことは、本書第五章Ⅱに触れた通りである。

さて、噂を聞いて山を下りた息子は、鬼形の母に仏法の救いを説き、古今の鬼女や蛇婦の因縁を引いて一心に教え諭すのであった（図5）。

なほもて人には胸に三世《さんぜ》仏性《ぶっしやう》とて三体の仏まします。主《ぬし》が善をする時は、もとよりも、我が身は色身色仏ぞかし。また悪をする時は、かの三体の仏、三つの鬼となりて我が身を責むるなり。御身の有様を見る時は

図４　『磯崎』・絵巻（個人蔵）

図５　同

少しも疑ひなし。それ、仏法は遥かにあらず。心中にして、即ち近し。真如他《しんにょほか》にあらず。身を捨て思はんかや、なぞ求めぬ言葉に伝へし。

実の息子を語り手にすえる物語後半の法談は、このあと「血盆経」の功徳や道成寺縁起といった古今の故事、説話を列挙していく。そのなかにあって、ことに興味深いのは、阿波国・壬生忠義の妻をめぐる嫉妬の鬼のエピソードである。

忠義の女房は烈しい妬みのせいで「背中に鱗が出で来て額に一つの角」を帯びた異形の姿に変化していく。「生ながら蛇体」になる女を哀れにおもい、通りがかりの僧が教化を申し出るが、恨みの念に支配された女は「憎き男と憎き女」を八つ裂きにすることのみを望み、仏法の救済を拒む。そこで僧は一計を案じ、復讐を遂げたければひたすら座禅せよ、と勧める。言葉のとおりに三七日のあいだ静かに座した女房は、ついに仏果を得て元の姿に戻ることが出来るのである。

じつはこの話は、寛永十二年（一六三五）刊の仮名草子『七人比丘尼』中巻にみえる「きく井殿御台」の懺悔話とほぼ同じ内容とみてよい。『七人比丘尼』の奥方も夫が都より連れ帰った美女を恨み、生きたまま蛇体に変ずる。その部分の本文はこうである。

あまり情けなき男の心かなと、色にはみえずながら、心のうちのうらみ、なのめならず侍りしゆへ、夜をかさね日をそへて、此事思ひしゆへやらん、うしろにおもしろき物出来侍りけるを、よく〳〵さぐらせて見侍べれば、うろこなんどのやうなるものなり、あらあさましと思ひて、又ある時鏡に向ひ見侍れば、髪もよれあひ、目のうちに光出来、口もひろく、しかもひたいには、角ともいふべきやうに、二つふくれあがりければ、今までは人のうへ、むかし物語のやうに聞侍りしに、今は、や、次第次第に身もくるしう、一身はくわゑんの如く成しかば、是をみる人おそろしうおもひて、後々はめしつかひし者、みなさりはんべりければ、さては世の人もはやしりぬるよと思ひて、大息つき、常はながめがちにて、月日を送侍りし也。

『七人比丘尼』は旅の途中で同宿になった七人の尼が、順に出家のいきさつを告白する懺悔物形式の仮名草子であり、『高野物語』『三人法師』などの中世小説と同系統の宗教色の濃い話柄を特色とする。「きく井殿御台」の原話が『磯崎』に取り込まれた経緯や典拠関係に関しては、判然としない部分もある。[3] ただ、少なくとも室町末から近世にかけて、おのれの愛欲・妬心に端を発した出家の因縁を語る類型的な懺悔の物語が民間に流布していた点は間違いないだろう。しかもそれらが双角の妬婦のモチーフに彩られていたとすれば、近世の鬼女譚の源流の一画に、宗教性に富んだ発心・懺悔の物語世界が想定されるのではないか。

話を『磯崎』に戻す。座禅の功徳により、忠義の妻は済度され、蛇形を脱することになる。この後、本文は稚児学生の口を借りて心内の鬼の正体を丁寧に明かしていく。そこには仏教の唯識論的な世界観に則る心の作用の原理が分かりやすく叙述されている。法談の神髄ともいうべき言説は以下のようなものであった。

また、鬼といふは他所《よそ》にはなし。心の向け様《やう》によって我が身こそ鬼よ。よし、それも一念発起菩提心《ぼだいしん》と聞く時は、善も悪もまた一つなり。煩悩《ぼんなう》何ものぞ。菩提何ものぞ。人を憎み妬み給へば、生きながら鬼とも蛇《じゃ》ともなるぞかし。その如くに、一念菩提心にも赴き給ふならば、などか成仏せざらんや。

鬼や蛇の正体が、じつのところ他人を詛《のろ》う我が心の闇にあるという論理は、この物語の全体にただよう仏教的な教戒をベースにしたものであろう。それは僧坊を源流とする女人教化説話の伝統に根ざす特徴と考えて差し支えない。ただ一方では、人の心に棲みついた煩悩の鬼を物語の深層に見付けだす方法は、『磯崎』に萌した近世的な怪異表現の先触れを感じさせる。人間行動の不可思議なありさまにこの世の異界を覗き見るまなざしこそが、江戸怪談の新境地に相違ないからだ。

二　はらはらと角が落ちて

日本の物語史において、近世初頭の十七世紀は民衆啓蒙の色彩が強い時代であった。とりわけ仮名草子に分類される作品群では、啓蒙・娯楽・教訓の三つの要素がからみ合いながら、新たな庶民文芸の潮流をかたちづくった。

そのような流行色のなかで、巻末に「女人のためにこの物語、書き置くなり」とことわる『磯崎』の作品生命は、教訓性の発露ゆえに輝きを失うことがなかった。当時の怪異小説に『磯崎』を出発点とする鬼女成仏の物語が潤色され、「心の鬼」の懊悩を描く江戸怪談らしい作風に改作されたのは、その証拠であろう。

元禄十七年（宝永元年・一七〇四）春の刊行とみられる『多満寸太礼《たますだれ》』は、中国志怪小説や『三国伝記』などの古典をもとに書かれた怪談集である。[4] 本書の巻二の三「芦名式部が妻、鬼女と成る事」は、ストーリーの大半を『磯崎』に依りながら、原話の説教臭を極力抑え、高僧の導きで妬み心の角が落ちる新趣向によって読者の興味をさそう工夫がなされている。

遠江国の領主である芦名式部の妻は、夫の愛妾の妊娠に激怒し、顔に紅を塗り鬼に扮して産婦を驚かすこと数度、ついには、女の喉ぶえを喰い破り「胸のあたりまでくひちら」す酸鼻な方法で復讐の思いをとげる（図6）。

図６　『多満寸太礼』巻２の３挿絵（叢書江戸文庫）

悪行の報いであろうか、しばらくすると女房の「額《ひたい》に角生出《つのおひいで》」て夜叉の形相をあらわし、のちには人を喰らう山の鬼となって里人に怖れられた。やがて歳月が過ぎ、式部の息子は醍醐寺の僧になり、「智見」の法号を得て学問に励む日々をおくる。

じつは智見こそが独り残された妾の遺児にほかならないとする因縁の構図は、『磯崎』には見当たらない人間模様であり、登場人物の関係を奇しき縁《えにし》の糸で結ぶ因果話としての構成は、江戸後期の読本作者の作風に展開することになる因縁話の祖型を思わせる。

『多満寸太礼』独自のストーリー展開は、そればかりではなかった。鬼女の棲む洞窟の前で、智見は経巻の紐を解き、心静かに妙典を読誦する。その声に鬼は五体がすくみ動けない。

其時、智見鬼に向ひて呪文を唱《とな》へ、御経を以《もっ》て頭《かしら》をなで給へば、ふたつの角はら〳〵と落て。忽《たちま》ちに形体もとのごとくに変じければ、則《すなはち》本心に帰りて手を合わせ、「吾《われ》、一念の嫉妬にしづみ、生きながら鬼と成て多くの者の命を断《たち》てながく鬼畜の身となる所に、御僧の法力にてふたゝび鬼道をまぬがれ申《もうす》事、生々《しょうじょう》世々《せせ》の報恩《ほうおん》をいかでか報じ尽《つく》さむ」。

いまは高僧となった遺児に対して、鬼は涙ながらに懺悔し、仏法の救いに手を合わせた。経巻で頭をなでると角が「はら〳〵と落」ちた（図7）というのは、『多満寸太礼』作者の虚構であるとともに、当時の世俗に唱導されていた鬼女の成仏と、説教僧の説く「証拠の角」の縁起を、怪異文芸の一景に組み込んだものかもしれない。むろん角の脱落は、実際には妬み心の浄化を意味すると考えてよいだろう。前節に引いた「清姫の角」や茨城県西光寺に伝存する鬼女の角の縁起は、いずれも唱導の場に語られた脱角の霊験のバリエーションであった。

さて、『多満寸太礼』は章の最後に、人に戻った奥方が今は亡き芦名氏の屋形の跡に一宇を建てて庵主の尼となり、継子の智見も京に上って醍醐僧正の高位に出世したことをしるす。発心遁世の結末と高僧の道声をことほぐ結末は、『磯崎』以来の宗教物語の特性を感じさせる。『多満寸太礼』にみられる旧い仏教説話の色彩と江戸怪談の新趣向の混在をあらわす特色であろう。この怪異小説の淵源を如実にものがたる終わり方とみておきたい。

図7　同

三　妬婦の破滅

『多満寸太礼』の鬼女譚は、やがて都の錦作の浮世草子『当世智恵鑑』（正徳二年・一七一二刊）巻四の一に翻案され、新たな局面を見せるところとなる。ひとまず「江戸の嫉婦《しっぷ》《ねたみをんな》」と題する話の構成についいて触れておこう。

本作は『多満寸太礼』の改作による鬼女譚に先立って、導入部に妬婦の害悪を指弾する警句を置く。そして鬼になった女の奇談を真中に挟むかたちで、章末に関連する故事を付すという三つの部分から成る。とりわけ導入部は作者のこの話に対する考え方をよく示している。すなわち冒頭部分は以下の教訓から筆を起こす。

> 悋気《りんき》は三毒《どく》の蛇心《じゃしん》にて、女第一の疵《きず》なり。其身の本心をそこなひ、人をなやまし、人をころす事、毒薬《どくやく》よりも甚《はなはだ》しきゆへに、是を妬毒《とどく》といへり。すべて女子は身をつゝしみ、心をしづめ、物ごし高からず、ことばづかひ、じんじやうにして、もしははらたつ事有とも、ひそかにことはり侍らんものなり。大かた世上《せじゃう》の女心、すべてよこしまにひがみながら、口にはかしこげに、神仏《かみほとけ》をもどく程の事ども、いひちらすは、かたはらいたし。

さらにまた、章末には三人の妾を持ったために身を亡ぼした在中将兼家の故事を引いて「（女は）外の形は菩薩に似て、内心は夜叉の如しと、仏の給へる事なるかな」のごとく、「外面如菩薩　内心如夜叉」の仏語に絡めた警句によって一章を締めくくる。

じつは妬婦譚の前後に配置された妬み心の戒めは、いずれも女訓物仮名草子の言説をなぞらえたものとみてよい。すなわち巻頭の「悋気《りんき》は…是を妬毒《とどく》といへり」の部分は、先に引いた中江藤樹の『鑑草』巻三の「りんきは三毒の虵心」（本章Ⅱの三七六頁）に依拠しており、またそのあとに続く「すべて女子は身をつゝしみ」云々は、寛文元年（一六六一）刊の仮名草子『本朝女鑑』巻十二「うはなりを誡る式」をほぼ丸取りしたものであった。試みに『本朝女鑑』の次の本文を右の引用部に対応させてみると、『当世智恵鑑』の教戒の出所がよくわかる。

女は身をつゝしみ心をおさめ、こゑたかゝらず、こと葉《は》つかひもさゝやかにして、もしははらたつ事ありとも、ひそかにことはりはんべらんものなり、女のつねの女ごゝろはすべてよこしまにひがみながら、くちにはつれなく、かみほとけをも、もときたてまつるほどの事どもいひちらす。まことにいま〳〵し。

女訓物の本文を導入部分の下敷きに転用しながら、中盤のクライマックスに『多満寸太礼』と同種の鬼女の霊異を語るスタイルが、『当世智恵鑑』の新趣向となっていることは明白であった。

そしてさらに、妬毒の戒めを物語の枢要にすえる作者の構想は、原作にはみられない〈鬼女の破滅〉という教訓怪談の世界を生み出すことになる。

夫の愛妾を喰い殺して本望を遂げた本妻は、口に付いた血や顔の紅が洗えども落ちないことに愕然となる。だが、もはや手遅れであった。結局、夜叉の姿と化した我が身を恥じて家に引き籠もるほかにてだてはなかったのである。

さる程に、本妻は人しれず本望《もう》を達《たつ》し、胸《むね》の焔《ほのを》も晴《はれ》て心よく思ひ、其夜明《あけ》て、早朝鏡《そうてうかゞみ》に対《むか》ひ、口に付たる血《ち》を洗《あら》へども、更《さら》に落ず。皃《かほ》に塗《ぬり》し紅《べに》もはげず、皮《かわ》のごとくとぢ付、いかゞせんと心も空になり、顔《かほ》の腫《はる》るほど、こすり洗《あら》へども、猶赤《なおあか》く、とかくする内に、口もひろくさけ、眼《まなこ》も大になり、さながらの夜叉《やしゃ》のごとくなれば、我身ながら、うとましくせんかたなく、人に見られん事はづかしければ、夜の物打《うち》かぶりて、二三日は、心ち例《れい》ならぬよしにて、引籠《こも》り居たりけれども、しきりに飢《うゑ》のこらへがたさに、傍《そば》に伏《ふし》たる腰元《こしもと》に喰《くひ》付たりければ「わっ」と叫《さけ》びて逃出《にげ》しを、にがさじと追《をい》めぐりける程《ほど》に、家内大に躁《さわ》ぎて「鬼よ〳〵」と呼《よば》はり、人ひとりもなく逃出《にげ》たれば、為方《せんかた》なく、かけはしりて、両国橋まで来《きた》り、終《つい》に橋より身を投《なげ》て、

図８　『当世智恵鑑』巻４の１挿絵（叢書江戸文庫）

むなしくなりぬ。時の人、是を今橋姫《はしひめ》といへり。誠《まこと》に嫉妬《しっと》の報《むくい》、踵《きびす》をめぐらさず。おそるべし、つゝしむべし。其身一世《せ》の恥《はぢ》のみならず、永《なが》く悪名《あくみやう》を後世《こうせい》に伝《つた》ふ。

両国橋の上から身を投げて救いのない最期を遂げた鬼女（図８）の境涯に対して、作者は「永く悪名を後世に伝」えるあるまじき醜態と決めつける。『磯崎』のしるす高僧の善導、業婦の悟道、発心の奇縁といった宗教的感動の浄域はすべて無化され、今日を生きる市井の人生訓に照らした悪逆の滅亡が怪異小説の中心テーマに取ってかわるのである。婦道にもとる行為に救いはない。そのような結末は『磯崎』に始まり江戸の怪異小説に継承をみた鬼女の物語のひとつの終着点を意味する。それは仏教説話から庶民道徳への変遷ともいうべき潮流であった。

十八世紀を過ぎる頃、「角」は暮らしのここかしこに頭をもたげる悋気、妬情のシンボルとして記号化されていく。鬼女出没の奇話もまた、家婦をとりまく生活倫理に転嫁して語られ、理解されるにいたる。そのような庶民生活史のはざまで、『磯崎』に見たような古い仏教説話の女人得脱は、人の道を諭す女訓の寓話に変貌する運命にあったわけである。

四 「吉備津の釜」の新境地

婬欲・嫉妬の邪心は何も女性に限らない。現代の社会通念から考えれば、そのような妄念は男女の別なく誰にでも起こりうるものだろう。じつは江戸時代においても、女人のみならず、「男の罪科」を難ずる視線が全くなかったわけではない。天明八年（一七八八）刊・採璞編の勧化本『善悪業報因縁集』の巻二「嫉妬の念強く現身鬼女となりし事」では、娘を鬼にしてしまった男の非情な行為を厳しく指弾している。京都三条の糸屋の娘は、夫婦の約束を交わしたにもかかわらず遁走した手代「吉助」を恨み、角の生えた鬼となって絶命する。後世、「歯形地蔵」の由来となって京都に伝承された因縁話の詳細に関しては次節に譲るが、一方、天明年間の京ですでに町の噂となっていた鬼女譚について、採璞は次の評言を加えている。

採璞評《ヘラ》に曰《いはく》、吉助《きちすけ》が造《つくり》し罪広大《つみくはうだい》なり。（略）約《やく》を変《へん》じて、此娘《このむすめ》をして嫉妬《しつと》の念《ねん》を起《おこ》させ、十悪業《じゅうあくごう》の中の貪瞋《とんじん》の意悪業《いあくごう》を起《おこ》さしむ。これ皆《みな》吉助が根本造所《こんほんなすところ》なり。未来《みらい》の悪果遁《あつくはのがれ》がたし。

仏教の十悪業と因果律に引き寄せて男の堕獄をいうのは、僧坊の論理に立脚した教戒であった。僧侶らしい女人教化の思想を露わにしながらも、世俗にありがちな情愛の現実に即して、男の罪科を正面から捉える近世唱導者の姿勢がうかがえる。

これに対して、民間儒者の婦道倫理においては、忍従の思想が根底をなしていたことは言うまでもない。問題の多い夫に仕える貞女のなすべき行動や規範を丁寧に説く姿勢が目につくのは、そのあらわれであった。貝原益軒の著述をうたう『女大学』は、享保十四年（一七二九）版以下、文久三年（一八六三）版まで十一刷を重ねた女性教訓のバイブルである。その一節は、色情にだらしのない夫を持つ妻女の心得を次の処世訓にまとめる。

嫉妬の心《こころ》、努《ゆめ》〱発《をこ》すべからず。男淫乱《おとこゐんらん》ならば、諫《いさむ》べし。怒怨《いかりうらむ》べからず。妬《ねたみ》甚《はなはだ》しければ、其《その》気《け》色《しき》言《こと》葉《ば》も怖敷《をそろしく》冷《すさま》じくして、却而《かへって》夫《をっと》に疎《うと》まれ、見限《みかぎ》らるゝ物《もの》なり。若《もし》、夫不義過有《をっとふぎあやまちあら》ば、わが色《いろ》を和《やわ》らぎ、声《こえ》を雅《やはらか》にして、諫《いさむ》べし。諫を聴かずして怒らば、先暫《まづしばらく》止《やみ》て、後《のち》に夫の心和《こころやわらぎ》たる時《とき》、復諫《いさむ》べし。必《かならず》気《け》色《しき》を暴《あら》くし、こゑをいらゝぎて、夫《をっと》に逆《さから》ひ叛《そむく》ことなかれ。

夫を諫め、家筋の安穏と永続を支える貞女のふるまいに婦道の亀鑑を見出そうとする言説は、『女大学』をはじめ近世町人社会の共通理解と考えて差し支えない。

一方、十八世紀も半ばを過ぎるころ、日本の怪談史に新たな足跡を残す女霊の物語が、上田秋成（一七三四～一八〇九）により紡ぎ出される。

明和五年（一七六六）序、安永五年（一七七八）刊の『雨月物語』は近世怪異小説のひとつの到達点を示す作品である。その巻之三「吉備津の釜」の女霊の造形には、それ以前の鬼女譚と一線を画す深い人間洞察があらわれている。秋成はまず話の冒頭に中国明代の『五雑俎』を典拠として、妬み深い女の害毒をあげつらう。

妬婦《とふ》の養《やしな》ひがたきも、老《おい》ての後其功《こう》を知ると。咨《あゝ》これ何人の語《ことば》ぞや。害《わざは》ひの甚しからぬも、商工《わたらひ》を妨《さまた》げ

図９　『雨月物語』「吉備津の釜」挿絵

物を破《やぶ》りて、垣の隣の口《そしり》をふせぎがたく、害《わざは》ひの大なるにおよびては。家を失《うしな》ひ国をほろぼして、天が下に笑を伝ふ。いにしへより此毒《どく》にあたる人、幾許《いくばく》といふ事をしらず。死《しゝ》て蟒《みづち》となり、或は霹靂《はたゝかみ》を震《ふる》ふて怨《うらみ》を報ふ類《たぐひ》は、其肉《にく》を醢《ししびしほ》にするとも飽《あく》べからず。

この一節だけみれば、本作もまた『当世智恵鑑』と同心円の女性教訓を根幹に据えた作柄ということになる。ところが一歩物語に足を踏み入れると、雰囲気は一変する。

吉備津神社の神主の娘「磯良」は由緒正しい伊沢家に嫁ぐ。「夙《つと》に起《おき》、おそく臥《ふし》て」舅・姑に仕える磯良は、まさに申し分のない貞淑な嫁であった。それればかりか酒食に溺れる夫・正太郎の性癖をよく心得てかいがいしく世話をしたので、初めのうちは夫婦仲も平穏であった。しかし正太郎の「奸《たはけ》たる性《さが》」（色に迷う悪弊）はどうにもならない。鞆《とも》の津の遊女・袖に入れあげ、磯良の諫言も一向に耳に入らず、あまつさえ金品を騙し取って愛人と出奔してしまう。嘆きのあまり磯良は病の床に臥し、生霊となって逃亡する男を追いつめ「つらき報《むくひ》の程しらせまいらせん」と迫る（図9）。荒ぶる怨霊の祟禍のため、結局、正太郎は髻《もとどり》ひとふさを残して取り殺されるのであった。

「吉備津の釜」の研究史において、女の嫉妬心を戒める巻頭の教訓と、復讐の鬼・磯良の物語との間の落差が、常に考究の対象となってきた。冒頭文をして「あらずもがなの一文」と難じた重友毅の指摘[5]以来、「吉備津の釜」を教訓の破綻した不連続な作品とみる評価[6]と、男性に向けた自戒の物語を読み取る解釈[7]に二分され、秋成研究を深化させながら今日に至っている。男の落ち度に重心を置く後者の見方は、冒頭の教訓に続く次の文言を「吉備津の釜」の中心テーマに連なる要部とみる点で共通している。

さるためしは希《まれ》なり。夫のおのれをよく脩《おさ》めて教《をし》へなば、此患《うれひ》おのづから避《さく》べきものを、只《たゞ》かりそめなる徒《あだ》ことに、女の慳《かだま》しき性《さが》を募《つの》らしめて、其身の憂《うれひ》をもとむるにぞありける。禽《きん》を制するは気《き》にあり、婦《ふ》を制するは其夫の雄々《をゝ》しきにありといふは現《げ》にさることぞかし。

わが身を修められない夫の行いが女の「慳《かだま》しき性《さが》」を発動させるというのは、正太郎の「奸《たはけ》たる性《さが》」が引き起こす惨劇の結末に連鎖していく。そのように読んでみた時、「吉備津の釜」の物語世界が浮き彫りになる、というのである。

ひるがえって秋成の生きた時代の思想界を俯瞰してみるとき、「益軒十訓」に代表されるオーソドックスな巷の女訓とは別の所で、男の振る舞いを問題視する家道論が江戸中期の知識層の間に囁かれていたことも否めない。高田衛の言及[8]するように、秋成の私淑した儒者・雨森芳洲は「家に妬婦ありといへば、その夫ふらちなり」

（『多波礼草』巻二）の言葉を残している。

庶民仏教の法席にあっても、先述の採璞にみたような〈男の堕獄〉を説く教戒が信徒に向けて発せられていた。こうした同時代の思潮の流路に照らしてみた場合、「奸たる性」ゆえに女霊の祟りを受けて身を亡ぼす男の怪異談を想定する読み方は、にわかに説得性を持つことになる。

一方、冒頭文をめぐる議論の延長に、怨霊化する磯良の造型を、世俗の儒教道徳や寺僧の女人罪障観ではコントロールしきれない、女の「慳しき性」の暴発した姿とみる井上泰至、長島弘明の視点は、本書に述べてきた〈人間存在の暗部と江戸怪談の融合〉を考えるうえからも、じつに興味深い「吉備津の釜」論であった。井上は言う[9]。

秋成は儒教の規範に身を置いていられる程、人間の「情欲」に無関心ではいられなかった。（中略）そしてこれを磯良にあてはめるなら、『女大学』にあるような規範におさまりきれない、女の「慳しき性」を形成化した存在と位置付けられる。

婦を制する技量を持たない正太郎の「奸たる性」はそのまま磯良の内に秘めた「慳《かだま》しき性」の発動を許し、「鬼」への変貌を容易にしていく。ここにいう「慳し」とは、心のねじ曲がったありさまの謂いであり、女の本源にひそむ負の感情や情欲を指す。それは社会的倫理の枠組みの外側に渦巻く迷宮といってもよい。「慳しき性」と鬼になる女主人公の関わりは、以下に示す長島の読み方に明確な連続性が示されている[10]。

「吉備津の釜」の妬婦譚に即して言えば、この「慳しき性」がつのったところに、恐ろしい嫉妬が生じ、磯良は「鬼」に身を変じたということになろうか。

秋成の作家履歴に立ち戻るならば、『諸道聴耳世間猿《しょどうききみみせけんざる》』（明和三年・一七六六刊）、『世間妾形気《せけんてかけかたぎ》』（同四年刊）の二作の気質物浮世草子が出発点であることは間違いない。「気質《かたぎ》」とは、社会通念のもとに形成された極端な人間像を言い、また気質物浮世草子の作風においては、息子、娘、親父、母親、妾などの社会的身分を取り上げて、いずれもステレオタイプを逸脱する群像を主人公に据える。例えば、女好きの過ぎる息子や、度の過ぎた男嫌いの娘などの偏った人物の行いを可笑しくも哀れに描きつくす。そのような大衆小説・気質物の表現を学んだところに秋成の作家的原点があると考えてよい。

しかし次作の『雨月物語』にあっては、社会規範の枠内で偏向した気質の生態を描く浮世草子の人間理解から大きく離れ、男と女の内なる「性《さが》」のせめぎ合いに照射する新たな物語へと変貌していく。そうした作家の成長をめぐって、表層に外化された「気質」から深奥の「性」へと関心の比重が移っていくさまを読み解く長島の指摘[11]は重みをもつことになる。

もはや「鬼」は山の彼方、峠の向こうの外縁から侵入する認知不能の妖魔ではなく、ましてや世俗倫理の支配下に成った反道徳の象徴でもありえない。貞女の暮らしぶりに一刹那蠢動をみせる制御不能の心の核こそが「鬼」と呼ぶにふさわしい存在に取って代る。内なる鬼女の発見を手に入れた怪談の時代がここに到来するのである。雅びやかに美しい磯良の深いところに宿る「慳しき性」をあばき出す物語の特性に再度注目するならば、「吉備津の釜」の位相は日本怪談文芸史の大きな転換点にあるといってよいだろう。本作の登場により、『当世智恵鑑』などの先行怪談が作り出した鬼女のステレオタイプはものの見事に突き崩され、女の「性《さが》」を凝視する怪異の世界に化学変化を遂げるのであった。

近現代の怪談文芸との距離は、すでに指呼の間に迫ろうとしていた。

五　秋成浮世草子に萌すもの

コントロール不能な「性《さが》」の発動に踏み込む秋成文学の特質は、じつは『世間猿』『妾形気』の気質物浮世草子の中に早くも原初の胎動を見せていた。確かにこの二作が、当節流行の気質物の様式から抜け出せずにいたことは事実であろう。だが一方において、気質物にありがちな誇張した人物描写の枠組みに収まりきれない、人間の生の激情を凝視するまなざしが、秋成浮世草子に横溢することもまた、いまひとつの事実であった。あえて言うならば、二作品には『雨月物語』の女霊像を予感させるものがある。抑えられない情の暴発を過剰なまでの筆致で描く作例として、『世間妾形気』巻一の二、一の三の連続する話の結末に注目してみたい。

丹後国を舞台とするこの話において、浦島の血筋をひく不老不死の女・お春は、何人もの夫に先立たれた末に京都帰りの医者・多門と所帯を持つことになる。ところが新しい夫は近在の娘と深い仲になり、女房の排除をくわだてるのであった。多門の密計により、若さの源泉であった玉手箱を鼠にかじられ老婆の姿と化したお春は、世の中の鼠という鼠を呪いながら憤死する。怒りに悶えるお春の狂態は、この話の原拠とされる『世間母親容《かた》気《ぎ》』[12]巻二の三に比べてみても、はるかに峻烈であり、さらに死してのち神に斎《いつ》き祀られる結末は、日常の戯笑を超えた神話的な物語の世界を彷彿とさせる。本章は次の叙述でお春の行く末を締めくくるのであった。

　今はに残す言《ことば》にも、我死しても有ならば、一念のとゞまる所、世の中の鼠のかぎり殺しつくさである物かと、いかりさけびて死なれしより、此婆《このばゞ》の霊を祭り、お猫様と尊敬《そんぎやう》して、鼠よけの守り神、塚の石をとりて家に祭れば、まさに鼠のあれぬよし、蚕飼《こがい》する家ごとに悪鼠の難をたすかりけると、幾野のあたりの人には聞《き》し。

この部分の常軌を逸した怒りが醸し出すこの女の異類性をめぐって、長島弘明は浦島を異界にいざなう妖亀のイメージに由来するとし、さらに「お猫様」と呼ばれて「鼠よけの守り神」に祀られることじたいが明神となった浦島の神格を暗示するとした。[13] 作品全体の構想に浦島伝説が影響していることは、確かに動かしがたい。だが、そうした理解が得られても、なぜ猫神の塚が「蚕飼する家の難」を救うのか、について疑問は残る。本章の副題に「喰明たあれ鼠をはらひ給へ蚕の守り神」として、利益神の功徳を強調するのは、いかなる意図によるものか。

養蚕で知られる丹波・丹後の山里では、鼠の害を防ぐまじないとして、神社の小石を「猫」と呼びならわして家に持ち帰る習俗が行われていたという（安永四年・一七七五『物類称呼《ぶつるいしょうこ》』）。[14] 丹波桑田郡の大原《おばら》神社、丹後峰山の藤《ふじ》杜《そこ》神社の利益信仰のありようが『丹哥府志』『峰山郷土史』などに散見する。

じつは秋成は明和四年（一七六七）正月の『妾形気』刊行より七年ほど前の宝暦九年（一七五九）、城崎湯治旅行の折に天橋立や峰山の周辺を訪れていた。[15] 旅の途中で実際に目にし、耳にした土地の事物、事件、伝承を『妾形気』巻一の二、一の三の設定や創作モチーフに援用した痕跡が見てとれる。[16] 丹後遍歴の体験をふまえて在地の情報を積極的に取り込む作風からみても、荒ぶる「お猫様」の祭祀が、地元民の尊崇をあつめる悪鼠封じの利益神の戯画であることは疑いないだろう。

もっとも原拠が何であるかは、さほど大きな問題ではない。重要なことは、ちりめんと養蚕を日々の糧とする村落共同体にあまねく浸透した鼠害除けの民間信仰が、お春という女の「個」の物語に置き換えられ、淫婦の身体にうずまく性愛の嘆きに由来する猫神の「縁起」を生み出した点にある。括弧付きの縁起とは、通常ではありえない架空の擬似由来譚の意味であり、在地伝承のもどきといってよい。土地の民俗とは、そこに暮らす万民に共通の日常であってフィクションではない。秋成の経巡《へめぐ》った道のべに散らばる猫石の習俗もまた、蚕飼いの民の素朴な祈りの伝承に違いないだろう。民俗社会は個の事情や発想を必要としないのである。

ところが作品世界に潤色された瞬間、「お猫様」の伝承は〈女の性《さが》の物語〉へと姿かたちを変貌させていく。性愛への偏執はあくまでも俗世を生きる人間の内奥であり、土地神の属性ではない。自明にすぎる両者の落差にあえて言及するのは、秋成文学の基本にかかわる特徴が素材と作品の間に見え隠れすると考えるからだ。村落共同体の集団心意から生まれた利益神の伝承を、女霊の個をめぐる物語に創作する。自分では制御不能な「性《さが》」のモチーフが文芸虚構を獲得する原動力となって機能する。秋成作品に立ちあらわれる伝承処理の方法とは、およそそのような仕組みを持つのではないか。

さらにまた、在地伝承の読み直しが、秋成の初期作品にあって、すでに目鼻立ちのはっきりした創作の方法となっていることは見逃せない。古代の神霊に連なる吉備津神社を物語の舞台とし、神官の娘・磯良の中に女の「性」の発動を見出だす『雨月物語』の怪異世界の構想は、浮世草子時代にその原型を求めうるものではなかったか。少なくとも秋成は、その作家的出発点において人間の深部に分け入る怪談の方法を模索していた。別の見方をすれば、それはまさしく女霊の怪談史の、ひとつの到達点に至る道程ともいえるだろう。

六　おわりに――近現代への継承と断絶

明治十五年（一八八二）の晩春のことである。大阪市内の古着屋・塚本藤兵衛の奉公人に、河内出身の「お留《とめ》」

という女中がいた。お留は眼病に罹った夫のために、給金の前借りをしてこの店に雇われたのだった。あるとき、偶然に同じ村の農夫に出会い、夫の辰造が新しい嫁を迎えた話を聞いて顔色を変える。

前節「女房の角」の最初に取り上げた天保九年（一八三六）の読売りに酷似する右の物語は、近代の怪談作家・田中貢太郎（一八八〇～一九四一）の作品「夫婦の変死」イントロダクションの梗概である。本作の初出は、昭和十三年（一九三八）『新怪談集（実話篇）』であり、読売りの刊行から数えて百年後に書かれた実話怪談ということになる。貢太郎がいかなるルートから天保の噂話を入手し得たのか、残念ながら詳細を知ることはできない。ただ、一点目を惹くのは、二階に上がって命を絶った下女の描写に、歴然とした差違が見受けられることである。

「お留さん、どうした」

と云ったが、返事がないので、店の者は横から顔を覗きこんだ。覗きこんで店の者はぎゃと叫んで尻もちをついた。お留は黄楊の櫛を逆さまに咥えたままで死んでいたが、其処の格子の柱は生なましい血に染まっていた。

下女の死と同じ時刻に辰造は何ものかに咽喉笛を咥いちぎられて死ぬ。因縁めいた終わり方も天保の読売りとそう変わらない。にもかかわらず昭和の実録怪談には、女の恨みをあらわす「鬼」「角」の暗喩がいっさい表に出てこない。あるいは前近代の古風な表現を避けた筆遣いとみる理解も成り立つだろう。ただ、そうだとしても、広く怪談文芸の流れに立ち戻って考えるならば、「夫婦の変死」の位相は、世に流布した〈嫉妬の鬼女〉のステレオタイプを逸脱した新たな怪異表現の登場にほかならない。それはまた、封建社会の女訓思想が薄れはじめた時代の「実話怪談」のあり方を暗示する事柄といえるだろう。

注

1. 沢井耐三「お伽草子『磯崎』考—お伽草子と説教の世界」(川口文雄編『古典の変容と新生』明治書院、一九八四)。
2. 注1に同じ。
3. 注1の沢井論文および矢野公和「懺悔の値打ちもない生涯について—『七人比丘尼』試論」(『共立女子短期大学紀要』、一九七八・一二)、岸得蔵「『七人比丘尼』覚書—その語りと絵解きについて」(『仮名草子と西鶴』成文堂、一九七四)。
4. 木越治『秋成論』(ぺりかん社、一九九五)、第三部「先駆者たち」。
5. 重友毅『雨月物語評釋』(明治書院、一九五七)。
6. 鵜月洋『雨月物語評釈』(角川書店、一九六九)、中村博保「秋成の思想と文学」(『鑑賞日本古典文学・秋成』角川書店、一九七七)など。
7. 高田衛・稲田篤信『雨月物語』(ちくま学芸文庫、一九九七)。
8. 注7の二四二頁。
9. 井上泰至『雨月物語論～源泉と主題』(笠間書院、一九九九)三〇二頁。
10. 長島弘明『秋成研究』(東京大学出版会、二〇〇〇)一七三頁。
11. 注10の一七一頁。
12. 高田衛「玉手箱女房説話の研究—和訳太郎の方法と技術—」(『上田秋成研究序説』所収、寧楽書房、一九六八)。
13. 注10の九五～九七頁。
14. 『物類呼称』巻二に次の説明がそなわる。

　今按に丹波国桑田郡大原社は蚕飼するもの丶信仰する神なり。毎年五月廿八日おばらざしとて諸人群集す。三月廿三日を春《はる》志《ざし》と云。参詣のもの其社地の小石を猫と名付て借て下向す。是は蚕に鼠のつかぬ呪《まじなひ》なるべし。九月廿三日を秋ざしと云て一《ト》とせ三たび諸事有。

15. 高田衛『定本上田秋成年譜考説』(ぺりかん社、二〇一三)三八頁。加藤裕一「秋成、城崎への足跡—『秋山記』『去年の枝折』—」(実践女子短大国文科学会誌』一九九三・三)。
16. 堤邦彦「『世間妾形気』の地方説話をめぐって—巻一の二・一の三私註—」(『文学・語学』一九八二・一〇)。

Ⅳ　京都・歯形地蔵縁起——街角の噂

一　はじめに

今日の「怪談史跡」のなかには、思いのほか伝統的な「鬼女」の属性を引きずるものが少なくない。東京四谷の「於岩稲荷」に程近い新宿区左門町の一画に「鬼横丁」の俗称で知られる小路がある。地元の伝承によれば、そこは田宮家にまつわる怪談話の主人公・お岩の「最後の姿を見たところ」とされている（第六章Ⅳ）。享保十二年（一七二七）の実録体小説『四谷雑談集』では、夫にたばかられ嫉妬に狂ったお岩は、鬼女の形相となり四谷の町に消えていく。この時のお岩の姿は天明八年（一七八八）刊の絵本『模文画今怪談《ももんがこんかいだん》』に絵画化され、もはや人の手に負えない狂乱の態がもののみごとに描き出されている。

江戸の市中を震撼させた鬼女・お岩の噂は、すでに過去のものとなり、地元住民にとっては、前近代の時空に忘れ去られた伝承となっている。今日、四谷の住宅街に名のみを留める「鬼」の小路は、江戸怪談の遠い記憶の残滓であった。

一方、京都市上京区に祀られた「歯形地蔵」の由来は、近世に生成した鬼女譚の類型を示すとともに、古い高僧伝の色合いをいまだ伝承の背後にうかがわせる。「歯形地蔵」とは、嫉妬に狂う女が石地蔵にかみつき鬼になった因縁による呼び名であり、高僧の導きが女の妄念を除いたという。往古のいわれに泥《なず》みがちな古都らしい伝承の受けとめようが透けてみえる。

もっとも歯形地蔵の場合も、過去との断絶をまったく見せていないわけではない。現在、千本鞍馬口上る東側の道路沿いに鎮座する地蔵尊（図1）の案内板には、次の由来がしるされている[1]。

近くに住む大工の女房は、亭主の男ぶりの良さが気が気ではない。浮気の心配が昂じて出先まで迎えに行くほどであった。ある雨の日、道で娘と相合い傘でいるところを見付け、逆上してあとを追う。逆さ川の橋下の地蔵の陰に隠れた夫に喰らい付くが、気が動転したため石の地蔵の肩先に歯を立ててしまう。離れなくなって苦しむ姿を「たまたま通りかかった老僧」が哀れに思い「経文を読んで助けた。妻はそのまま息がえてしまった」とある。それ以来「歯形地蔵」と呼んで、女のしっとをいましめたとか、また夫の身代わりになったというので、歯痛治療の信仰もいつしか生まれた。

図1　千本鞍馬口の歯形地蔵（京都市北区）

案内板の最後は、妬み心の戒めと歯痛封じの利益に言い及んで終わる。その場に居合わせた「老僧」が誰であったのか、あるいは経文の功力や女房の得脱といった宗教的な意味に触れることもない、巷の教訓と歯痛治療の効能を強調するこの話の理解は、近世以前の歯形地蔵縁起に比べてみた場合、どのような違いを生じているのか、あるいは説話の語り手と目的はいかなる移り変わりを経たのか。歯形地蔵縁起の本源を求めて、ひとまず近世の高僧伝に遡る

ことからはじめたい。

二　妙心寺の絶同和尚

近現代の歯形地蔵について紹介した資料に、京都の郷土史家・田中緑紅の『京のお地蔵さん（上）』（緑紅叢書・二の四、一九五八）がある。こちらは上京区御前通一条下るの万松寺本堂に祀られた地蔵の由来を中心とする紹介記事である。緑紅は、同名の地蔵が千本鞍馬口にあることを付記するものの、生成の順からいえば、万松寺の地蔵を大元とすべきであろう。なぜならこの話の発端に、万松寺の本山であった妙心寺の絶同和尚にまつわる伝記が浮かびあがるからである。緑紅のしるした地蔵の由来は次のようなものである。

事件は元禄時代、三条の糸問屋の娘・お梅が番頭の吉助に身分違いの恋心を抱いたことに始まる。実家に帰った吉助との復縁を祈願するため、お梅は北野天満宮に日参していた。ある日、偶然にも境内でお梅の姿を見付けた吉助は、その場を逃げ出して近くの万松寺に駆け込む。事情を察した住職が吉助の羽織を墓地の地蔵に掛けておいたため、追ってきた娘は、これを吉助と間違えて石地蔵の右肩にかぶりつく。お梅の狂乱と妙心寺管長の法徳をめぐり、緑紅叢書の記述は次のように続く。

忽ち口はさけ眼はとび出して息絶えましたが、石地蔵から離れません。住職が読経しても離れません。本山妙心寺の管長に来てもらってようやく離れました。その石地蔵の右肩に三つ大きい歯形が残りました。お梅の死体は両親から懇ろに葬ったことは申す迄もありません。この石の一尺五寸の座像の地蔵尊は歯形地蔵と云われ、その後歯の痛みがよくなる、歯が強くなると云った信仰が出来、密に恋を願う者もありましたが、近年こうした願の人はなくなったらしく私の知った頃は、台所入口の脇に安置してあって誰でも詣れましたが、近年本堂裏へ移されたので、一般の人はお詣りしにくいのではないでしょうか。

引用部後半は歯痛に効く利益のほか、忍ぶ恋の成就をめぐる祈願の風習にふれ、一九五〇年代の万松寺の様子と地蔵参拝の日常風景を点描する。

一方、前半の因縁話のなかに「本山妙心寺の管長」なくしてお梅の救済を得られなかったとした点は、もともとこの話が妙心寺派禅林の所管する唱導説話であったことを示唆する。

上京区東堅町の万松寺は寛永九年（一六三二）に家山の開いた臨済宗の禅寺であり（『京都大事典』）、現在は単立となっているが、大正四年（一九一五）に成稿した『京都坊目誌』の記述[2]から、近代にいたっても妙心寺派の末寺であったことが分かる。そのような万松寺の本末関係を頼りに歯形地蔵縁起の当初の姿を遡及していくと、妙心寺徳雲院の第四世・絶同和尚の史伝に行きつくことになる。

絶同は戦国・幕初の名僧・鉄山宗純とその弟子・大夢宗忍の法系を継ぐ禅僧で、元禄十三年（一七〇〇）に転位して不二と改めている。およそ十七世紀後半に活躍したことが知られる。妙心寺の塔頭・徳雲院に入り道学双具の大徳として宗門内外の尊崇をあつめた。京都における絶同の道声は、「雷名洛中を轟かした」と『妙心寺史』（大正四年・一九一五）下巻にみえる。また詩文にも秀いで、『雲山唱和集』一巻を遺している。そのような卓越した詩心と、禅僧としての法徳を結び付けたところに、鬼女・お梅の因縁話が成り立ったと考えてよいだろう。

ひとまず『妙心寺史』の下巻第四編第八節に載る「絶同と歯形地蔵」の項に注目してみよう。関連部分を昭和五十年（一九七五）増補版から引く。

尚ほ師の歯形地蔵に於ける因縁は古今人口に膾炙する処である。而して此の希有なる感応の一事は塔頭如是院の大叔が篇した『緇素雑録』中にも斯の事を記載する所がある。幸にして師の真筆に係る此の事の因縁を誌した文書が遺されてゐた。今は左に之れを掲げて措う。

『緇素雑録《しそざつろく》』なる書については未見であるが、歯形地蔵縁起が妙心寺山内に知れわたった絶同の法徳譚であることは否めない。また、『妙心寺史』は「因縁を誌した」絶同真筆の文書の伝存にふれ、「萬松院蔵」の「歯形地蔵因縁絶同和尚法語眞筆」一葉の図版を掲載している。ここにいう万松院とは万松寺のことを指すのであろう。いま『妙心寺史』所収の絶同真筆文書（図版）にもとづき説話の全体像を把握することにしたい。漢文体の縁起を以下に書き下し、句読点、ルビを付して紹介する。

元禄ノ春、洛下ニ一女子有リ、一男子ヲ慕テ数回情書ヲ通スニ、男子聴カズ。女子甚ダ怨トス。或時、男子侵早ニ北野宮ニ詣ズ。女子、窺ヒ知テ其ノ迹《アト》ヲ追フニ、男子、半路シテ之《コレ》ヲ覚知ス。急ニ及ビ、一店ニ入テ事ヲ告グルニ、店主、之《コレ》ヲ垣ヲ越テ走ラシム。女子、尋テ到ルニ、之ヲ求テ得ズ。又追ツ。男子、遁レ難キヲ知リ、又一寺ニ入リ救ヲ求ルニ、女子、須臾ニ又寺ニ及ブ。僧、知ラザルニ似セ、之ヲ歎《アザム》ク。女子、怒リ疑ヒテ、殿堂ヲ巡テ墓所ニ入ル。忽チ一墓石（地蔵菩薩）ヲ見テ、以テ「男子ナリ」トス。直下ニ抱懐シ、怨罵シテ咬着スル也。忽チ口裂テ眼出デ、髪倒《サカタチ》テ卓竪シ、額ニ肉角ヲ生ジテ死ス。其勢ヒ、触ルベカラズ。

着語云　果然

頌

一念貪瞋頭載レ角　可中何疑是與非

風吹柳絮毛球走　雨撲李花蛺蝶飛

『妙心寺史』は右の法語を引いたあと、「和尚此の偈を打し了れば、少女我爾として石像を離る（此地蔵尊今尚同寺に安置す世に称して歯形地蔵と云ふ）」と付言する。生角の鬼と化して石地蔵に喰いつく娘のおぞましい瞋恚を鎮めたのは、絶同の詠ずる偈文にほかならない、というのである。歯形地蔵縁起の枢要に、禅傑の放つ詩の力が強調され、一偈とともに娘の執着を断ち切る宗教説話のクライマックスへと展開していく。

禅宗においては、深遠な教えの隠れた意味を美文調の韻文（偈頌）に顕し、禅旨の本質を悟らせる一助とした。絶同の鬼女済度の場合、奇談めいた脱角の結末は、臨済禅の奥義に組み込まれ、一段高い法悦の宗教空間に昇華したわけである。少なくとも、歯形地蔵縁起の原風景が妙心寺派の創り出す禅話の世界に存したとみて大きくあやまつまい。臨済宗禅林との関係性の親疎という点でいえば、市井に伝承される現今の地蔵尊利益譚との差違は歴然としている。

三　近代妙心寺の布教活動

もっとも、近代以降になり歯形地蔵縁起の禅話としての側面がすべて失われていったと考えるのも早計に過ぎるだろう。なぜなら大正・昭和期の妙心寺派の法話に、絶同の鬼女済度譚が援用され、近代京都の民衆に向けて、脱角の功力が唱導の場を介して説き弘められた事実があるからである。

昭和二年（一九二七）刊の倉地円照編『禅の面目』をひもとくと、当時の名僧たちの説話に混ざって、「瞋頭に角を戴く」と題する一章が見出される。説教師は浜松の臨済宗・方広寺（静岡県浜松市北区引佐町）の管長を勤めた間宮英宗（一八七一～一九四五）である。

時を元禄のころとし、三条の糸問屋の娘・お梅と番頭・吉助の色恋沙汰から語りはじめる内容は、ほぼ『妙心寺史』の真筆文書と同様であり、先に引用した「一寺ニ入リ救ヲ求ムルニ」の部分を「万松寺に入って救を求めた」と改めるなど、より具体的な記述になっている。一章の末尾に掲げる偈頌に、「疑」と「擬」、「與」と「兼」の二カ所の字句の違いはあるものの、大正四年版（初版）の『妙心寺史』を引く形で間宮英宗の歯形地蔵縁起が構成されていると考えてよいだろう。

図２　山口仏教会館石碑（京都市上京区・京都市歴史資料館前）

間宮英宗と京都のかかわりは、大正三年（一九一四）の嵯峨・臨川寺入山をはじめとして、浅からぬものがあった。昭和二年（一九二七）に浜松方広寺の管長を辞してからは、京都寺町の山口仏教会館（図2）を拠点に、洛中における活発な布教活動を展開している。

山口仏教会館とは、大阪の実業家であった山口玄洞が大正十年に寺町丸太町に建てた布教施設で、その跡地は現・京都市歴史資料館になっている。宮本又次によれば、関西の実業界にあって莫大な財をなした玄洞は、引退後の大正六年（一九一七）、京都で信仰生活に入る。[3] 当初は浄土宗の念仏に帰依したが、紫野大徳寺の宗風に感化されて禅に傾倒し、方広寺の英宗を知ってからは禅的陶酔の境地に至ったという。大正十年（一九二一）には、巨額の資金を投じて山口仏教会館を寺町に設立し、間宮英宗を初代館長に迎える。ここに同会館を拠点とする妙心寺派の教線が隆盛するところとなった。

近代京都のかような宗教地図の渦中で、人々の耳目に親しい歯形地蔵の宗教的な意味が、絶同和尚の偈文とセットになって洛中に宣伝されたのである。世俗の伝承を禅傑の叡智に結ぶ説話が再び唱導の場に蘇る。妙心寺派の発信する純粋な禅話と、生活化した歯痛封じの利益信仰が昭和初頭の京都の街において併存していた。歯形地蔵縁起をめぐる近代京都のそのような宗教環境に重ねて傾注しておきたい。

四　勧化本への展開

一方、元禄の京都を騒がせた三条糸屋の娘の鬼女譚は、江戸中期の唱導僧のあいだにさまざまなバリエーションを派生し、妙心寺派と無関係な他宗の説教話材に転用されていく。歯形地蔵縁起の布宣をめぐる、いまひとつの伝播経路に注視しておく必要があるだろう。

天明八年（一七八八）に刊行された勧化本『善悪業報因縁集《ぜんあくごうほういんねんしゅう》』は角書きに「近代見聞」としるし、国立国会図書館本の見返しには、

此書《このしょ》ハ、近《ちか》キ比見聞《ころけんもん》せし、善悪因果《ぜんあくいんくわ》の業報《ごうほう》ありし（略）実事《たしかなること》のみ集記《あつめしるし》、諸人悪《しょにんあく》を遠《とを》ざけ、善《ぜん》を作《なさ》しむる為《ため》とする書《しょ》なり。

とあり、巷間に伝わる事実譚の筆録であることを強調する。たとえば、丹波山家藩をゆるがせた怨霊事件の全容を伝える巻之四のように、人の噂にのぼった口承性の濃い説話の宝庫であった（本書第六章Ⅱ）。

序文によれば、本書は豊後臼杵の露宿が著した「仮山簣《かざんき》」なる書をもとに再編集し、京都音羽山の僧・採璞《さいはく》の校評を加えて刊行したという。露宿（河久氏）は、他に『教訓噺艸《きょうくんはなしくさ》』などの著述があり、臼杵城下唐人町の住人、また採璞の方は法相宗の学匠・大同房なる僧であった。[4]

さて、本書巻之二の最終話「嫉妬の念強く現身鬼女と成し事」は、「過し元禄年中亥の年の事なりし」の書き出しで、三条糸屋某の手代吉助と奉公先の娘の邪恋の結末をつづる。鬼女の成仏に至る因縁の大要は、上述の歯形地蔵説話のどれよりも細かな心情描写をともない、読み物としての叙述に富む内容となっている。

十七になるこの家の娘は、人知れず吉助と通じ、夫婦の約束を交わす間柄になっていた。ところが吉助の父親の死をきっかけに、男は故郷の丹波に帰ったまま日数を経ても戻ってこない。親類の勧めにより、総領息子の彼は親の名跡を継いで故郷に残ることを選んだのである。一方、帰りを待ちかねた娘は、北野天満宮に七日参りの願を立てひたすら恋の成就を願った。

そうこうするうちに、ある日、北野参詣の道すがら、よんどころない用向きで京に上った吉助の姿を目にして、娘は狂喜する。しかし、非情にも男はすでに心変わりしていた。娘を避けようとする男の心情と言動がつづられていく。

吉助も遠《とおく》より見付《みつけ》、今日逢は事むつかしく思ひ、折節存知《ぞんぢしり》たる寺の門近くなれば逃込《にげこみ》、ケ様《かよう》〳〵と荒増訳《あらましわけ》を言て、「私を隠して下され」と頼《たのみ》ぬ。寺の同宿合点して、頓《やが》て隣の寺へぬかして隠《かくし》けり。

図３『善悪業報因縁集』巻２挿絵（叢書江戸文庫）

逃げる男が寺僧に懇願して身を隠すというのは、当時の芝居などで世に知られた道成寺物の一場面を連想させる。後を慕って寺にたどり着いた娘はあちこち探し回るが、僧たちは一向に取り合わず、吉助にめぐり逢うことが叶わない。途方に暮れた娘は男の非情な仕打ちを憤り、「吉助〱、むごひぞ」とわめき散らしながら、墓所の片隅にあった石地蔵にしがみ付き「泣死に死ん」でいく。最後の一念のなせる業であろうか、女の容貌は世にも怖ろしい双角の鬼に変化する。

忽《たちまち》額《ひたい》に両角《ふたつのつの》を生《せう》じ、勢《いきほい》恐《おそろ》しく、石仏《いしほとけ》に歯形《はがた》を入て鬼女《きじょ》と成《なり》し容《かたち》にて死《し》しけり。寺内《じない》より不便《ふびん》に思ひ、娘《むすめ》の死骸《しがい》を寺《てら》へ引入《ひきいれ》んと、地蔵尊《じぞうそん》に取付《とりつき》しを放《はなさ》んとすれど、幾人《いくたり》か丶りても一《いつ》向離《かうはなれ》ず。是《これ》は珍事《ちんじ》なりと見物《けんぶつ》貴《き》賤《せん》群集《くんじゅ》せり。

石仏に抱き付いたまま命を絶った鬼女の亡骸が一向に離れない。何とも凄まじい執念のありさまを一目見たいと都の人士が群れ集まる。騒ぎを耳にした「洛西妙心寺の拙道和尚」は、娘の浮かばれない念を哀れみ、「頌文」を称えて一喝するのであった。

一念《いちねんの》貪瞋《とんじん》頭《かしらに》載《いたゞく》レ角《つのを》　此中《このなか》何《いかんぞ》入《いれん》是《ぜと》与《と》レ非《ひ》

風吹《かぜふけば》二柳絮《りうぢよを》一毛毬走《もうぎうはしり》　雨打《あめうてば》二梨花《りくはを》一黄蝶飛《かうてふとぶ》

和尚の導きにより「両角も勢を失」い、鬼女は地蔵を放して嫉妬の妄念から脱却する。図3の挿絵は町娘のいでたちのまま鬼になった娘と、執念の鬼に対峙する「拙道」との劇的な場面を描き出す。

『善悪業報因縁集』の鬼女譚は、全体的には『妙心寺史』に載る絶同の史伝を出拠としている。ところが万松寺の名を顧みることなく、さらには「絶同」その人の僧名を「拙道」と表記するなど、肝心なところで妙心寺派僧伝としての機能を具備していない。あるいは露宿もしくは採璞の素材源に、耳から入るオーラルな鬼女済度譚の広まりを想起すべきかもしれない。一方で、和尚の偈文じたいは、第二句に小異はあるものの、ほぼ正確な転用になっている。近世中期の歯形地蔵の伝播をめぐっては、口承・書承の両面に目配りをする必要があるだろう。

ただ、鬼女譚の解釈に限って言うなら、『善悪業報因縁集』の方は明らかに絶同の伝記から離れ、校評者・採璞の唱導スタイルに合わせる内容に再編しているとみてよい。章末に付した評言は、そのことをよく示す。

採璞評《へう》に曰《いはく》、吉助《きちすけ》が造《つくり》し罪広大《つみくはうだい》なり。親《おや》の許《ゆる》さぬに娘を密通《みつつう》するを邪婬《じやいん》と言《いふ》て、十悪業《じうあくごう》の中一《なかひとつ》の悪根本《あくこんぽん》業道《ごうだう》を植《うへ》たり。其上《そのうへ》に約《やく》を変《へん》じて、此娘《このむすめ》をして嫉妬《しつと》の念《ねん》を起《おこ》させ、十悪業《あくごう》の中の貪瞋《とんじん》の意悪業《いあくごう》を起《おこ》さしむ。これ皆吉助《みなきちすけ》が根本造所《こんぽんなすところ》なり。未来《みらい》の悪果遁《あくくはのがれ》がたし。娘《むすめ》は拙道和尚《せつだうわしやう》一喝《いつかつ》によって嫉妬《しつと》の念《ねん》を去《さ》り、両角《りやうかく》の相《さう》を失《うしなひ》しは、誠《まこと》に先世《ぜんぜ》に植置《うへをき》し善業《ぜんごう》の種有《たねあつ》て、此善巧《このぜんげう》に逢《あへ》る歟《か》。

ここでは十悪業の教説に照らした吉助の罪科をあげつらう言葉がならぶ。採璞の評言の基本は、身・口・意がつくる「十悪」の思想に則るものであり、脱角の利生もまた「善業」の結果として説明されている。そのような文脈において、臨済禅の重視する詩文の聖性や優位性が顧みられないのは当然の帰結であろう。絶同和尚の史伝に引き寄せる配慮の欠如のみならず、禅話本来の超絶した偈頌の詩的世界の脱漏は、宗旨的な目的性の落差をあらわにすると考えてよいだろう。歯形地蔵の因縁が、禅林の外側で新たな唱導話材に置き換えられていくプロセスを、『善悪業報因縁集』の事例はものがたる。同一の説話を宗門の教義に合わせて自在に肉付けし、法談を聴く者、勧化本を閲する者を自派の唱導世界に招き入れる。近世庶民仏教と説話の関係がよく分かる事例である。

五　創作文芸のなかの歯形地蔵

仏教説話の性格を帯びた歯形地蔵の話の流れは、やがて延長上に奇談文芸への展開をみせることになる。本章の冒頭にとりあげた現今の口碑の形成を時系列に沿って理解しようとする時、世俗に流布した創作文芸との関係は避けて通れない。例えば、享和二年（一八〇二）刊の『奇談諸国便覧』巻之三「歯形の地蔵」は、禅話に源を発するこの話が、民衆のあいだを漂いながら街の奇談に変遷する道のりを想察させる。

本作では、京都下立売あたりの鶴屋某の息子の美少年「栄太郎」十五歳と山形屋某の娘「てる」の情話に潤色される。二人は北野参詣の折に思いがけず知り合うことになる。栄太郎の男ぶりに一目惚れした娘は、恋慕の情に悩んだあげく、ついに大胆な行為に及ぶのであった。

彼むすめ栄太郎があてやかなるに思ひ入て、心もそゞろに成けれども、何といひよることばもなく、下女に打あけてかたらんにもはづかしく、心ひとつにくよ〳〵と思ひけるが、日数積《ひかずつも》るにしたがひ、今は思ひにたへけるにや、後より栄太郎に、ほうどいたきつく。

人前もはばからず抱き付いてくる娘に困惑し、栄太郎は一目散にその場から逃げ去る。御前通りの「万正寺」に隠れた男を追いかけ、探しあぐねた挙句、ついに鬼の姿となって地蔵の頭に咬みつく。寺僧は、「娘が悪念を不便と思ひ一句の偈」を紙に書きしるし、「てる」の頭に鉢巻のように巻き付ける方法により、屍を地蔵から引き離す。この一件があってから、世間の人々は石像を「歯形地蔵」と呼びならわした、というのが『奇談諸国便覧』の梗概である。

妙心寺の絶同、万松寺、具体的な偈文といった禅話に不可欠な要素がすべて捨象され、「歯形地蔵」の呼称の由来を詳らかにする洛中の奇談に改作されている。唱導説話の世間話化は、すでに近世後期の奇談文芸に萌芽をみせていたわけである。妙心寺所縁の高僧伝承が巷間に流伝した歯痛封じの利益に姿を変えるのに、この後、そう多くの時間は費やされなかった。

宗門の教義や布法活動より生まれた鬼女解脱の因縁は、俗間の噂話との距離を、ある時は縮め、またある時は純粋な布教の空間へと行きつ戻りつを繰り返しながら、融化と混交の末に今日みるような歯形地蔵の世間話に定着を見たのである。「怪談史跡」生成のメカニズムとは、およそそのような過程を経ていると考えてよいだろう。

注

1. 設置年月不明。案内板の末尾に「下十二坊町」とある。
2. 『京都坊目誌』の上京第十学区「万松寺」の項に「臨済宗妙心寺派妙心寺に属す」とみえる。
3. 宮本又次「山口玄洞のことどもと公共奉仕」(『大阪大学史紀要』第2号　一九八二・五)。
4. 叢書江戸文庫44『仏教説話集成(二)』(一九九七、国書刊行会)の西田耕三解題五七三～五七四頁。

第八章　地方口碑と江戸怪談——風土という視点

I　清姫の蛇性——土地の伝承から読む道成寺縁起

一　道成寺縁起の絵解きと開帳

蛇になる女の物語を日本の説話史、芸能史に求めた場合、庶民層への滲透という局面からすぐに思い起こされるのは、歌舞伎、浄瑠璃の「安珍清姫」物の諸作であろう。熊野詣での山伏・安珍に恋焦がれて蛇身となる女の名前が「清姫」に定まるのは、享保二年（一七一七）の浄瑠璃『道成寺現在鱗』からという（安珍の方は『元亨釈書』から）。これ以後、近世都市の舞台を彩る道成寺ものの芝居は、『京鹿子娘道成寺』などの舞踏劇に脚色され、芸態の完成度を高めていく。

江戸庶民の喝采をほしいままにした道成寺ものの祖型が能の「道成寺」に見出されることは、すでに多くの考究がそなわり、さらに説話の源流を遡るならば、平安時代の『大日本国法華経験記』下巻一二九話「紀伊国道成寺僧写法花救蛇語」に、この話の本質である「法華経」の功徳と救済のテーマを見出すことになる。釣り鐘に隠れた山伏を焼き殺したのち、ともに蛇身の苦しみを受ける女と僧は「法華経」如来寿量品の書写供養により、抜苦の果を得て天に昇る。

一方、『大日本国法華経験記』以来の女人蛇体の説話が「道成寺」という個別の一寺院の縁起に定着して広く世俗に語られるに至った背景には、寺坊側の活発な唱導活動に負うところが少なくない。ことに「道成寺縁起絵巻」を用いた絵解き説法は、近世以降、この話の拡散を加速させる役割を果たした。寺に伝わる二巻本の絵巻は、下巻末尾に足利義昭の花押がみえ、天正元年（一五七三）十二月に将軍の目に触れた経緯をしるす。現存の二巻は、十五世紀成立の原本を桃山時代に写したものという。[1]絵と詞書き、および絵解き用の台本（昭和四年・一九二九）が林雅彦により紹介されている。[2]

さらにまた、道成寺の山内で行われる絵解きとともに、安珍清姫の物語の流伝を助けたのは、ゆかりの宝物を参詣人に公開する開帳法会の活性化であった。近世の宗教文化において、縁起の目に見える証拠となる宝物を、日を限って堂宇に並べ開帳するのは、寺社と民衆を結ぶのに不可欠の法会となった。それは信仰の面だけでなく、遊興、娯楽の物見遊山の側面からも人々の心を惹き付け、非日常の祝祭空間を都市の巷に現出させた。街の喧騒を背景に、寺社の聖物を市井の俗臭に融化させる機能を担ったとみてよいだろう。比留間尚『江戸の開帳』にそのありさまが詳述されている。[3]

話を道成寺の開帳に戻す。道成寺の所蔵文書「当院開帳幷供養等年号書出し候」（一〇―一三号）をひもとくと、元禄五年（一六九二）から天保十三年（一八四二）の百五十年の間に自坊における居開帳を十五回、他所に赴く出開帳を四度にわたり行っている。[4]とりわけ文政元年（一八一八）の江戸・回向院、同二年の名古屋門前町・阿弥陀寺における出開帳は、紀伊半島南端の道成寺が遠く離れた都市の民衆の前に数多の霊宝秘仏を展観し、蛇身の救済と登天の霊験を語り喜捨を集める一大企画であった。

道成寺が江戸の寺社奉行宛てに提出した『開帳差許帳《さしゆるしちょう》』（国立国会図書館蔵）によれば、本堂修復の浄財を得るため、「本尊蛇身化益之千手観音菩薩幷霊宝宝等」を回向院に運び込み、七月一日より六十日間の公開に踏みきることを願い出ている。あえて道成寺が江戸出開帳を企図したのは、いかなる事情によるものだったのか。

文政元年の出開帳は、当時「道成寺の鐘」を秘蔵していた京都・妙満寺（現左京区岩倉幡枝町、日蓮宗）の江戸出開帳（宝暦九年・一七五九、寛政四年・一七九二）を意識したものに違いない。戦国動乱期の紀州根来責めの際、秀吉軍に持ち去られた安珍清姫の鐘（但し再鋳）は、天正十六年（一五八八）以来、二条寺町の妙満寺の宝物に帰していた。京に持ち帰り竹藪に埋めたところ災厄が起きたため妙満寺に納めたという（妙満寺版『道成寺略縁起』）。近世中期になると、妙満寺は江戸出開帳のたびに霊鐘を展観し、さらには『道成寺鐘《どうじょうじのかね》今在妙満寺《いまみょうまんじにあり》和解略縁起《りゃくえんぎ》』（宝暦九年刊、寛政四年再刻）などと題する、いささか挑発的なタイトルの略縁起を刊行している。略縁起はこの鐘の尋常ならざる霊力を次のエピソードに絡めて説明する。時は慶安年中（一六四八～五二）、寺の楼上に掛けてある鐘を誤って落とし破損してしまう。鋳直そうとしたが、にわかに異変・鳴動が起きたため、恐れてそのまま宝蔵に収めた。ところが、年を経て鐘の裂け目が人の体のごとく、自然に治癒する霊験をみせたというのである。略縁起は生きている鐘の「神妙恐るべし」と結んでいる。

梵鐘の音の功徳に関しては、『平家物語』冒頭の「祇園精舎の鐘の声」に代表されるように諸書に説かれるものであった。そうした霊鐘伝承を踏まえながら不思議な力を放つ「道成寺の鐘」を、妙満寺は開帳のたびごとに並べたてたわけである。

鐘を失った道成寺にとってみれば、蛇身化益の千手観音像ならびに安珍清姫所縁の宝物類は縁起布宣の切り札であったに違いない。寺側のいきごみの程が想像される。ところがここに予期せぬ出来事が生起する。道成寺の江戸出開帳をめぐるドラマチックな展開を追ってみよう。

二　文政元年出開帳の狂騒

近世末期の江戸市中に起きた事件、風聞などの雑多な出来事を筆録したものに『藤岡屋日記』全一五二巻がある。その文政元年の項は、道成寺開帳の折の珍事を次のように伝えている。

○　文政元戊寅年
秋の始の頃より本所回向院ニ而、紀州日高川の道成寺開帳ありしが、此節御本丸大奥お八重どの御腹にして七月九日姫君御誕生有、御名を喜代姫君と称し奉るなり、然るに道成寺開帳之霊宝物不残、安珍清姫所持之道具也、此度御誕生之姫君喜代姫君なれバ、霊宝の札ニ清姫と書事ならず、唯真名古の庄司娘と計り書たり、開帳も清姫、誕生も喜代姫は珍しき事なり。

徳川に是も紀州の日高川
何れ流れの清き喜代姫

時の将軍・徳川家斉の息女が大奥に産声をあげる。その名が「喜代姫」と命名されたことは、「安珍清姫所持之道具」を並べ立てる開帳場にとり、じつに不都合な廻り合わせというほかない。同じ訓みのキヨヒメを憚り、霊宝の札名をすべて「真名古の庄司娘」に書き変える処置を急いだ。たしかに寺蔵の「道成寺縁起絵巻」(天正元年奥書本)には、旅の山伏を泊めた「真砂《まなご》の庄司清次」の記述がみえる。しかしながら、江戸民衆の耳目に親しい「清姫」を伏せざるをえないことは、不運というには余りある。道成寺側に「清き喜代姫」と戯れる余裕はなかったであろう。

そのうえに、さらなる困惑が主催者の間にひろがる。道成寺所蔵の文書「借用申金之事」(五―四六号)は、文政元年七月に金百両の借入を行った次第を記している。どうやら江戸表の出開帳に際して悪辣な開帳師に資金を持ち逃げされ、補填のための工面に奔走させられたらしい[5]。

こうした度重なる凶事に翻弄されながらも、道成寺は起死回生を期して尾張名古屋への出開帳に望みを託し、一路東海道を西に進む。当寺文書「尾州名古屋門前町阿弥陀寺於境内開帳中最初ゟ願書幷諸願立之諸事ひかえ」

図１　五幅本全容（和歌山県道成寺蔵）

（文政二年、五―五六号）に開帳の趣意と、「清姫登天像」などの追加宝物を含む二十三点の展観リストが見て取れる。[6]大衆娯楽でにぎわう名古屋の中心部・大須観音にも程近い阿弥陀寺（現中区大須）の堂宇に道成寺の秘仏重宝が運ばれ、七月より出開帳に入る。リストには「安珍清姫縁起　二巻」（絵巻）のほか、「清姫蛇身の角」「清姫手つからぬひし打敷」などの珍物もみえる。どうやら今回は「清姫」の名前を前面に出して参詣人の評判を得ることになった。

三　開帳場の真実

文政初年の二度にわたる出開帳に臨み、堂宇に並べられた道成寺の宝物には、どのような意味と役割があったのか。江戸・回向院の折の出品記録「本尊江戸表出開帳諸願控」（五―一二九号）をみると、ご本尊の千手観音像を筆頭に、縁起絵巻二巻、絵入縁起五幅のほかに安珍清姫の所持した品々（笈、錫杖、扇子、袱紗）といった〈物語のアイテム〉が回向院の余間を埋めていたのが分かる。[7]なかでも「真砂庄司娘蛇身角」は、女人蛇体のクライマックスに連なる逸品であり、同じ堂宇内の空間に掲げられた縁起絵巻の絵相に見入る衆庶にとっては、最も物語の世界に馴染む霊物と映じたはずである。少なくとも道成寺の展観意図には、興味本位と程遠いものがあっ

図２　五幅本第五幅「清姫の角」開帳の景

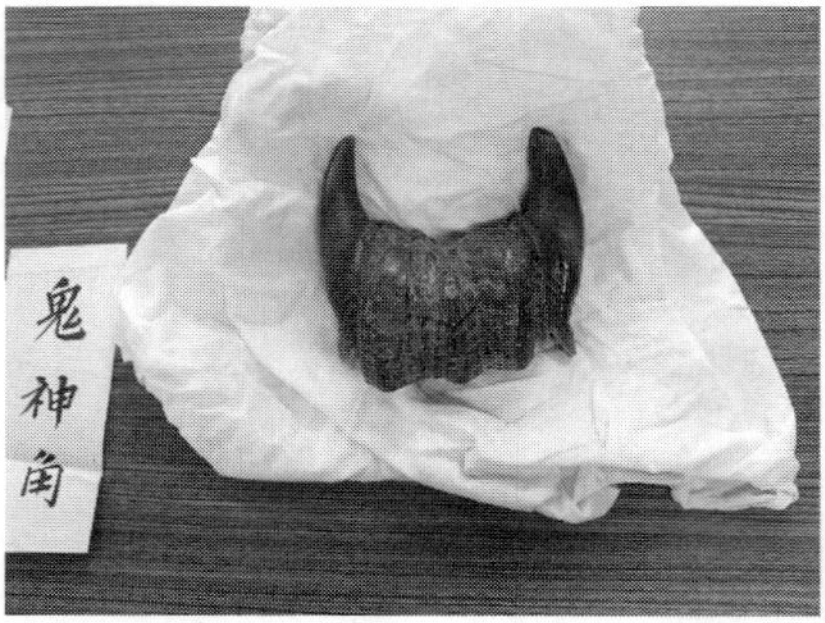

図３　鬼神角（道成寺蔵）

た。

現在、道成寺の宝物庫には、文政開帳の機会に新調されたとみられる五幅の掛け幅図が伝存する（図1）。江戸出開帳の折の出品目録（文書五—一二九号）に「道成寺絵入縁記写シ　五幅」とあるのがそれであり、名古屋開帳の折のリスト・文書五—五六号には「安珍清姫一代之絵図但五幅掛物巾四尺丈ケ一丈」として同図のこまかい法量データがそなわる。

この掛幅が開帳用に描かれたものと考えられる根拠は、第五幅の最下部に、堂内の壇上に鎮座する「清姫の角」、および絡み合う二匹の蛇身像が描かれている点にある（図2）。今日、道成寺の宝物庫に収まる「鬼神角」（図3）と見比べるなら、五幅本の「角」の形状と一致しており、この双角が実際に江戸の人々の目にさらされた霊宝であることは疑いない。図2の場面は清姫の角をめぐる〈もの解き〉のありさまを実景のままに視覚化した挿画ということになるだろう。それは、その昔紀州に実在した安珍清姫の偏愛の物語が、時空を超えて開帳場の「いま」に蘇る瞬間といってよい。ここに縁起語りと図絵の共鳴が起こるのである。

『藤岡屋日記』の記事を含めて、「清姫の角」に格別の意味を見出したのは高田衛であった。[8] かつて高田は『女と蛇――表徴の江戸文学誌』のなかで、『増補武江年表』の次の箇所を引きながら、江戸の知識人には「噴飯物」に過ぎない「このゲテモノこそ道成寺説話の表徴」にほかならないと評した。

○八月より十月まで、回向院にて紀州道成寺観世音開帳、霊宝に清姫が鬼になりし時の角といふものををがませたり

（『増補武江年表』文政元年、東洋文庫版による）

何につけても考証せずには居られない江戸の知識人が、この種の「宝物」に向けて放つ懐疑と嘲笑のまなざしを踏まえながら、高田は、熊野地方の蛇婦伝承が、半ば悪場所の様相を呈する市井の開帳場に転生する仕掛けを解析してみせた。熊野の文化基層と清姫伝承の交絡をめぐるスリリングな考究については高田の論に譲ることとするが、別の角度から再考しておきたいのは、文政期の道成寺縁起に吸収された土地の言い伝えの本当の姿と、安珍清姫をめぐる旧跡や在地伝承を寺宝の由来に関連付けながら開帳場の話材に再編した唱導者たちの動勢である。

そう考えてみて、にわかに注目度が増すのは、回向院の際の開帳リストに名を連ねた清姫の「腰掛石」である。すなわち前掲の文書五―一二九号には「真砂庄司娘腰掛石」なる奇宝が見受けられる。開帳に合わせて印刷された文政元年版の『安珍清姫畧物語』につけば、安珍を追う清姫は、山伏の唱える四句の経文の威徳に圧倒されて目がくらみ、しばし路傍の石の上に休らうことになる。

安珍心中《しんちう》に権現《こんげん》を念じ、欲知過去因果見現在果《よくちくはこいんくはけんげんざいくわ》、欲知未来果現在因果《よくちみらいくわげんざいいんくは》の四句文《しくのもん》を唱《とな》へ、爰《こゝ》を詮《せん》と逃《にげ》たりける。此文《このもん》の功力《くりき》に依《よつ》て、娘の眼《まなこ》くらみて、石に腰《こし》かけ息を休《やすめ》て居《ゐ》たりしに、頸《くび》より上は蛇《じや》と成《なり》て腰懸《こしかけ》たりし石もくぼみしと也。

（早稲田大学図書館曲亭文庫蔵）

図４　五幅本　腰掛石

右の場面は五幅本の掛幅絵解き図にも図像化されており（図4）、首から上を双角の蛇身に変えていく清姫の妖態を描いている。触れることとさえ可能な目の前の「腰掛石」と掛幅図に視覚化された「休らう蛇婦」の絵が、たがいに呼応しながら参詣の輩を道成寺縁起の世界にいざなう。宝物（モノ）と縁起絵（コト）の連結が、ここに完了するのである。個々の宝物は怪しげな「角」であり、「腰掛石」であって、それだけ取り出せば知識層の嗤いを誘う珍物の類に過ぎないのかもしれない。だが、縁起の発信者たる寺僧の布教意図を顧みていえば、それらは紛れもなく開帳場の「真実」であり、二十数点の霊宝の共鳴により、紀州の蛇婦伝承は眼前の絵解き図と同期し始めるのである。

四　縁起と在地伝承

近世中・後期の道成寺周辺に顕在化する、在地伝承との融合は、土地に密着した安珍清姫譚を生み出すことになる。絵巻研究の視点から、在地伝承系の縁起絵巻の特色に言及したのは徳田和夫であった。[9] 近世中・後期から近代にかけて、南紀で製作された絵巻には土地の口碑を物語の背景とする傾向がみとめられるという。

地方色の濃い唱導のありようは、道成寺版の略縁起にもあらわれている。例えば、天保十年（一八三九）版『鐘巻道成寺』には、山伏追跡の道中に上野村の「清姫ノ腰掛石」、道成寺門前脇の「大蛇のツタエ桜」、境内の「安珍像」、寺域近くの「蛇塚」などの伝承名所を散りばめる工夫が見てとれる。

図５　現在の腰掛石

図６　妙満寺本「鐘巻由来図絵」の腰掛石

また、やはり近世期の西牟婁郡、日高郡を中心に編まれた道成寺伝説の縁起絵巻においても、在地の土地勘を生かした図様が目につく。徳田の注目したサントリー美術館本[10]（元禄六年・一六九三作）では、上野村付近で安珍を見付けて鬼の形相と化した清姫が、怒りで腰掛石をくぼませる場面を強調し、詞書きに「くすゐのうら（楠井浦）に有し」と添える。同様の言い伝えは『熊野独参詣記』（元禄二年・一六八九頃成立）にもみえ、「上野村ノ内、道バタノ弓手ノ藪ノ側ニ中窪成ル石有レ之」云々とある。[11]清姫の腰掛石は今も御坊市名田町楠井の民家の庭先に在り、略縁起や絵巻のしるす通り、中心部分が丸く穿たれている（図５）。以前は五十メートル南にあったともいうが、いずれの場所も海辺を望む熊野街道沿いの小丘の上に位置する。

近世の在地系絵巻が、おしなべて腰掛石を海の見える浜の情景とともに描くのは、あるいは土地の地理感覚と一体化した表現ではなかったか。一例すれば、京都妙満寺の所蔵する「鐘巻由来図絵」（二巻、江戸後期）は、遠くに海の見える浜辺を描き、手前の石の上に乱髪の清姫を対比させる（図６）。そしてさらに、そこが楠井浦の旧跡であることを示す詞書には、次のような説明が添えられている。

図７　五幅本　腰掛石の清姫と逃げる安珍図

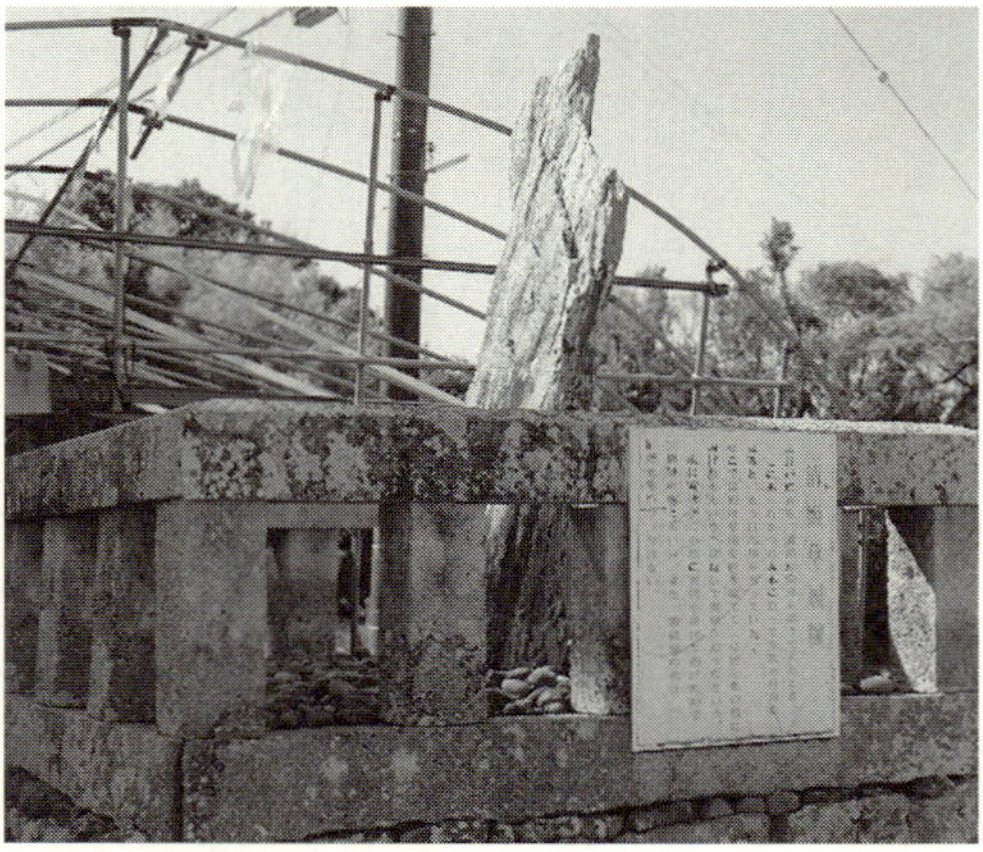

図８　現在の草履塚

姫は目もくらみ十方にくれ、石にこしかけしはし居たりける。此石、今楠井のうらに有といふ。

先に見た文政元年の五幅本掛図も、第二幅に浜の松を背にして石に休らう半蛇身の清姫を配し、海原をはさんだ対岸を遁走する安珍の後ろ姿へと視線が流れる構図になっている（図７）。楠井村の風景を読み込みながら、蛇体変身の説話画が在地の物語の定型を確立していくのが分かる。

徳田のいう「在地伝承系の縁起絵巻」の一群[12]は、いずれも熊野古道周辺の安珍清姫伝承と不可分の関係にあった。すなわち江戸後期から幕末、近代にかけて制作された南紀の絵巻には、清姫の脱ぎ飛ばした「草履塚」（図8）、安珍の行方を捜した「物見の松」、日高川のほとりの「衣掛けの柳」、大蛇を供養した「蛇塚」といった今日に残る旧跡が随所に取り込まれ、風土色の濃い物語を志向している。

五　真砂一族の娘・清姫

ところで、在地系の縁起絵巻にみとめられる特色のなかで、安珍清姫伝承の最も本源に近い深部は、旅の山伏の立ち寄り先を熊野古道の長者、真砂《まなご》家とし、庄司清次（清重）の娘との出会いを話の発端に置く点であろう。現・田辺市中辺路町に屋敷跡の史跡の残る真砂家は、鐃速日命《にぎはやひのみこと》を遠祖とあおぎ、古代氏族の物部阿刀連に始まる名家であった。平安時代には藤原姓を賜り、熊野三山の代参を勤めたという[13]。戦国期にいたり、天正十三年（一五八五）の兵乱に敗れて栗栖川（中辺路町）流域の真砂村に蟄居するが、江戸時代には土地の名族として公文役を勤めている[14]。

道成寺縁起に真砂の名が登場するのは中世末のことであった。『大日本国法華経験記』、『今昔物語集』で「牟婁郡の寡婦」とだけ書かれた女主人公の設定が真砂庄司の娘・清姫となるのは、江戸初頭を待たなければならない。天正元年（一五七三）写の『道成寺縁起絵巻』は「紀伊国室の郡真砂」への寄宿に言いおよぶものの、安珍に懸想する女は「清次庄司の娵《よめ》」であって、うら若い娘君ではない。一方、十七世紀初め成立とされるお伽草子『磯崎』は、肉付面説話につづけて後半に道成寺の話を引用する。一部の写本には「むかし、まなごのせうじがむすめ、くまのまうでの山ぶしを思ひかけ」（赤木文庫本、寛文頃）として、真砂一族の娘に変遷する。かような流れの末に浄瑠璃の『道成寺現在鱗』に脚色された「清姫」の物語が生まれる。近世後期以降の南紀の縁起絵巻や口碑伝承は、真砂（真名古）庄司の娘・清姫（喜代姫）に統一されていくわけである。[15]

さて、土地の口碑、絵巻に見出される真砂一族との関わりにこだわる理由は、それら在地説話の地平に清姫の蛇性を語らずにはいられない地域の風土的心意の深層が見え隠れすると考えるからである。ここにいう心意とは、『大日本国法華経験記』の主唱する法華経礼賛の普遍的な仏教思想とは異なり、はるかに局地的で血縁社会のまなざしに支えられた共同体の感性を意味する。いわばそれは、寺院縁起に内在するプリミティヴな宗教民俗の記憶といってよいかもしれない。以下、在地伝承と縁起絵巻の具体的な共通性にそくして、清姫の蛇性を自明の性《さが》と信じて疑わない、物語の基層に分け入ってみたい。

六　庄司が淵を泳ぐ蛇性

ＪＲ紀伊田辺駅から富田川沿いに三十分程車を走らせると、中辺路町真砂の集落が見えてくる。熊野古道の要地にあたる同地区には、「真砂一族住居跡」「清姫生誕屋敷跡」と伝える史跡が古道を見下ろす山裾にたたずみ、敷地の傍らには「清姫井戸」なる古井もある。そこから六百メートル川下の西谷口地区に戻ると、富田川を望む崖の上の「清姫堂」（薬師堂）に出る（図９）。堂内には姫の木像（図10）が安置され、境内に建つ「清姫の墓」とともに物語の伝承碑となっている。もっとも現在の屋敷跡や墓所、祠堂は近世初頭の洪水、明治二十二年（一八九九）の大水害を経て現在地に移されたものであり、かつては上流の河岸に村落の中心が拓けていた。

ところで、清姫堂入口の石標に「福巌寺境外地薬師堂／清姫堂」とあるのは、ここが、三キロ程山道を登った福巌寺（臨済宗、通称一願寺地蔵とも）の管理地であることを示す（図11）。当寺は、真砂村の檀那寺であった万福禅寺が水害で流出した後、寛文二年（一六六二）に川から離れた今の場所に開創され、万福寺にかわって真砂一族の菩提寺となる。清姫父母（清重夫妻）の位牌を祀るのはそのような経緯によるものである。清姫堂の脇の薬師堂も、元は万福寺の祠堂であったようだ。福巌寺は在地系絵巻の一本『清姫由緒図絵』の所蔵寺院でもある。図様の筆致から近世末あるいは近代以降の作とみられるが、奥書きに「明和三戊年迄三百七十余年」とあり、明和三年（一六七七）の原本を写したものと推測される。

図９　清姫の墓、清姫堂（和歌山県田辺市中辺路町）

図 10　清姫木像（同）

この絵巻を翻刻・紹介した松浪久子は、道成寺蔵の縁起絵巻（天正元年本）との相違を分析したうえで「真砂を中心とする西牟婁郡周辺の伝説を取り入れた」内容に、福巌寺本の独創性を指摘した[16]。たとえば、安珍逃亡のシーンの詞書きに中辺路の地勢をふまえて「潮見峠に上りて杉の木立によじ登り見れば、三栖村を通り、橋を渡るを」などと地

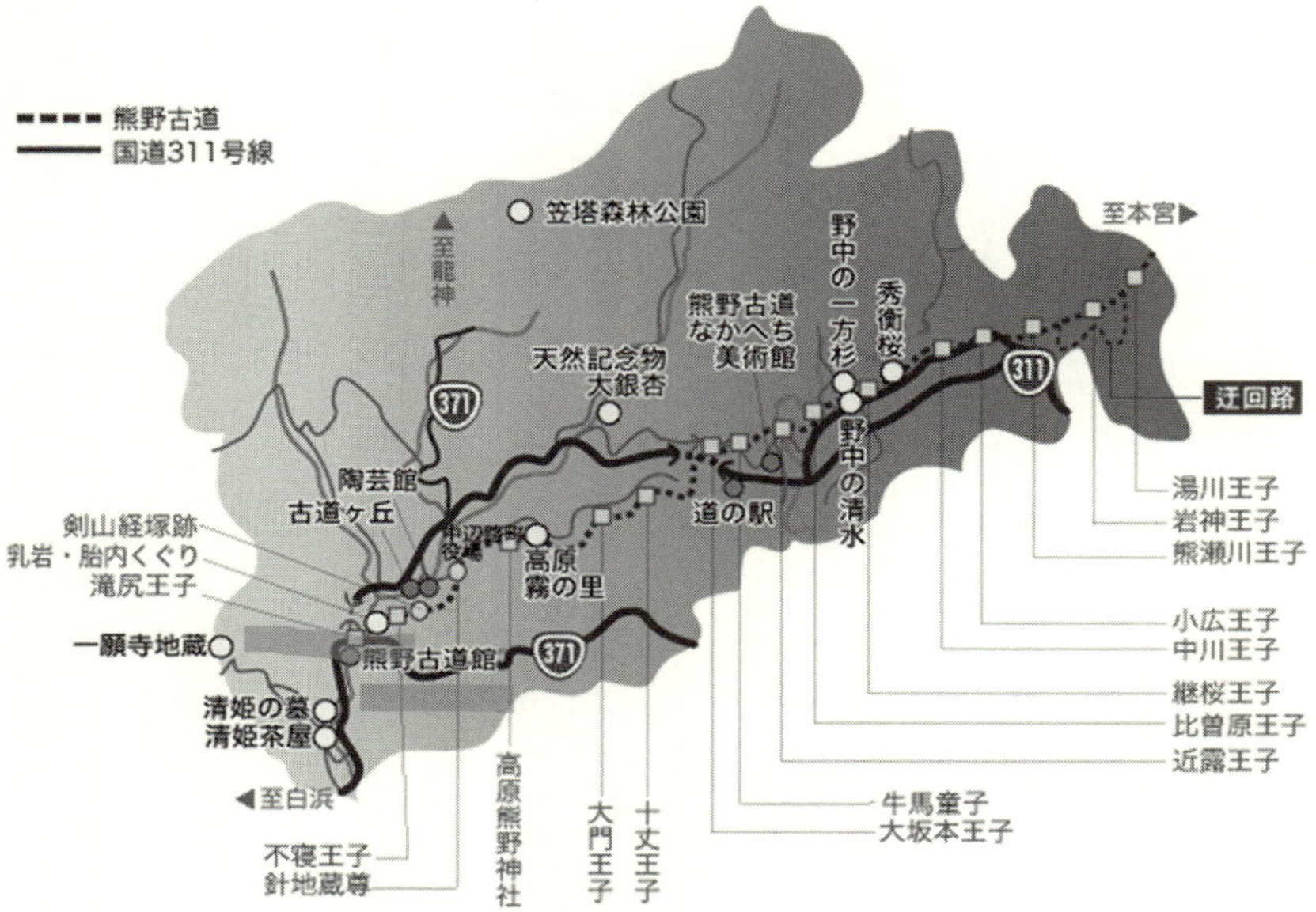

図11　略地図　中辺路町観光協会ホームページより　左下に「清姫の墓」、および一願寺地蔵とあるのは福巌寺の通称。

名を明記し、さらに物語の進行に合わせて、「喜代姫腰かけ石草履塚衣懸け柳とて楠井村の往来道はたに古跡今に残りあり」といった伝承碑の注記を交える表現は、在地系縁起絵巻の特色と合致している。

さらに興味深いことに、絵巻は巻頭の熊野本宮の景、真砂家に宿を請う安珍の図に続けて、第三図に脱いだ衣を松の木に掛け、黒髪を乱して淵瀬を泳ぐ裸身の清姫を描き、「庄司が淵」と書き添えている（図12）。

いささか唐突に見えるこの絵相は何を表すのか。他に類例のない描写だけに、真砂村周辺の民間伝承とのつながりが想像される箇所である。

そのように思い巡らすとき、暁鐘成編の『西国三十三所名所図会』（嘉永六年・一八五三刊）の次の記述は、絵相の意味を解く鍵となる。

真砂庄司《まなごのしょうじ》の第宅跡《やしきあと》真砂村にあり。今河原となりて標《しるし》なし。ただ里俗の伝へて言ふの

図12　清姫由緒図絵　第3図（福厳寺ホームページより）

み。真砂庄司は熊野八庄司のその一にして、一説に清姫が父なりと云ふ。この所に清姫が水垢離《みづごり》をせしといふ淵《ふち》あり。清姫白川の安珍《あんちん》に恋慕し、終《つひ》に嫉妬の心より蛇身となりし事、普《あまね》く人口に膾炙《かいしや》すといへども、『元亨釈書』にいへる所と大同小異あり。もつともその事実詳らかならず。

末尾の『元亨釈書』との比較は近世知識人好みの考証癖による言いまわしであるが、他方、真砂屋敷の荒廃ぶりは地元情報に合致する。「河原となりて標《しるし》なし」としるすところが、現在の清姫堂近辺であろう。眼下にひろがる川の蛇行点は、俗に「庄司が淵」と呼ばれている（図13）。鐘成の言によれば、その淵は清姫が水で身を清めた場所であるという。こうした断片を繋ぎ合わせていくと、福厳寺蔵『清姫由緒図絵』の遊泳図は、どうやら庄司が淵の河水に親しむ清姫の日々の姿を写したものということになるだろう。

ただ、真砂の娘の水浴を聖浄なる「水垢離」と解したのは、『名所図会』のさかしらであった。なぜなら衣を脱ぎ捨て淵瀬に身を投ずる乱髪裸女の伝承には、異類婚姻の血筋に

図13　現在の庄司が淵（清姫堂境内より臨む）

まつわる口碑の陰影が付き纏うからである。松浪論文は、福厳寺第十七世の能城宗堅師（昭和三十三年・一九五六入山）の語る清姫伝説の聞書きを書きとめている。

清姫の父。真砂庄司藤原左衛門之尉清重は、妻に先立たれてその子清次と暮していた。ある朝、黒蛇に呑まれかかっていた白蛇を助けたところ、数日後その白蛇が白装束の遍路姿の美女となって訪れ、清重と結ばれて一女清姫を儲けた。その後いつの間にか女はいなくなったが、幼い清姫が夜、母を恋しがって泣くと必らず雨戸がガタガタと鳴り、その音を聞くと清姫は泣きやんだ。白蛇が尻尾で戸を叩いて清姫をなだめていた。

「蛇女房」の民話に類似する清姫の出生秘話が、寺坊より発信されていたことは見逃せない。かような異類婚姻譚の要素は、女人の妄執が我が身を蛇に変える『道成寺縁起』本来の仏教説話の枠組みを大きく外れている。清姫の中に流れる蛇性の血筋を書き記す点において、福巌寺の伝承は、「法華経」の救済を説く既存の説話の枢要と異なる方向性を示すといえるだろう。女が蛇になるのではなく、そもそも蛇身なのである。白蛇の子として生を享けた清姫の素性に焦点を合わせたところに、真砂地域の在地伝承を踏まえた縁起の特色をみておきたい。

七　寝所の異界

さらに真砂の口碑は、安珍逃亡のきっかけが、姫君の正体を知った男の異類忌避にあることを明かす。『熊野・中辺路の民話』（一九八〇）は真砂在住の金附民蔵の語る「清姫伝説」を記録している[17]。前半は庄司清次に命を助けられた白蛇の嫁入譚と清姫の出生にふれる。福巌寺縁起で「清重」の子であるものが、ここでは清次の妻となっており、口頭伝承の多様なバリエーションがうかがえる。

さて、八歳になった清姫は重い熱病に罹るが、旅僧・安珍の祈禱で命をとりとめる。これが奇縁となり、姫は毎年真砂を訪れる安珍に恋焦がれる。姫が十三歳になるころ、いつものように清次の屋敷に立ち寄った安珍は、夜中に出て行く娘の様子を不審に思い、詮索するあいだに淵を泳ぐ姿を目にする。金附の語りは続く。

その淵にあった松が、ものすごう大きかったたっちゅうことですけどね。それの枝に、着物を脱いで掛け、それで、きぬ掛け松っていうたわけですけどね。それが、なんですよ、明治二十二年の大水害に流れてしもうてね。（中略）

まあ、その松に小袖を掛けといて、泳いだわけですけども、それがまあ、髪の毛が……。

昔の姫というのは、みな、髪の毛を長ごうしとったわけですからね。そうして、その髪乱して泳いで、夜に一度、三度ってかね。その身が燃えるっていうんかねえー。そのやはり何んて言うんか、まあ、白い蛇のおとし子ということで、そこにその、清姫蛇に化けたというようなことを考えられるんですけどね。

漆黒の闇のなか、体の火照りを冷やすため庄司が淵に入り黒髪を乱して泳ぐ姫の姿に、安珍は恐怖を覚える。何くわぬ顔で寝床に戻るが、清姫の寝ている部屋から妙な音が聞こえる。障子を開けて覗く。

そしたら、その清姫の寝てる部屋にその、七枚屏風って、高さ三尺位の屏風に、清姫は休んでるんだけども、その髪の毛がみな、蛇になってね、その七枚屏風を、ザラザラ、ザラザラと遊んでたっと。

髪が蛇と化す不気味なありさまに清姫の本性を悟った安珍は屋敷を抜け出す。約束を反故にされた姫はあとを追い、道成寺の鐘ごと男を焼き殺す。後半は安珍清姫譚の常套へと展開するわけである。

姫の蛇性に驚きあきれて遁走する僧という話の流れは、口頭伝承のみならず、徳田和夫の紹介する国際日本文化研究センター所蔵の絵巻『道成寺縁起』（江戸末期写）[18]にも見出される。庄司清次の家に泊まる安珍は、夫婦の約束を交わした当年十三歳の娘の異形を目のあたりにする。

或夜、安珍、清姫の臥室をのぞき見るに、豈はからんや、清姫の形ち、さも人間にあらず、恐ろしき変化の姿なり。安珍びっくり驚き立退しが、後にて、清姫の出るを見れば、別にかはる所なし。

この部分の絵相は、化粧する清姫の衣の裾からのぞく蛇の尾を描きそえ、さらに鏡の中に映る蛇の姿により女の正体を暴露する細工さえうかがえる。

寝所を覗き見た男の逃鼠譚じたいは、異類女房型の民話に珍しくない。さらに話の源流を遡れば、松浪も指摘するように[19]『古事記』中巻の「肥長比売」の神話に蛇性の女神の素型を求めることができるだろう。そうした説話の系譜をひく福厳寺絵巻所収の在地伝承は、道成寺縁起のオーソドックスな話群の外縁に語られた真砂村由来の清姫伝説と考えてよいだろう。加えて、その中心に当地を統括した名家・真砂一族との深い紐帯が存在する点に注視しておきたい。

八　「真名古村」の女

ものごとの時系列的な位相や資料の性質の違いに拘泥する研究視座からいえば、たしかに幕末から近代の雑多な文献、絵画、口碑に散らばる真砂の郷土談は、一地方の訛伝とみなすべきものかもしれない。しかし常に人々の生活空間に増殖を繰り返す「伝承」の本質に立ち帰り、全体を俯瞰するとき、清姫の蛇性にここまで拘わる在地伝承には、真砂の庄司の家筋を中心に展開した共通の蓋然性が見え隠れするのではないか。例えば、蛇婦の血族をめぐる近世知識人の言説は、村外の視線を迂回路にすることで、かえって〈蛇性の女〉のおぼろげな、しかし確実に存在したはずの共同体の心意を可視化している。

十七世紀の俳諧師・椋梨一雪の編纂した『古今犬著聞集』（天和四年・一六八四序）の巻七の二十に「真名古村邪（蛇）身の事」と題する奇譚がみえる。簡略な記述のなかに、土地の清姫伝承の古層を知るてがかりを示唆する資料である。京都大学図書館所蔵の写本により原文を掲出する。[20]

紀伊国日高郡真名古村は、まなこの庄司か住し所也。此村は蛇の子孫成とて、隣郷隣在、婚姻結はされは、伯父・姨の別ちもなく縁を結ひ侍るに、往古より蛇身の女壱人宛、必生こと、今に至りてたゆる事なし。其女は眉目かたち人に勝れ、髪はたけに余りて地を引に、五月堕栗花に入は、件の女のかみ、とりもちをぬれる様にもつれあいて、櫛のはも立やらす。堕栗花の明は、あたりの川（にて）洗ふに、さはやかにはら〳〵ととけると也。此女は在所にても連合ふ男無きと言承るにそ、哀には侍る。未来永劫執心を残、罪障恐れても恐れ（つ）へき事になん侍る。

蛇の子孫ゆえの村外婚の禁忌は、憑き物筋の民俗に顕著な差別の観念に通じるものであろう。他方、蛇性の証となるのが、五月の梅雨に美女の髪がとりもちの如くに粘るという言い伝えであった。しかも不思議なことに、もつれ合う髪の毛は地域の川の水で洗わなければ元に戻らない。

文末に付す執心の罪障観は、仏教説話や謡曲の影響を思わせる伝承の解釈である。ただし全体としては、真名古（真砂）村の閉ざされた異郷に対する、都市人士の奇異な観察眼にもとづく叙述であることは動かない。真名古村をめぐる『古今犬著聞集』の口碑は、前掲の高田論考の引く『藤岡屋日記』にもみえ、さらに嘉永二年（一八四九）の写本『風聞雉子声』（国立国会図書館蔵）には、

怪異の事　曽て旧き文にも不ㇾ見、又紀州風土記にもなし。しかるに先年同国若山にすみける浄土宗の僧、寄り来り語りけるは

と前置きのうえ、蛇婦出生の異聞がつづられている。浄土僧の語る唱導の場の女人教化に、真名古村の蛇婦譚が

援用されたものであろうか。安珍清姫に材を得た説教は勧化本のなかにも散見する。[21]

いずれにしても、都市で筆録された風説記録は、おしなべて蛇の血をひく「真奈古村」の女の存在に好奇の目を向け、筆にとどめている。同じ頃、当の村里においては、白蛇の子として生まれた真砂庄司の娘の伝承が口伝えに語り継がれ、道成寺縁起の異伝を形成していった。蛇性の女の地域特性と都市への伝播のメカニズムが、徐々にその全貌をあらわすことになる。

九　玉姫の角

真砂庄司の氏族伝承を追尾していくと、興味深いことに、清姫のみならず、もうひとつの異形の姫の物語が浮かびあがる。頭に角の生えた「玉姫」の出家遁世を語る真砂の妖婦譚[22]について、一族の系図をひもといてみたい。

『中辺路町誌・史料篇』の「真砂家関係文書」に収められた二種の系図[23]のひとつ「略系図」（資料番号四六）は、庄司清重の代に、同家が熊野三山代参の勅命を受けて藤原姓となったこと、清重の息女に「希世」という「眉目才学」世に秀でた一女がいたことをしるし、つづく常種の項では娘・玉姫の遁世と行脚の一件にふれている。さらに詳しい内容が、貞応二年（一二二三）写・文安四年（一四四七）再写の識語をもつ系図「真砂庄司家統之一巻」（資料番号四七）にも載るので、左にその部分を掲出する。

姫有リ玉姫ト云、有（或）時熊野参詣シテ音無シノ里ニ至ル、山伏ニ行逢此ノ山伏ノ云ク、女旁（房）ノ頭ニ角有リト云、不思議ニ思ヒ此方ノ事ニテ侯ヵト尋ヌルニ、其方ノ事成リト云、以レ何テ左様ノ事侯ハン哉ト云エハ、其儀ナラハ角ヲ見セントテ、持タル珠数ヲ額ニナケ懸ケルニ、其ノ珠数額ニ懸リテ落ス、女歎肝ニコタエテ、何トソ此ノ角ノ落ル様教タマエト云。山伏ノ云ク、仏神ヲ頼ムヨリ外無ト云、ヨツテ帰テ髪ヲ切リ、順功ト名ヲ改テ諸国修行ス、彼ノ切タル髪ヲ川ニ入タルニ、川上エ向テ行失タリ。此ノ順功年老テ様々ノ事有リ藤代ト云処エ行、エントウト云物有ルヲ見テ乞タルニ、其主ルシ可喰物ニアラスト云、順功歌ヨミケレハ、諸人ノ口ニ入テ悪敷味ヒ出来タリ、故ニ皆モ捨テニキ。有ル時狐子人家ノ内ニ入テ、人ヲ悩マス事月ヲヘテ止マス、夜毎ナリ。順功行テ宿ス、夜ニ入テ前ノコトク人ヲナヤマス、則歌読ケレハ明ル日狐子死テ其後ハ人ヲ悩ス事無、其外様々ノ事ヲヲシ。

熊野詣での折、玉姫は山伏から頭の角を見抜かれる。手に持つ数珠を、いぶかしがる娘の額に掛けると、何かに引っかかり一向に落ちない。おのれの罪深さに落胆した玉姫は、すぐさま髪をおろして順功と名を改め、仏神を頼りに諸国行脚の旅に出る。老いてのち、順功尼は詠歌の呪により食べ物の味を変え、悪狐を退けて大いに験力を発揮した。

後段にしるす廻国尼僧の法力譚は、熊野信仰を支えた真砂家の宗教的立場と連関するのかもしれない。これに対して、「玉姫出家のいきさつを語る前段部分に、女人愛執のシンボルである「角」を持ち出すのは、一族の娘が背負う運命的な罪汚れと、悪しき血筋からの脱却を話の要部にすえたものではなかったか。廻国を罪障消滅のてだてとするのは、仏教説話の定石であった。また、おろした黒髪が流れを遡上して消え失せるというのも、庄司が淵の蛇性伝承に一脈通ずる。河水と真砂の女の深い結絡を思わせる。

系図の記述のみから全容を把握するのは困難をともなうものの、真砂の娘に立ちあらわれる異形性と、その克服の構図が、〈玉姫の角〉の話を地域に根付かせるモチーフとして機能したことは想像に難くない。少なくとも、清姫の蛇性や玉姫の罪障を違和感なく受けとめる風土の基盤は、熊野古道の旧家・真砂家の求心力に負うところが大きい。と同時に、蛇性と鬼形の女たちの物語を支えたものは、真砂の里の風土そのものにあったともいえるだろう。都市文化と異質な伝承の原風景がそこにある。

十　近現代への流路

本稿では、道成寺の周辺と西牟婁郡の在地伝承に焦点をあてて、近世の南紀に流布した安珍清姫譚の展開を取りあげてきた。ひるがえって、三都を中心に庶民の人気を得た浄瑠璃・歌舞伎や戯作文芸の流行色が、在地の唱導活動に影響をおよぼしたことも事実である。先にふれた文政の出開帳は、道成寺ものの芝居の隆盛と無縁ではなかっただろう。

一方、幕末から明治維新を経て、近代化が進む時代になると、都市と地方の交流に新たな局面が出来する。とりわけ交通網の整えられた大正・昭和期には、道成寺を訪れる観光客を対象に、安珍清姫の知名度を生かしながら、地元の伝承を読み込む郷土土産の製作と販売が企画されていく。

徳田和夫が在地系の縁起絵巻を紹介する過程で言及した現代版の栞「安珍清姫の話　道成寺縁起」（カラー一枚刷、全十九場面）はそのひとつである。[24] 御坊市の菓子屋菊水堂の商品に添えられた双六風のイラスト図で、土産物といっしょに配布されている。図様は「一　真砂庄司清次宅」から始まり「十八　清姫の化身蛇となりてつりがねを焼く」の各コマに「蛇塚」の景を加えた十九図より構成されている。絵の説明には「切目川」「印南川」などの地名とともに、「草履塚」「腰掛石」といった史跡が配され、地元版の伝承地を紙上に再現した感がある。

菊水堂の栞と同じ図柄の絵図は御坊市東町のたまや菓子舗製のものもあり（図14）、『紀伊国道成寺安珍清姫縁

図 14　たまや版「紀伊國道成寺安珍清姫縁起之圖」（部分）

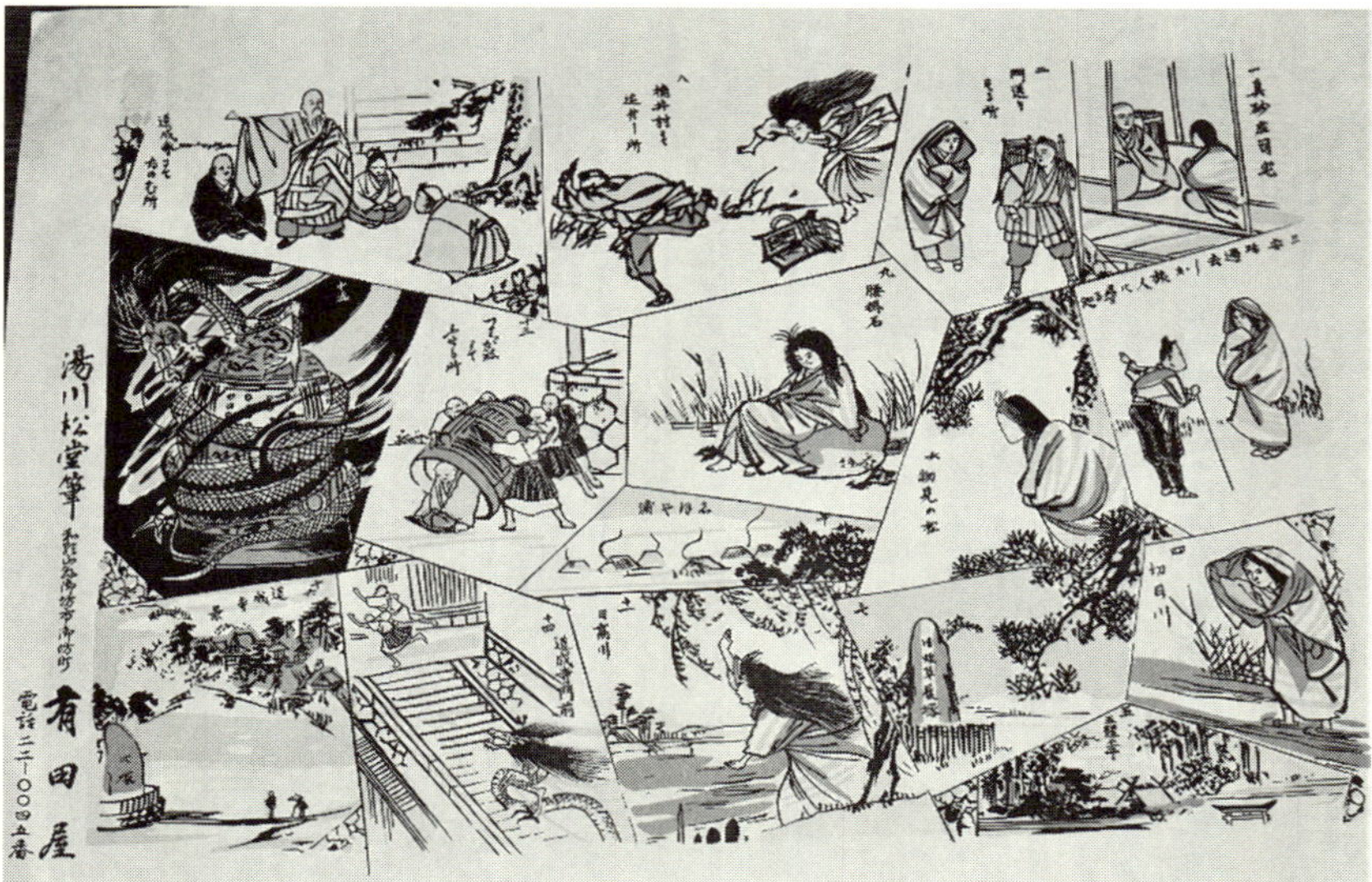

図 15　有田屋版の現行復刻版

起之圖』のタイトルを付して、同店の名菓「鐘巻釣鐘煎餅」の箱に納められている。

この他、たまや版と同じタイトルながら、筆づかいの異なる異版が「道成寺参道　雲水」から出されている。こちらは全二十二図で、新たに「清姫激昂して火焔を吹出す」「しほや浦」「安珍焼死せる所」の三図を追補したもので、下部に「一九三〇年代頃制作の原画を元に後刻版として作成」したとある。

これらの絵図のなかでも、最も古い時代に描かれ、絵師の名の判るのは、御坊市御坊町の菓子舗・有田屋版の全十六図（無題）である。現在も品物に付して配布される現行版（図15）は、同店所蔵の板木から刷り出した古い絵図（第七章Ⅱの図2に掲載）の模写後刻版であり、数十年以前に刷った木版彩色の初版が店先に陳列されている（図16）。

図16　有田屋店頭ガラスケース内の初版

図17　湯川松堂筆版画の腰掛石と草履塚の景（堤邦彦蔵）

有田屋版は絵図の左端に「湯川松堂筆／有田屋」と刻す。湯川松堂は明治元年（一八六八）に和歌山県日高郡印南町に生まれた日本画家で、楽寿、昇龍の別号をもつ。伝記の詳細は未詳だが、大正四年（一九一五）の存命が確認できる。大阪に出て三谷貞広、鈴木松年に学び、明治中期の美術界に名を知られていた。地元をテーマとする「小栗判官照手姫東光寺参詣図」などの伝承画に異彩を放つ絵師であった。おそらく明治末頃に有田屋の求めに応じて安珍清姫図を描いたのであろう。松堂の名声によるものであろうか、有田屋の木版画はかなり刷られたようで、図17に掲げた架蔵版は板面の摩耗が著しい。

松堂作の有田屋版は以下の十六景から成る。

一　真砂庄司宅
二　門送りする所
三　安珍退去りしか旅人に尋る所
四　切目川
五　五体王子
六　物見の松
七　清姫草履塚
八　楠井村にてたのむ所
九　腰掛石
十　しほや浦
十一　日高川

十二　道成寺にてたのむ所
十三　つりがねにてふせる所
十四　道成寺の門前
十五　（無題、図様は鐘を巻く蛇）
十六　道成寺景（田の中に「蛇塚」）

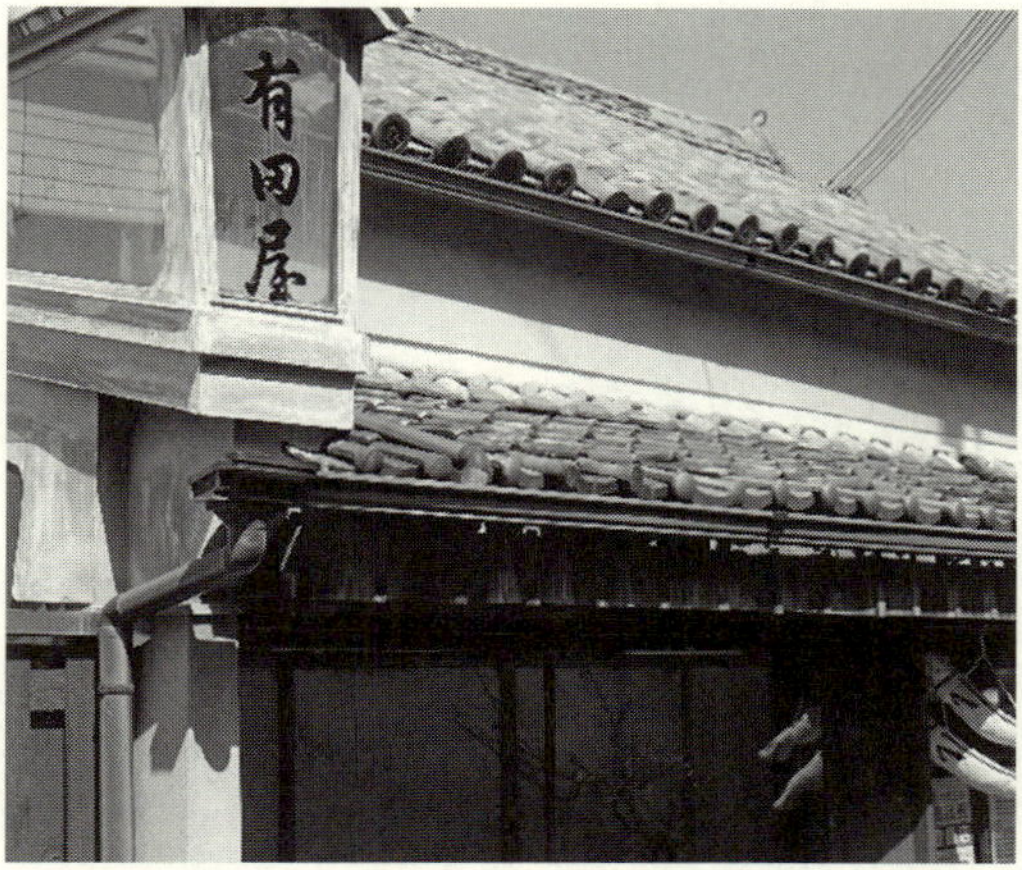

図 18　有田屋

図 19　有田屋製・清姫煎餅の「印南川」（『紀州の玉子せんべいずかん』より）下部に金属製焼型の写真

図20　たまや版「印南川」の景（「十　清姫印南川にて己が姿に驚く」）

発端（一～三）と蛇体への変身（四～十一）および釣鐘焼亡（十二～十六）などの既存のストーリー（ただし法華経供養はなし）に、地元の伝承碑である物見の松、草履塚、腰掛石などを加え、全体に中辺路から御坊までの伝承ルートを図示した作りとなっている。有田屋（図18）は薬種問屋の鶴寿堂を前身として、大正初頭に煎餅の製造を開始したという[25]。今も販売を続ける「清姫煎餅」は、松堂の絵図から十二場面を選び、金属製の焼型にこしらえて焼いた菓子である。切目川の塚などの在地伝承を一枚づつに刻した十二枚セットの土産品である（図19）。絵解きの伝統を継承する商業伝説の実例を示す現代の名菓といえるだろう。

十一　おわりに―風土伝承のゆくえ

もっとも、名菓の由来を語る現代の図絵は、必ずしも往古の伝承だけを素材としたわけではない。部分的には、創作文芸からの逆輸入と見られるケースも見出されるからだ。たまや版の『紀伊国道成寺安珍清姫縁起之圖』の場合についていえば、安珍を追う清姫は印南川のほとりで足を止める。第十図の「清姫印南川にて己が姿に驚く」とあるのがそれである（図20）。みれば水面に映る自分の姿が角の生えた鬼女の姿に変化しているではないか。嫉妬の念の外貌への表出に、清姫は驚き呆れる。

この場面は、一見地元の伝承のようでいて、印南川の姿見を民話集などに見つけ出すことは出来ない。清姫がおのれの変貌を悟り懊悩するというのは、どうやら浄瑠璃のヒット作『道成寺現在鱗』（寛保二年・一七四二初演）の見せ場に想を得たもののようである。安珍と錦の前の仲に悋気の念をたぎらせ、命の限りに男を追い求める清姫は、日高川の渡し場にて邪見な船頭のふるまいに激昂し、鬼の形相で川を泳ぎ渡る。向う岸には月の光がさしていた。水面に映る蛇の姿に愕然とした清姫は、心の内まで正真の鬼となり、呪いの言葉をつらねながら、草履塚を過ぎ松原を越えて道成寺の門前に到達する。浄瑠璃は、このあとすべてが姫の見た悪夢であった、との謎解きの趣向へと進み、おのれの悪念に気付いた清姫の改心と身替わり劇に展開していくが、芝居じたいの考究は前述したので省略する。

一方、浄瑠璃の名場面を知ったうえで、御坊の菓子舗が発行する絵図に立ち戻るならば、現代の安珍清姫物語が在地の伝承と、全国の観客を魅了する芸能文化の混交から紡ぎ出された新時代の「縁起」であることが浮き彫りになるだろう。近現代の説話や創作にしばしば見出されるメディアミックスのような文化の融合現象は、早く大正・昭和の縁起に萌していたのである。

注

1. 徳田和夫「『道成寺縁起絵巻』の再生―寺院縁起の在地化―」（提邦彦・徳田和夫編『遊楽と縁起の文化学』森話社、二〇一〇）。
2. 林雅彦・徳田和夫編『絵解き台本集』（三弥井書店、一九八三）。
3. 比留間尚『江戸の開帳』（吉川弘文館、一九八〇）。
4. 和歌山大学紀州経済史文化史研究所編の図録『道成寺の縁起　実像と伝承』二〇一六、二一～二二頁。
5. 注4の図録二三頁。

6. 注5に同じ。

7. 回向院開帳の折の展観リストをしるした道成寺文書五―一二九号の出品物一覧は以下のとおり。

開帳仏
一　本尊千手観世音　御長ケ弐尺五寸
護摩本尊
一　不動尊　但木食目喝上人作　壱体
一　善光寺弥陀三尊　厨子入
足利義昭公御守本尊
一　弁財天　厨子入
足利義輝公御筆
一　八幡大菩薩　壱幅
文武天皇建立之節
一　道成寺本堂家根瓦
一　真砂庄司娘蛇身角
一　弥陀三尊　厨子入
一　真砂庄司娘手つからぬひしふくさ
一　安珍木像
真砂庄司娘守本尊
一　千手観世音　壱体
一　真砂庄司娘木像　壱体
一　安珍之おひ并千手尊
一　涅槃像　厨子入
一　道成寺絵入縁起写シ　五幅
壱寸八分海中出現の写し
一　千手観世音　壱体
一　真砂庄司娘登天像

一　安珍所持之錫杖并扇子
一　鐘巻道成寺縁起　　　　　弐巻
　　但絵入
一　来太郎国光太刀　　　　　壱腰
一　紀道明神画像　　　　　　壱幅
一　文武天皇御画像　　　　　壱幅
一　真砂庄司娘腰掛石
一　九海士王子画像　　　　　壱幅
右之通に御座候

8. 高田衛『女と蛇――表徴の江戸文学誌』（筑摩書房、一九九九）。
9. 注1に同じ。
10. 『道成寺縁起』絵巻一冊。徳田和夫「『道成寺縁起』の在地伝承系の絵巻概観―付・翻刻二種」（『学習院女子大学紀要』一二号、二〇一〇・三）に解説がそなわる。
11. 紀南文化財研究会編『紀南御導記』（一九六七）による。
12. 注1の徳田論稿二五二頁。
13. 『中辺路町誌・史料篇』（一九九二）所収の「熊野国造と真砂氏伝」。
14. 注13の資料三六七頁。
15. 注1の徳田論稿は在地系縁起絵巻（略縁起）の一覧を掲載。
16. 松浪久子「道成寺説話の伝承の周辺―中辺路町真砂の伝承を中心に」（『大阪青山短期大学研究紀要』一〇号、一九八二・一一）。
17. 金附民蔵の語る民話については注16の松浪論稿に解析されている。また同種の口碑は『日本伝説大系』第九巻にも収録。
18. 注10の徳田論文に同じ。
19. 注16の松浪論稿。
20. 『京都大学蔵　大惣本稀書集成』第七巻雑話1（臨川書店、一九九六）。
21. 例えば長篇勧化本の『道成寺霊蹤記』（寛延二年・一七四九）には、清姫の執着を例話とした女人教化が見られる。
22. 『熊野・中辺路の民話』（一九八〇）五二頁の「清姫伝説異聞」は、出家して行方不明になった玉姫を清姫と同一視している。

23. 注13の『中辺路町誌　史料篇』三五八～三六七頁。二種の系図は中辺路町の所管であったが、平成の町村合併を経て田辺市に編入以降、両資料の所蔵先を確認できないため、詳しいデータは不詳。

24. 注10に同じ。

25. 紀州の和菓子と文化を考える会編『紀州の玉子せんべいずかん』（二〇一九）八頁。

Ⅱ　高僧伝と風土——累が淵の原風景

一　はじめに

二〇〇七年に公開された中田秀夫監督の映画『怪談』は、三遊亭円朝の『真景累ヶ淵』を題材に邦画怪談の幻妖美を盛り込んだ作品である。この映画のタイトルバックと終盤のシーンに、深く淀んだ「累ヶ淵」の沼辺が登場するのは、まさしくそこが説話の原郷となった下総羽生村（現茨城県常総市）の死霊事件の現場だったからである。

元禄三年（一六九〇）刊の『死霊解脱物語聞書』には、入り婿の与右衛門に鬼怒川（絹川）の土手から突き落とされて溺死する累の最期と生々しい祟りのありさま、そして飯沼・弘経寺（常総市豊岡町）の浄土僧・祐天による死霊救済を称える宗教英雄の物語が描かれている。

累の凄惨な殺害と祟りが鬼怒川べりの湿地から始まったことは、この怨霊譚を図像化した絵解き図「累姉怨霊得脱絵図」（千葉県、東漸寺蔵）にも描かれており、土地の風土との濃密な連関がうかがえる（図1）。のちに累ヶ淵説話は歌舞伎の舞台や円朝の人情咄を経て、日本怪談の代表作となっていくが、その原点に北関東の内陸湿地の風土性がかかわる点は注目してよいだろう。

ところで国文学者高田衛は、累説話の原風景に、鬼怒川流域の「共同幻想的な水神のタタリ信仰」や「タタル水死霊への民俗的祭祀」の風土記憶を想像している（『江戸の悪霊祓い師』）。近世最大の怪異談の地下水脈に、土着

図１　「累姉怨霊得脱絵図」（千葉県東漸寺蔵）

化した水神信仰の古層を見抜く視点は慧眼というほかないが、他方、祐天と浄土教団の教線が浸透する以前、下総の内陸湿原において、すでに土地の風土神（水精、邪霊）を仏法に従える水辺の念仏者・親鸞と法弟たちの教化譚が弘経寺の周辺にひろがる横曽根大地の村落に行きわたっていた事実は見逃せない。そして羽生村は、下総を拠点とした真宗・横曽根門徒の信仰圏と重なる。

さらにまた、高田は弘経寺を舞台とする近世文芸の作品群（『見ぬ京物語』、『新御伽婢子』など）を引きながら、「怪談の寺」としての弘経寺が累説話の宗教的中心に置かれた意味に言い及ぶ。中世に荒廃した弘経寺が、徳川家康の孫の千姫（天樹院）を施主として関東十八檀林の名刹に復旧した理由をめぐり、高田は「東照宮設営という、いわば徳川的封建神話」との関わりを指摘する。江戸と日光を結ぶ往還路の経済流通拠点に、幕府公許の弘経寺の学寮が置かれ、祐天の神異僧的な霊徳を説きひろめる累説話の創出へと向かう。

もっとも、徳川幕藩体制の紡ぎ出した「封建的神話」の構造と機能を前提としてみても、弘経寺が「怪談の寺」の心象をほしいままにした真の理由には、判然としないものがある。そもそも高僧の偉業を称える説話に、なぜ荒ぶる水死霊の救済が強調されなければならなかったのか。飯沼と横曽根大地の風土の臭いは、在地から遠く離れた江戸の怪談享受者の目にどのように映じていたのか。水面下にひそむ未知の領域を解き明かす手がかりは、弘経寺の教線伸張以前に遡る北関東の宗教的土壌と、在地伝承の江戸巷間への伝播の歴史にあるように思えてならない。常陸から下総にいたる内陸湿地の寺坊を宗祖親鸞の旧跡と仰ぐ門徒の動静と二十四輩寺院の語り伝えた水精・邪霊の鎮圧譚は、在地はもとより、関東巡拝の参詣者（あるいは案内記）を通じて江戸市民の知悉するところとなっていた。風土神の帰伏を語る二十四輩寺院の縁起や宝物開帳の隆盛を前提とするとき、祐天の水死霊鎮魂がすべての始まりでないことに気付かされる。念仏の霊性と勝利を絶対視する真宗神話の浸潤地域の存在を念頭に置く鳥瞰図は、累ヶ淵怪談の原初の古層を知るための糸口となるのではないか。そうした見方を出発点として、以下に横曽根門徒の信仰の中心となった飯沼・報恩寺（現茨城県常総市豊国町）の縁起伝承を取りあげ、風土神帰伏譚のありようを探ってみたい。

二　親鸞と帰伏神

北関東の下総一帯は、多くの湖沼と湿原を地理的な特色とする。利根、鬼怒、小貝の川筋が織りなす遊水池を生み出し、台風の到来ともなれば田も畑も、村里さえもが溢れる水に呑み込まれる。水害多発のこの地方は、大規模な治水・干拓事業と水田開発が行われた江戸中期以前に遡れば、水辺の小丘や半島のように浮かぶ大地の点在する低湿地の景観を見せていた。

建保二年（一二一四）の初夏、流罪を許され関東に入った親鸞は、小舟に乗って沼を渡り布教に身を投じたという。[1]二十四輩の高弟・性信房（一一八七〜一二七五）の開いた報恩寺の南二百メートルに史跡となって残る「親鸞聖人舟繋《つな》ぎの松」は、水辺の念仏者・親鸞の伝承を今日に伝えている。このほか常陸市蔵持の願牛寺には、明治の大火で失われるまで、聖人の舟（槇の彫り船）が寺宝として伝存した。今日、当寺蔵の「願牛寺全景図」に「御船」の図像を見ることができる。

湖沼を渡る宗祖の伝承と門徒寺院の開創由来は、湿原の小丘を拓《ひら》き、ぬかるむ大地を念仏信仰の拠点に変えた教線の歴史をものがたる。

そのような布教のありかたを象徴するごとく、二十四輩寺院の縁起には、土地に蟠踞する水精の帰伏がしばしばしるされている。すなわち、水底に沈んだ蛇身の女を救済し（花見岡の大蛇済度）、鵠戸沼の龍に名号を授ける（板東市長須・弘徳寺縁起）といった一連の教化譚は、[2]在地のカミの鎮圧を説いて念仏・名号の優位性をあらわす説話群とみてよい。風土神の帰依と寺域献上を根幹としたこれらの開創縁起を拠り所として、「水辺の念仏世界」のコスモロジーが形成されていく。

さらにまた、土着の神霊の化導とともに注目したいのは、古くから北関東に斎き祀られた伝統的な神祇の信仰圏を念仏の楽土に読み直す宗祖伝の創生である。

赤童子《あかどうじ》に化身した鹿島明神（常陸国一の宮）が念仏の守護を約した説話は、鹿島神宮と親鸞の濃密な関係をものがたる。二十四輩第六番の一ノ谷妙安寺（茨城県境町）の読み縁起によれば、[3]当寺蔵の「赤童子の御影」は、「鹿嶋高徳寺」所蔵の宗祖直筆の絵像を模写したものという。建保五年（一二一七）、親鸞は法弟とともに鹿島の社殿に参籠した。満願の日の晩に「赤キ童子ノ姿」の大明神が顕れ、悪を懲らしめ念仏の衆生に味方することを約束した。[4]その折の尊形を写したものが、高徳寺の絵像であり、後年、宗祖の威徳を慕って鹿島を訪れた覚如

（一二七一～一三五一）により再写されて妙安寺に納められた。鹿島神宮経所の広徳密寺においても、近世期に『赤童子神影略縁起』の刊行がなされ[5]、また茨城県那珂市額田南郷の阿弥陀寺には赤童子の木像が伝存する[6]。赤童子の示現は親鸞絵伝の主要な場面になっており（図2）、近世中・後期の門徒の間によく知られていた。

このほか宗祖関東布教の最初の草庵とされる笠間市の西念寺に伝わる明神寄進の井水（神原の井）や、同市光照寺、石岡市如来寺の鹿島神示現の伝承などが笠間の岡辺に点在し、鹿島信仰の厚い基盤の上に、初期真宗の関東布教が展開したことを示唆する。

図２　赤童子絵像（茨城県西念寺蔵『御絵伝関東の巻』近世後期）

図３　柳島の明星童子（西念寺本『御絵伝関東の巻』）

二十四輩の高弟には、第一番報恩寺を開いた性信のように、鹿島神宮の血族・大中臣氏の出身者が名を連ねる。[7] 宗祖の教えを守護する鹿島明神といった構図を生む背景が初期真宗史の断面にうかがえると考えてよいだろう。

在地の信仰圏を意識的に取り込む開創縁起という点では、栃木県二宮町高田の第二番・専修寺（高田派本山）の寺域献上説話も同工である。

下野国大門荘柳島に巡錫した親鸞は、日暮れて野辺の石上に座し、ひたすら念仏を唱えた。夜明けにいたり、柳枝と菩提樹の種を手にした明星童子が示現し、目の前の湿地をたちまち伽藍建立の堅土に変えた（図3）。彼地は、隆起の地の意味から「高田」と名付けられ、専修寺の開創へと向かうのであった。

明星童子は虚空蔵菩薩と同体であり、広大な智恵と福徳をもたらすと信じられた。また虚空すなわち空を支配するところから、雷雹の害に苦しむ北関東には虚空蔵菩薩の信仰が行きわたっていた。[8] 専修寺の南側に鎮まる三宮神社の御神体も虚空蔵とされており、地域の生活に密な神霊であることが理解できる。地主神や土地の習俗を忌避せず、念仏の功徳に結絡させる親鸞伝説の特質を如実に示す縁起伝承といえるだろう。

三　親鸞伝説のメディア

関東に流伝した二十四輩寺院の縁起伝承は、京都の大本山・本願寺が管掌する正統的な親鸞伝の外縁に位置するものであった。たとえば本山公許の「伝絵《でんね》」に描かれた「正しい宗祖伝」に比べてみた場合、それらは根拠の希薄な俗信であり、荒唐無稽な「伝説」とみなされるのが常であった。土地神のマジカルな化導に筆を費やす関東の親鸞伝は、それではどのようにして一般門徒の間に広まっていったのか。

親鸞の没後、東国に伝承された口伝・口碑の類が宗門の記録や二十四輩寺院の縁起などに見出されるようになるのは、およそ室町期を上限に江戸時代になってからのことだった。十七世紀の後半に入ると、東国の旧跡をめぐり、宗祖ゆかりの霊宝に結縁する「二十四輩順拝」の宗風が流行し、これを受けた参詣案内記、霊宝由来の編纂が真宗僧の手で陸続と行われていった。宗誓の『二十四輩散在記』『親鸞聖人遺徳法輪集』、天旭の『捃聚抄』などはその典型といえる。

また、親鸞四百回忌（一六六一）、五百回忌を契機に江戸や京坂で刊行された参詣案内記、および『二十四輩順拝図会』（享和三年・一八〇三、文化五年・一八〇八刊）、『親鸞聖人御一代記図絵』（弘化二年・一八四五刊）といった図絵物の流行が関東の親鸞伝説を世に知らしめるメディアの役割をになった点も否めない。

一方、都市を中心とした出版文化の動きとは別に、二十四輩寺院の周辺では、在地伝承を大幅に取り入れた肉筆彩色様式の掛け幅絵伝が制作され（図4）、彼岸や縁日の寺宝開帳などの折に絵解きされて関東の親鸞伝説を門徒、参詣者の間にひろめる役割をになった。[9] 都市のメディアと在地の唱導文化の併存する状態が見てとれるといってよいだろう。

関東の親鸞伝説が、およそ十六・七世紀の民衆社会に根付いていくプロセスをめぐって、塩谷菊美は、宗祖伝の物語化を想定したうえで、東国布法の親鸞の姿を描いた古浄瑠璃の世界に注目している。[10] 文禄元年（一五九二）以前の成立とされる『親鸞聖人由来』および元和・宝永期の伝本が存在する『しんらんき』の伝承世界について塩谷はいう。[11]

「都人の親鸞が越後に流され、常陸で布教し、箱根山を越えて都に戻った」という物語を理解することは、この国の東半分の像が、エチゴ・ハコネという名前だけにせよ、頭に入ったということです。そこへヒタチ

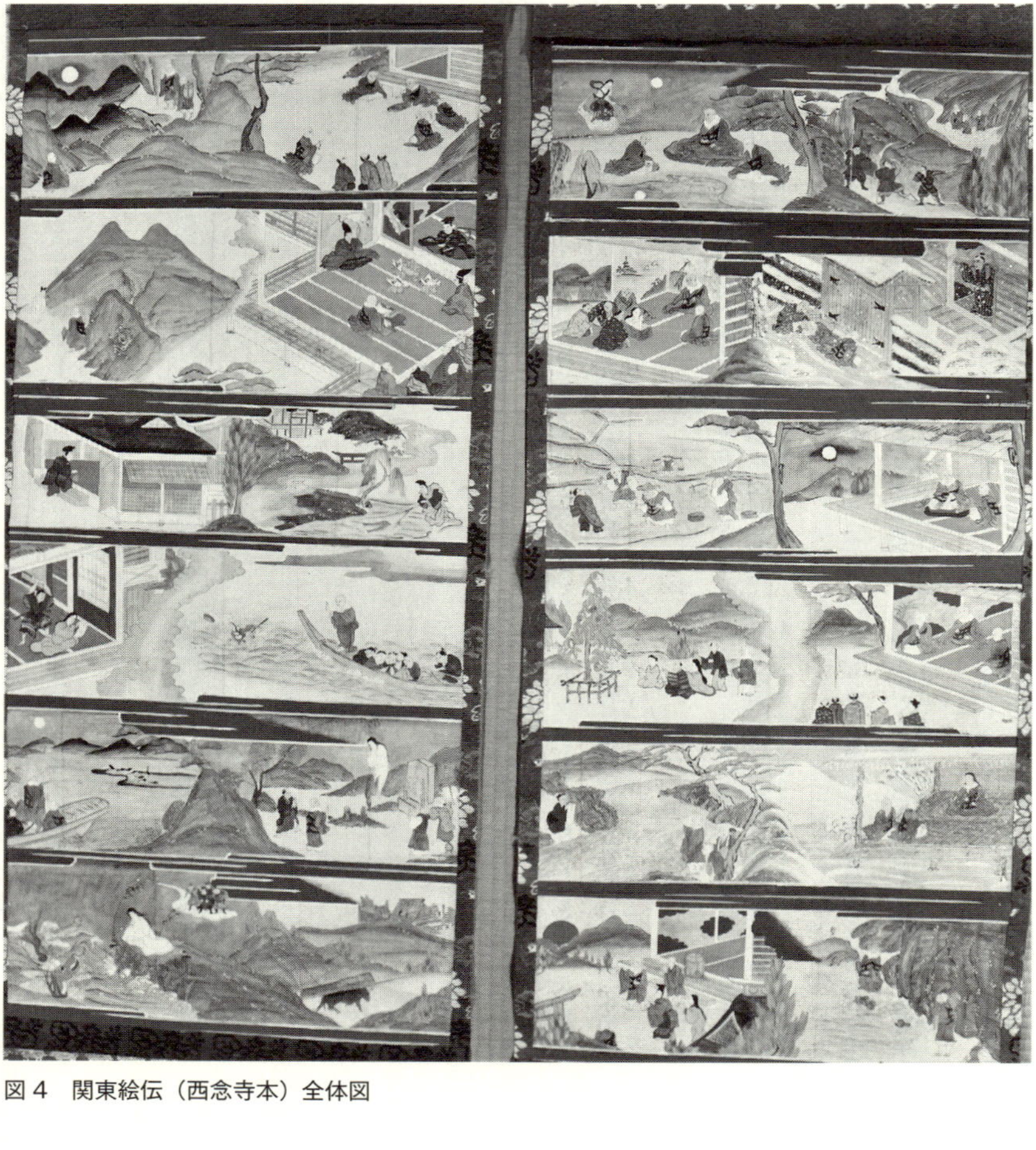

図４　関東絵伝（西念寺本）全体図

> の国のカシマの明神が親鸞に井水や戸帳を施入したとか（『由来』『しんらんき』）、サガミの国のハコネの権現が大蛇となって都まで親鸞を送ったとか（『由来』）いう浄瑠璃を聴けば、東国の神々は都から高貴な僧が化導に来るのを待ちわびていた、東国とはそういうところなのだと感じとれます。

塩谷の指摘は、東国のオリジナルな伝承を古浄瑠璃を聴く都の民衆のまなざしから読み解く点において斬新な説話伝播の見取り図を示している。さらに親鸞伝説の拡散に果たした書籍メディアの重要性が〈親鸞物〉の古浄瑠璃を通して浮き彫りになるだろう。

以上を約《つづ》めていえば、三都を中心に発行された案内記、図会もの、芸能メディアの塊と関東固着の寺院縁起、宝物由来、絵伝、略縁起などが、キャッチボールにも似た連動と併存を繰り返しながら、およそ十七・八世紀の巷間に教団公許の「伝絵」とは異なる東国の親鸞伝説を定着させていったわけである。

ところで、在地伝承への接近は宗祖伝のみならず、二十四輩の法弟たちの史伝においても明確な指向性をみせており、風土の神霊の帰伏譚が珍しくない。親鸞の東国布教を支えた高弟・性信房の場合には、個々の寺院の縁起書、絵伝から宗門の参拝案内、図会ものにいたる広汎なメディアを介して在地色の濃い教化の物語が説きひろめられた。

性信は、帰郷する親鸞より念仏の聖典『教行信証』を託された東国随一の高弟であった。その門流は下総横曽根の報恩寺（二十四輩第一番）を拠点に布教に努めたが、戦国末の兵火に寺が焼け落ちたため、江戸に移り坂東報恩寺（東京都台東区東上野）となる。のちに横曽根の旧地は掛け所・聞光寺として再興され（現下総報恩寺）、近世を通して下総と江戸を結ぶ教線が確立する。

以下に性信の史伝を軸として、報恩寺の縁起にみえる在地伝承の混融を明らかにしながら〈水辺の念仏世界〉

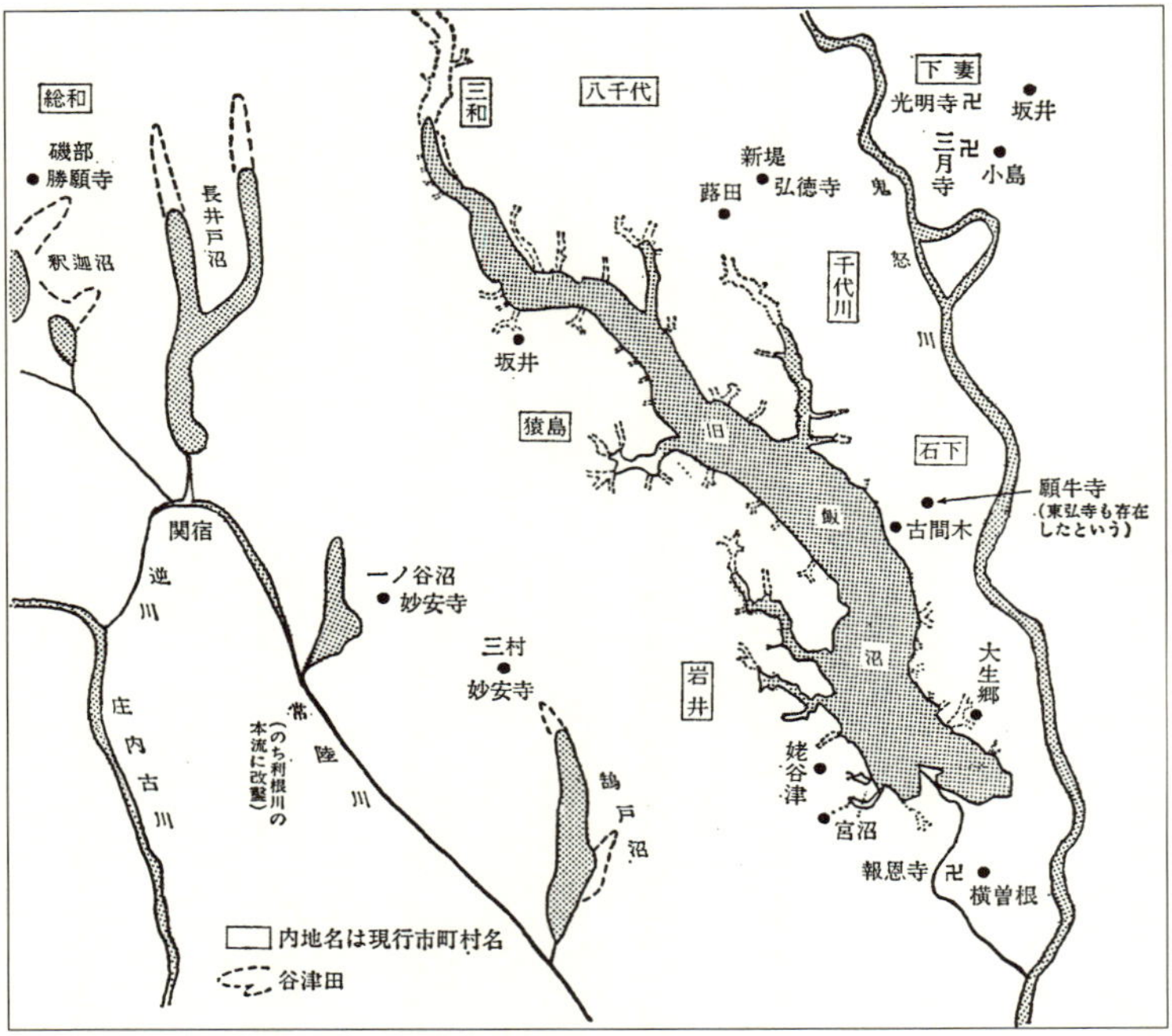

図５　飯沼・横曽根地図（『石下町史』189頁）

の心象が江戸の唱導文化と近世説話に根をはり、大衆化を果たす道のりを検証してみたい。

四　性信の水精教化

下総報恩寺の建立された横曽根地区には、南北二十キロ、東西一・二キロの細長い飯沼が広がり、東側を流れる鬼怒川との間に大高山の大地（旧石下町）が隆起する地勢上の特徴をみせていた（図５）。大高山の願牛寺は、親鸞が最初に開いた東国の寺と伝承され、また近くの蔵持には性信建立の竜宮寺なる寺（現廃寺）が存在したという。横曽根を宗祖～性信のライン上に築かれた関東布法の聖地とみなすコンテクストが伝承の語り口に見てとれる。

さて、性信をめぐる水精・地主神の帰伏譚は、いずれも飯沼の地を舞台とする。風土の神霊といかにして対峙し、念仏の勝利を称える物語を紡ぎ出していったのか。性信説話の詳細に分け入りながら、それらの点を考えてみよう。

性信による下総報恩寺の中興は建保二年（一二一四）のことであった。これをもって荒廃した真言寺院は念仏の寺となる。開創から間もないころ、門前の淵瀬に棲む蛇精が寺参りの障りとなる。『二十四輩散在記』『捃聚抄』などに記載されたこの話は、いずれも箱根の山中にて、帰京する宗祖と別れて関東に戻った性信の身の回りに起きた出来事としている。元禄十三年（一七〇〇）刊の『捃聚抄』により話の全体像を示す。

性信房ソレヨリ下総豊田《トヨタ》郡飯沼《イヽヌマ》ト云トコロニ下ラレ、沼ヲ平地トナシテ七堂伽藍ヲ建立シ報恩寺トナヅク、コ、ニヲイテ弘願ノ要法ヲ宣説スルニ、貴賤群集シテ盛ナル市ニニタリ、大蛇スミカヲナシテヨリ〳〵参詣ノ人ヲ妨グ、コレニヨツテ性信房退ケン事ヲハカラル、トコロニ、或日晩陰ニヲヨンデ妹女一人キタリ、ワレハ飯沼ノ主ナリ、コノゴロ仏閣ヲ立ラレ、カクルベキトコロナシ、願クバ門前ニ三ツノ流水アリ、カノトコロヲユルシ玉ヘト云、シカレトモ門前ニスミカヲナス事諸人ノサマタゲナルニヨリテ、大ニシカラレケレバ、大蛇トナリテ常陸国三叉《ミツマタ》ト云トコロニ去ケリ、

（『新編真宗全集』史伝編二）

沼を埋めて報恩寺の寺域を整え終えた性信に対して、美麗な女に変じた「飯沼ノ主」はもはや我が身の置き所のないことを憂い、門前のせせらぎだけは許して欲しいと訴える（図6）。女人の姿の水精が僧坊に現れる類話は「花見岡の大蛇済度」をはじめ、親鸞伝説の常套とみてよい。

一方、性信をめぐる水精伝承が高僧伝にありがちな女人救済に展開せず、「三叉」への蛇婦追放をしるして終わるのは、性信その人の伝記と関わる記述であった。後に述べる「龍返しの剣」の由来に、三叉の水底の悪龍が波間に投じた宝剣を返上した霊験がそなわり、説話の連関をおもわせるからである。

図６　『性信上人絵伝』（明治22年制作、坂東報恩寺蔵）の水精図

なお、やはり性信の中興した群馬県板倉町の宝福寺には、近世中期書写の漢文体巻子本『性信上人縁起』が伝わる。[12] そこでは、飯沼の水精鎮圧に続けて、貞永元年（一二三二）の秋、噂を耳にした板倉郷の里民の懇請により、性信は沼の悪蛇を降伏させて宝福寺を念仏信仰の精舎に改める。こうした縁起の生成は、性信派の教線にそって水精帰伏伝承のバリエーションが派生した点を想像させる。むろん一連の縁起に、内陸湿原の開拓と寺域整備といった現実の教線伸張の宗門史が投影したことは間違いないであろう。

五　龍返しの宝剣

宗祖や開山の法徳を称える寺院縁起が、自坊の宝物と結びついて語られたのは当然の帰結であろう。縁起（コト）と宝物（モノ）と高僧（ヒト）の連動は縁日・法会に行われる絵解きの場とも融合しながら、近世の寺院縁起をより大衆に近い「物語」に換えていった。

性信伝が多くの宝物にからめて唱導されたことは、坂東報恩寺に所伝の三十二点の什物記録（『遺徳法輪集』）からも容易に想察できる。現在、台東区東上野の報恩寺では、年二度の虫干会に際して宝物と明治二十二年（一八八九）制作の『性信上人絵伝』四幅が本堂の余間に並べられ、江戸期の開帳場の雰囲気を彷彿とさせる。とくに、数多の霊宝の中で沼の水精を封じた「龍返しの宝剣」（図7）は、劇的な念仏信仰の優位性をものがたる。

図７　報恩寺の宝物「龍返しの宝剣」

坂東報恩寺の刊行した『性信上人略縁記』に「当寺宝物の其一ツ」となった剣の由来がみえる。[13] 承久三年（一二二一）の秋、性信は祖先の大中臣氏に縁の深い鹿島明神に詣でるため、小舟を駆って霞ヶ浦近くの「三又江《さんさこう》」にさしかかる。空模様が急変したのは、まさにその時であった。

折《おり》から俄《にわか》に風波雲《ふうはくも》をひたし雷電晦冥《らいてんくわいめい》して船《ふね》もす、むことを得《ゑ》す。人怪《ひとあや》しめともその故《ゆへ》をしらす。時《とき》に性《しやう》信上人《しんしやうにん》おもへらく、いにしへより蛟龍所欲《かうりやうしよよく》あるときは肩《をうて》レ船止《ふねとゞ》むとかや。今《いま》われ祖師聖人《そししやうにん》より伝《つた》ふる所《ところ》の劔《けん》を懐《ふところ》にす。察《さつ》するに其所由《そのしよゆ》多《おほ》くは是《これ》ならんとて、すなハちその劔《けん》を水中《すいちゆう》へ投《なげ》給ふに忽雲晴風《たちまちくもはれかぜ》収《おさ》まり、船《ふね》ゆく事《こと》もとのことし。つゐに社廟《しやべう》に詣《けい》し下《げ》向《こう》し給ふにも又風波《またふうは》あらき事前日《ことぜんじつ》のことくにして、蛟龍《かうりやう》かたちを現《げん》し劔《けん》を性信上人《しやうしんしやうにん》に返《かへ》し奉る。今《いま》龍返劔《りうかえしのけん》と号《がう》して当寺宝物《とうじほうもつ》の其《その》一ツなり。

図８　『性信上人絵伝』にみる龍返しの宝剣

図９　『二十四輩順拝図会』にみる龍返しの宝剣

失われた宗祖の剣が悪龍の頭上に乗せられて性信のもとに戻る（図8、9）。かくして、念仏の勝利を言祝ぐ説話がつづられていくのである。

坂東報恩寺には、略縁起のもととなった正徳期（一七一一〜一七一六）の『報恩寺開基性信上人伝記』が伝わる[14]。朱点付きの読み縁起とみられる同資料は、宝剣の神々しい姿に触れて「今ニヲヒテ五百余年、イマダカッテ磨礪《マレイ》セザレトモ光芒《クワウハウ》歴々トシテ物《モノ》ノ鑑《カン》ジ、ツ井ニ什物ノ珍奇トナスト云々」と付言し、五百年このかた刃光を発し続ける不可思議な宝物の遺徳を讃嘆している。縁起（コト）は什物（モノ）の実在により保証されるといってよい。

宝剣返上のドラマは報恩寺の絵伝に図像化されて絵解きに用いられたばかりか、二十四輩の親鸞絵伝にも取りあげられ、門徒周知の霊験となった。例えば、水戸市・善重寺（第十二番）所蔵の『関東絵伝』に画かれた三又江の悪龍の景はそのひとつである。暴れ水の象徴ともいえる蛟龍が念仏の徳になびく姿を、そこに見出しうる。この種の説話は、前出の水精帰伏と同じく、湖沼の湿原を念仏信仰の霊地に転じた関東真宗の布法史を神格化したものにほかならない。

なお、宗門資料の『二十四輩散在記』は、

蛇婦ノ御サスガ六寸七ブ（中略）報恩寺二代ノ性智比丘尼一生不犯ノ人也。此比丘尼鹿島一見ノ節三又渡船ニ乗玉ル時、風波アラクシテ難レ度

のように、性信ならぬ娘の性智（証智）比丘尼にまつわる法徳としている。『散在記』の編者・宗誓は元禄六年（一六九三）ならびに同十一年のころ祖跡巡拝に出て関東の宝物縁起を収集している[15]。十七世紀後半の在地に口承

された性智比丘尼の異伝に接していたのかもしれない。ちなみに十九世紀の通俗本『二十四輩順拝図会』の龍返しの宝剣の項は、性信、性智の両伝承を併記する。

図10　大生郷天満宮

六　大生郷天満宮の鯉魚献上

性信の遺徳をめぐる説話が近世江戸の市中行事に組み込まれて、いっそう生活化した事例について考究を深めておきたい。

報恩寺の北四キロに鎮座する大生郷天満宮（生野天神とも、常総市大生郷町、図10）は、菅原道真を祀る古社である。延長四年（九二六）に道真の三男・菅原景行により建立された由緒が伝わる。かつては飯沼のほとりに突き出た半島状の丘上に鬱蒼とした神域の遺風をあらわし、里民の崇敬をあつめた。[16] 当社の天神が性信の説く念仏信仰に帰依した話は、在地の神祇を従える真宗の優位をつまびらかにしている。天旭の『捃聚抄』にいう。

> 貞永元年仲冬上旬ノ候、性信房七日ノ説法セラレシニ、毎座気高老翁一人参詣セラル。或日性信房ニ向テ礼拝セラレケレバ人人奇異ノ思ヲナス。シカルニ件ノ翁申サレケルハ、ワレ毎座詣スルコト別ノ子細ニアラズ、ネガハクハ出離生死ノコトハリヲ救援シタマヘト。ソノトキ性信房他力往生ノ旨コマカニ示サレテ、イヅクノ人ソト訪ネラレシニ、我ハ大生ノ天神飯沼ノ天神ノコトナリナリ、師恩アサカラズトテ去リ玉ヒヌ。ソレヨリノチ

ハ参詣モナカリケルガ、神林ノ杉ノ下ニテ毎朝浄衣シタル翁報恩寺ノ方ヲ礼セリ、社人不思議ニヲモヒシタヒミルニ社壇ニ入リ玉ヘリ。サテハ天神ニマギレナシトテ、カノ杉ニシメヲハリ礼拝杉伏拝堂ト名ケタリ。

貞永元年（一二三二）の冬のことである。老翁の姿と化して法席に参じた天神は、毎朝境内の杉の木の下に立ちあらわれ、「報恩寺ノ方」を拝したという（図11）。「礼拝杉伏拝堂」の由来は、まさしく神仏の帰伏を象徴する叙述とみてよいだろう。

図 11　天神の帰依、中央に「礼拝杉」（報恩寺本「性信上人絵伝」）

拝殿の前の旧蹟・礼拝杉は明治三十五年（一九〇二）の台風で倒れ、さらに大正八年（一九一九）の火災に類焼して失われた。現在、二之鳥居の左手に移された古木は、宗祖の植えた「親鸞聖人礼拝の杉」と称しており、別種の伝承に変遷しているのがわかる。

話を天神帰伏譚に戻す。礼拝杉の霊験の明くる年、天福元年（一二三三）の正月に別当・大生寺（天台宗）の社僧の夢に天神が示現し、師弟の契約を許された返礼に御手洗池の鯉魚を性信に献上すべしと告げた（図12）。以来、毎年正月の年中行事となる「俎《まないた》開き」の起源について、『捃聚抄』は次のようにしるす。

アクル天福元年正月十日ノ夜ニ、社僧松高山梅前院大生寺ニ天神告ケ玉ハク、ワレ性信上人ト師弟ノ契約ヲナス、陽春ノ礼印ニ御手洗ノ鯉魚ヲオクレトアレバ、神託ニマカセテ網ヲヲロシ、カ、レルニ

図12　生野天神の契約図（『二十四輩順拝図会』）

尾ノ魚ヲ報恩寺ヘ持参ス、返礼ニ鏡餅一重《かさね》ヲクラレケリ。イマニイタリテ横曽根聞光寺下総豊田郡報恩寺起立ノ地ナリノ性信房ノ木像ヘソナハリ、サテノチ江戸報恩寺ヘヲクラル、ナリ。唯シ聞光寺ハ報恩寺ノ旧跡ナリ。江戸ヘヒケテヨリノチカシコヲ掛所トセリ。

「俎開き」の儀礼は性信の故知である下総飯沼と江戸の報恩寺を結ぶ宗門の伝統行事であった。正月十日に大生郷天満宮の御手洗の池に網を入れると、神慮によって鯉二匹がかかる（図13）。これを飯沼の報恩寺（近世は掛所聞光寺）の性信像に供えるのである。今日では、十日の鯉魚献上を「おコイ様」と呼びならわしている。当日は、天満宮の氏子総代に二鯉が渡され、[17]性信像の前で読経と焼香を行なう。その祭、檀家が本堂の外陣に座り、天満宮一行を内陣に配する形式は、在地の神祇に対する崇敬と、天神さえも感応させる念仏の優位をバランス良く習合させた性信神話のありようを示すものといえるだろう。

かくして聖なる鯉魚は、正月十一日に東上野の坂東報恩寺に送られ、翌日（近世は十六日）[18]四条流包丁道の古式

図 13　御手洗の池に鯉魚を捕る　（同）

に則り捌かれる（図14）。そののち、今度は坂東報恩寺側より、性信像に供えた正月の餅が返礼として天満宮に送られる（図15）。『二十四輩順拝図会』は、江戸の民間行事となった俎開きの様子を以下のように伝えている。

> 毎年十六日、この鯉魚を割《さ》きて参詣に分《わ》かつを鯉開《こひ》きとも鯉《こひ》割《さ》きとも称して、江戸中の門葉群衆し争ふて割肉《きりみ》を受くる。およそ六百年の今も、この礼式欠く事なし。まことに類《たぐひ》なき異霊、世こぞってこれを尊む。

本来、殺生を忌むはずの仏寺の年中行事に俎開きの法会が行なわれ、新春の吉例に姿を変えていく。割肉を求めて群れ集まる江戸の門徒のさまは、真宗と神祇の習合が近世民衆の信仰生活にいかなる展開をみせ、日々の暮らしに融化したかをうかがい知る手掛かりとなるだろう。「国家」の枠組みに立脚する「神話」は、十八・九世紀のごく普通の民衆のあいだを漂いながら生活化の度合いを加速させることになるのであった。

図 14　俎開きの景（「性信上人絵伝」）

図 15　二鯉の献上と返礼の餅（同）

七　天神の祟り

柳田国男によれば、「神話」とは決まった日時に決まった人物が決まった話をすることを基本にすえたものである[19]。もし年中行事化した神語りを停止してしまうと、不測の事態を招くと考えるオソレは、しごく自然の民俗心意であったに違いない。

大生郷天神の帰依をコトの発端と説く鯉魚献上の場合、これをむやみに怠るとどのような祟禍が生起するのか。

『二十四輩散在記』は、延宝七年（一六七九）の別当大生寺住職の交替の折に出来した変事について触れている。和尚の死去にともない寺に入った新しい住職は、鯉魚の殺生を「不浄」と感じ、氏子の諫めを聞き入れず嘉例の行事の断絶に踏み切り、それがために「一家俄ニ大熱病ヲ煩」う不幸に見舞われることになる。同じ話をしるす宝永七年（一七一〇）の『遺徳法輪集』巻五では、献上停止の理由について、まるで報恩寺の末寺のように扱われることを嫌う大生寺側の動きに触れている。宗門間の軋轢をうかがわせる記述内容に注目してみよう。

延宝六年別当大生寺病死ス。後住翌年正月報恩寺ヘ鯉魚ヲ送ルコトハ、末寺末下ノ作法ニテコソアルヘキニトテ、右例ヲソムキテオクラスアリケレバ、俄カニ熱病ヲ煩ヘリ。里ノ人々モ天神ノ御トカメニコソトオノ〳〵ヲソレケリ。ソノ処ノ名主内記トイヘル人并ヒニ弟喜右衛門尉トイヘルアリ。正月九日夜天神告テノタマハク、旧例ノコトク必ス春陽ノ嘉物ヲ性信房ヘオクルヘシ、汝等モシ違背セハ横難ニアフベシアナカシコ、コノコトナタガヘソ、ト。夢サメオトロキ大生寺ナラヒニ里人ニモカタリケレハ、大生寺モ先非悔ヒ我

> コノ病モ天神ノ御トカメナリ、ナシカハコノコト違背申サンヤトテ、懺悔ノ涙カキリナク、我慢ノ胸ニソナカシケル。ソレヨリモ鯉魚ヲマタ横曽根へ持参シテ性信房ノ像ヘソナヘツヽ、右ノ次第ヲモノカタリシテ、性信房ハタ、ヒトニアラストテ、大生寺モ里人モ謹テ礼ヲナシ詑言シテソ、カヘリシトナリ。

古例に背いた科により、別当僧は病に伏す。正月九日の晩に、名主たちの夢に天神が告げていわく、鯉魚を献じなければ横難を受けることになる、というのである。大生寺も先非を悔いて旧に復した。「性信ハタ、ヒトニアラズトテ」との賛嘆の言葉は、天神の威光を畏れながら、それを上回る真宗高僧の法徳に引き結ぶ布宣のコンテクストから生じたものにほかならない。

かつて横曽根台地の信仰圏に君臨した神祇と旧仏教、そして飯沼の湿原を念仏の楽土に改変した後発の二十四輩寺院の上と下の関係性が〈祟る天神〉のエピソードを通して語られる。新旧の立場は序列化され、性信房を祖と仰ぐ念仏集団の神話体系に整合性を付与したというのが、報恩寺を軸とする縁起生成の全体像ではなかったか。

一方、そのような明確な唱導の意図に比定していえば、寺坊を離れ近世初頭の俗間に流布した鯉魚献上の口碑は整然としたものとは言い難く、口承説話特有の訛伝の色合いを露わにする。天和四年（一六八四）写の『古今犬著聞集』第八に見える「法恩《ママ》寺の鯉を送る事」はその典型といえるだろう。俳諧師・椋梨一雪の編んだこの奇談集においては、まず天神池に蟠居して里人をおびやかす大蛇が、「法恩寺」の僧の教化を受けて鎮められる。このことに感応した「天神の御告」によって鯉魚献上の風習が始まるというのである。そこには神祇の念仏帰依という文脈とは異なる語り口が見出される。そしてさらにこの後、話は「仏意神慮」を弁えない別当寺の失態へと続く。

天神の別当は天台宗にて、上野より来る事に侍る。近き頃、住持思へらく、三衣を着するにて網を打なん事然るべからず、いかにも下人にさせてこそとて、網に馴たる者をして打たせしに、旦より夕に及とも、更にかゝらさりしを不審く思ひ、住持例の如くに打れしに、鯉二ツ一網にかゝりし。其より二網に入たる事なきとかや。然は仏意神慮に叶ける成へしとて、弥別当も信仰深く勤る。今に至おこたる事なきなり。

僧衣をまとう身で網を取ることを憚り、下人に命じたものの、いっこうに鯉を得ることなく、仏意神慮の深さを悟る。天神の祟りの激しさや、別当寺の報恩寺離れに言いおよぶことのない『古今犬著聞集』の叙述は、唱導の目的性とは無縁な民間奇談の特色を示している。鯉魚献上行事の周辺に囁かれた市井の噂咄は、案外神池の不思議を語るプリミティヴな奇談にあったのかもしれない。そう考えてみると、『遺徳法輪集』所載の天神の祟禍は、むしろ真宗教団のバイアスのかかった唱導説話ということになるだろう。民衆の間をめぐる口承的《ナラティブ》な奇談とは次元の異なる宗門管掌の説話のあり方が明らかになるといってよい。

八　おわりに――水辺のコスモロジー

北関東を舞台に繰り広げられた風土の神霊と宗教英雄の物語が、二十四輩寺院の縁起語りとして伝承された意味とは、いかなるものであったのか。あるいは、そのような念仏称揚の高僧伝が江戸の民衆社会に根付いた歴史的背景とは何であったのか。

ここにとりあげた性信伝の布宣が活況を呈した近世期の下総は、じつは飯沼をはじめとする沼沢が次々に埋め立てられ、治水開発の末にその景観を田畑に変えていく時代であった。風土の記憶に刻まれる運命にあった土着

図16　累が淵

の神霊は、北関東の地に念仏信仰の浄域を築いたいにしえの宗祖・親鸞と二十四輩寺院の史伝に組み込まれ「帰伏神」の性格を与えられた。言を換えて言えば、宗教英雄の物語は、下総湿原の風土の記憶なくして成立しなかったともいえるのではないか。少なくとも両者が表裏一体の関係にあったことは否めない。本稿の冒頭に取りあげた累ヶ淵怪談の成立と展開もまた、下総飯沼にひろがる水辺のコスモロジーの伝統と深く静かに連関している。

累の解脱譚の舞台となった浄土宗弘経寺の開創をめぐって、下総報恩寺とのつながりに触れる興味深い伝承が残る。浄土宗側の資料である『檀林飯沼弘経寺志』によれば、性信の娘にして報恩寺二世の性智比丘尼には、幼い頃から手元に置いて養育した「良肇」なる者があった。のちに良肇は浄土宗中興の祖・了誉聖冏の門に入り、弘経寺を開いた聡蓮社嘆誉になるというのである。『檀林飯沼弘経寺志』のこの記述について、今井雅晴は、聖冏の没年（応永二十七年・一四二〇）に対比して元徳二年（一三三〇）没の性智はまったく世代の違う尼僧であり、そこから「後世に、報恩寺と弘経寺とが関係深いとしたかった者の創作」と結論している。[20] 性信示寂後の横曽根門徒を率いた性智と弘経寺の開基をあえて結ぼうとする意図は、それを知りうる資料を確認できない現在、明確な答えを出すことが難しい。しかし横曽根台地上の指呼の間に建つ二つの名刹の伝承に、湿原の荒ぶる邪霊を制する、聖なる高僧の遺徳譚が共通して認められることは、偶然というにはあまりに近似する。少なくとも、累ヶ淵の水死霊済度を根幹にすえる祐天の物語は、親鸞伝説に源を発する風土記憶のコンテクストから読み直すことのできる視座を内包するのではないか。

注

1. 今井雅晴『茨城と親鸞』（茨城新聞社、二〇〇八）六七頁。
2. 堤邦彦『絵伝と縁起の僧坊文芸—聖なる俗伝—』（森話社、二〇一七）Ⅱの第二章〜第四章。
3. 『真宗初期遺跡寺院資料の研究』（『同朋学園仏教文化研究所紀要』第七・八合併号、一九八六・七）四八七—四八八頁。
4. 赤童子像を用いて病魔を払う法が奈良興福寺を中心に行われ、関東の真言寺院などに赤童子像が祀られた（小山聡子『もののけの日本史』中公新書、二〇二〇、一二八—一三二頁）。密教寺院の呪法を真宗の念仏信仰に取り込むかたちで、親鸞と赤童子の説話が形成したものであろう。
5. 梁瀬一雄『社寺縁起の研究』（勉誠社、一九九八）七五八頁。
6. 今井雅晴『親鸞の伝承と史実』（宝蔵館、二〇一四）九六頁。
7. 性信の出自は飯沼を支配した香取神官の大中臣氏ともいわれる（今井雅晴『親鸞と性信房』自照社出版、二〇一九、二二頁）。
8. 注6の論稿一二二頁。
9. 注2に同じ。
10. 成立は室町末から江戸初期。寛文三年（一六六三）の整版本が伝存する。
11. 塩谷菊美『語られた親鸞』（宝蔵館、二〇一一）一四二頁。
12. 今井雅晴「性信房関係資料—初期真宗教団史の一側面—」（『茨城大学人文学部紀要』第一九号、一九八六・三）。
13. 注5の資料七一一頁。
14. 注12に同じ。
15. 『新編真宗全書』史伝編三解題（一九七五）。

16. 飛田英世「下総報恩寺と大生郷天満宮の儀礼」（『群馬の水脈』第五号、二〇〇九・三）。
17. 注16に同じ。
18. 『二十四輩散在記』『二十四輩順拝図会』などによる。
19. 柳田国男『桃太郎の誕生』（『定本柳田国男集』筑摩書房、一九八二）第三巻。
20. 今井雅晴『親鸞と東国門徒』（吉川弘文館、一九九九）一一八頁。

Ⅲ　産女のお弔い

一　はじめに

江戸時代に華ひらいた怪談の文芸史を鳥瞰するとき、四世鶴屋南北の『東海道四谷怪談』（文政八年・一八二五初演）は、まさしく日本怪談のひとつの到達点を示している。『仮名手本忠臣蔵』の裏世界を設定し、外伝的な形をとりながら赤穂浪士の世界を解体、転倒させた南北の劇空間は、近世末の爛熟・退廃の世相ともからみ合い、怪異の表現をある種の凄惨美の極に昇華させていった[1]。

とりわけ舞台上にくりひろげられる果てしない亡霊の復讐は、役者の衣装、道具から舞台設定の細部にいたる演出効果により、江戸時代人のオソレの皮膚感覚を巧みに映しだしたものといえる。お岩の復讐が最高潮となる大詰「蛇山庵室」の場で、一面に降りつもる雪の中、伊右衛門は「産後に死んだ女房」と子の菩提を弔うため、水子供養のシンボルである「流れ灌頂」に杓子の水をそそごうとする。そのような呪法は産死者の供養になると当時の人々に信じられていたからだ（図1）。案のごとく太鼓の「薄ドロ〳〵」と一ツ鉦が鳴り、心火とともに産女姿の亡霊が現れる。初演時の台本を写した早稲田大学演劇博物館の一本により、その部分のト書を見てみよう[2]。

> ドロ〳〵はげしく、雪しきりに降り、布の内より、お岩、産女《うぶめ》の拵《こしら》へにて、腰より下は血になりし体に

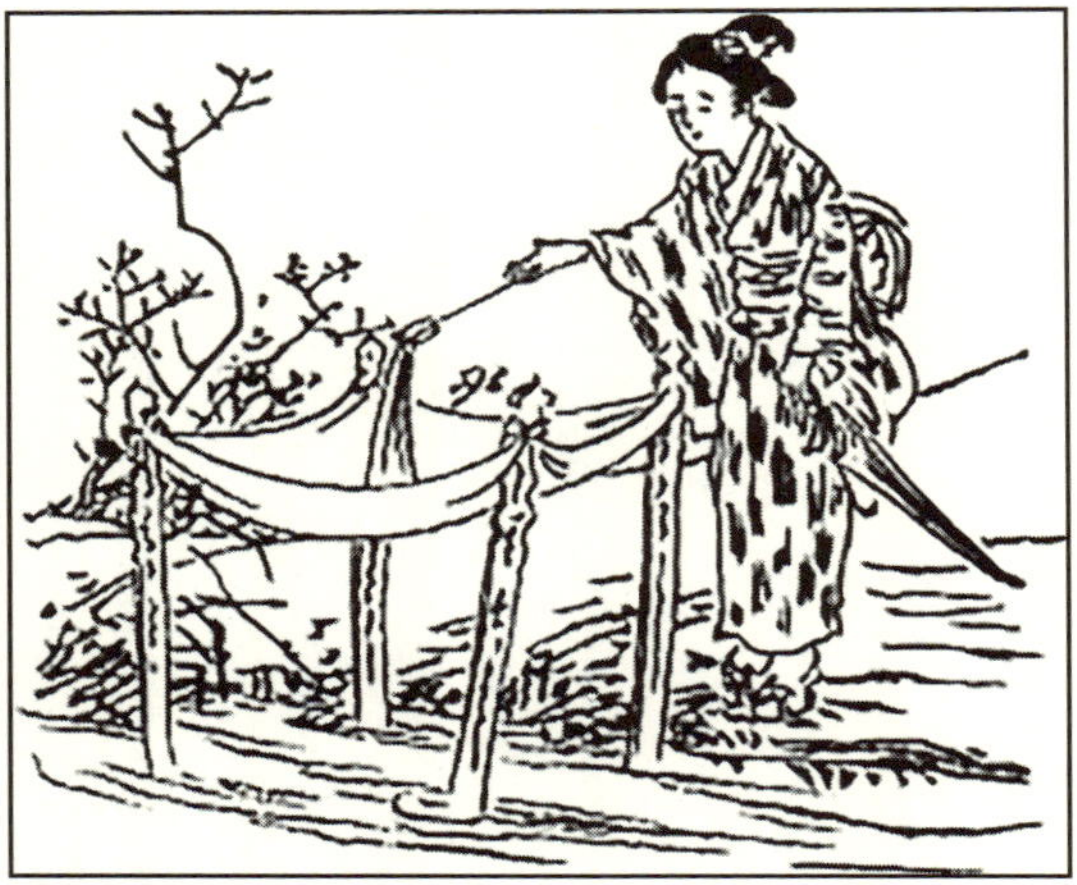
図１　流れ灌頂

て、子を抱いて現はれ出る。伊右衛門、ふっと見つけ。ぎょっとして跡へさがり、入り替って、お岩、上《かみ》の方《かた》へ行く。この時、お岩の足跡は雪の上へ血にてつく事。伊右衛門、跡ざりに内へはいる。お岩もついてはいる。

子を抱き下半身を血に染めた産女の拵えのお岩に対して、もはや流れ灌頂の呪具はいっさい通用しない。荒ぶる怨恨の祟りのため、伊右衛門は奈落の底に落ちるしかない。舞台の上の設《しつら》いがじつに有効な怪異表現を醸し出しているとみてよいだろう。

もっとも、お岩の「産女姿」は芝居の筋立てと必ずしも一致するわけではない。お岩の死は出産によるものではなく、夫・伊右衛門の謀りごとによってもたらされたものだからだ。

産女型亡霊の表現様式じたいは『東海道四谷怪談』以前の南北劇にすでに先蹤がある。高橋則子は文化元年（一八〇四）の『天竺徳兵衛《てんじくとくべえ》韓噺《いこくばなし》』に産女と流れ灌頂を結び付けた演出があることに注目している。[3] さらに文化六年の『阿国御前化粧鏡』にいたり、このスタイルに土着の宗教色を帯びた累怨霊譚が合体し、「内面化した女の業」の表現を生み出したとみるのが、高橋論文の見方であった。累ものとの混交は、南北の産女造型に「嫉妬」の要素を加味することになり、『四谷怪談』のお岩に結実していくのである。

一方、高橋も指摘するように、南北劇の人間関係には、我が子への未練に迷う世俗の産女伝承とは質の異なる家族親子関係の崩壊が著しく、その意味できわめて特異な産女像を創り出しているのである。観客のよく知る産女妖怪と「産女の拵へ」のお岩との根本的な落差について、高橋はこう結論付けている。

南北は、その歌舞伎舞台で、庶民の意識下に潜む産女のイメージを巧みに利用しつつ、孤独・隔絶・疎外の状況を変化させ、深めていくことによって、終にはその根元的意味をも、内側から喰い破っていったのである。

南北劇を特徴付ける逆転と解体の思想をみごとに言いあてた評言といえるだろう。

ただ、やや視点をずらしていえば、そのような逆転の作劇方法を際立たせるには、この時代に産女亡霊が好んで脚色された流行色の宗教背景を明確にしておく必要があるのではないか。南北作品のみならず、山東京伝の『絵本梅花氷裂』（文化三年・一八〇六刊）、『安積沼後日仇討』（同四年刊）といった十九世紀初頭の戯作小説にも、産女亡霊のモチーフはしばしば援用されており[4]、注目度の高い文芸素材であったことは間違いない。産女の怪異は江戸怪談の主要なモチーフのひとつといってよいだろう。

それでは、古く『今昔物語集』の時代から伝承されてきた産女譚を文化・文政の世の中に蘇らせた社会的な要因とは、いったい何だったのか。市井の人々の意識下に滲透した産死者へのオソレや流れ灌頂の習俗による鎮魂が自然発生の所産でないことは想像にかたくない。むしろある種の文化的、宗教的な作意のもとに、江戸末期の巷間に産女の怪異が囁かれ、身近に散在する産死供養の習俗をもとにして、南北による恐怖の文芸表現が創り出されたと考えるのが、ものごとの自然なありようだと思う。産死者を怖れる民俗心意と芝居小屋の亡霊像の一致を何ら違和感なく受け容れたこの時代の親和性は、どのようにして形成したのだろう。

近世文芸に立ちあらわれる産女譚をめぐっては、西田耕三「産女ノート」に委曲がつくされている。[5] 古浄瑠璃、歌舞伎はもとより小説、類書、勧化本にいたるまでの広汎な事例を博索した西田の研究から、近世怪異譚に見出される産女の受容を知ることができるのだが、一方、論考のイントロダクションにしるされた「いかなる習俗や説話的要素が付着し融合して産女が形成されてきたかは、今のところ恣意的に想像しうるだけである」との西田の指摘は、産女譚流行の社会背景を探るてだての難しさを示している。

一方、北城伸子は、南北作品の背後に庶民の産育信仰を読みとる高橋論文の視座をふまえたうえで、「蛇山庵室」の幕あけを飾る百万遍念仏の「数珠繰りの場」に着目し、戯作・芸能と布教説話の深いかかわりに言いおよぶ。[6] 文芸と唱導の両面に目をくばる北城の手法は、江戸怪談を成立させた庶民信仰の実相とオソレの内実を鮮明にしようとするとき、有効なアプローチのひとつといえるだろう。

さて、これらの先行研究より導き出される視角として、近世中・後期の僧坊に展開した産死供養の儀礼、説話伝承などを検証しつつ、文芸作品に点在する産女譚の位相と趣向を宗教文化の全体像に照らして把握する、という方法が思い浮かぶ。

ただ、一口に僧坊関与の産女譚といっても、そこには時代的な変遷もあるだろうし、あるいは宗派ごとの法儀・教理の違い、諸宗の教線の地域浸透度、都鄙により異なる風土・民俗の影響力など、雑多な局面が絡みあうため、個別のケースをひとつずつ丹念に腑分けしていく必要がある。

かような考え方、見方にもとづいて、ここでは近世の寺院縁起や葬送儀礼、産育をめぐる仏教民俗に見える産女譚の種々相を具体例にそくして捉え直してみたい。一見遠回りのようでいて、それは南北、京伝らの描いた産女亡霊の宗教的な原風景にせまろうとする試みである。

産でみまかった女霊は村里にまがまがしい禍いをもたらす存在であると同時に、祀りあげのプロセスを経て安産の守護神となる。そのような考え方にねざす近世仏教説話の典型として、静岡市葵区の産女山正信院（曹洞宗）の開創縁起をとりあげてみたい。

二　産女山正信院縁起

静岡市の郊外を流れる藁科川の右岸の山裾に「産女《うぶめ》」という名の集落がある。地名の由来について『駿河国新風土記』（天保五年・一八三四成立）巻二十は、永禄年間（一五五八～七〇）に産死した牧野喜藤兵衛清乗の妻を山神に斎り「産女明神」と称したこと、そして牧野家の守り本尊・子安観音を正信院に安置したことをしるす（「産女新田」の項）。また同書には「今近村ノ婦女妊娠ノ時、此観音ヲ祈レハ難産ヲマヌカル、トテ、歩ヲハコフモノ多シ」とあり、幕末の駿河地方において、ひろく安産祈願の信仰をあつめた正信院の道声がうかがえる。寺はいまも女性の参拝が絶えず、本尊にお洗米を納めて祈禱を受け、「子授けのジュバン」を持ち帰る風習で知られる。

正信院の開基は永禄十年（一五六七）、奕翁伝公とされるが、寺記は百年ほど後の野郭寒尊（享保元年・一七一六寂）を草創開山とする。現在の法系は、通幻寂霊の流れをくむ大雄山最乗寺の了庵慧明派に属する。

正信院縁起に名をとどめる牧野清乗は、信濃の人で駿河今川氏の家臣であった。義元敗死ののち、浮浪の身となり山里に隠れて再起を待つうち、妻女を難産にて失う。

牧野の妻の亡魂が子安観音とともに祀られるまでを詳らかにした緑起書には、正信院所蔵の巻子本二種、および本寺にあたる見性寺（静岡県葵区）の一本が伝存する。いずれも写本で伝わる三種のデータを略述すると、次のようになる。

①正信院甲本　　巻子本一巻（十九・八糎×一五一・五糎）

・外題「当院本尊千手観音来由」

・巻頭に本文と別筆で「産女邑正信院住僧／正淳代」と墨書

・後半に残欠部分があるため、識語、筆写年などは不明。宝暦以前に成立した原縁起からの転写本か。

②正信院乙本　　巻子本一巻（二〇・〇糎×四六五・四糎）

・無題

・前半は甲本にルビを付したもの。後半は甲本の残欠部分に相当する。「千手経」の経文を載せ、そのあとに別筆の漢文で延享四年（一七四七）の水害と寺記の修復について記し、末尾に「寛延戊辰歳九月」の識語。現存乙本の書写年は寛延元年（一七四八）と見られる。

③見性寺本

・正信院甲本を享和二年（一八〇二）に写したもの（未見）。

縁起書成立の正確な年号に関しては不明な点が多い。ただし甲本の冒頭に宝暦十一年（一七六一）に没した住職・正淳（正信院過去帳）の名がみえるところから、宝暦以前に牧野清乗の妻にまつわる千手観音の霊験譚が正信院縁起のかたちで生成していたものと推測される。なお、甲本は後半が失われているものの、甲本（またはその原本）を寛延元年に転写したとみられる乙本により、欠損部分に「千手経」の功徳と延享洪水後の縁起書修復のいきさつなどを書き添えていたのが分かる。

享和二年書写の見性寺本をふくめ、縁起書の生成過程には疑問点も残るが、産女観音由来の大要を知るため、ひとまず甲本の全文を紹介しておきたい。翻刻にあたり、漢字は現行の字体に改め適宜句読点を加えた。また虫損部分を乙本により補うとともに、送り仮名、ルビを同じく乙本をもとに補った。

当院本尊千手観音来由

産女邑正信院住僧／正淳代

当寺本尊千手観自在菩薩は春日《かすか》の真作にして御丈《おんたけ》七寸余、霊験あらたにまし〳〵願ふ所満て給はぬといふ事なし。

抑、此本尊の来由を尋ね奉るに、永禄年中今川義元没落の時、家臣信州の人にして牧野喜藤兵衛清乗といふ者、浪牢の身となり此山里に住居し、武運時を俟《まち》て侍りしが、召倶《めしく》したる妻女胚胎にして、既に時《とき》に臨み難産の苦痛によりて終に身まかりぬ。奇異なるかな、或時一人の霊女忽焉《れいじよこつえん》として顕れ、此郷民《さとひと》に告て曰く、我は是先に死亡したる牧野清乗が妻なり。難産にて死したる来世の浮びかたき事まことに世の人の言に違《たかは》す。此憂苦はいかんとしてかまぬかれむ。爰に告《つく》へき事あり。我か家に累代伝ふる所の御仏《みほとけ》あり。兼て子易の観音と聴し而已《のみ》。我尋常《よのつね》信心なく、産にのぞみても猶念じ奉らさるゆへに無量のくるしみを受て死ぬ。今更悔《くゆ》れ共甲斐もなし。せめては後来の人の難産をすくはんため、此所の寺へ彼御仏を納め奉りなは、渇仰《かつかう》の人は難をまぬかれ、諸願成就、子孫長久ならん事疑ひなし。その功徳によつて我も患難を除《のが》れ、安楽の台《うてな》に登らんとて、涙をなかしいとねん比に頼みけれは、郷民《さとひと》も異霊《いれい》のたのみ黙止《もたし》かたく、一しほ愁《あは》れにも、また怖れありて等閑《なをさり》ならす、約諾《やくたく》し、かの御仏を此寺へ納め奉り、供養したりけれは、その後亦《のちまた》霊女現れ欣然《きんせん》として告て曰、我所願成就し若干《そこばく》の苦患をまぬかれて安楽の身となりぬ。なを願《ねがはく》は我を此郷の山神といはひ給へかし。本尊の済度永久ならむ事を護り奉らむと語《かたり》けれは、いよ〳〵奇異の思ひをなし、所の耆老《ぎらう》に伝へ咫尺《しせき》の小祠を創立《そうりう》し山神宮《さんじんくう》と崇《あが》め、郷民《さとひと》挙《こぞつ》て祭りければ、此事近隣遠郊に聞伝へ、幾ほともなく此道場日まし月にしたかひて、貴となく賤となく男となく女となく、千里を遠からすとも百里を近《ちかし》として参籠し、子なき者はいのりて得《え》、病《やめ》る者は頓《とん》に癒《いえ》、難産の憂《うれへ》殊になかりければ、寺をあらたに正信院と号し、村を産女《うぶめ》と名付け侍りける。誠《まこと》なるかな千手経曰、女人臨難（以下欠）

縁起は本尊千手観音の由緒を中心に、牧野の妻の救済と山神への祀りあげ、そして正信院の開創、村名のいわれなどを明らかにしていく。常日頃の不信心ゆえに産死の冥苦に苦しむ女霊の懺悔をとおして本尊の功徳が称揚され、万民産難を救うことで産女自身が「安楽の身」に転生しうるのである。そのように説く甲本の語り口は、寺院縁起の本質を端的に示すものであった。すなわち正信院縁起の目的が、文禄年中の産女成仏譚にからめて、産育祈願を中心にすえた日々の唱導営為をあまねく布宣し、秘仏開帳の効験を世間に知らしめるところにあることは明白である。

産女済度の因縁を実際に寺が配付する安産符の功徳に結び付ける点では、鎌倉市小町の大巧寺（日蓮宗）に伝わる「おんめさま（産女様）」信仰も同様の構造をもつ縁起伝承といえるだろう。安産符の利益で名高い大巧寺の境内には、第五世日棟上人の回向により冥苦を脱した「産女霊神」の宝塔が祀られ、産寧信仰の動かぬ証拠として崇敬を集めるのである。[7]

三　禅宗切紙《きりかみ》にみる産死供養

産死霊の解脱を説く正信院縁起と同様の語り口をもつ縁起伝承が、近世の寺堂に散在するいまひとつの背景として、信徒の産育にかかわる呪法・儀礼の普及と、唱導僧に向けてその方法を指南した「切紙」の存在がある。ことに能登の総持寺を頂点とする曹洞宗の諸流においては、難産に苦しむ女たちへの対処や、産死者の葬法、胎児の棺中出産を儀礼的に行なう母子別腹法などが師弟の間に秘して伝えられ、一紙にそれらの要領を書き写した「切紙」のかたちでマニュアル化していた。[8]

洞門禅林の切紙資料は石川力山の研究[9]によってその全容が整理され、僧俗の葬送、追善供養に関する厖大な数の切紙を目にすることができるようになった。ことに産死をめぐる切紙の相伝は、特殊葬法をめぐる唱導活動の実状をおしえる。

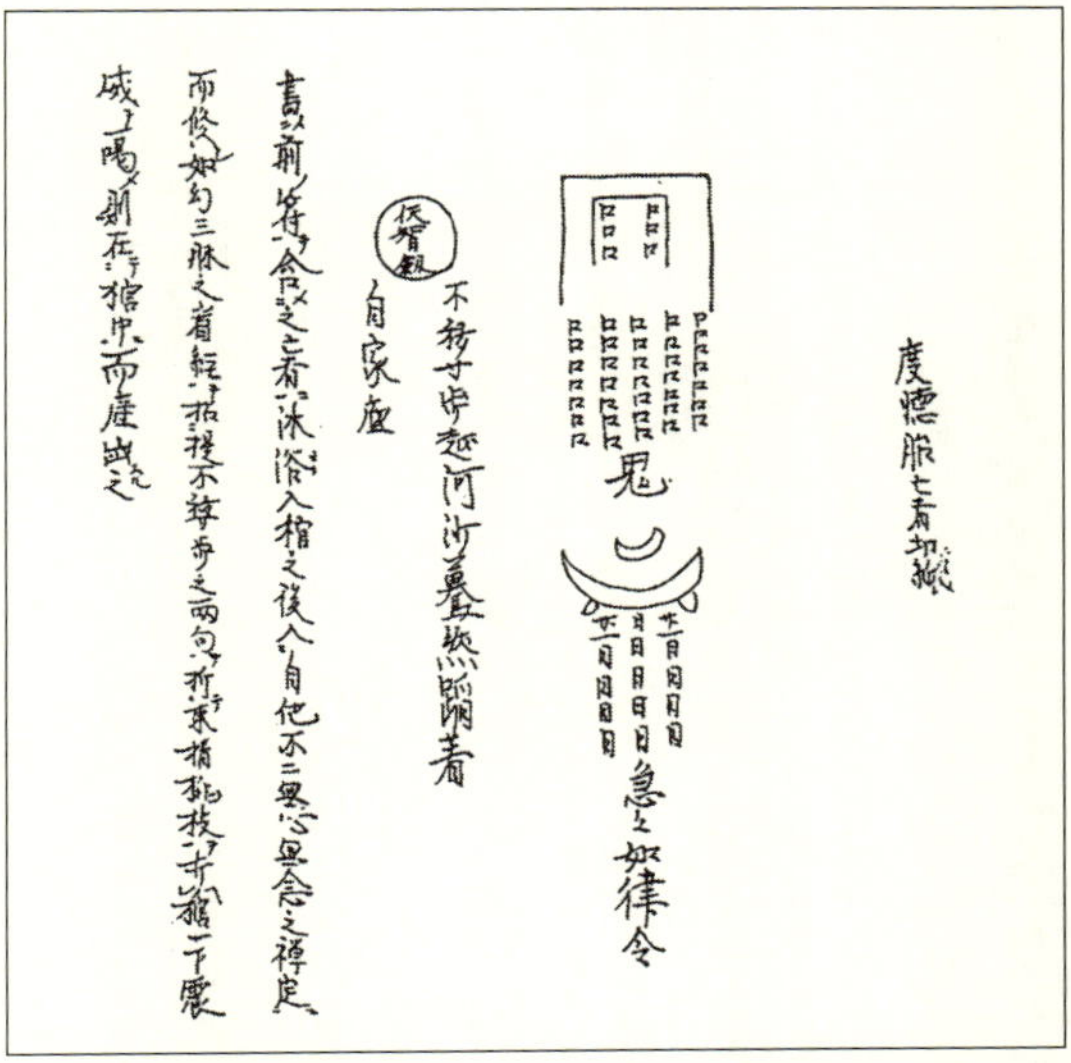

図２「度懐胎亡者切紙」（『伝法室内切紙』所収、駒澤大学蔵）

懐胎のまま亡くなった異常死者は、胎児を体外に出して葬らなければ産女妖怪となり幽界に沈淪して出期がないとされたため、母と子の体を身ふたつに分ける陰惨な習俗が民間に行われていた。そうした旧弊に取ってかわる儀礼として考案されたのが、洞門切紙の呪法であった。すなわち孕婦の腹を裂かずして胎児の性別を判断したり、孕婦の胎中より儀礼的に出産せしめる葬法として、「母子別腹」「度懐胎亡者切紙」（図２）などの切紙が確立し禅林にひろまった。[10]昔話・伝説で知られる「子育て幽霊」や、怪異小説に翻案された墓中出生譚の類話に、これらの切紙にしるされた呪法の流伝が宗教的な根拠を与えたことについては、旧稿に述べたとおりである。[11]

一方、なぜ女性が難産に苦しむのかを説明する「産難之大事」（寛永一四年・一六三七、愛知県西明寺蔵）等について、石川はそれらの切紙の内容が、血穢のために堕獄した女人の救済を説く「血盆経」の趣旨に符節すると考えた。[12] たしかに難産切紙の記述には、血の池地獄の観念との習合が暗示されており、禅林の産女譚を生み出す唱導の場の実態が血の池を恐れる女性信者を対象に発信されたものであることを想察させる。

さらにまた、産死した女性の葬送方法をおしえる「産女《ウブメ》切紙」（貞享五年・一六八八、能登永光寺蔵）は、遺体の処置（沐浴、剃髪）から唱える経文の種別と唱え方、引導・下火（火葬）の手順をことこまかに指示しており、産死者に対する一連の葬祭法が村々の禅堂に確立され、地方小農民の生活圏に行きわたっていた事実をものがたる。正信院縁起の編まれた江戸中期の僧坊において、こうした産死供養の現実が珍しくなかった点は大いに顧慮すべきであろう。禅宗と民間習俗の混交をめぐって石川は次のように指摘している。[13]

このような別腹や度懐胎の儀礼、さらには出胎の呪法などは、禅宗葬儀法には元来全く見当たらないものであり、そうした庶民信仰や当時の社会一般に流布していた習俗をもすべて取り込んで切紙とし（中略）さらには禅宗独自の解釈や呪法まで開発していった曹洞宗教団の体質は、一面においてエネルギッシュな教団の展開に直接結び付く要素をもっていたが、反面、教団の世俗化は避けられず（下略）

近世に流伝した曹洞宗切紙は、全般に密教や修験、陰陽道の呪法をも取り込みながら、民衆の信仰生活に沈殿し、人々の意識下に根付いていった。そのような日々の積み重ねのうえに、寺の主管する産死者の霊異が説話となって世俗にひろまり、産女のイメージを形成する一翼をになったというのが伝承史の大略ではないか。

四　『駿国雑志』の異伝と血盆経

話を正信院縁起にもどす。牧野清乗の妻の鎮魂説話は、近世後期にいたり寺伝とは異なる民談を派生していく。文化十四年（一八一七）の九月、江戸幕府の命により駿府城加番役に就いた旗本・安部正信は、一年間の任期を通して得た領内の歴史、地理、民俗、産業の実情を調べあげ、のちに『駿国雑志』四十九巻にまとめた（天保十四年・一八四三成立）。その第二十四・怪異の巻に次の一文がみえる。

伝云《つたへていふ》、府中より一里余安倍川のさき、藁科のうしろ産婦《うぶめ》と云所《いふところ》に正信寺と云梵刹《いふぼんさつ》あり。本尊観音より安産の守符を出《いだ》す。平産の後、布施袋に米を入《いれ》て奉納すべし。往昔、農夫某《なにがし》の妻難産して死せり。其《その》霊、赤子を抱き来《きた》りて住僧に謁し、「此《この》歎苦を済《すく》へ」と乞ふ。和尚諾し諭すに、観音妙智力の誓《ちかひ》を以《もつて》し、猶《なほ》本尊に祈禱する（こと）一七日、満願の暁、彼《かの》婦、成仏の形を顕《あらは》し、礼拝して曰《いはく》、「公の引導教化に依《より》て忽血池《たちまちちのいけ》の苦界を出《いで》、安養浄土に生《うま》る、事を得たり。法恩いつの時にか謝し尽《つく》さん。我《われ》、当寺の薩埵と共《とも》に、懐妊の女子を守りて、善《よ》く難産の愁ひなからしめん。是此報也《これこのむくひ》」と告《つげ》、去る。是《これ》よりして、安産の守符を出すに、必験《かならずしるし》あり。当所の名も、又此《この》奇事に起れり、云々。未《いま》だ寺記を見す、故に然《しか》るや否《いなや》を知らず。按るに、難産死婦の霊を号《なずけ》て産女《うぶめ》と云《いふ》事、諸書に見えたり。其《その》奇談、大方是《おほかたこれ》と同《おなじふ》して小異あるのみ。

難産死した農民の女房が赤子を抱いた姿で和尚のもとに現れ救済を願う。文末に「未だ寺記を見す」とあるので、話じたいは口碑の聞き書きと考えてよかろう。じつは文化十三年（一八一六）から文政三年（一八三〇）の間、正信院は本堂の建て替えで産女村を離れていた（正信院蔵『本堂再建勧化帳』、文化十三年）。そのため安部正信は縁起書を見ることなく、直に土地の伝承を採録したものと思われる。

前掲の寺蔵縁起に比べ、牧野氏の事跡を一農民の身に起きた霊異に置き換えた点は、『駿国雑志』所収の民談の大きな特色といえるだろう。一方これとは別に、本文中にあるように、十九世紀の地方社会において「血池の苦界」という観念がごく自然に発想されていることは、「血盆経」をテクストとする仏教民俗の民間伝播を知るうえで重要な意味をもつ。寺僧の発信する血盆経思想は、やがて衆庶の意識下に「血池の苦界」に沈む子抱き幽霊へのオソレを定着させていくのであった。

「血盆経」は、それでは近世の寺院においていかなる展開をみせたのか。

血穢のために血の池地獄に墜ちた女性の救済方法を説く偽経「血盆経」が日本に移入されたのは、およそ室町中期のころとされる。[14] 近世には数種の注釈書が出版されて「血盆経」の女人救済思想を世俗にひろめることとなった。そのひとつ『仏説大蔵正教血盆経和解《わげ》』は、浄土宗の学僧・松誉巌的が正徳三年（一七一三）に刊行した勧化本であり、十七・八世紀の法席に行われた血盆経信仰の布宣を垣間見ることのできる資料である。

高達奈緒美の解題によれば、[15] 本書には、目蓮の故事、地獄の諸相、月水不浄や女人懐胎の意味、そして流れ潅頂と「血盆経」を関連付ける言説などが全七巻にわたり述べられており、血盆経思想にもとづく説教を活発に行った巌的の布法姿勢を随所にうかがわせる内容となっている。幼くして懐妊中の母を失うという巌的その人の出家の動機ともあいまって、本書の例話には自身の見聞にもとづく血盆池地獄からの女人済度（巻五の二一、巻六の七）が目につく。

ところで、諸書、典籍からの因縁に混ざって、鈴木正三『因果物語』（寛文元年、一六六一刊）の幽霊話を出典とする『仏説大蔵正教血盆経和解』巻五の六の記述は、とくに注目を要する。すなわち片仮名本『因果物語』上巻

第二話の「裳《モスソ》ヲ血ニ染タル」難産死婦の霊異を転載しつつ、この話に「血盆池地獄ニ堕シタル罪女」の救済といった解釈をほどこしているのは、血盆経思想と産女の怪異の融合をものがたっていてじつに興味深い。産死者を「産穢」と「死穢」の二重のケガレにまみれた罪深い女と見なす習俗[16]の源流は、説教の場の解釈から生じたものと考えられるのである。

近世中期にいたり、巌的に代表される民間唱導者の活発な布法の結果、堕獄の罪を嘆き、救いを求めて現世をさまよう産女の表象が形成し、ひろく民間に受容されていったのであろう。その時代は、鳥山石燕の描く産女図（安永五年・一七七六刊『画図百鬼夜行』、図3）の登場とほぼ一致している。流れ潅頂の脇で子を抱き、しくしくと哭く幽霊の図像は、今日あまりにも有名な産女の姿かたちとして知られている。宗教史のながれに沿っていえば、血盆経思想の大衆化は、その延長上に浮かばれない産女幽霊の図像を生み出すことになるのである。

図３「姑獲鳥《うぶめ》」（『画図百鬼夜行』）

もっとも産女の負う罪禍は、血の穢れだけではなかった。いわゆる「持ち籠り」のまま命絶えることじたいが成仏の障りとなって死者を苦しめるのである。懐胎死を放置すれば、産女の祟りが共同社会全体の安穏をおびやかしかねない。亡者の冥苦をやわらげるには何をどうすればよいのか、そのための供養のてだてとは何か。

民俗社会や仏教唱導の現場で「胎児分離」（身ふたつ）の葬送法がしばしば話題となり、左鎌による開腹の是非や棺中出産の呪法にこだわるようになるのは、およそかような事情を反映した結果ではなかったか。懐胎死の弔い方をめぐって、さらに仏教唱導と民俗のかかわりを追ってみたい。

五　身ふたつの習俗

現在、正信院の発行する由緒書きには「産女子安観音縁起」と題する現代版の縁起が載る。大略は前掲甲・乙本と変わらない内容であるが、細かな点にこだわると、近世・近代の民俗に散見する「身ふたつ」の習俗を連想させる表現が新たに加えられていることに気付かされる。今川家の没落により藁科の山中に逃れた清乗の妻は、急に産気づき、難産のはてに命を失う。

清乗は、手厚く葬りましたが、成仏できなかったとみえ、夜な夜な、幻《まぼろし》となって村をさまよい、「とりあげてたもれ（助産してください）」
と悲しげに頼みました。

とりあげて差し上げたいのだが、と逡巡する村人に、幽霊は牧野家累代の千手観音を祀って欲しいと頼み、みずからも「産女大明神」に鎮座したという。ここにいう「とりあげてたもれ」とは胎児を取り出して「身ふたつ」にしてやる葬法の謂であろう。現行縁起にかような表現が追補された背景には、懐胎のまま死んだ女の扱い方をめぐる仏式葬法と民間習俗の間の混融の歴史が深くかかわる。

死亡した妊婦の腹を鎌で裂いて子を分離する習俗について、古くは南方熊楠の事例紹介と考証[17]が知られている。安井眞奈美はその後の研究史をふまえながら『日本産育習俗資料集成』（一九七五）所収の近・現代の事例を分析し、次のように指摘している[18]

> 特に重要と思われる点は、「胎児分離」の理由を、亡くなった妊婦が胎児を体内に宿したままでいることは罪深いことであり、血の池地獄に堕ちて苦しむとともに、幽霊になって出没することもあるとしている点である。言いかえれば、この習俗は妊婦の地獄堕ち、幽霊化を防ぎ、妊婦を成仏させる行為とされていたらしい。

懐胎死をめぐる全国の口頭伝承に罪科と堕獄の観念が濃いことは、「血盆経」思想の流布と唱導活動の浸透、そしてそれらの民俗化と無関係ではないだろう。安井の紹介する事例に「開腹および胎児の摘出はせずに、たんにそれを象徴的に示すこと（胎児の人形や刃物、鎌などの添付）で済ませたり、僧の祈禱によって墓中で分離させる（と信じる）場合」が少なくない点は、唱導と民俗の混交を示唆する。

たとえば「妊娠中に死んだ人をマルジニ（丸死）」といって、あの世へ行ってから身二つになるようにという意味の経を和尚に書いてもらって棺に入れてやる」（愛知県知多郡）、「妊娠中に死んだ女は昔は経文を読んでもらい、胎児が棺桶中で母親と離れるようにしてやったが、このごろは手術によって母体から離して同じ棺桶に葬る」（福井県三方郡）などの採話例は、曹洞宗の呪法切紙にしばしば見受けられる母子分離の儀礼を口頭伝承にしたものと見てよい。ちなみに後者に医療行為をともなう外科処置への変遷が語られている点は、民俗と近代医学の接点という意味で注目すべきであろう。

一方、懐胎のままで死んだ女（持ち籠り）の幽霊が子を取り出して欲しいと懇願する話は、口碑とは別に、近世の演劇、小説の世界に怪異表現の定型を形づくっていった。前述の西田耕三「産女ノート」は、中世物語『高野物語』をはじめ古浄瑠璃、近松作品、怪異小説等に描かれた持ち籠りのモチーフを博索している。享保十七年（一七三二）刊の『太平百物語』巻二の十四で、懐胎死の女が通りがかりの男に「おことの刃を以てわが腹をやぶりてたび候へ」と頼む場面は、まさしく胎児分離の習俗をふまえたものであろう。また、延宝二年（一六七四）の古浄瑠璃『松世のひめ物語』では、血脈を求めて化現した持ち籠りの女霊に引導をわたし棺中出産をさせる高僧の法力が潤色されている。火葬の煙が二つに分かれる大団円は、母子の分離を意味する。曹洞宗の「別腹切紙」や「度懐胎亡者」の切紙に見る棺中出産の呪法が文芸素材に取り込まれ、舞台のうえに母子成仏の劇的場面を蘇らせたわけである。

民俗社会から文芸にいたる種々の文化事象に広汎なひろまりをみせた持ち籠り幽霊譚は、それでは具体的にどのような唱導の場の所産と考えたらよいのか。曹洞宗以外の宗派においても、遺族のメンタルケアを含めた懐胎死婦の特殊葬法が試みられたであろうことは、想像にかたくない。

とくに徳川幕府の外護を得た近世浄土宗の学僧たちは、関東十八檀林の諸寺を拠点に、安産・子育ての呪法を庶民層に行きわたらせる役割りを果たしてきた。珂碩（一六一八〜一六九四）を導師とする「血の池の帷子」の因縁、「子育て呑龍」の異名で名高い呑龍（一五五六〜一六二三）、臨月の女を救う幡随意（一五四二〜一六一五）の「釘抜名号」の由来などの教化説話は、いずれも産育民俗への接近を嫌わなかった近世浄土宗の体質をものがたる。[19]

これらの状況を前提に、十八檀林の周辺にみとめられる懐胎死の幽霊話に着目し、持ち籠りの怪異とその鎮魂、除災の方法が衆庶の生活圏に融合していくプロセスを鳥瞰してみたい。

六　懐胎死はいかにして弔われたか

東京都文京区の伝通院は、十八檀林の名刹であり、徳川家康の生母を葬った地として知られる。この寺の名僧・智微上人にまつわる幽霊済度が『古今犬著聞集』（天和四年・一六八四序）巻五の第五話にみえる。

伊勢にて、或者の妻女難産《なんさん》して死ける。臨終《りんしう》の砌言置しは、爰にて弔《とふら》ふ事有へからす、江戸伝通院智微和尚の弔ひを受度と願ひしを、遠路自在ならす、夫には及ふましとて、所にて弔ひしに、幽霊《ゆうれい》夜毎に来りてうらみし程に、飛脚《ひきやく》を立て、此趣を申けれは、和尚もあわれに思召、念比にとふらひ玉ひしより、ゆうれい又もきたらすとなん。

難産でみまかった女の亡魂が「伝通院智微和尚の弔ひ」を求めて迷い出るというのは、『因果物語』などの霊異譚に通底する話柄であり、また話の背後に浄土宗高僧による産死供養の修法の実態を類推することができる。近世浄土僧は懐胎死婦の弔祭にあたり、いかなる儀礼を執り行ったのだろうか。その実例を示す「幽霊観音」の伝承が東京都板橋区の専称院に残る。

江戸七地蔵のひとつとされる専称院は、もと北区豊島の荒川に面して建立された。洪水で亡くなった水難者を慰霊するための地蔵堂を前身としたが、江戸中期に寺勢が衰え荒廃におよんだ。そこで宝永四年（一七〇七）、村民の四郎左衛門なる者が、そのころ小石川伝通院の住職を勤めていた祐天上人（一六三七〜一七一八）に帰依して堂宇の再興を願い、伝通院末の浄土宗寺院に改宗したという。[20]

図4　専称院石仏（幽霊観音）

その後、昭和十二年（一九三七）になって都市計画のために現在地の板橋区に移るが、いまもなお豊島時代の什物を多数所蔵している。すなわち祐天を中興開山と仰ぐ縁から、専称院には上人ゆかりの百万遍数珠や祐天尊像、自筆御名号などの宝物が伝わり[21]、また境内には豊島より移築した水死者供養の「溺水亡霊解脱塔」が建つ。興味深いことに、それらの塔碑群の一画に据えられた如意輪観音の石碑は、俗に「幽霊観音」と呼ばれ産女済度の伝承をともなう。観音像の後背には、

正徳四年三月廿三日
普好映照信女　幽霊
帰一
離身童子
施主太郎

との文言が彫られており、懐胎死婦の「幽霊」と身ふたつになった胎児「離身童子」の供養のため、正徳三年（一七一三）に建立された小碑であることが分かる（図4）。山村民俗の会編の『あしなか』一九六一年六月号によ

れば、江戸初期のころ、子供を身籠ったまま死んで埋葬された村の娘が母親の枕元に立ち、「このままでは苦しいから掘り出して腹から子を出し、改めて埋め直してくれ」としきりに言う。そこで産婆を呼び死骸の腹を裂いて子を取り出し、母子を葬った。石碑の戒名は、その折の母子のものである（『都の西北怪態尊』）。「幽霊」の二文字は、この種の石仏としてかなり特異なものといえるだろう。

また、専称院では、幽霊観音の絵像を写して刷りだしたお札を作り、「安産の符」として信者に配布したという。[22] 血盆経信仰において、如意輪観音が血の池の救済仏とされたことは、よく知られたとおりであるが、累怨霊の鎮魂で名高い祐天ゆかり専称院に持ち籠りの婦霊が祀られ、安産符の現世利益が唱導されたことは、近世浄土宗の布法の場に根付いた懐胎死供養の儀礼と民間信仰の実態を示唆する興味深い事例といえる。[23]

そもそも極楽浄土を願う浄土宗の本義からいえば、現世利益を求める呪法のたぐいは雑業とみなすべきものであった筈である。ところが、宗門史の現実は、たとえば京都・百万遍の知恩寺が後醍醐帝の勅を報じて疫病退散の百万遍念仏を修した（元弘元年・一三三一）ように、祈禱念仏の流れを増大させていった歴史がある。[24] これに対して捨世派の学僧たちは、法然以来の浄土往生の本義を重んずる立場より、祈禱の非なることを主唱した。にもかかわらず、近世幕府の庇護下にあった十八檀林の諸寺において、祈禱念仏は欠かすことのできない教化の手段として定着していったのである。

さらにまた、近世浄土宗門内においては、布法の方向性に変化がおこり、在家俗衆向けの伝法を重視するようになった。[25] 本来、師の僧と法弟のあいだで相伝されていた宗門の奥義（大五重、総五重）が、寺僧と在家信者間の伝法（化他五重）に移行し、寺と一般民衆の結び付きを強めるようになる。こうした変化を受けて、伝法の内容も葬礼や現世利益的な祈禱の要素を多く含むものが導入されて、浄土宗寺院の大衆化をおしすすめる結果となったのである。近世浄土宗をとりまく、かような宗風の変遷を考えるなら、祐天をはじめとする十八檀林の高僧伝に産育民俗との習合が散在するのも納得のいく話であろう。

浄土宗高僧の産死婦弔祭をめぐって、百万遍・知恩寺の第三十九世・満霊上人（一五九二〜一六八〇）の説話に話をすすめよう。満霊は十八檀林のひとつ大巌寺の霊巌上人に師事し、奥州行脚ののち、下総の弘経寺を経て知恩寺に転住する。寛文三年（一六六三）の罹災を機に現在地の田中村に移った知恩寺の再興に力を尽くした名僧として宗門史に名を連ねている。

さて、満霊の化益のエピソードをつづった『満霊上人徳業伝』（喚誉編、宝暦七年・一七五七刊）は、第十四話に「死したる女、子を産む事」と題して、洛中布法の折の次の霊験譚を紹介している。

松原通東洞院《まつはらとをりひがしのとうゐん》のほとりを、乗輿《じやうよ》して通《とを》り給《たま》ひけるに、南《みなみ》がはの家《いえ》よりひとりの男立出て、行者越後《あんじやえちご》をたのみて申し上るやうは、「わか妻《つま》なるもの懐胎《くわいたい》いたし、臨産《りんざん》におよび、七日以前《なぬかいぜん》より産《さん》の気付《きつ》き、なやみ候しが只今命終《ただいまめいじう》仕候。大和尚御通《だいおしやうおんとをり》を見懸《みか》けたてまつる。幸《さいはい》の御結縁《ごけちえん》に恐《おそ》れ多《おほ》く候得とも、御十念を下されれ、御廻向《ごゑかう》あそばし給はり候はゞ、千万《せんばん》ありがたく存し奉る」と願《ねが》ひける。師《し》はうなづき給ひ、「供《とも》の者《もの》どもは南《みなみ》の方《かた》にかたよりて、往還《おうくはん》の妨《さまたげ》をなす事なかれ。予《よ》は下乗《げじやう》するに及《をよ》ばず、乗物《のりもの》の中《うち》より廻向《ゑかう》し得《え》さすべし」と、高声《かうしやう》に十念を授与《じゆよ》したまふに、不思儀《ふしぎ》なるかな、彼死人死体《かのしにんしたい》なからに出産《しゆつさん》せり。一家《いつけ》の親《しん》族《ぞく》手《て》を打《うつ》て感歎《かんたん》し、上人の高徳《かうとく》を讃揚《さんやう》し奉りける。上人の云、「是仏力不可思議《ぶつりきふかしぎ》の然《しか》らしむる所なり。まったく予《よ》がちからにあらず。つとめよや称名念仏《しやうみやうねんぶつ》」とて直《すぐ》にかへらせたまふ。

輿に乗ったまま十念を授けると、産死婦の遺体から子が生まれる。念仏の効力にまつわるこの話は、つづく第十五話の「安産の腹帯をさつけたまふ事」とともに、庶民の産育を扶ける念仏の利益を説いている。

実際に妊婦の腹を割って身ふたつにする行為を必要としない点では、満霊の史伝説話もまた、前掲曹洞宗の「度懐胎亡者」の切紙と似た機能をもつ内容とみてよい。しかし一方では浄土宗特有の念仏化益の思想をふまえて「死したる女、子を産む事」の霊験が語られた点も忘れてはならない。とくに霊巌～満霊と連なる門流には、母子分離の血生臭い習俗を是とせず、むしろ棺中出産の呪法を用いて懐胎死の女を弔う独自の修法が相伝されていたようだ。十九世紀の浄土宗伝法に照らしあわせながら、この点を検証してみたい。

六　浄土宗伝法書のなかの産死呪法

松誉巌的の著した葬儀指南書『浄土無縁引導集』（正徳三年・一七一三刊）に、産死婦のための流灌頂の意味、死産児の扱い方、産女の怪の真偽を見分ける方法といった言説が見出されることに関しては、本書第一章Ⅳにおいて紹介したとおりである。

さらにまた、江戸小石川の源覚寺（現文京区、通称こんにゃくえんま）の所蔵本で、天保五年（一八三四）の四月に比丘賢道なる僧が編んだ『浄土名越派伝授抄』（写本一冊、全五四丁）は、名越派の口伝や白旗派の切紙を随所に引用しながら庶民の葬送に関する唱導現場の知識を列挙したもので、近世末期の江戸市民をとりまく葬儀の実情をありのままに伝える一級資料であった。産死供養のあり方を知るうえからも本書の価値は少なくない。これに関してもすでに述べた。

『浄土名越派伝授抄』の内容については、藤田定興の論考がそなわる。[26] 藤田論文の解題にしたがい全体の構成を示せば、本書は「相伝之大意」「流派ノ成立」「論釈ノ要義」「文句異解」「自己ノ信念」「化他ノ用意」「塔像法体」「道具表示」「名越派重要書籍目録」「護符ノ秘法」「請雨之法」「浄上吉水正統鎮西流名越派血脈」の十二の大項目よりなる。そのうち、死者の弔いに関連して特筆すべきは、葬儀の折の心得をまとめた「化他ノ用意」の計三十二条である。

そこには「臨終ノ悪相ヲ静ムルノ伝」、「亡者ノ顔色ヲ見ル口伝」、「野辺ニ行時ノ心得」といった死者の扱い方に関する手順や、葬送時の魔払いを指南する「火車之相現スル大事」、あるいは迷い出た幽霊の鎮め方に言及する「亡魂往来之大事」、「墓焼之伝」などが見受けられる。いずれも亡き人の魂を安らかに成仏させ、死者に災いをもたらす魔物、動物霊を鎮圧するための呪法と呪具（名号、経文偈、梵字、法衣、数珠など）の使い方をつぶさに紹介したものである。

各々の章段ごとに考究すべき点が少なくないが、全容に関しては藤田論文にゆずり、ここでは産死婦の供養にまつわる所伝にのみしぼり、当代の浄土宗門に伝来した死霊への対処方法を明らかにしてみたい。

「化他ノ用意」の第二十五条は懐妊の状態で亡くなった女の弔いについて次のようにしるす。

一　懐妊ノ者葬大事（中略）霊巖松風上人ノ伝ニ云、懐妊ノ腹ヲサカズシテ弔事、大事也。母ヲバ即チ理ニ当テヨ。是レ即チ主人ナリ、能坐人ナリ。畢竟シテ理智ハ即自受用実智ナリト観ズベシ。故ニ戒名ヲ付ルニ右ノ意ヲ以テ「理庵妙慧」「理室妙智」ナドト付テ弔ベシ。

△是ノ伝ハ霊岩寺ノ開山、房州ニ御坐《ヲハシマス》トキ、他門ノ僧、妊婦ヲ弔フニ他見ヲ愧テ腹ヲサカズシテ其儘葬シカバ、其霊魂迷執シテ其所々ニ夜来ル。依テレ之ニ霊岩上人ヲ頼アリ。時ニ上人、右ノ意ヲ以テ弔玉ヘバ、其ノ後来ラズ。是レ上人証ヲ得玉ベシ。故ニ末第ニ此ノ伝有リトレ之矣。

本文はこのあと、懐妊の死婦を供養・埋葬する手順を「白旗派ノ切紙」に拠りながら詳述する。女の腹に数珠で名号を書き、母子ともに十念を授けてから偈文を唱えて廻向せよ、と説き、また産婦の臨終に立ち合うときに僧侶自身が身を清める方法（呪符の服用、名号を焼いた灰を掌中に握りながら亡者の家に入る等）を説明したあと、いよいよ遺体の処置（剃髪入棺）にいいおよぶ。「往古の伝、切紙にあり」と付記しながら、懐胎死婦の扱い方を具体的に書きしるすといったぐあいに、仏教民俗の宝庫ともいえる内容が展開する。

さて、右に引いた第二十五条の霊巌上人の故事は、まさしく鎮西流にひろまった産死供養法の実情をものがたる説話といえるだろう。それは母親に「理」「智」の字の戒名を与えて左鎌の開腹に置き換える独自の葬法であった。霊巌（一五五四～一六四二）は下総国生実・大巌寺の貞把に師事し、後年江戸に十八檀林の一寺である霊巌寺（現江東区白河）を開いた学僧である。その逸話として前掲引用文の△印以下には、安房国隠遁時の迷霊救済が採録されている。世間の目を気にした他宗の僧が懐胎のままで死婦を埋葬したため、夜になると迷魂が村里をさまよい歩くようになる。結局、戒名を授与する霊巌流の法儀によって亡婦の魂は安楽の境地を得て二度と姿をあらわさなかった。

「腹ヲサカズシテ弔」う授戒の方法で産女の霊異を鎮めた霊巌上人の因縁は、じつはかなり早い時期から浄土宗門に流布していたらしい。十七世紀初頭の『浄土鎮流祖伝』にほぼ同内容の話がみえる。

> 師初、行二脚房州一、信二宿民宇一。家主謂レ師曰、家婦半産而亡、七二七日於此一毎夜来哭二泣吾床側一。顕密修験之徒咸失レ術而去。師其有レ意乎。師乃改二霊名一号二理庵妙慧一念仏廻施、霊不二再来一。

七七日（四十九日）のあいだ夜ごとに、夫の寝所にあらわれて哭きさけぶ産女。いかなる加持祈禱も効験をあらわさない亡魂を救うことができたのは「理庵妙慧」の法号と念仏の功力のみであった。産女の怪の鎮静を説きあかす房州の因縁は、霊巌派を中心に唱導された葬送法儀の説話化と考えてよかろう。霊巌・満霊の法系に伝わった懐胎死供養の修法が、先述の『満霊上人徳業伝』にみえる霊験譚を生む土壌となったことは想像にかたくない。産女済度の方法を説く門流の伝統と、そのことを証拠立てる高僧伝の緊密な関連性をおしえるものとみてよかろう。

ところで、『浄土名越派伝授抄』の編者は、「懐妊ノ者葬大事」の章の末尾に、安産法のひとつ「伊勢ノ伝[27]」を紹介するとともに、みずからが葬送の場で体験した「現場の声」を吐露している。

又私ニ云、妊婦死スル時、胎内ノ子多クハ死スモノナリ。ヨク〱コレヲ窺テ葬ルベシ。若、子死セサル時ハ容易ニ葬リ難シ。能ク見テ二出産ヲ一待ベシ。満月ナレハ母死シテモ必出生スベシ。サレハ此時キハ唯一心ニ安産ノ法ヲ以テ念スベシ。若シ母子共ニ死スルニハ今時腹ヲ裂テ出ス事ハナリ難シ。又凡僧ノハカラヒシテ出産アルベキ様ニモナリ難シ。サレハタ、仏ノ威神力ヲ頼ムヨリ外無ナルベシ此亡者ハ土葬ニセズ、必ス火葬ニシテ焼ワケト云フニスベシ。

胎児の生死をよく見究めること、土葬・火葬の別と「焼ワケ」の指南などは、いかにも日頃一般の信徒に接する機会の多い説教僧らしい言説であろう。同時に、とくに目をひくのは、民間葬法の現実に対する寺僧の側の率直な心情が割注のかたちで示されている点である。昨今（天保期）の市井にあって、開腹をともなう旧態の母子分離は衆庶の民度になじまない。そうかといって、適当に言い繕い産み落とした体にとりなすわけにもいかない。もはや「仏ノ威神力」を頼むしかない。そうした状況下で、最も有効性を発揮するのが安産の法であり腹を裂かずして弔う棺中出産の呪法だったのだろう。中世以降、曹洞宗総持寺派を中心に一般社会に普及した産婦をめぐる呪的儀礼は、江戸中・後期の浄土宗門にあって自派の教義にあわせた解釈を加えた新たな葬法へと変容していった。むろん、霊巌門流においても、念仏との融化がおしすすめられたわけである。

七　おわりに——奇譚の時代

仏教唱導を介して普及した懐胎死婦の葬法は、近世後期に至り巷間の噂話のたぐいとなって拡散していく。江戸の町奉行を勤めた根岸鎮衛（一七三七〜一八一五）が編んだ『耳嚢』十之巻に「棺中出生の子の事」と題した奇談がみえる。

享保の中頃、御広敷（大奥役人）の星野又四郎の妻が子を孕んだまま死ぬ。菩提寺を頼み「母子の死骸を分けようとするところに、兄のはからいもあり、別の寺に相談してみることになった。和尚は「母子共に死す共分娩すべし」とおしえ、彼の宅に来て棺の前に坐り、ひたすら観想をなした。夜の五つを過ぎるころ、一喝を下すと棺中に小児の泣く声が聞こえた。「此子六才迄存命せば、必ず我弟子と為すべし」との和尚の言葉どおり、子供は寺の小僧になった。この一件をめぐり、本文はこう結ばれる。

> 右寺は牛込原町清久寺といふ禅寺にて、彼和尚は大枝といへる。小児出家して大方と号し、後に武州瀬田ケ谷勝光院に住職す。七拾三歳にて隠居せり。又四郎は後妻を迎へ、男子をまたもふけ、則《すなわち》又四郎と名乗《なのり》、御広敷下男の頭を勤《つとめ》たり。親又四郎、寛政九巳年七十三才の時御広敷の頭勤めぬる原田翁物語ぬ。その頃大方は七十六歳のよし聞しとや。

清久寺は東京都新宿区原町にあった曹洞宗寺院だが、明治五年（一六七二）に廃寺となっており、大枝および大方の史伝はよく分からない。一方、勝光院の方は天正十一年(一五八三)に曹洞宗に中興された古刹で、「火車落しの数珠」「火車の爪」などの宝物を所蔵し、「火車落切紙」に記された洞門の葬送儀礼と深くかかわる寺であった。[28] この寺の住職となった大方の奇しき出生の秘密が、「母子別腹切紙」等によって実践された曹洞宗禅林の呪法から派生した説話であることは疑いない。

ただし、『耳嚢』所収の奇話の出拠が、大奥役人の二代目又四郎や原田翁の語る御広敷周辺の噂話の世界にあることも忘れてはなるまい。寺門の外部へと拡散した産死婦伝承の民間奇談化を、そこに垣間見る思いがする。市井の風聞に溶け込んだ寺院由来の産女譚は、やがて人々の意識下に子を抱き流れ灌頂の水辺に現れる産女の表象とオソレの念を根付かせていく。怪異小説から南北の『東海道四谷怪談』に展開する幽霊像の成立には、近世の宗教文化の底流が、化学変化にも似た変容をくりかえしながら、根源的な影響を与えていたのである。

注

1. 廣末保「南北の〈無秩序空間〉―崩壊期の方法」(『日本文学』三三号、一九八四・一)。
2. 新潮日本古典文学集成『東海道四谷怪談』による。
3. 高橋則子「鶴屋南北と産女―『天竺徳兵衛韓噺』の乳人亡霊から『四谷怪談』の岩への変遷」(『文学』五三号、一九八五・九)。
4. 郡司正勝は南北の産女譚に京伝作品の影響を指摘する(「治助・京伝・南北―劇と小説の交流について」(『かぶきの発想』所収、弘文堂、一九五九)。
5. 西田耕三『怪異の入口―近世説話雑記』第二章(森話社、二〇一三)。
6. 北城伸子「数珠繰りの習俗と江戸劇作―京伝・南北の趣向をめぐって」(『説話・伝承学』八号、二〇〇〇・四)。
7. 貞享二年・一六八五刊『新編鎌倉志』等に産女供養の説話がそなわる。
8. 堤邦彦『近世説話と禅僧』第二章Ⅱ「子育て幽霊譚の原風景―葬送儀礼をてがかりとして」(和泉書院、一九九九)。
9. 石川力山『禅宗相伝資料の研究上・下』(法蔵館、二〇〇一)。
10. 注9の論考四八二頁。

11. 注8に同じ。
12. 注9の論考四九八頁。
13. 注9の論考五〇一頁。
14. 高達奈緒美「疑経『血盆経』をめぐる信仰の諸相」（『国文学解釈と鑑賞』一九九〇・八）。
15. 高達奈緒美『仏説大蔵正教血盆経和解』（岩田書院、二〇一四）解説三六二〜三六三頁。
16. 西口順子『女の力―古代の女性と仏教』（平凡社、一九八七）。
17. 南方熊楠「孕女の屍より胎児を引離す事」（『郷土研究』五―四、六―二、一九三一）。
18. 安井眞奈美『怪異と身体の民俗学―異界から出産と子育てを問い直す』（せりか書房、二〇一四）二二一―二二三頁。
19. 堤邦彦『江戸の高僧伝説』第二編「近世浄土宗の民衆教化」（三弥井書店、二〇〇八）。
20. 『北区史』民俗編3（一九九六）、四九七頁。
21. 専称院版の『祐天大僧正略縁起』（『略縁起集成』第一巻）には、「此数珠御名号信心して頂戴の人ハ、亡霊怨念恨ミたゝり狐狸野干の障り、剱難水難諸病平癒して一切厄難免《まぬか》除れ、しかも出生開運福寿満願す」とある。
22. 梅田豊彦「わが住む町の民話」（『季刊民話』一九七六・九）。
23. 浄土宗十八檀林における産女や胎児の特殊葬法については、鈴木堅弘「地獄絵《受苦図》と《常宣寺縁起絵巻》の交点―関東十八檀林における産女・堕胎児救済譚と女人往生の寺―」（『説話文学研究』二〇二三・九）に言及がそなわる。
24. 大橋俊雄「浄土宗における現世利益の系譜」（伊藤唯心・玉山成元編『法然上人と浄土宗』所収、吉川弘文館、一九八五）。
25. 恵谷隆戒「近世浄土宗伝法史について」（『仏教大学研究紀要』、一九六二・二）。
26. 藤田定興「寺院の庶民定着と伝法―浄土宗寺院を中心に」（『論集日本仏教史』第七巻所収、雄山閣出版、一九八六）。
27. 『浄土名越派伝燈抄』の「護符秘法」の項によれば、難産に苦しむ妊婦に対しては、節分の大豆を二つに割って「生」の字と「丸」の字を書き、「生」の方を妊婦に飲ませる。これを「伊勢の法」といい、懐胎死の場合も「生」字を口にふくませると説明する。
28. 注8の第二章I「火車と禅僧」。文化六年（一八〇九）の『世田谷私記』に勝光院の「くわしや爪」にまつわる火車落しの法力譚が載る。

終章　近代文学への通路

泉鏡花と狂女、妖婦――『妖怪年代記』『龍潭譚』の原像

明治六年（一八七三）、金沢に生まれた泉鏡花は、幼少期に体験した説話・伝承との出会いについて、こう記している。

明治十三年四月、町より浅野川を隔てたる、養成小学校に入学。これより先、母に草双紙の絵解きを、町内のうつくしき娘たちに、口碑、伝説を聞くこと多し。（春陽堂版『鏡花全集』所収「泉鏡花年譜」）

鏡花文学の怪異幻想を支えた原風景の一端に、亡母の読み聴かせた草双紙の遠い記憶や、土地の口碑伝説がはなつオーラルな説話世界を想起しうる点は、一様に研究者の認めるところである。個々の作品の民俗性を検証した松原純一の論考、あるいは小林輝治による民談系出典の整理は、鏡花文学の説話的な源流を明かす視座であり、また一九九〇年代になり、江戸文芸との関連を含めた「前近代的素材」にせまる須川千里の考証が報告されて今日に至っている。[1]

一方、「泉鏡花」という一個の作家を考究対象とする近代文学研究の方法とは別に、より長大な説話・伝承史の流路にそって鏡花文学の位置付けを理解しようとした場合、やや様相の異なる作品像が浮かび上るように思えてならない。

十九世紀末の幻想文学に立ちあらわれた前近代の怪異世界とは何か。あるいは鏡花周辺に語られていた民談の言海を前にして、作家は身辺の説話環境より何を学び、何を捨象したのか。古い怪異譚の残像を鮮明かつ具体的

に蘇らせる検証作業は、結局のところ鏡花作品の特質を説話・伝承の歴史変遷の中から掬い上げることになる。そのような見地により、従来の作家、作品研究の枠組みにこだわらず、鏡花文学の説話・伝承史的な位相を読み取ろうとするところに、本章の試みがあると認識している。試掘の結果、江戸怪談文芸の近代への展開と変容が遠望される筈である。

一 『妖怪年代記』のなかの江戸怪談

明治二十八年（一八九五）の『妖怪《ばけもの》年代記』は、金沢の「松川私塾」に起こった怪異体験を描く。のちの『草迷宮』と『稲生物怪録』のかかわりを予感させる〈化物屋敷〉のモチーフにいろどられた初期小説であり、「鏡花の淵源を解く重要な一作」とみる小林輝冶の指摘[2]はあるものの、従米あまり顧慮されていない作品のひとつであった。明治二十年、木倉町（現金沢市片町）の井波氏私塾に通っていた鏡花の伝記的側面から考えても、『妖怪年代記』の内包する在地伝承の色彩と、作家の記憶の痕跡は度外視できない。

金沢市古寺町の松川塾に入門した主人公「山田」は、旧藩時代に「旗野」氏の屋敷であった邸内にまつわる「血天井」「不開室《あかずのま》」「庭の竹藪」の三奇事を耳にする。話は旗野の先住某家の改易にさかのぼる。屋敷の明け渡しを拒んで居間に閉じ籠もった奥方の執念が「不開室」に留まり、それからというもの女のすすり泣きや嘲笑う声が止まない。ある晩、旗野の妾「お村」は不開室の前で怪事に遭って気を失い、酔いつぶれて寝ていた家中の侍の隣りに倒れ込む。殿の寵愛に嫉妬した朋輩の女中が両人の密通を讒訴したため、旗野氏は侍の首を刎《は》ね、丸裸に剥《む》いたお村の前身に酒をぬると、竹藪に投げ入れて虫責めの罰を与える。休中が赤く腫れあがり、ひと晩中かぼそい声で咽び泣くお村に、なおも立腹した旗野は、半死半生の裸女を藪から引き摺り出し、天井より釣り下

図１　山東京伝『善知安方忠義伝』前編、第六条（『山東京伝全集』）

げて一太刀をあびせる。首を落とされ逆さまの姿勢になったお村は、天井に断末魔の血の足跡を遺して絶命する。その後、亡魂の祟りによるものか、主人は竹藪の奥で狂い死に、旗野の家は跡が絶える。

前半部に描いた名家滅亡の因縁咄をふまえ、話は主人公が件《くだん》の竹藪で妖しい女に出会うこと、そして邸内にひびく「啾々たる泣き声」や、寝所にあらわれた裸体の女の霊異へと展開する。凄惨な殺し場を思い出させる不気味な出来事をつづりながら、最後まで読みすすむと、結局、山田の見た妖女の正体が知的障害のある松川の妹だったとする存外な謎解きを示して、物語は終わるのであった。

旗野の家筋の没落が、皿屋敷伝説型の芝居、講釈、戯作等を素源とすることは、すぐに想察されるであろう。もう一歩踏み込んで具体的な出拠を示せば、お村を毒虫の群がる藪に投げ入れる酸鼻な折檻の場は、山東京伝の『善知安方《うとうやすかた》忠義伝』（文化三年・一八〇六刊）前編第六条の蚊責めの趣向に想を得ている。自分になびかぬ貞女・錦木に腹を立てた医師の老態は、母の眼前で幼な子の千代童を丸裸になし、酒を「総身にぬりて前なる竹藪に縛りつけ」る（図1）。酒気を慕ってあつまる数千の蚊柱の中に放置して苦しめる残忍な責め場は、京伝読本らしい芝居仕立ての潤色に充ちた作風とみてよい。かような蚊責めの描写は、『妖怪年代記』の原拠にかぞえられた金沢長町の「妖物屋敷」の故事（『金沢古蹟志』）にはみえず、[3]むしろ京伝読本に触発された結構とみなしうる。

じつは『善知安方忠義伝』は、昭和十七年の「泉鏡花蔵書目録」（『泉鏡花全集』第十六巻月報）に書名がみえ、鏡花の目にふれた戯作のひとつでもあった。お村の惨殺を発端とする因縁咄の創出にあたり、江戸戯作のエッセンスが援用された点は、鏡花と江戸文芸の直接的なかかわりを如実にものがたる。

もっとも、そうした部分的な影響関係以上に注視すべきは、怪異の種明しを骨子とする結末であった。『妖怪年代記』の評価をめぐっては、本書に「一種の探偵小説」としての特性を読む小林輝治の指摘が存する。[4]

> 妖怪を見たいと思っている少年がそれを見た。ところが、実際には白痴《ママ》を見たに過ぎなかったのである。なぜ白痴《ママ》が怪異に思われたのか、これが最後に明かされて行くわけである。題名に「年代」の二字を用いたのも、内容的には「伝説と現代」とを対比させる、以前はともかく今は「幽霊の正体見たり枯尾花」、そういう時代精神というか探偵趣味をこめようとしたものであろう。

小林の解釈は、「少年もの」の執筆を勧める明治二十七年の紅葉書簡を傍証としており、鏡花作品論の範囲内においては首肯すべき見方かもしれない。しかし十七世紀以降の怪異文芸史の水脈に照らし見た場合、怪異を人の狂気のなせるわざとする結末に近代的な「時代精神」の発露を読むことは、やや違和感を覚える。むしろそこに、蒙昧なる江戸怪談と近代文明の「対比」ではなく、彼我の密なる連続性を見出そうとするところに、筆者の基本的な理解がある。

例えば、貞門俳人・荻田安静の遺稿という延宝五年（一六七七刊）の怪異小説『宿直草』（富尾似船編、平仮名絵入五巻五冊）をひもとくなら、錯覚と思い込みによる奇談を描く巻四の十「月影を犬と見る事」、巻四の十「疱《いも》する子をばけ物と思ひし事」、巻四の十一「ゐざりを 班《ばけもの》 とみし事」などの一群を目にするからだ。

巻四の十では、闇夜に灯火も持たず雪隠に行った男が、三尺ばかりの「得知れぬ物」に出くわす。妖異の正体は疱瘡を患った隣家の少女で、「熱気におかされ」て迷い出た者とわかる。気の迷いより生ずる怪事に知弁のメスを入れる仮名草子時代の怪異語りの一定型がそこに見てとれる。

怪談と近世の人々とのかかわり方を考究する際、特に注意すべき時代思潮として、儒教哲学にねざす妖異の否定と謎解きを生命とする啓蒙書の系譜が想起される。[5] それらは庶民教化を目的に民間儒者や心学者より発信されたものであり、超常的な化け物の正体を儒教の主知主義に照らして合理的に説明しつくすことを眼目とする。山岡元隣の『古今百物語評判』（貞享三年・一六八六刊）は、そうした思惟に基づく解冥の仮名草子であったし、儒医・中山三柳の『飛鳥川』（慶安五年・一六五二刊）に至っては、妖魔の出所を「愚心のまどひ」に求める心・妖一元論の主張に終始する。新井白石の『鬼神論』（寛政十二年・一八〇〇）へと連なる〈無鬼の思想〉の形成を今日に伝える筆法とみてよかろう。また、啓蒙書の性格をあらわにした『万物怪異弁断』（正徳五年・一七一五刊）、『三才因縁弁疑』（享保十一年・一七二六刊）、『怪談弁妄録』（寛政十三年・一八〇一刊）等は、いずれもこの世に説明のつかない妖しき事象など存在しないことを、怪異体験の実話に照らしあわせながら、ひとつひとつ解き明かしてみせる。妖怪の素性を、それを思い描く人間の心象に求める〈江戸怪談の時代精神〉は、啓蒙と教化を経て近世人の日常に根をはるところとなっていた。

もっとも、教条的な庶民啓発の姿勢とは裏腹に、これらの怪異弁断書を介してあまたの妖異が語られ、結果をみれば近世奇談文芸の素材源となった点も否定できない。いわばそれらは、逆説的なかたちで江戸怪談の主役たり得たわけである。

二　狂女の怪

十七世紀にはじまる〈人による怪異の解体と支配〉は、やがてその延長線上に人間存在そのものを化け物とみなし、人の心の暗部に妖しき事象を覗き見る現世的怪異談の流れを生み出していく。『宿直草』巻五の九「旅僧狂気なる者に迷惑する事」は、乱心者の狂態を怪談のモチーフに用いた比較的早い時期の作柄であった。

旅の僧が山深い一ッ家に泊る。その晩、奥方が重い病いのために息を引きとり、主の男は山向こうの縁者を呼びに出る。留守を頼まれた僧が闇夜の心細さにうち震えながら通夜をしていると、何処《どこ》からともなく妖しい女が現われ、死婦の遺骸にとりつきながら「目吸い口吸い、けらけらと笑」う狂態をみせる（図2）。数刻をうつして家に戻った亭主に、屍をなぶる女のことを話すと、それこそは発狂した実の娘で小屋に閉じ込めておいたものが迷い出た次第をうち明け、我が家の秘密をあらかじめ伝えておかなかったことを詫びる。僧は「狂気を知らでは恐れし事 尤《もっとも》に侍る」と悟り、翌朝葬儀をおえると再び旅の空をめざした。

この話には先行する類型説話がある。すなわち通夜に居合わせた旅僧が、遺体をねぶり喰い荒らす食人鬼の血の狂餐に出くわすといった仏教説話の定型が、『緇白《しはく》往生伝』（元禄二年・一六八九刊）、『浄土鎮流祖伝』（宝永元年・一七〇四成立）、『善悪因果集』（宝永八年・一七一一刊）等の勧化本に散在し、また怪異小説に流入して『曽呂里物語』巻三の七、『善悪 報《むくい》はなし』巻二の一などの類話を派生したことに気付かされる。[6]

僧坊を発生母胎とするこれらの話群は、いずれも葬儀の斎餐や布施をむさぼり求める悪僧の執念が化して食人鬼の幻影を生じた因縁を語るものであり、末尾に旅僧の善導による悪僧の救済を説くことを忘れてはいない。

一方、そうした食人鬼説話の系譜をふまえて、『宿直草』巻五の九を解析するなら、伝統話型からの乖離を志向する新たな怪異小説の特質が顕然となるだろう。旅僧の目の前に立ち現われた妖女は、悪僧の貪念ならぬ生身の人間の狂気そのものだったのだから。

少なくとも、食人鬼の常套モチーフに慣れ親しんだ当時の読者にとって、原話の怪異を身辺に起こりうる狂女の奇行にすりかえた『宿直草』の語り口が、じつに斬新なものに感じられたであろうことは想像にかたくない。古い説話様式を継承しながらも、彼我のめざす地平は一様ではなかった。とりわけ怪異の対象を宗教者の説き弘めた人外の悪鬼から、人の世の狂気に置き換える「知」の精神が『宿直草』の行間に読みとれる点は、大いに顧慮すべきであろう。心を病む我が娘を人目はばかり幽閉せざるを得なかった父親の姿を描き添えるあたりに、『宿直草』に始まる新たな怪異表現の登場がうかがえる。それは江戸怪談における人間存在の発見といってよいかもしれない。人々はおのれをとりまく日常空間のまにまに奇しき事象の種々相を見出していた。かような怪異観をベースとして、市中に充ちあふれる生活のなかの不思議、恐怖体験、奇しき人の世の運命、男と女の愛憎といったテーマが江戸怪談の題材に組み込まれて行く。

図２　『宿直草』巻５の９挿絵

弁惑《べんわく》物読本の代表作である『古今弁惑実物語』（宝暦二年・一七五二刊）に、恋情ゆえにニセ幽霊の奇策をくわだてた町娘の情話（巻一の二）や、狐に化けた貧女の嫁入咄（巻四の一）が描き出されたのは、怪異の種明かしに形をかりて不可思議な浮世の人情世態を見究めようとする当代文芸の傾向性をよく示している。[7] 金沢の俳人・堀麦《ほりばく》水《すい》が『三州奇談』のなかで、人間行動の妖魔性をとりあげた「人妖」論を展開したのも、[8] 広く考えれば同様の時代精神を享けた人間中心の知的怪異観と考えてよかろう。

さて、江戸怪談の以上のような水脈を承知したうえで、再び『妖怪年代記』の結末を読み解くなら、『宿直草』あたりを淵源とする〈人妖論〉の流れが、次世代の明治文学に融化するさまを遠望することになるのではないか。少なくとも探偵小説の流行色だけでは説明のつかない「怪」と「知」のコラボレーションの構図が、鏡花の初期作品を通してあらわになる筈《はず》である。人の狂気に魔境を垣間見るオソレの感性は、いわば江戸怪談の残陽を全身に浴びた怪異表現にほかならない。

『妖怪年代記』より十四年ののち、鏡花は『一寸怪《ちょいとあやし》』（明治四十二年・一九〇九十月）において、怪異の本質を次のように語っている。

> 怪談の種類も色々あるのを、理由のある怪談と、理由のない怪談とに別《わ》けてみよう。理由のあるといふのは、例へば、因縁談《いんねんばなし》、怨霊などといふ方で、後《あと》のは天狗、魔の仕業で、殆《ほとん》ど端倪《たんげい》すべからざるものを云ふ。これは北陸辺に多くて、関東には少ないやうに思はれる。

このあと、右の言説をうけて、鏡花は自ら見聞した四つの奇話を例示する。最初は、逗子に仮居の折、湯殿の手桶が人知れず失せる事件である。じつはこれは、裏に住む家主の老婆が音もなく侵入して持ち去っただけの話であるが、「こんな事でも其の機会《きっかけ》がこんがらがると、非常な、不思議な現象が生ずる」のだという。つづく三つの奇談（静岡のポルターガイスト、房州白浜の妖獣、越前丹生・善照寺の怪火）こそが、「例の理由のない方の不思議」であり、人智を越えた魔界の現象とする。むろん『一寸怪』の主眼は後者の理由なき怪談にあるわけだが、その前段に人の錯覚が生む幻影の怪をとりあげ、「理由のある怪談」の範疇に加える怪異認識のありようは、およそ十七世紀にはじまる江戸怪談の主知主義の作風が、鏡花作品のなかに未だ命脈を保っていたことを示唆する。この点を色鮮やかに可視化しようとする際、近代文学の説話・伝承史的な解析は避けて通れないだろう。いわばそれは、文学史上に「近世説話」から「近代説話」への連続線を書き入れる試みといってよいかもしれない。

三　『龍潭譚』と明治期北陸の宗教伝承

鏡花の作品には、水精・蛇性にまつわる妖異がしばしば登場する。こうした題材と幼年期の体験的記憶のかかわりをめぐって、明治四十一年七月の『予の態度』に興味深い思い出話がみてとれる。

要するにお化けは私の感情の現象化だ。幼ない折時々聞いた鞠唄などには随分残酷なのがあって、蛇だの蝮だのが来て、長者の娘をどうしたとか、言ふものを今でも猶鮮明に覚えている。

鏡花文学を一貫するモチーフのひとつに〈水と女と蛇〉というイメージ世界の連環が指摘されている。[9] また明治二十九年七月の『蓑谷』、同年十一月の『龍潭譚』から『高野聖』に発展する深山の神秘的女性像の造型に、「水」「蛇」の連想を読みとる視座にしても、すでに研究者に定着した感がある。[10] そのような鏡花の創作傾向に、北陸の風土をバックグラウンドとする蛇性の記憶が少なからず作用したであろうことは、すぐさま想像がつく。もっとも、加賀・越中の昔話伝説に類比した場合、鏡花の作品群が、自身の説話体験をふまえつつ、そこからの「脱化」を試みる創作文芸の志向性に充ちあふれていることも事実であった。この方面に関しては、これまでにも民談と作品をめぐる出拠考証が行なわれてきた。

ただ、現在目にすることのできる手近な民話集をてがかりとする解析方法には、やはり限界が感じられる。少なくとも伝承と文学の親疎の距離を現認するためには、加越地域のフィールドに散在する百年以前の伝承のカケラを拾い聚め、分析する考究工程を要するだろう。それは、金沢時代の鏡花の周辺に実在した蛇伝承の説話環境を復元する作業といってよいかもしれない。作家をとりまく説話・伝承の姿かたちを、作品の成立時点に遡って確かめるプロセスがなければ、「脱化」の真の意味を可視化することはできない、と筆者は考える。この点を明らかにするため、『龍潭譚』（明治二十九年・一九五四）に描かれた水精と妖女のモチーフに着目し、鏡花文学の苗床となった明治期北陸の「水」と「女」と「蛇」の説話土壌に分け入ってみたい。

『蓑谷』『龍潭譚』の背景となる伝承の存在について、須田千里は富山県東礪波郡城端《じょうはな》町蓑谷の縄ケ池伝説をとりあげた。[11]『龍潭譚』の終章に、妖女の棲む「九ツ谺」の谷に程近い「城の端の町」の名がみえる点から考えても、越中南端の山麓一帯に作品の舞台を求めるモデル論は説得力をもつ。

『三州奇談』『越之下草』等の近世資料によれば、縄ケ池（図3）の水精は琵琶湖の百足退治に手柄をたてた俵藤太秀郷が近江より連れて来た竜神の娘であり、旱魃の際に祈願すれば必ず雨を降らせるという。ただし鉄器の類を池に投げ入れると「忽《たちまち》国中黒闇となり」暴風雨が止まずに田畑に害をもたらす（『三州奇談』巻五「井波私風」）。また一説に、加越国境の倶利伽羅峠に止錫した泰澄が小矢部川の悪蛇を池中に封じて四周に結界の縄を張りめぐらした古跡とも伝え（明治三十一年『越中宝鑑』）、毎年七月十五夜に水精が美姫の姿を湖上に現わすので、村

図３　縄ケ池（富山県城端町）

人は山に入ることを禁忌とした（『越中志徴』等）。

鏡花の伝記的側面にそくしていえば、明治二十二年六月の富山滞在、同二十七年上京時の高岡通過の折に在地伝承との接触点があったとしても不思議ではない。さらに笠原伸夫の報告[12]した、越中五箇山の神楽踊唄の援用（『蛇くひ』）と合わせて考えるなら、明治二十年代の鏡花が小矢部川上流域の山岳地帯（現城端、福光、上平等の町村）のフィールド情報に通じていたことは、十分あり得るだろう。

あるいはまた、明治二十七年の七月、縄ケ池の水恩と秀郷の水利開拓伝承を刻した顕彰碑が蓑谷の村内に建立されており[13]、この当時縄ケ池をめぐる話題が世間の取り沙汰になっていたことを示唆する。ちなみに蓑谷には秀郷の末裔を名乗る「中谷屋」の一族が住み、由緒書をまもる家筋として永く伝承の語り手となっていた（『三州奇談』）。鏡花在越時のこのような状況に格別の注意を払っておきたい。

ところで、『龍潭譚』の伝承性をめぐって、ことに着目すべきは、九ッ谺の魔境から家に戻った主人公の少年が、「神かくし」の惑乱者として叔父や村の童たちに忌まれ、魔払いの呪禁を受ける終章「千呪陀羅尼」の部分である。寺の本堂に据えられた少年のまわりで、「僧ども五三人一斉に声を揃へ、高らかに誦する」経文が響きわたる。そして金襴の帳がまき上げられて本尊の開帳におよぶ頃には、雷鳴《はたたかみ》が天地をゆるがせ、寺は豪雨につつまれて行く。

滝や此堂《この》にかゝるかと、折しも雨の降りしきりつ。渦《うずま》いて寄する風の音、遠き方《かた》より呻《うな》り来て、どっと満山に打《うち》あたる。

大嵐のために九ッ谺の谷は一夜のうちに淵瀬と変じ、水底に姿を隠してしまう。上述のごとく「城の端」の里名を記すところから、この湖水が縄ケ池の伝承に想を得た結構である点は疑いないだろう。ただ、それでいて、現行の民話集に載る水精伝説をみる限り、『龍潭譚』終章の大豪雨と宗教的大団円を導き出す素材としては、やや関連性に欠ける感がある。鉄の気を嫌う『三州奇談』の竜女伝承に比しても、大法会の場と直接結び付くわけではない。

四　雷雨をよぶ寺参りの蛇婦

一方、暴風雨による魔境水没の描写には、北陸の真宗寺院を中心とする、いまひとつの宗教伝承の投影が見出される。昭和五十二年度版『城端町の伝承』は、町内屈指の大刹である真宗大谷派・善徳寺（城端別院）、および隣接する井波町の瑞泉寺（真宗）に関する次の口碑を採録している。

池の大蛇は女性で、城端の善徳寺の御満座の法要にお参りになる。詣ってお帰りになった後をみると濡れているということである。（略）例年七月二十五日には姫様が井波の太子伝会にお参りになるとき、雲に乗って行かれるため、その時は必ず雷雨があると伝えられる。

毎年七月に行なわれる城端別院の虫干会や、井波町瑞泉寺の聖徳太子像開帳と絵解き説法は、北陸真宗の主要行事のひとつで、遠国近在の門徒でにぎわう。その折、縄ケ池の水精が雷雲とともに寺に詣でて御法を聴くという。じつはこうした〈寺参りの蛇婦〉と真宗のつながりは、縄ケ池伝説のみならず、加賀・越中の一円に広汎多様な伝承圏を確立していた。

例えば、越中との国境に近い加賀二俣の本泉寺（現金沢市）には、俵藤太に縁のある蛇婦の言い伝えがのこる。西山郷史の「蓮如習俗論」[14]によれば、蓮如忌の四月二十五日がくると「ショウ坂」の蛇が美しい娘のいでたちで本泉寺詣でをする。前日には必ず雨が降り、女の座った跡が濡れているので、水精とわかるのだという。この艶蛇の正体を秀郷が百足退治の褒美に貰った竜神の子でショウ坂の池に放したものとするのは、縄ケ池伝説にあい通ずる変奏とみてよい。

〈寺参りの蛇婦〉の伝承が蓮如信仰の教線を媒介として早くも近世中期の北陸に流布していたことは、堀麦水『三州奇談』所収の「ヤスナ淵」の由来譚（巻一「那谷秋風」）をみても明らかであった。石川県小松市赤瀬町のヤスナ淵の話は、富山の薬売りの男にもてあそばれた片目《すがめ》の美少女ヤスナが悲恋のはてに深淵に沈み、溺死した娘の怨霊が一眼の蛇と化して川下の里に水害の祟りをなした民談である。この話の発生基盤をおもわせる真宗民俗について、麦水は以下の見聞談を紹介している。

小松河岸端と云《いふ》に、燕山本蓮寺と云は蓮如上人の姻族、今荘厳巍々の道場也。（略）かのやすなは此《この》本蓮寺の門徒にして、干レ今《いまに》此々の報恩講の中には必ず詣ると云。雪中といへども水出て岸にあふれ、風雨烈敷《はげしき》日有《あり》。土俗、赤瀬のやすなが参ると云。

深淵の蛇が妖女のいでたちで寺の報恩講にやって来る。この日は季節外れの豪雨となり、濁流が岸を洗う。天と地の大変異を眼前にして、門徒の人々は今年も赤瀬の蛇婦が蓮如上人の故地に化現したことを知るのである。ここでも秋の報恩講の場が説話生成のキーワードとなっており、この種の伝承の「真宗系仏教説話」としての位相を如実にものがたる。

この他、『南越民俗』（昭和十三年七月）に採取された福井県鯖江市杉本・西光寺（真宗本願寺派）の「蛇ぼんこ」（蛇報恩講）由来もまた、〈寺参りの蛇婦〉のヴァリエーションとみてよい。当寺十七世寂周の乳母が寺勢外護の志をもって琵琶山の池に身を沈めて蛇身となる。それ以来毎年の報恩講に蛇婦が姿をみせ、時ならぬ秋雨が寺堂を濡らす。寺蔵の縁起書によれば、女の入水は享保十二年十一月一日。寺では彼女を手厚く葬り、「釈尼妙通」と法号して永く篤信を称えたという。報恩講の折に蛇婦を迎える陰膳の風習が今にのこる。また明治初年に池が埋められると、蛇は南条郡の「夜叉池」（または武周池）に移り住むようになったとも伝える。

ちなみに、鯖江より鯖波、今庄、板取を経て栃の木峠に至る北国街道ぞいには、西光寺門徒の住む集落が点在し[15]、現在でも十一月の報恩講には西光寺住職による鯖波周辺の巡回布教が行なわれている。

南越の村里といえば、『深沙大王』『夜叉ケ池』『栃の実』などの鏡花作品の舞台となった地域でもあり、明治二十三年の上京時やその後の帰郷に際して、鏡花はこの道を通っていた（「年譜」）。北国街道に伝播した真宗の蛇婦伝承、とりわけ夜叉ケ池への移住を語る明治期の「蛇ぼんこ」伝承は、『夜叉ケ池』等の作品の原風景を溯及するのに欠かせない考究対象ではあるまいか。

五　宗教伝承からの脱化

さて、在地の真宗寺院に流伝した〈寺参りの蛇婦〉と雨中の報恩講の言い伝えを把握したうえで、再び『龍潭譚』の終章に目を転ずるなら、堂宇をつつむ暴風雨の描写、そして「城の端の町」をひと呑みにする程の魔境の水源池といった物語の設定は、北陸門徒の宗教伝承に通ずる心象風景のように思えてならない。現行昔話の語り口とは目的性の異なる布法説話、仏教民俗の介在が想察されるのである。この点を度外視しては、鏡花の記憶に刻された水精の女の原像を明治期北陸の説話環境に比定して理解するてだては得られないだろう。

ただその一方では、鏡花作品のなかに、作家をとりまく説話・伝承からの大いなる脱化と飛翔の軌跡が見出されることも忘れてはならない。

そもそも真宗を発生母胎とする蛇婦譚は、親鸞・蓮如による女人済度の霊験を説話の中心にすえた信仰伝承にほかならない。非道な振舞いや嫉妬心ゆえに蛇身の苦患を受けた業婦が、寺参りの末に祖師上人の導きで救われる。女人罪障思想をベースとした救済のテーマが、しばしば真宗の高僧絵伝に「大蛇済度」の因縁として図像化されることも珍しくない。例えば図4は城端別院に伝存の「蓮如絵伝」（近代）に画かれた蛇婦の寺参りの景である。明治・大正の善徳寺、西光寺等の法会には、絵解きや節談説教が行なわれ、宝物開帳[16]から見世物に至るまでの芸能娯楽を通じて本山非公認[17]の蛇婦俗伝が民間に布宣されて行った。

ひるがえって、水精を〈救いを求めて寺に化現する業婦蛇身〉のシンボルとみる真宗の説話風土にひき比べるなら、水の女の慈母的イメージや山中魔界の存在などにこだわり続けた鏡花文学の物語世界が、全く異なるベク

図４　城端町・善徳寺蔵「蓮如絵伝」（近代）に描かれた蛇婦の寺参り。着物の裾より白蛇の尾がのぞく。

トルを示すことは明らかであった。説話・伝承からの飛翔を試みる作者の姿勢は、両者の並置によりいっそう鮮明になるといってもよいだろう。唱導と文芸の根本の差違は、江戸も維新後もそう変わってはいない。

＊

稲妻や　道きく女はだしかな
十六夜や　たづねし人は水神に

鏡花の秋の句に見出される霊的な水の女の造型に、説教僧の説きひろめた女人罪障の倫理観や業婦蛇身の類型を読みとることはできない。鏡花の生きた時代の北陸一円に流布した僧坊の蛇婦伝承に類比することにより、鏡花文学を際立たせる水の女の幻想と文芸美はいっそう輝きを増すのである。

筆者が明らかにしようとしたのは、作家個人の心意にすりこまれた非自覚的な説話・伝承の記憶であり、文学作品の深層にひそむ共同心意の地下水脈の可視化であった。

注

1. 松原純一「鏡花文学と民間伝承と―近代文学の民俗学的研究への一つの試み」(『相模女子大学紀要』一二号、一九六三・二)、小林輝治「『夜叉ヶ池』考」(『北陸大学紀要』二号、一九七八・十二)、須田千里「鏡花文学における前近代的素材(上)(下)」『国語国文』一九九〇・八、同・六)。
2. 小林輝治「『妖怪年代記』論―『高野聖』の系譜―」(『鏡花研究』三号、一九七七・十一)。
3. 注2に同じ。
4. 注2に同じ。
5. 堤邦彦・杉本好伸編『近世民間異聞怪談集成』解題(国書刊行会、二〇〇三)。
6. 堤邦彦『近世仏教説話の研究』(翰林書房、一九九六)八七頁～九一頁。
7. 堤邦彦「弁惑物語本の登場―人が人を化かす話」(『江戸の怪異譚』第三章Ⅲ、ぺりかん社、二〇〇四)、門脇大「弁惑物の位相」(『国文学研究ノート』四九号、二〇一二・三)、同「怪火の究明」(『俗化する宗教表象と明治時代』三弥井書店、二〇一八)。
8. 注7の論考第三章Ⅱ「続・怪異との共棲―『三州奇談』と地方文化の一断面―」。
9. 秦恒平「蛇―水の幻影・泉鏡花の誘いと畏れ」(『鏡花研究』九号、二〇〇三・三)、川村二郎『白山の水』(講談社、二〇〇〇)。
10. 注9の川村論考および『鏡花全集』別巻(岩波書店、一九七六)の村松定孝解題等。
11. 注1の須田論考(下)。
12. 日本近代文学会平成元年度春季大会における口頭発表「『蛇くひ』の位相」。
13. 『城端町史』(一九五九)一三五一頁。碑文の識語は「明治二十七年七月／越中　石崎謙　撰／加賀　江間真　書」。
14. 『講座　蓮如』2所収(平凡社、一九九七)。
15. 福井県文書館蔵の西光寺『由緒并檀中御政書上帳』(文政十三年五月写)に「毛道場　南条郡鯖波宿孫右衛門」とある。また西光寺と今庄宿の物品のやりとりをしるす書簡(文書番号88～91)が伝存し、当寺の北国街道への教線伸張をものがたる。
16. 例えば善徳寺虫干会には寺蔵の宝物「大蛇済度名号」(近世期)が現在も陳列されている。
17. 明治十年、十三年に京都の東西両本願寺より絵解き説法の禁止令が出たのは、地方絵伝の通俗性に対する本山側の忌避を示す。

エピローグ

大正期の少女小説で一世を風靡した吉屋信子（一八九六～一九七三）は、第二次大戦後の昭和二十年代半ばに至り、幻想と数奇な運命に彩られた〈世にも不思議な物語〉に作風を転じ、まるで「とりつかれたように、むやみと書きたく」てたまらなくなった自身の衝動について、のちに回想している（『千鳥　ほか短編集』あとがき）。荒廃した世相と混迷の現実を舞台に、かくして数多の怪奇短編が紡ぎ出されていった。

幻妖にしてリアルな筆遣いの吉屋作品の中でも出色の「怪談」は、昭和二十六年（一九五一）の『婦人公論』二月号に発表された『鬼火』であろう。本作により吉屋は第四回女流文学賞を受賞するのだが、それ以上に『鬼火』は日本の怪談文芸史に新たな足跡を残した点で、逸することのできないものとなった。江戸怪談から近現代の怪奇小説への変遷を考える際、避けて通れない局面がそこに浮かび上がるといってよい。

昭和二十年の敗戦ののち、東京の街はいたるところ焼け野原の荒涼とした風景に覆われていた。

ある秋の夕暮れ、復員して瓦斯《ガス》会社の集金人になった忠七は、滞納した代金を取り立てるため、一軒だけ焼け残った紫苑の花咲く貧家を訪ねる。うす汚れた台所の瓦斯台の前に力なく佇む女房は、「この世の悲しみを二つ珠にこめた」目をした女であった。病夫のために瓦斯だけは止めないでほしいと訴える女のやつれた姿に、忠七は体中を揺さぶられるような欲望を覚え、代金の代わりに「女」を要求する。二、三日経ってふたたび紫苑の家を訪れると、人気《ひとけ》のない台所につけっぱなしの瓦斯の火が青白く揺らめいている。「陰気な闇の鬼火のように人魂のように」燃える炎は男を慄然《ぞっと》させた。うす暗い部屋を恐るおそる確かめると、そこにはすでにこと切れた亭主と、梁からぶら下がる、縊死した女の亡骸《むくろ》が揺れていた。「かんべんしてくれ、おれは坊主になる！」。

それ以来、忠七の行方は杳としてわからない。

青白い瓦斯の炎が女の内奥を照らし出すことで、タイトルに籠められた真の意味が明かされる。やり場のない怒りと哀しみの念が、瓦斯という人工物に憑依する恐怖を、読み手は思い知らされるのである。

むろん巨視的に言うなら、火焔と人の心を重ね合わせるレトリックじたいは、江戸怪談に始まる伝統的な怪異の表象と考えて差し支えないのだが、だからといって近現代文学への連続線ばかりに目を凝らすわけにはいかない。

『鬼火』の研究史において、男性優位社会への批判を読み取る作品解釈もあるものの、他方、江戸期の「深讐《しんしゅう》纏綿《てんめん》たる男女関係」の脱化に言いおよぶ東雅夫の怪談史観（文豪怪談傑作選『吉屋信子集』解説）は、通時代の俯瞰に立脚するダイナミックな炯眼であった。東は、戦後の吉屋怪談をして「女怪幻想の呪縛」から解き放たれた作品群と評する。ここにいう女怪幻想とは、儒仏思想に裏付けられた徳川三百年の〈化ける女、祟る女〉の謂いである。男の目線を基調に生み出された古態の女霊像に対置するとき、吉屋の作品世界はたしかに江戸時代人の発想の埒外を志向している。焼け野原に佇立する女流作家の筆先により、女怪幻想の軛《くびき》が断ち切られる瞬間を、そこに見出すことは難しくないだろう。

国家が国家の体をなさなくなった敗戦直後の日本、しかも連合国の占領下にあって、封建時代の倫理・道徳観に根差す女怪幻想もまた機能不全に陥っていた。その間隙を縫うようにして、女流作家の個が頭をもたげる。焼け跡に取り残された紫苑の女の個の慟哭は、江戸怪談が創りあげた女霊のステレオタイプを突き崩す怪異の表現を獲得するに至ったのである。それはもはや歴史の必然かもしれない。

ただし――。過去との断絶を決定付ける新たな昭和怪談の本質を正確に捉え、文芸史に占める位相を見定めるには、その大前提として、先行する〈女霊の江戸怪談史〉の内実を細部にわたって再現し、言語化する基礎作業が不可欠であることは言を俟たない。時代を超えた幅広い視角とは、逆説的に言えば、それぞれの時代に沈殿する人々の精神とその表象を丹念に読み解くことで、はじめて目の前に開けるものである。民衆のまわりで何が起きていたのか、あるいは何が彼らを衝き動かしたのか。その時々を支配した諸事情を知るための広汎な試掘を通過してこそ、全体を見渡せる小丘にたどり着けるのではないか。

筆者が近世という時代の怪異認識に拘泥した理由は、そうした理解と展望にもとづくものであった。その意味において〈女霊の江戸怪談史〉は、日本の怪談文化を鳥瞰するための序説に位置付けられるといってよい。

そしてさらに言えば、幽霊像の大衆化が民衆の間に滲透し、定着をみた江戸期のその先には、怪異を語ることにかくも熱心な二十一世紀の日本が横たわる。身のまわりの映像、絵画やマンガ、小説などに創作された見えない世界の表象を客体視して理解しようとする際、前近代の怪談文芸は研究の試金石となるはずである。小書が、日本怪談の長大な流れを解析するためのイントロダクションとなる点を、いま一度顧みながら、筆を擱くこととしたい。

最後になったが小書の刊行に際して、貴重な資料の閲覧・撮影と図版の掲載を許可していただいた諸機関各位、寺社のご高配に厚く御礼申し上げる。また、上梓のチャンスを与えていただいた三弥井書店の吉田智恵さんには、大変お世話になった。記して深謝申し上げる次第である。

二〇二四年、五月闇の笹目ヶ谷・蛇庵にて。

堤　邦彦

著者略歴

堤　邦彦（つつみ　くにひこ）

1953年生まれ。京都精華大学名誉教授。博士（文学）。
『近世仏教説話の研究―唱導と文芸』（翰林書房、1996）、『近世説話と禅僧』（和泉書院、1999年）、『江戸の怪異譚～地下水脈の系譜』（ぺりかん社、2004年）、『女人蛇体―偏愛の江戸怪談史』（角川叢書、2006）、『江戸の高僧伝説』（三弥井書店、2008年）、『現代語で読む「江戸怪談」傑作選』（祥伝社新書、2008年）、『絵伝と縁起の近世僧坊文芸～聖なる俗伝』（森話社、2017年）、『京都怪談巡礼』（淡交社、2019年）、共編『寺社縁起の文化学』（森話社、2005）、『遊楽と信仰の文化学』（森話社、2010）、『異界百夜語り』（三弥井書店、2014年）、『俗化する宗教表象と明治時代～縁起・絵伝・怪異』（三弥井書店、2018年）、『日本幽霊画紀行―死者図像の物語と民俗』（三弥井書店、2020年）。

女霊の江戸怪談史　大衆化する幽霊像

令和6（2024）年10月11日　初版発行

定価はカバーに表示してあります。

©著　者　堤　邦彦
発行者　吉田敬弥
発行所　株式会社 **三弥井書店**
〒108－0073東京都港区三田3－2－39
電話03－3452－8069
振替00190－8－21125

ISBN978-4-8382-3421-9 C0020　製版・印刷　藤原印刷株式会社

索引

【あ行】

【か行】

【さ行】

【た行】

【な行】

【は行】

【ま行】

【や行】

【ら行】

【わ行】